湖南科技年鉴

HUNAN SCIENCE AND TECHNOLOGY YEARBOOK

（2010卷）

湖南省科学技术厅　主编

湖南科学技术出版社

图书在版编目(CIP)数据

湖南科技年鉴（2010）卷/湖南省科学技术厅主编.—长沙：湖南科学技术出版社,2011.1

ISBN 978-7-5357-6545-1

Ⅰ.湖・・・ Ⅱ.湖・・・ Ⅲ.科学研究事业-湖南省-2010-年鉴 Ⅳ.①G322.764-54

中国版本图书馆CIP数据核字(2011)第006473号

湖南科技年鉴（2010）卷

主　　编：湖南省科学技术厅

责任编辑：章 洁　郑 英

出版发行：湖南科学技术出版社

社　　址：长沙市湘雅路276号

http://www.hnstp.com

印　　刷：湖南省日大彩色印务有限公司

(印装质量问题请直接与本厂联系)

厂　　址：长沙市劳动中路100号

邮　　编：410007

出版日期：2011年4月第1版第1次

开　　本：889mm×1194mm　1/16

印　　张：18.75

插　　页：70

正文字数：442000

书　　号：ISBN 978-7-5357-6545-1

定　　价：150.00元

The essence of SANY brand
lies in its high reliability
A new worle record of 72 meters
SY5650THB 72

主办单位

湖南省科学技术厅

协办单位

湖南省发展和改革委员会
湖南省经济和信息化委员会
湖南省教育厅
湖南省公安厅
湖南省财政厅
湖南省国土资源厅
湖南省住房和城乡建设厅
湖南省交通运输厅
湖南省水利厅
湖南省农业厅
湖南省林业厅
湖南省卫生厅
湖南省环境保护厅
湖南省质量技术监督局
湖南省食品药品监督管理局
湖南省安全生产监督管理局
湖南省知识产权局
湖南省煤炭工业局
湖南省烟草专卖局
湖南省出入境检验检疫局
湖南省气象局
湖南省地震局
湖南省煤矿安全监察局
湖南省石油化学行业管理办公室
长沙市科学技术局
湘潭市科学技术局
株洲市科学技术局
长沙高新技术产业开发区管委会
湘潭高新技术产业开发区管委会
株洲高新技术产业开发区管委会
衡阳高新技术产业开发区管委会
长沙经济技术开发区管委会
湘潭九华经济开发区管委会
南华大学
湖南省肿瘤医院
江华瑶族自治县兴华稀土新材料有限公司
中国人民解放军第一六三医院
湖南省电力公司试验研究院
岳阳经济技术开发区
湖南省大浏高速公路建设开发有限公司
长沙福田汽车科技有限公司
湖南省张花高速公路建设开发有限公司
株洲新通铁路装备有限公司
广汽长丰汽车股份有限公司
湖南德海通信设备制造有限公司

特别鸣谢

湖南大学
湖南中烟工业有限责任公司
三一汽车起重机械有限公司
冷水江钢铁有限责任公司
中国移动通信集团湖南有限公司

12月24日，全国政协副主席、科技部部长万钢视察湖南山河智能股份有限公司。山河智能自主研发制造轻型飞机引起了万钢的兴趣，他亲自登上飞机驾驶舱。万钢希望山河智能进一步加强科技创新，不断推出有竞争力的新产品，使科技成果惠及人民大众。

4月29日，科技部党组书记、副部长李学勇一行在湖南省人民政府副省长郭开朗陪同下，到株洲市考察科技工作。他先后来到南车时代电动公司电动汽车生产线、株洲电力机车有限公司地铁、电力机车生产线和南车时代制造中心、试验站进行现场考察。

12月24日，科技部与湖南省人民政府部省工作会商第四次会议在长沙举行。全国政协副主席、科技部部长万钢，湖南省委副书记、省长周强出席会议并发表重要讲话。湖南省副省长韩永文汇报了第三次部省会商工作落实情况和本次会商内容。省政协副主席阳宝华，省政府秘书长武吉海、科技顾问曾庆炎、副秘书长姜儒振等领导出席会议。科技部计划司、政法司、高新司、农村司、社发司，湖南省发改委、经委、科技厅、教育厅、财政厅、信息产业厅、农业厅，中南大学，农科院，长株潭三市市长及高新区管委会负责人参加了会议。

4月30日，科技部副部长杜占元考察湖南省三一重工和中联重科等企业。湖南省政府科技顾问曾庆炎，湖南省科技厅党组成员、省高新办主任黄新亮以及高新处、高新办负责同志陪同考察。杜占元表示，面对全球金融危机，湖南高新技术企业表现出较强的应对危机的能力。要进一步加大对高新技术产业的支持，不断提升其自主创新能力和市场竞争力。

12月16～17日，科技部副部长曹健林率中央党校省部级干部进修班调研组一行来到长沙，考察调研长沙国家高新区高新技术企业和高校。湖南省科技厅党组书记、厅长王柯敏，省科技厅党组成员、省高新办主任黄新亮，副厅长贺修铭，长沙市政府领导陪同调研。

6月6日下午，湖南省促进产学研结合工作协调领导小组召开第一次会议。省委副书记、省促进产学研结合工作协调领导小组组长梅克保出席会议并作重要讲话。副省长、省促进产学研结合工作协调领导小组副组长郭开朗主持会议。省促进产学研结合工作协调领导小组全体成员参加会议。

4月29日，湘潭国家高新技术产业开发区启动暨发展动员大会在湘潭高新区隆重举行。科技部党组书记、副部长李学勇，副部长杜占元，湖南省委副书记、省长周强，副省长郭开朗，省科技厅党组书记、厅长王柯敏，湘潭市委书记彭宪法等部、省、市领导出席大会，省市有关党政机关、高等院校、科研院所、企业的代表近1000人参加大会。科技部党组书记、副部长李学勇和副部长杜占元共同为湘潭国家高新技术产业开发区授牌。副省长郭开朗主持会议。

2月17~18日，湖南省政府科技顾问曾庆炎在省科技厅副厅长罗亚军、省政府办公厅有关同志等的陪同下，前往湖南永清环保技术有限公司、湖南凯天环保科技有限公司等进行考察，就湖南省环保产业发展进行专题调研。

7月28日，2009年湖南省科技形势分析会在省科技厅召开。湖南省科技厅党组书记、厅长王柯敏在会上总结回顾2009年上半年全省科技工作，根据当前面临的形势，分析如何进一步促进科技工作大发展，并部署后一阶段工作重点。省科技厅党组成员、副厅长梁秋松主持会议。省科技厅全体厅领导，各市州科技局局长、办公室主任、计划科长，长沙、株洲、湘潭、衡阳、益阳高新区管委会负责人，厅机关各处室（中心、办、站）和二级单位主要负责人参加会议。

11月17日，由科技部、湖南省人民政府、欧盟委员会联合主办，湖南省科技厅、法国国家地质调查局共同承办的“2009年亚欧水资源管理国际论坛”在长沙隆重开幕。来自亚欧20多个国家的有关政府部门、科研机构和大学的代表，湖南省政府相关部门负责人以及参加“2009年国际水资源利用与保护新技术、新成果展”部分参展单位代表200余人出席会议。会议开幕式由湖南省科技厅党组成员、副厅长梁秋松主持。

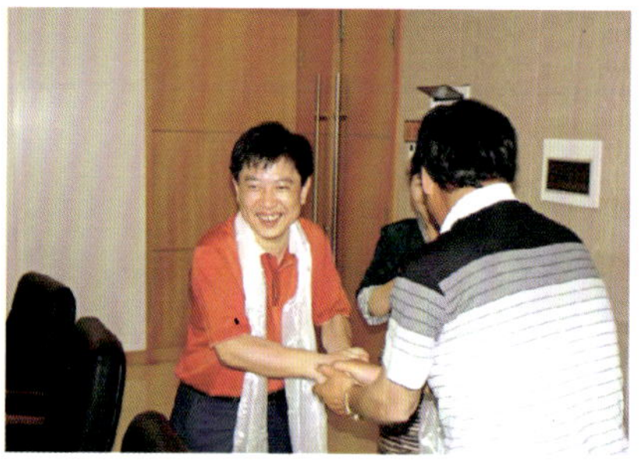

6月20～22日，西藏山南地区行署乔增楼副专员一行4人来湘考察调研。22日上午，湖南省科技厅计划处组织召开科技援藏工作座谈会，与西藏山南代表进行了深入交流和探讨。厅党组成员、副厅长刘小明到会并作讲话。

6月11日，科技部在长沙举办技术创新配套政策培训班。科技部政策法规与体制改革司副司长李普出席，湖南省科技厅党组成员、纪检组长杨薇出席并致欢迎辞，省科技厅党组成员、总工程师姜郁文主持开班仪式，来自内蒙古、天津、山西、辽宁、安徽、河南、湖北、广东、重庆、云南、贵州等11省（区、市）的科技厅（科委）有关负责人、市县科技局长、创新型企业代表及湖南省14个市州科技局分管局长、政策法规科科长、创新型试点企业和国家级、省级高新区产业发展局负责人共计100多人参加培训。

10月9～10日，中国食品产业竞争情报国际高峰论坛在长沙隆重举行。中国民族贸易促进会执行会长贺黎明、刘延宁，执行副会长、秘书长蓝军，湖南省委、省政府领导，湖南省政协副主席、中国工程院院士袁隆平，法国工商联合会经济情报分会主席、国际经济情报协会主席Philippe Clerc先生，湖南省科技厅党组书记、厅长王柯敏等国内外嘉宾及食品企业代表200余人参会。会议由湖南省科技厅党组成员、副厅长杨治平主持。会上，法国工商联合会与湖南省竞争情报中心举行签约仪式。

6月23日，湖南省科技厅组织召开2009年湖南省高新技术领域工程技术研究中心技术评审会，来自省内高等院校、科研机构、工程技术研究中心等25名专家参加评审。高新处、计划处、纪检监察室等部门负责人参加会议，厅党组成员、省高新办主任黄新亮到会并作重要讲话。他强调，工程技术研究中心的名称要科学、专业、特色。专家评审一定要从必要性、可行性、带动性、开放性等各个方面严格把关，排除各种外部因素，认真做好本次评审工作。

5月12日，2009年湖南科技活动周新闻发布会在长沙举行，通报2009年湖南省科技活动周有关情况及活动安排。会议由省政府副秘书长姜儒振主持，省科技厅党组成员、总工程师姜郁文作省科技活动周新闻发布。科技活动周组委会成员单位代表和省科技厅各处室负责人参加新闻发布会。

2月27日，湖南省科技厅召开2009年度湖南省科技奖励工作会议，省科技厅副厅长罗亚军，湖南各市州科技局分管领导及科技奖励管理人员，省直有关部门，部分高校和科研院所科技奖励管理人员共100多人参加会议。副厅长罗亚军作重要讲话。

12月8日，澳门科技委与湖南省科技厅科技合作协议签字仪式在长沙举行。省科技厅党组书记、厅长王柯敏，澳门科技发展基金行政委员会主席唐志坚代表双方签署科技合作协议。省外侨办副主任黎里溪出席会议。省科技厅相关处室负责人、澳门科委会有关代表、有关高校参加会议。湖南是继广东之后与澳门开展科技合作的第二个内地省份。签字仪式由湖南省科技厅党组成员、副厅长贺修铭主持。

11月3～4日，湖南省产学研结合创新督查组第一组在省科技厅副厅长张占军的带领下，对张家界市贯彻落实湘发[2008]14号文件和全省产学研结合创新大会精神情况进行了督查。

湖南大学
HUNAN UNIVERSITY

6月13日，中共中央政治局常委、国务院总理温家宝在国家有关部委，湖南省领导张春贤、周强等的陪同下到湖南大学进行视察，温家宝总理一行在校领导刘克利、钟志华等陪同下来到汽车车身先进设计制造国家重点实验室，详细询问科研人员有关月球车、中气计划轿车、菱形客车、无人驾驶汽车、F1赛车研究情况。

8月15日，在湘调研工作的中共中央政治局委员、国务委员刘延东在教育部部长周济，科技部党组书记、副部长李学勇，国务院研究室副主任江小娟，湖南省委书记、省人大常委会主任张春贤，省委副书记、省长周强等陪同下，来到湖南大学视察。图为刘延东委员在SAE赛车前一次次停下脚步，向校长钟志华院士和科研人员详细了解研制情况。

中国科学院院士、湖南大学教授俞汝勤荣获2009年度湖南省科学技术突出贡献奖，湖南省委书记、省人大常委会主任张春贤为其颁奖。

湖南大学牵头完成的“涂料工业清洁生产工艺和方法”、“大型水电站泵站高效运行优化控制与成套自动化装置及其工程应用”、“高层混合结构体系的关键技术及应用”等三项科技成果分别荣获2009年度国家技术发明二等奖和科技进步二等奖。

由教育部深空探测联合研究中心(依托湖南大学建设)配合中国航天科技集团公司等有关单位联合研制的“四轮三轴”月球车作为教育部高校科技创新成果的代表，在北京举办的“中华人民共和国成立60周年成就展”上成为科教单元中的亮点之一，受到全国各界群众和国内外媒体的广泛关注。

10月18日，2009中国（长沙）科技成果转化交易会在长沙高新区麓谷会展中心隆重开幕。开幕式后的自主知识产权汽车展示发布会上，中国工程院院士、湖南大学校长钟志华驾驶着由国家财政部、教育部、湖南省政府、长沙市政府联合启动的“中国高水平汽车自主创新能力建设”项目（简称中气项目）的主要成果“中气一号”首次实车亮相，成为本届“科交会”的最大亮点之一。这标志着我国具有完全自主知识产权的中高档轿车研究取得新进展。

7月4日，依托湖南大学建设的"车辆与交通安全先进理论和关键技术研究创新引智基地"召开工作进展报告会。在教育部和国家外专局"111"计划的资助下，基地在国际科技合作、学科建设、人才培养、团队建设等方面开展富有成效的工作，与会代表和五名外籍专家针对创新引智基地工作及发展进行了讨论。

10月20～25日，由湖南大学承办的"2009年国家自然科学基金地区联络网（中南区）管理工作研讨会"在湖南长沙召开。国家自然科学基金委员会副主任孙家广院士、国际合作局韩建国局长、信息中心王铁强主任、财务局马新南副局长等基金委领导出席了本次会议。本届会议为历届以来规模最大的一次。

10月13日，由湖南大学土木工程学院设计和参与建造的环保节能型现代竹结构别墅示范房在北京紫竹院公园举行了启用仪式。本项目受美国蓝月基金资助，由肖岩教授课题组与国际竹藤组织合作实施，委托长沙凯森竹木新技术有限公司具体设计、施工建造，是国际竹藤组织在华推广竹结构建筑的示范工程之一，具有自重轻，抗震性能好、冬暖夏凉，室内空气中的甲醛等有毒物质含量远低于国家标准等特点。

11月15日，湖南大学电气与信息工程学院教授来到华菱钢铁集团属下的涟钢企业，在轧制薄板生产线现场对产品质量进行实时检测。

9月23日，国家工信部副部长、国家国防科工局局长陈求发一行来湖南大学考察军工科技。

6月29日，湖南大学与湖南省肿瘤医院全面合作签约暨癌症防治联合研究中心挂牌仪式在省肿瘤医院学术报告厅隆重举行，曹一家副校长与胡炳强院长代表双方正式签署了《湖南省肿瘤医院、湖南大学全面合作协议》，共同建立癌症防治联合研究中心。该中心将以肺癌、肝癌、卵巢癌三种恶性肿瘤作为研究突破口，力争三至五年内建设成国家级癌症研究中心。

湖南农业大学

国家植物功能成分利用工程技术研究中心

工程技术示范基地—湖南金农生物资源股份有限公司

国家植物功能成分利用工程技术研究中心是以湖南农业大学为依托，以湖南省天然产物工程技术研究中心、教育部茶学重点实验室、湖南省中药提取工程研究中心、科技部药用植物国际合作研究基地等研发平台为基础，于2009年11月由国家科技部批准组建的国家级技术研究平台。该中心是湖南省农业领域第二个、湖南省属高校第一个国家工程技术研究中心，她的成立，标志着湖南农业大学在农林植物功能成分研究与开发利用领域处于国内领先地位。

中心以丰富的植物资源为对象，采用现代分离纯化工程、发酵工程、细胞工程、基因工程领域的高新技术，以植物化学、生物化学、分析化学、分子生物学、现代药理学、现代营养学理论为基础，开展植物功能成分的高效提制与利用技术研究；以突破植物功能成分利用行业面临的基础性、共同性、关键性工程技术瓶颈为重点，进行系统化、配套化、工程化开发和产业化示范；将廉价的农林植物资源转化为高附加值的天然产物，并将其应用于天然药物、保健食品、功能饮料、天然日化用品及植物源农药、天然兽药与动物保健产品开发中，促使传统农业依托高新技术向现代大健康产业延伸。中心的主要研究方向有：植物功能成分分离纯化工程、植物功能成分高值化生物技术、植物功能成分分析检测技术与质量标准化、植物有效成分的功能研究与安全性评价、植物有效成分的功能性终端产品开发。

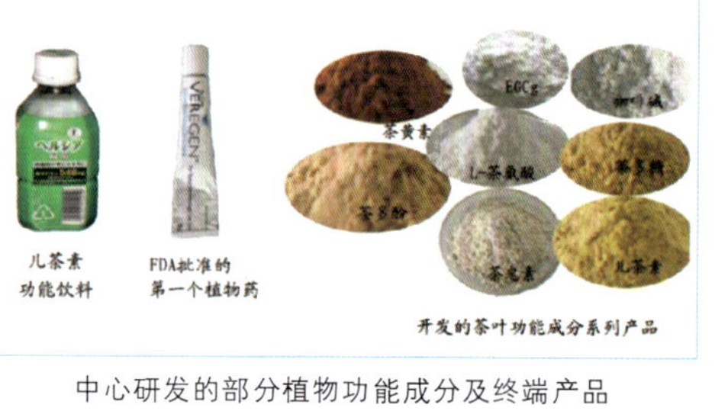

中心研发的部分植物功能成分及终端产品

中心现有专职与兼职研究人员 60余人，其中教授30人、副教授及高级工程师 14人，具有博士学位42 人、硕士学位13人，还聘请了境外兼职教授4人，是一支多学科融合、年轻化、国际化的高素质创新团队。中心的研究团队先后入选“教育部创新团队计划”和“湖南省高校创新团队计划”。刘仲华担任国家植物功能成分利用工程技术研究中心主任，熊兴耀、卢向阳、曾建国、伍小松担任副主任。聘请国内外著名专家组成技术委员会，中国农科院蔬菜花卉研究所方智远院士任技术委员会名誉主任，清华大学罗国安教授任技术委员会主任，中国农科院茶叶研究所陈宗懋院士、湖南农业大学官春云院士、华中农业大学邓秀新院士、北京工商大学孙宝国院士任技术委员会副主任。

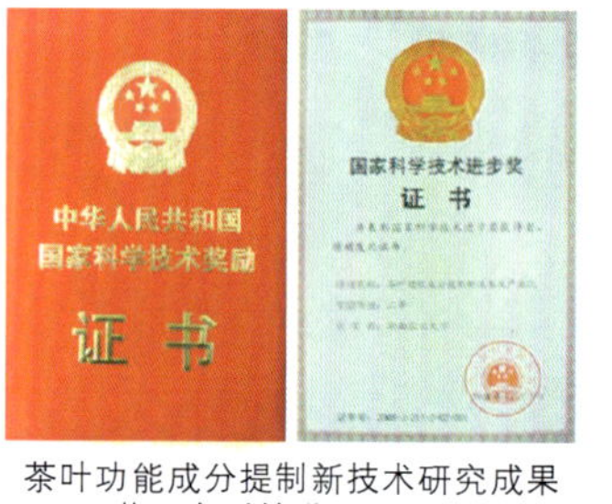

茶叶功能成分提制新技术研究成果
获国家科技进步二等奖

中心拥有研究开发实验室3000多平方米、现代化的中试车间5000多平方米，价值3000多万元的现代先进仪器设备和工程化技术开发装备，有效支撑从实验室研究到微型工厂中试、工业化规模生产的三级研究开发工作。

近几年来，中心先后承担国家和省部级重大/重点研究项目40多项，获科研经费4000多万元。先后在国内外核心刊物和学术会议上发表学术论文300余篇，主编或参编出版学术专著和教材20多部。获国家和省部级成果奖10余项，鉴定成果15项。其中，国家科技进步二等奖1项、湖南省科技进步一等奖4项、湖南省科技进步二等奖6项、湖南省科技进步三等奖6项，先后获得国家发明专利10多项。中心在植物功能成分利用领域的技术创新、平台建设和人才培养方面取得了卓著的成就，对提升中国植物提取物行业的技术水平与国际竞争力起到了十分重要的作用，中心的建设和发展得到了国家领导人、国家有关部委及湖南省委、省政府领导的高度评价和关注。

中心是我国植物功能成分开发利用领域人才培养的核心基地，2005年首创“植物资源工程”本科专业，现已具备博士后、博士、硕士、国外留学生等多层次人才培养条件，每年招收博士后研究人员2-4名，博士研究生10-12名，硕士研究生20-30名，国外留学生2-3名。从2005年起，每年向发展中国家招收“植物功能成分开发利用国际培训班”学员20名。

刘仲华教授在指导博士生开展植物功能成分研究

主任简介

刘仲华，男，1965年3月出生，教授、博士生导师，现任国家植物功能成分利用工程技术研究中心主任，兼任国务院学位委员会园艺学科组成员，中国茶叶学会副理事长、湖南省天然产物协会会长、湖南省茶叶学会理事长。他是国家新世纪百千万人才、教育部创新团队学术带头人、教育部新世纪优秀人才、湖南省科技领军人才。先后主持和参加国家973计划、支撑技术/攻关计划、国家自然科学基金、湖南省重大科技专项等30多项。先后获得国家科技进步二等奖1项、湖南省科技进步一等奖1项、省部级科技进步二等奖2项、三等奖4项，发表学术论文220多篇，主编参编专著与教材13部。

地址：长沙市芙蓉区湖南农业大学11教北4楼　　电话/传真：0731-84635304
中心网址：http://www.botanical-ingredients.com

長沙醫學院

董事长

长沙医学院是我国第一所民办本科院校。2009年，学院按照上级教育行政部门的要求，进一步扩大了办学规模，现有长沙、衡阳两个校区，占地1200余亩，建筑面积63.3万m^2，设有临床医学、医学美容、中医学、口腔学、预防医学、药学、药物制剂、医学检验、医学影像学、针灸推拿学、护理学、生物技术、计算机科学与技术、英语、工商管理、市场营销共16个本科专业及临床医学等8个专科专业。现有在校生1.7万余人，学生来自全国20余个省市自治区，并招收了东南亚各国的留学生145人。

2009年度科研立项55项，其中省部级科研立项46项，较2008年度增加37%。获各类成果奖（含论文）共20项。其中湖南省教育厅教学成果奖1项。湖南省教育教学改革成果奖9项，其中一等奖2项、二等奖5项、三等奖1项、优秀奖1项。发表各类学术论文86篇，出版教材15部。积极与省教育厅、省科技厅、省卫生厅、省教育科学规划办等部门加强联系，取得了在省自然科学基金、省社科基金及省科技厅科研计划等省级科研课题的立项上新的突破。获科研经费资助144万元。

为了加强科研工作，学院已投入500万元作为科研专项启动基金，主要用于启动校级课题，并对省级和国家级立项课题给予1–1.5倍的配套资助。形成院系两级责权关系明确的内部管理模式，使科研工作与学科建设有机地融为一体，整体提升我院科研实力和水平。同时建立了长沙医学院学术资料室，健全数据资源库，充实专业图书报刊资料，加强学术支持咨询，完善信息服务体系。

学院按照“稳定、引进、培养、使用”的方针，把建设一支结构合理、素质高、相对稳定、业务能力强的“双师型”教学科研相结合的队伍作为自己的战略目标。目前，学院已拥有一支1186人的专兼职教师队伍，其中专职教师735人，正、副教授共439人。2009年从全国引进各类医学拔尖人才35人。

2009年，学院进一步完善了专业建设和发展规划，把加强重点学科建设和精品课程建设摆在了首要位置，现拥有省级重点建设学科1个，省级示范实验室1个，四个基础课程实验室全部通过省教育厅的合格评估。目前院级重点建设学科有4个，并确立了建设15门院级精品课程的计划与目标。目前学校正在建设重点学科研究室与中心研究室,为科研工作的开展搭建院级资源共享的研究平台。特别是重点学科研究实验室建设：设立多功能组织学技术实验室、分子生物与遗传学实验室、功能基因组学实验室、细胞培养实验室、动物饲养室等；建立图书期刊资料室；开展网络建设，建立学科网站。与此同时学院加紧建设学校中心实验室：为全院科研开展提供公共研究平台。正在建设中的学院实验动物中心，投入1500万元购置科研仪器设备，并建立了较为完善的科研管理信息系统。

为了加强临床基地建设，学院按三甲医院要求，于2009年8月建成了高规模高水平的第一附属医院，医院总投资10亿元，总建筑面积16万m^2，开设正规床位800张，布局有门、急诊综合大楼、医技大楼、住院大楼，医院以人性化的医疗环境，全新的办院理念，高层次的技术团队，高、精、尖的诊疗设备，高水平、高质量的医疗服务成为大河西先导区行业的标杆，成为大河西先导区人民群众就地提供三级医院医疗服务的保障。先期开业期间，开放医疗用房4万m^2，开放正规床位200张，设有内科、外科、妇产科、小儿科、急诊科、检验科、放射科、功能科等21个临床、医技科室，院内医、药、技、护团队精良，诊疗仪器设备先进，组建了一支拥有30多名各类高级技术职称的结构合理的专业技术团队，配备了飞利浦16排CT机、全数字化X线拍片机、全数字化X线胃肠机，C臂X光机、四维成像的彩色B超机、黑白B超机、全自动生化分析仪、荧光电子显微镜、彩色图文处理检查系统、电子胃肠镜、电视腹腔镜、电视宫腔镜、多功能麻醉机等引领现代诊疗手段潮流的医疗仪器设备。

开诊以来长沙医学院附属第一医院秉承“一切以病人为中心，依法办院，一切以病人利益为核心”的宗旨，以高科技高标准的医疗技术和高格水平高规格的人性化赢得了大河西和望城地区广大群众一致的好评，成为老百姓解决看病难、看病贵的最佳选择，同时有力的推动了教学科研上新台阶。一年来，第一附属医院已有14个项目列为省级科研课题，其中禹华旭的科研项目《KA1受体在脑卒中神经细胞死亡中的作用及机制》列为省级重点课题。

全国政协主席贾庆林亲切接见全国教育先进工作者何彬生先生

2006年8月28—9月9日，董事长何彬生随同全国人大常委会委员长吴邦国对巴西、乌拉圭、智利三国进行国事友好访问。吴委员长（右）在智利首都圣地亚哥总统府接见董事长何彬生（左）

董事长何彬生陪同国家副主席习近平访问澳大利亚

地址：长沙市岳麓区雷锋大道九公里处（410209）

国防科技大学航天与材料工程学院
空天图像测量与视觉导航研究中心

科技创新、军地结合、富民强省

中心学术带头人于起峰院士

国防科技大学航天与材料工程学院空天图像测量与视觉导航研究中心，从事基于光测图像进行各类目标结构变形参数和运动参数的高精度测量，进行飞行器视觉导航以及进行光测力学干涉条纹图分析的理论、方法和技术研究，在该领域处于国内领先地位。中心建设有大型双轨六自由度运动摄像测量实验系统等国内一流的科研实验平台。中心学术带头人于起峰教授于2009年当选为中国科学院院士。

“十一五”期间，中心坚持“需求牵引、科技创新”的科研方针，瞄准军用和民用领域对光测图像技术的需求，形成了以科学研究带动技术水平提高，先进技术直接服务于军地工程项目的技术研发特色。研究成果遍布陆、海、空、天，直接服务于航天航空和国防重点型号任务，以及高铁、高速公路、工程机械等国民经济建设项目。中心“十一五”期间获授权发明专利11项，多方面研究成果达到国内领先、国际先进水平。

中心提出了大型结构变形和大尺度运动测量的像机网络、像机链测量系列理论和方法，解决了不通视和超大视角的空间目标间相对位置、姿态及其变化量的测量和修正难题。已应用于株洲时代新材大型风电叶片形貌和变形测量，某型无人机机翼及整机结构位移和变形参数测量，某型无人机弹射及回收试验运动参数测量，我军某两艘大型舰船船体变形实测海上试验，矿山研究院集矿作业车实时跟踪测量，多座大型桥梁的沉降变形监测等，并正在开发大型堆场三维形貌测量、大型地下与岩土工程实时变形监测、边坡变形监测等的应用。

针对高铁和高等级公路建设维护需求，中心提出了铁轨几何参数与高程测量和公路路面平整度检测的系列方法，研制了原理样机，并已与株洲机车集团和成都瑞邦公司合作成功进行了现场试验，正在进行产品开发和推广。

提出了无人机等飞行器视觉导航的多种景象匹配、三维地形重建匹配方法和策略，具有适应性强、精度高、实时性好等优势，成功进行了大量挂飞图像实验，已在多个国防型号研制任务中成功完成工程关键技术攻关。并提出了多种地基和机载飞行器视觉助降的方法和策略，能够大大提高飞行器着陆安全性和自动化程度，正在多项国防重点型号中研究应用。

提出了多种红外、可见光等图像增强、显示技术，以及多种失真图像恢复、序列图像超分辨率重建方法，有效解决了光线阴暗、雨雾遮挡、运动模糊失真等条件下的图像高清显示问题。已在某试验基地指挥监控大厅成功应用，并成功进行了我国嫦娥卫星拍摄月貌图像的超分辨率重建。

提出和发展了光测条纹图处理的系列旋滤波、等值线滤波理论和方法，创立的条纹中心线系统误差消除理论和方法，解决了困扰国际条纹图处理领域的基本理论问题。成功应用于电子散斑干涉图像处理、卫星InSAR图像处理等。旋滤波已成为国际上干涉条纹图处理的常规滤波方法。

中心师生

徐守盛省长莅临中心指导工作

航天英雄杨利伟莅临中心参观

综合实验大厅

风电叶片变形测量

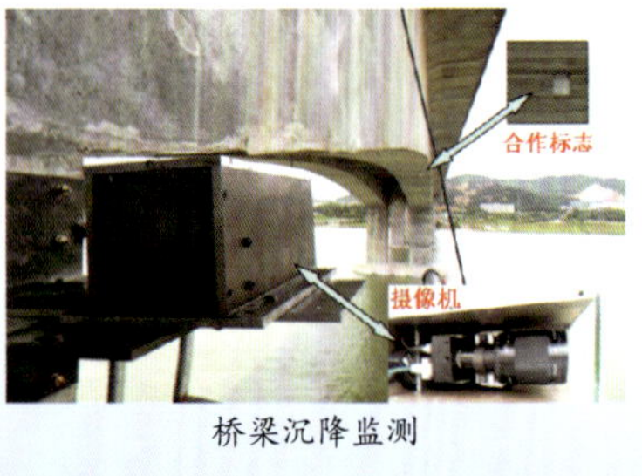

桥梁沉降监测

铁轨几何参数测量

地址：开福区砚瓦池正街47号国防科技大学　邮编：410073

虚拟计算环境(iVCE)聚合与协同机理研究

国防科学技术大学并行与分布处理国防科技重点实验室

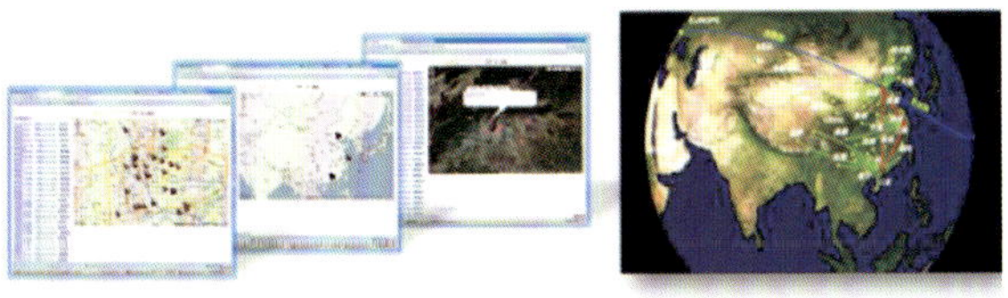

项目实验截图

项目简介

虚拟计算环境聚合与协同机理研究是国家科技部资助的国家重点基础研究发展计划(973计划)项目，由国防科学技术大学联合北京航空航天大学、北京大学、中科院计算所、国家计算机网络应急技术处理协调中心和哈尔滨工业大学共同承担，总经费为2861万元，项目首席科学家为卢锡城院士。项目以国家信息化建设的战略需求为牵引，在网络资源的按需聚合和自主协同新机理方面形成突破，取得了具有长远影响的原始创新成果，并进行了大规模的实验验证和示范应用，为虚拟计算环境的建设和大规模应用提供了基础理论和关键技术支撑。项目提出了“按需聚合，自主协同”的互联网资源管理方法，将面向静态统一视图的资源组织模式转换到面向动态相对稳定视图的可扩展资源组织模式，将传统控制式的资源共享模式转换到基于激励相容的诱导式资源共享模式。项目的研究成果对于提升我国在互联网计算领域的自主创新能力和核心竞争力，促进我国互联网产业可持续发展，推动我国产业结构调整和发展方式转变，维护国家安全稳定，具有突出的战略意义。

项目首席特邀报告

实施效果

项目为我国互联网管理提供了“以互联网资源解决互联网问题”的崭新途径，与我国有影响的互联网企业深度合作，显著提高了我国互联网资源的综合利用水平和管理能力，为国家信息化的建设作出了贡献。项目成果于2009年11月通过技术鉴定，鉴定委员会一致认为：“项目突破了体系结构、基础服务、程序设计等一系列关键技术，总体上达到了国际先进水平”。项目于2010年11月以优异成绩通过科技部组织的项目结题验收。

项目专题国际研讨会

科技奖励与人才培养

项目成果获2010年度湖南省自然科学一等奖。在研期间，项目组中，1人被评为中国科学院院士，1人被评为中国工程院院士，1人获湖南省科学技术杰出贡献奖，1人获何梁何利基金科学与技术进步奖，2人被教育部特聘为长江学者，3人获国家杰出青年基金资助。项目共培养博士117名、硕士224名，其中2人获全国百篇优秀博士论文，1人获中国计算机学会优秀博士论文。

知识产权与科技论文情况

项目已申请国家发明专利51项，其中已获授权28项。项目总计发表学术论文493篇，出版专著7本，其中国际刊物论文89篇、国际会议论文236篇，论文被SCI收录58篇、EI收录303篇。

灵奖获得者John Hopcroft应邀与项目研究人员交流

学术影响

项目在虚拟计算环境聚合与协同机理方面的研究成果在国际上已经产生重要影响，正逐渐成为网络计算领域的主要研究方向之一。项目举办了以“虚拟计算环境”专题国际研讨会为代表的一系列高水平国际会议，对国际上网络计算研究领域的发展起到重要的引领作用。项目研究人员多次应邀在国内外会议或论坛上作项目主题报告。项目研究成果获得国内外学术界的公认、系统性发展和高度评价。发表于IEEE Transactions on Computers、IEEE Transactions on Knowledge and Data Engineering、IEEE INFOCOM、IEEE ICDCS 等国际期刊和国际会议的引文评价项目成果是相关领域的重要进展和代表性工作。美国、英国、德国、日本等多国学者或将项目成果作为课程最新授课材料，或在其专著和论文中系统引用。欧盟FP6 的研究报告将iVCE 概念模型作为中国在网络计算领域的重要代表性成果。

项目与与阿里巴巴云计算中心展开合作

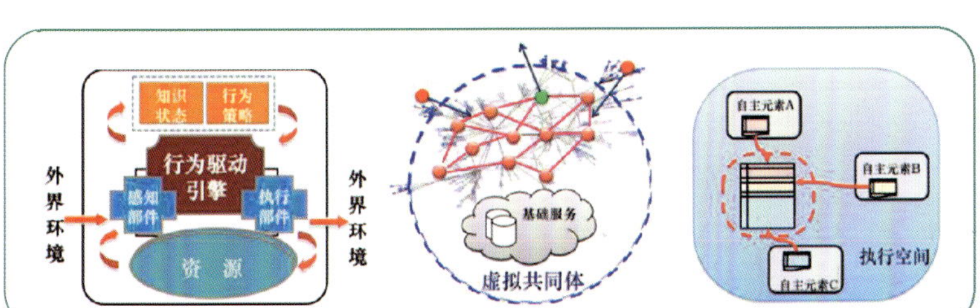

项目的核心概念

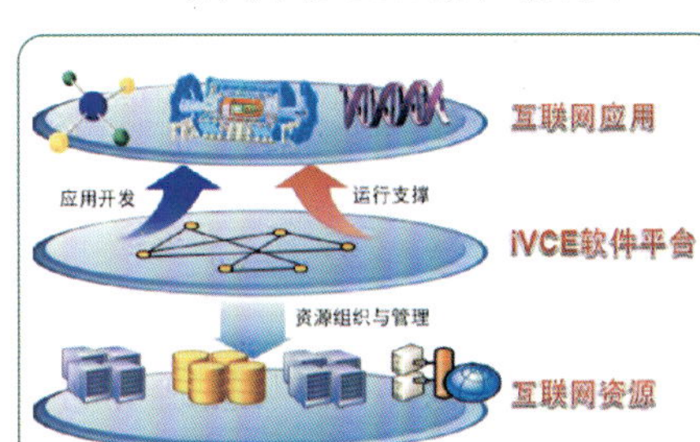

项目软件平台的作用

湖南大学化学生物传感与计量学国家重点实验室

CBSC

State Key Laboratory of Chemo/Biosensing and Chemometrics, Hunan University

国际友人参观实验室

2009年9月10日教师节，周强省长来我室慰问俞汝勤院士

发展概况

化学生物传感与计量学国家重点实验室(湖南大学)（State Key Laboratory of Chemo/Biosensing and Chemometrics，Hunan University）由国家科技部于2001年7月正式下文批准依托湖南大学边建设边开放，2002年11月1日通过国家科技部专家组的建设验收。实验室学术委员会主任为中国科学院张玉奎院士（中科院大连化物所），副主任为谭蔚泓教授（湖南大学）和王柯敏教授（湖南大学），实验室主任为谭蔚泓教授。实验室现有固定人员47人，包括教授32人，其中中国科学院院士2人，国家杰出青年基金获得者4人，长江学者特聘教授2人，百千万人才2人，教育部新（跨）世纪人才14人。

科学研究、对外合作与交流

实验室主要研究方向包括纳米和单分子水平上的生化分析、化学与生物传感技术、生命科学中的新分析技术、化学计量学等。配备有Varian INORA400液相色谱核磁共振联用仪等大型仪器40多台套。

2009年，实验室顺利通过国家科技部组织的化学类国家重点实验室评估，为实验室持续发展奠定了坚实基础。王柯敏教授等人的科研成果“纳米尺度和分子水平上生物信息获取的新原理和新方法”获湖南省自然科学奖一等奖；此外，实验室承担了包括973项目课题、国家自然科学基金重点项目、国家自然科学基金重大国际合作项目、国家自然科学基金面上项目等在内的科研课题52项，实际到帐科研经费3100万元。2009年度新增省部级以上项目19项，新增合同经费1838万元，其中，新增国家 973计划课题1 项、863计划项目1项、中美国际合作项目1项 、湖南省重大科技专项项目1 项、国家自然科学基金面上项目9项、教育部新世纪优秀人才支持计划3项 。全年发表SCI源刊物论文202篇，其中：影响因子（IF）≥6.0的论文11篇，IF在46之间51篇，申请发明专利15项，获授权发明专利7项。2009年毕业博士生17名、硕士生69名。目前在站博士后7人，在读博士92人，在读硕士204人。2009年，共有8人次被邀请在国际学术会议上作大会报告、邀请报告；共有10人次被邀请来本实验室作学术报告。

2009年全国分析化学学科重点实验室发展与队伍建设研讨会

State Key Laboratory of Chemo/Biosensing and Chemometrics, Hunan University

2009年第二届学术委员会第三次会议

地址：中国　湖南　长沙　湖南大学化学生物传感与计量学国家重点实验室
邮政编码：410082　　　依托单位：湖南大学
电话/传真：0731-88821848　　E-mail：cbsc@hnu.cn
http：//cbsc.hnu.cn

湖南大学
汽车车身先进设计制造国家重点实验室

实验室基本情况

湖南大学汽车车身先进设计制造国家重点实验室于2006年7月由国家科技部正式批准筹建，2008年和2010年先后顺利通过国家科技部组织的评估和验收。实验室结合汽车工程领域的重大需求，开展具有基础性、前瞻性和战略性的研究工作，努力获取具有我国自主知识产权的关键核心技术，建立具有国际先进水平的汽车科技创新平台，为我国汽车技术和产业的持续、健康、快速发展不断提供创新性成果和共性技术支持。

实验室依托于湖南大学，是“211工程”和“985工程”建设的重要基地。现有办公用房面积5000余平方米，实验基地2万余平方米，拥有一批性能先进的大型设备、仪器和软件，固定资产总值7000余万元。实验室固定编制人员63人，其中中国工程院院士1人，千人计划1人，“长江学者奖励计划”特聘教授1人，国家杰出青年基金获得者3人。近年来承担了一大批国家和部省重大科研项目，并获得了国家科技进步一等奖和二等奖多项。

2009年实验室动态

2009年项目情况

2009年，实验室在研项目65项，其中国家级项目33项，合同总经费40449.6万元，2009年到帐科研经费7446.2万元。2009年新增项目21项，到帐经费649.5万元，其中国家级项目8项，到帐经费178.4万元。2010年申报成功国家973课题2项，国家自然科学基金项目10项，其中青年基金6项，教育部博士点基金6项，其中博导类4项。

2009年成果与奖励

截止2009年11月底，共发表论文201篇，其中SCI源刊杂志论文37篇，EI源刊杂志论文78篇，会议论文50篇，其中国际会议论文39篇。获发明专利12项，外观专利8项，软件著作权5项，申请发明专利24项。

获奖：

（1）钟志华，“四轮驱动”的模块化、渐进式机械类创新人才培养模式的研究与实践，2009年度湖南省高等教育省级教学成果一等奖

（2）钟志华，实施“四轮驱动”培育机械工程高质创新人才，2009年度国家级教学成果二等奖

（3）曹立波，2009年度“通用汽车中国高校汽车领域创新人才奖” 二等奖

（4）李光耀，湖南省“芙蓉学者计划”特聘教授首届成就奖

（5）韩旭，2009年度宝钢优秀教师奖

（6）李落星，国际论文最佳引用奖

（7）李落星，国务院侨办首届重点华人华侨创业团队奖

（8）文桂林，首届中国“智能车未来挑战比赛”第一名

2009年队伍建设和人才培养

实验室新增：

千人计划 1人

长江学者特聘教授1名

教授4人，副教授1人

全职引进新加坡南洋理工大学机械工程系徐道临副教授

在站博士后10名

在读博士生121人，2009年入学36名，毕业12名

在读硕士生398名，2009年入学164名，毕业37名

实验室高度重视青年科研人员的培养，通过资助参加国际会议，在自主研究课题经费中设立青年基金，对引进人员给与启动经费等方式，解决青年人员在科研上的一些实际困难，取得较好效果。2009年度，刘迪辉副教授、侯淑娟副教授、王琥副教授、胡德安副教授、陈久久副研究员、谭浩讲师得到国家自然科学青年基金资助。谭浩讲师在第十七届国际人机工程学大会上做“Build the User Emotional Genetic Model to Generate New Form in Automobile Concept Design”特邀报告以及在2009清华国际设计学管理大会博士论坛上作题为“Design Research to improve the quality, process and experience in design”特邀报告，崔向阳讲师在“ACES symposium on computational mechanics 2009 cum SACM Annual Meeting 2009”会议上作题为“Novel Method for Thin Plate Fourmulation Constructing Using Galerkin Approximation”特邀报告。实验室与国外大学联合培养研究生，利用国家公派留学生计划，实验室派出4名研究生赴美国普渡大学、美国乔治华盛顿大学、加拿大英属哥伦比亚大学进行为期2年的联合培养，开展基础理论方面的研究。在单元理论优化算法碰撞损伤生物力学等方面已取得成果,在国际杂志上发表了系列文章。

开放交流

近年来，实验室通过举办大型学术会议，积极参与国际合作项目等方式不断加强国内外学术交流与合作。2009年，实验室举办学术会议7次，在国内外学术会议上作特邀报告12人次，实验室接待国内外访问学者来室讲学63人次，批准开放基金9项。与上汽通用五菱、重庆长安、奇瑞、长丰、宝钢、华菱、海南马自达、上海赛科利模具、吉利、中国汽车技术研究中心、GM等企业开展了广泛的科研合作，研究成果在行业得到广泛应用。

通过对外开放交流与合作，充分展现了国家重点实验室的品牌效应，进一步提高了汽车车身国家重点实验室在国际学术界的地位和知名度。

实验室举办学术会议情况如下：

（1）2009年7月11日举办中国汽车工程学会汽车车身技术分会换届工作会议。

（2）2009年7月3日-8日举办“易受伤害道路使用者安全”与“车辆防撞性及乘员安全”双边会议。

（3）2009年10月16日-19日举办2009年度全国复合材料力学研讨会。

（4）2009年10月19日-20日承办2009中美工程前沿研讨会。

（5）2009年10月24日举办第十一届全国塑性工程学术年会。

（6）2009年12月4日-6日举办第七届国际汽车交通安全学术会议（INFATS2009）。

（7）2009年12月2日-3日举办“111计划”系列讲座—讲座Ⅳ：碰撞生物力学与损伤防护

公众开放

2009年实验室共接待参观95批次，参观人数1600余人，其中小学生260人，对湖南大学本科生开放教学398人，并与韩国高校代表团，美国休斯敦大学机械工程系和美国科罗拉多州州立大学代表团的老师及本科生进行学术交流。对本科生、研究生就最新类菱形概念车设计、月球车设备研制、传统车型结构与安全设计等内容进行科普讲座27次。

领导视察

2009年6月13日，中央政治局常委、国务院总理温家宝一行视察汽车车身先进设计制造国家重点实验室。

2009年8月15日，国务委员刘延东一行视察视察汽车车身先进设计制造国家重点实验室。

2009年4月26日，越南副总理兼教育培训部部长阮善仁一行来实验室视察参观。

蛋白质化学与发育生物学教育部重点实验室

省部共建国家重点实验室培育基地

第二届学术委员会合影

蛋白质化学与发育生物学教育部重点实验室依托于湖南师范大学，2001年由教育部批准筹建，2001年10月通过验收，2004年批准验收成为国家科技部与湖南省省部共建国家重点实验室培育基地，2005年顺利通过教育部评估。现任学术委员会主任为中国科学院院士王志珍教授（中科院生物物理研究所），梁宋平教授任实验室主任。现有固定人员46人，包括中国工程院院士1名、国家有突出贡献专家2名、国家杰出青年科学基金获得者3名、教育部长江学者计划特聘教授3名（含1名讲座教授）、教育部新世纪优秀人才4名、湖南省芙蓉学者4名、高级职称人员31名、有博士学位者34名。

实验室主要从事蛋白质组学与发育生物学的基础研究和应用基础研究。有以下八个研究方向：1.蜘蛛肽类毒素结构与功能研究，主要对我国特有毒蜘蛛的肽类毒素组学开展深入的结构与功能研究；2.蛋白质化学与蛋白质组学技术发展与应用，主要开展蛋白质组学研究技术方法学研究，对一些有重要生物学意义的细胞和组织开展蛋白质组学研究；3.蛋白质表达的基因调控与转基因技术，以基因敲除和转基因鼠技术进行重要药用蛋白基因的鉴定与功能分析以及重要药用蛋白的转基因工程，利用动物乳腺生产基因药物；4.重要疾病相关的功能基因组及蛋白质组研究，以人类复杂性状与疾病为主要对象，以遗传与突变为核心，开展分子遗传学、医学遗传学等跨学科和交叉学科的研究；5.衰老过程中的蛋白质演化及机理研究，根据蛋白质为主的交联硬化，揭示衰老生化的核心生理过程；6.水生经济动物生殖细胞发育及鱼类多倍体研究，用细胞和分子生物学方法对鱼类及水生经济动物的生殖细胞发生、发育及成熟过程进行研究，并继续开展鱼类多倍体研究；7.人类心脏

党和国家领导人接见刘筠院士

2010年8月31日教育部副部长陈希视察实验室

发育的基因调控研究，利用心肌细胞定向分化、细胞和动物模型RNA干扰等技术，对人类新基因进行鉴定与功能分析；8.细胞凋亡与发育和疾病研究，MAPK在脊椎动物和人眼晶体中的分化表达规律，开展利用基因芯片和蛋白质组学技术研究MAPK下游靶基因的种类,数量及调节的方式。

实验室在蛋白质化学和发育生物学基础研究领域内，保持着良好的发展态势，承担了一大批国家、省部级科研项目并取得了一批创新性研究成果。在研项目有国家973计划项目和子课题，863计划项目和子课题，国家生物产业化项目，国家杰出青年基金，国家自然科学基金重大项目、重点项目等课题。已获得了国家科技进步二等奖，湖南省科技进步一等奖，湖南省自然科学一等奖，湖南省首届科学技术杰出贡献奖等奖励。依托于实验室的发育生物学学科于2007年获国家教育部批准为国家重点学科。

实验室搭建了良好的科学研究和技术开发平台，现有活细胞工作站、高效液相色谱仪、液质联用质谱仪、透射式电子显微镜、扫描式电子显微镜等10万元以上仪器80余台件，仪器总价值5000余万元。科研用房面积4000多平方米，另有占地7000平方米的四倍体鱼基因库保护基地等。

美国科学院诺贝尔奖获得者Edmond H.Fischer院士等参观实验室

实验室举办第二届国际生命科学院士论坛照片

实验室主任梁宋平教授指导学生科研

实验室丰富多彩的文化活动

两性可育四倍体鲫鲂

地　址：中国　湖南　长沙市岳麓区麓山南路175号（410081）

（湘潭大学）低维材料及其应用技术教育部重点实验室

实验室简介

低维材料及其应用技术教育部重点实验室目前有3个具有特色的研究方向：1)金属镀层薄膜的制备及力学性能；2)铁电和光电薄膜的制备及性能表征；3)低维纳米结构的形貌演化。实验室有国家重点学科1个，博士后科研流动站2个，国家级教学团队1个，国家级精品课程1门。“材料科学与工程”是国家级实验教学示范中心。

实验室现有固定研究人员31人，其中博士生导师19人，教授21人，博士30人，国家杰出青年基金获得者2人，国家教学名师奖获得者2人，全国模范教师奖获得者2人，教育部“长江学者”特聘教授2人，教育部新(跨)世纪人才5人,湖南省“芙蓉学者计划”特聘教授6人，湖南省“百人计划”专家1人。实验室年均科研经费约1000万元，每年发表SCI论文约100篇。培养的研究生获得长江学者和国家杰出青年基金1人(郑学军)，获得全国百篇优秀博士论文奖和提名奖分别为2篇(丁建文、钟向丽)和1篇(郑学军)。

代表性研究成果

电动汽车和便携式电动工具用薄膜动力电源

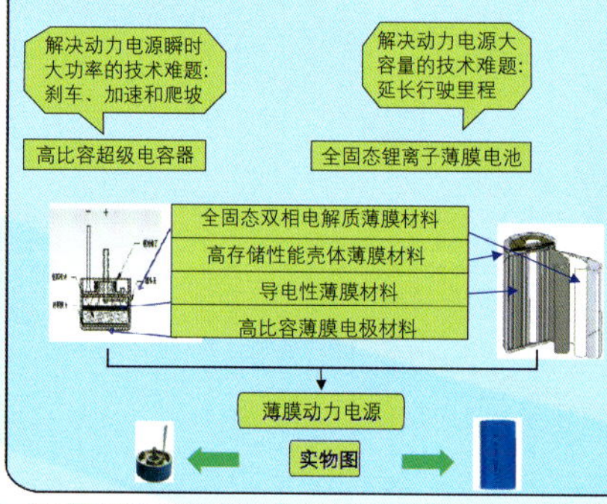

- 首次提出了薄膜动力电源的概念。
- 通过技术集成，实现高功率、高储存性和高安全性的“三高”薄膜动力电源的产业化。
- 已经与中南大学等单位组建产学研攻关团队，得到湖南省重大科技专项的资助。
- 动力电源市场广阔，全球市场容量15000亿元。

航天器用的高密度强抗辐射铁电薄膜存储器

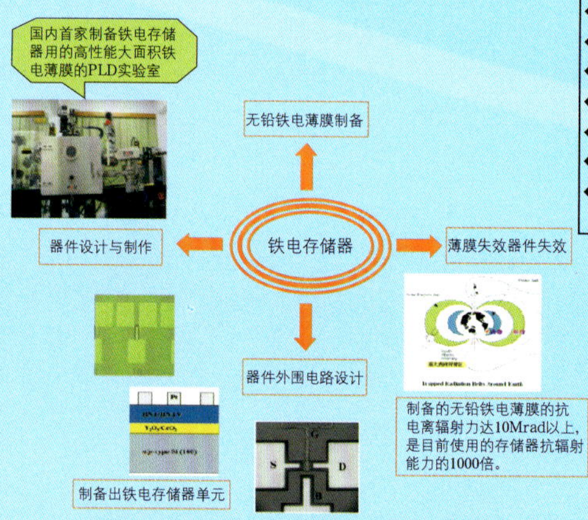

- 非挥发性
- 低功耗
- 高读写速度
- 抗辐射性能好
- 抗疲劳($10^{10}-10^{13}$)
- 低操作电压(1－5V)
- 与IC工艺基本兼容
- 极高密度的存储容量150Gbit／cm^2

铁电存储器特别适用于航天器的信息存储

- 开发了具有自主知识产权的高密度存储器用大面积无铅铁电薄膜生产工艺。
- 制备出了铁电存储器单元。
- 获国家发明专利8项。

航空和电力用高性能发动机的热障涂层系统可靠性研究

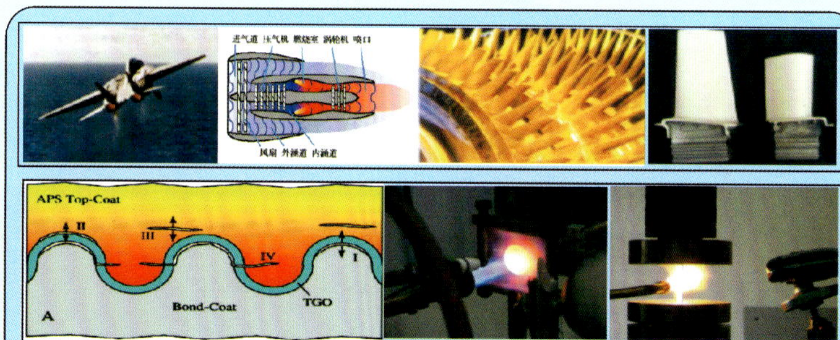

航空发动机被称为飞机的“心脏”，是为航空器飞行提供所需动力的核心部件，而热障涂层技术已成为该“心脏”的关键隔热防护材料！

该成果能有效解决目前航空发动机中涡轮机热障涂层系统可靠性难以预测的瓶颈问题，以及解决相关领域金属的高温热防护问题。该研究成果不仅具有很强的军用价值，而且兼有广泛的民用前景，可应用在火力发

周益春，男，中共党员，1963年3月5日出生，博士，教授，博士生导师，2005年国家杰出青年基金获得者,2006年第二届国家级教学名师奖获得者。1994年2月至今在湘潭大学材料与光电物理学院任教，其中于1999年1月至2001年8月在日本东北大学工学部作访问教授。1996年7月破格晋升为教授，1998年3月被中国科学院力学研究所评为博士生导师。现任湘潭大学“低维材料及其应用技术教育部重点实验室”主任，副校长。

在教学方面，2005年“材料的宏微观力学性能”(主持人)被评为国家级精品课程，其教材被评为国家“十一五”规划教材；2003年“材料固体力学”被评为湖南省研究生精品课程。2004年获湖南省教学成果一等奖，2005年获国家级教学成果二等奖。培养了一些优秀的学生，如指导的博士研究生郑学军2005年获得了全国百篇优秀博士论文奖提名奖并分别于2008年和2009年获得国家杰出青年基金和教育部长江学者、钟向丽2010年获得了全国百篇优秀博士论文。作为第一带头人负责的“材料与器件”教研组于2007年获得首批国家级教学团队、于2008年获得“材料科学与工程”国家级实验教学示范中心。

在科学研究和学科建设方面，主要从事“薄膜材料与器件力学”的研究，先后承担国家自然科学基金杰出青年基金、国家863项目、国家863引导项目、国家自然科学基金重点和面上项目等国家级项目，湖南省科技重大专项、教育部重大培育项目等省部级项目。先后获得省部级科技进步一等奖和二等奖各1项，获得国家发明专利10项。在Appl. Phys. Lett.，Acta Mater.等发表论文150余篇，其中SCI收录的论文120余篇，被国内外引用400余次。负责的“低维材料及其器件力学”于2009年获得湖南省首批自然科学创新群体。作为第一学术带头人先后获得“一般力学与力学基础”(1998年)、“材料物理与化学”(2003年)两个二级学科博士点，“力学”学科(2003年)、“材料科学与工程”学科(2007年)两个博士后科研流动站，“一般力学与力学基础”湖南省重点学科(2001年)和国家重点学科(2007年)，“材料物理与化学”湖南省重点学科(2006年)以及“低维材料及其应用技术教育部重点实验室”(2003年)。

周益春教授受到国务委员刘延东的亲切接见

周益春教授与国务委员陈至立合影

首批国家教学团队和湖南省首批自然科学创新群体部分成员

周益春教授向原湖南省委书记张春贤汇报科技成果

地址：湖南·湘潭大学(411105)

湖南出入境检验检疫局检验检疫技术中心
湖南省检验检疫科学技术研究院

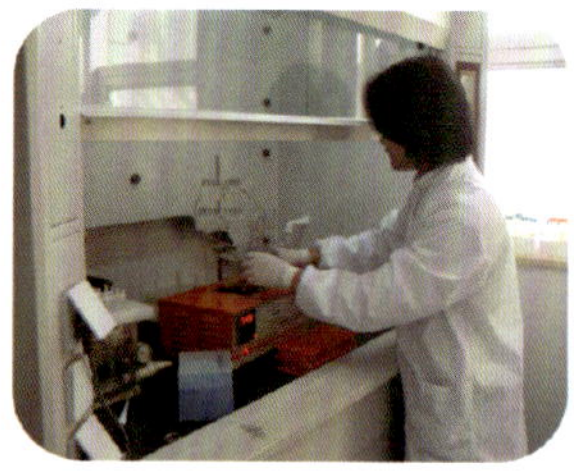

湖南出入境检验检疫局检验检疫技术中心暨湖南省检验检疫科学技术研究院是湖南出入境检验检疫局下属的具有独立法人资格的事业单位，是湖南检验检疫系统技术支持、保障和科研机构，同时为社会提供检测服务。

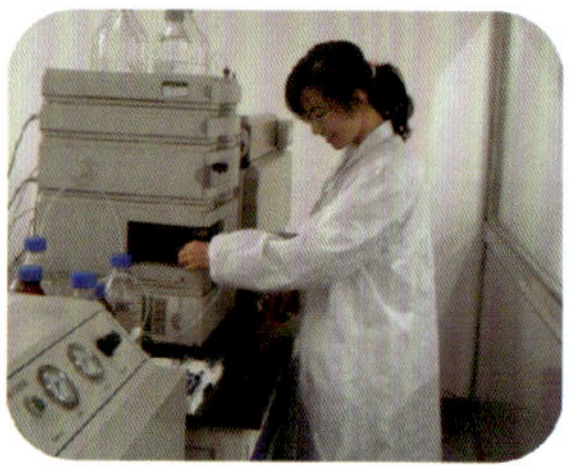
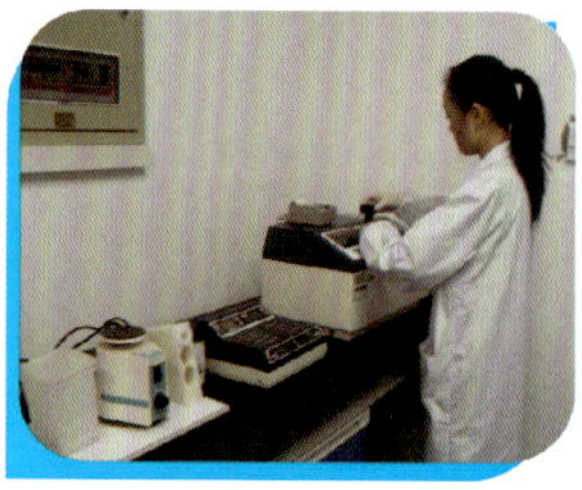

中心内设食品安全实验室、烟花爆竹检测实验室、工业品及危险化学品安全检测实验室、动植物检疫实验室、办公室五个部门，拥有茶叶检测、烟花爆竹检测、杂交水稻种子检疫与除害处理、陶瓷检测四个国家级重点实验室、食品安全科学技术湖南省重点实验室、湖南省烟花爆竹安全工程技术研究中心和金属检测、动物检验检疫、植物检疫、微生物检验、包装检测、医学媒介生物监测六个国家质检总局湖南中心实验室。

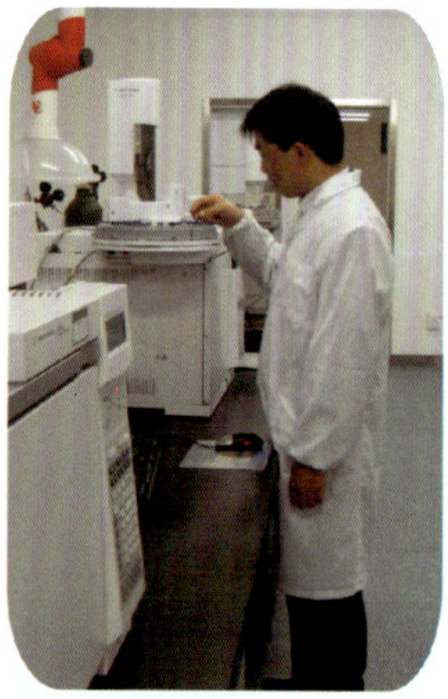

中心承担出入境检验检疫的实验室检测、实验室检疫、及相关领域科学研究和风险分析；主要从事食品、动植物及其产品、烟花爆竹产品、化矿金产品、电子电器产品、轻纺产品等产品的检测、鉴定和科研工作。

中心建立了实验室质量管理体系并通过了中国合格评定国家认可委员会的实验室认可和国家级计量认证，认可的检测能力1988项，涉及133类产品。

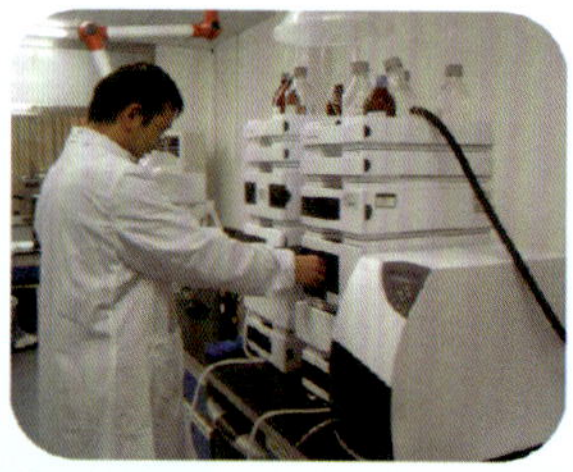

中心现有人员60人，其中国家质检总局首席研究员、国家突出贡献的中青年专家2人，享受国务院政府特殊津贴的专家3人，国家质检总局优秀中青年专家3人，博士7人，硕士25人，形成了一个层次分明、专业齐备、技术精湛的人才队伍。

中心现有实验室约6000平方米，拥有液相色谱-线性离子阱静电场轨道阱组合质谱仪、液相色谱仪-串联质谱仪、变性高效液相色谱仪、全二维气相色谱-时间飞行质谱仪、气相色谱-串联质谱仪、等离子发射光谱-质谱仪、X荧光光谱仪、荧光定量PCR、液相芯片分析系统、蛋白质分析仪等价值近亿元的大型先进精密仪器设备。

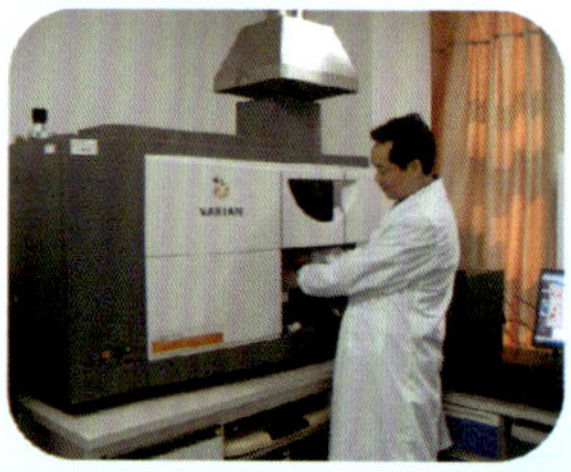

截止目前，中心共完成国家及省部级科研课题23项，获得国家科技进步二等奖1项、省部级科技进步一等奖3项、二等奖1项、三等奖9项，制订国家标准94项、行业标准66项，发表专业论文135篇。

中心曾选派业务骨干前往意大利卫生部进行交流与学习，多次参加质检总局组织的与美国FDA、德国卫生部、英国农业部、欧盟委员会、加拿大爆炸局、丹麦安全管理局的谈判和技术交流，多次参加WHO/FAO-CAC、APEC的会议及欧盟CHAF项目等国际会议，茶叶农残检测获得欧洲茶叶委员会的认可，烟花检测获得了德国BAM、荷兰TNO、加拿大CERL的认可。

中心严格遵循“科学、公正、准确、优质服务”的质量方针，发扬“敬业、求实、团结、创新”的精神，努力将中心建设成管理先进、技术一流的实验室。

单位全称：湖南出入境检验检疫局检验检疫技术中心/中心主任：肖家勇
联系电话：0731-85627808/地址：湖南省长沙市湘府中路188号/邮编：410004

湖南省食品质量监督检测所

湖南省食品质量监督检测所(简称：省食检所)是湖南省质量技术监督局直属事业单位，是具有法定资质的省级食品专业检测机构。省食检所现有在岗职工50余人，下设七个科室，技术力量雄厚，高级工程师有5人，硕士研究生12人，本科生16人。持有实验室资质认定评审员（省级）、实验室资质认定内审员、食品及相关产品生产许可证培训师与审查员、食品标准化人员、质量管理体系高级审查员、食品安全管理体系高级审核员、有机食品检查员等有关资质证书。所内还设有湖南省食品标准化技术委员会秘书处、湖南农业大学教学实习基地、中南林科大学研究生创新培养基地。总工程师杨代明研究员级高工是中南林科大学食品安全检测方向的硕士研究生导师，是湖南省政府聘请的全省十大标准化首席专家之一。现有1000平方米的实验室和1000平方米的办公及培训用房，精密仪器室、理化检测室、高洁净度微生物室、标准计量室、感观审评室等布局合理、功能齐全。

中层以上干部合照

经过20多年的积累与发展，省食检所形成了以食品质量与安全检验、注重食品标准化为鲜明特色的食品检测技术和食品标准化技术的优势，特别是食品掺伪检验技术和湘菜产业标准化技术，为建设成为湖南省食品质量安全检验公共技术平台打下了坚实的基础。

湖南省政府标准化首席专家杨代明介绍

一、基本情况

杨代明，1991年10月调入省食检所，1997年任总工程师，2005年评聘为研究员级高级工程师。2006年国家质检总局认定为学术骨干，2007年增为WTO/TBT国外通报评议专家，2007年被聘为中南林业科技大学食品质量安全检验学科校外硕士生导师。现任湖南省食品标准化技术委员会副秘书长，湖南省食品科学技术学会常务理事，湖南省营养学会常务理事，湖南省职业技能鉴定专家委员会食品检验专业委员会副主任。2009年被湖南省人民政府聘请为湖南省首席标准化专家。

二、业务工作

1、食品检验服务工作

从2005年开始，先后为政府、企业、消费者和新闻媒体提供食品质量技术咨询、疑难问题解答，参加了“桃源县中学食物中毒事件”、婴幼儿奶粉“三聚氰胺”事件等技术性调查，为事件的处理提供了科学公正的依据。

2、科研工作

1988年参加并完成由刘佩瑛主持《中国魔芋产业关键技术的研究和推广应用》课题中的《中国魔芋资源调与区划》子课题，于2007年获教育部颁发的科技进步奖推广类一等奖，《魔芋生物学基础研究》获重庆市自然科学二等奖。

承担了由国家质检总局2009年立项的《酱油和食醋非线性化学指纹图谱真假鉴别方法的研究》自主研究课题，独创性地将具有自主知识产权的非线性化学指纹图谱测定仪及方法用于食醋中酿造食醋原汁含量的测定研究，目前取得了阶段性成果，有望解决食醋和酱油国标或行标中有酿造酱油或酿造食醋含量50%以上或100%的规定的世界性检验难题。先后合作出版了《魔芋栽培与加工实用技术》、《果脯蜜饯生产工艺与配方》，并参加《食品质量与安全》、《魔芋学》的编写。主审了由周凤霞、张滨主编的《食品质量安全检测技术》。

3、标准化工作

先后主持制修订了湖南省质量技术监督局和湖南省农业厅下达的湖南省地方标准38项和一项国家标准。《湘味熟食》系列地方标准（DB43/160.1～DB43/160.8–2009）的制（修）定，对湖南省具有特色的湘味熟食的发展和做大做强，起到了极大的规范和引导作用；主持制定的《食品中富马酸二甲酯的测定—气相色谱法》（DB43/353–2007）地方标准，在2008年“三鹿奶粉”事件之后成为全国食品安全风险监控中国家质检总局规定使用的标准检测方法，产生了较大影响；主持制定的《葛根粉》（DB43/ 229 – 2006）首次规定了真假葛根淀粉检验方法。首次研究解决了方便米粉和方便淀粉粉丝中的表征其熟化度的碘呈色度指标的检验方法，为《方便粉丝》GB/T23783–2009和国家标准《方便米粉》（正在批准发布中）的制定提供了有力的依据。

从2007年开始，首次对湘菜基本术语进行规范，制定了《湘菜基本术语、分类与命名 第1部分：湘菜基本术语》（DB43/T421.1–2009），对湘菜进行了科学分类，即采用独创的类生物学分类法首次解决了国内外在对食品分类时因同时采用不同的分类依据而致类别之间相互交叉的难题，以此为依据对湘菜的学名进行科学的规定，并制定了《湘菜基本术语、分类与命名 第2部分：湘菜分类与命名》（DB43/T421.2–2009）；规范了11种湘菜预加工方法及13种湘菜预加工技法，24种湘菜烹调方法及36种烹调技法，制定了《湘菜烹调技术操作规范》（DB43/T422–2010）。首次提出了古典湘菜、近代湘菜和现代湘菜三个阶段划分的概念，在此基础上率先在中国菜系领域构建了由具有地方特色的湘菜原料标准子体系、预包装湘菜标准子体系、湘菜基础标准子体系、湘菜菜点标准子体系和湘菜调兴食品标准子体系组成的的湘菜产业化标准体系；且首次制定了《湘式菜肴 第1部分 毛氏红烧肉》（DB43/T423.1–2010）等5个湘菜标准，为实现湘菜全国乃至全球连锁经营奠定了坚实的基础。

进口高压液相色谱仪

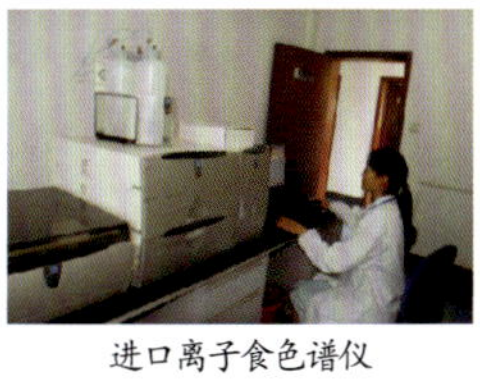

进口离子食色谱仪

进口酶标仪

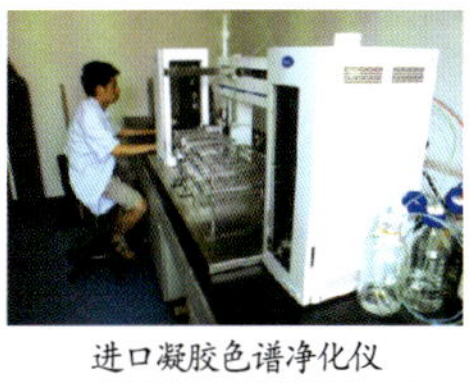

进口凝胶色谱净化仪

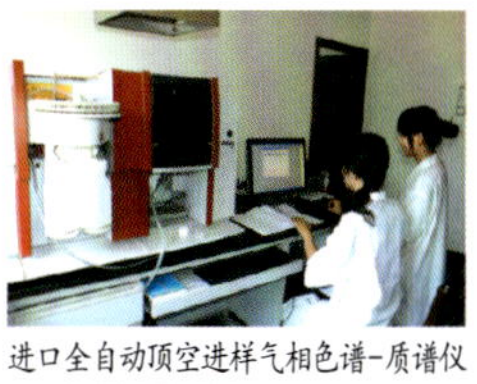

进口全自动顶空进样气相色谱-质谱仪

地址：长沙市苏家巷39号（410002）

人类干细胞国家工程研究中心

人类干细胞国家工程研究中心（以下简称国家工程中心）是由国家发改委于2005年成立后首批批准组建的国家级建设项目，是湖南省唯一的一家专注于干细胞产业化的高新技术企业。湖南光琇高新生命科技有限公司是国家工程中心的承载运营实体，其注册资本为1.533亿元人民币。国家工程中心经营范围以生命科技领域、干细胞及相关技术的研究和开发为主导，同时提供相关产品的生产、销售和咨询服务以及相关技术的合作交流。

著名遗传学与生殖医学专家、干细胞研究及工程学专家卢光琇教授组建并担任人类干细胞国家工程中心主任。卢教授曾多次获得湖南省科技进步一等奖、国家科技进步二等奖、教育部科技进步推广类一等奖，先后承担包括国家自然科学基金重点项目，863和973等多项国家级研究项目，并出版医学专著多部。中心共有研究人员28人，其中博士生导师3人，硕士生导师11人，博士21人，硕士13人。承担国家863课题有4项；973课题5项；国家自然科学基金及重点项目11项，承担其他重大科研项目36项。国家工程中心积极创造一流的工作条件，逐步健全有效的约束和激励机制，吸引与培养高素质的科研人员及经营管理复合型人才。

二00九年度国家级技术创新平台奖

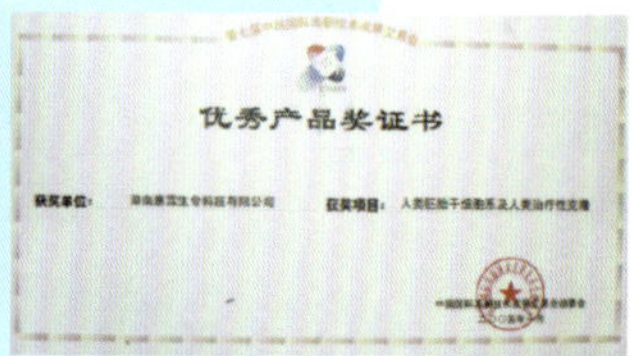

人类胚胎干细胞系及人类治疗性克隆荣获优秀产品奖

国家工程中心由以下部分构成：湖南光琇高新人类干细胞国家工程研究中心附属医院、湖南省最大的脐血干细胞库和脐带间充质干细胞库、世界上最大的胚胎干细胞库、肿瘤免疫实验室、淋巴细胞免疫治疗实验室、小儿脑瘫实验室和下肢缺血性疾病治疗实验室。

国家工程中心自2008年起开始产业化运营，其后技术服务收入每年保持高速稳定增长，其中2009年主营业务收入较2008年增长217.16%，2010年前7月主营业务收入较上一年同比增长153.12%。

国家工程中心在长沙国家高新技术开发区岳麓山科技园购置土地70亩，以兴建新址。新址总建筑面积为21,000多平方米，中心大楼按功能分为综合办公区、科研试验区、附属医院和公用设施，建有国际一流的GMP实验室新基地，该新址建设工程预计于2010年底可竣工验收。

未来充满机遇，也富有挑战，国家工程中心将迎难而上，通过公司管理层的精诚合作与全体员工的不懈努力，为干细胞事业创造新的辉煌。

2007年3月7日，卢光琇教授在全国政协会议上与胡锦涛主席亲切交谈

2009年7月27日，前来考察的现任省委书记周强与卢光琇教授及罗优群合影

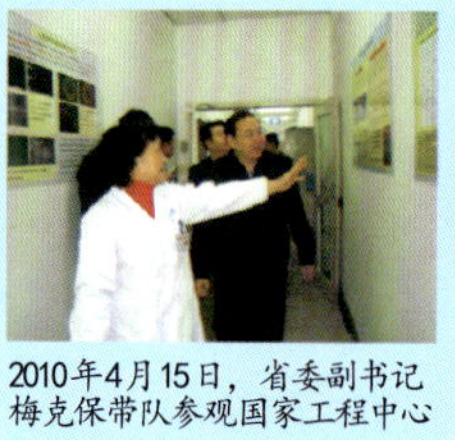
2010年4月15日，省委副书记梅克保带队参观国家工程中心

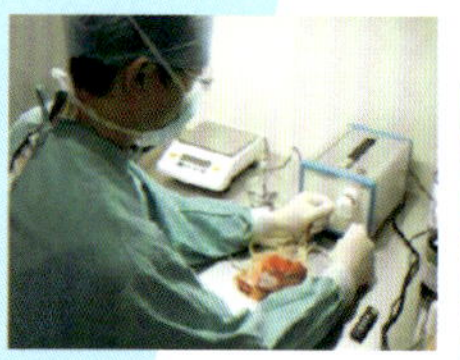
技术员在实验室进行干细胞的制备

技术员在实验室进行干细胞的制备

地址：湖南省长沙市开福区湘雅路88号人类干细胞国家工程研究中心
邮编：410078 电话：0731-82355312 传真：0731-82355312

编辑说明

一、《湖南科技年鉴》是由湖南省科学技术厅主办的地方性年鉴。2002年创刊，每年出版一卷，2010卷属正式出版发行的第三卷。主要记载年度湖南省重要科技活动与事项，全面、充分地反映湖南省科学技术进步与发展状况，向社会提供存史、资政、查询服务。

二、《湖南科技年鉴》（2010卷）主要记载2009年湖南省科学技术事业的各个方面。全书按篇目编写，依次是：科技活动、特载、专题综述、科技管理、科技奖励、行业科技、高等院校、科研院所、高新技术产业园区、区域科技、科技统计、2009年湖南科技大事记共12个部分。

三、《湖南科技年鉴》所载稿件，主要由湖南省科学技术厅、湖南省直有关单位、高等院校、科研机构、高新技术产业园区以及市州科技局撰写和提供资料。凡全省性主要经济、社会发展数据，均援引自湖南省统计局发布的统计公报、《湖南统计年鉴》、《湖南科技统计年鉴》。

四、《湖南科技年鉴》（2010卷）正文采用语体文第三人称书写，数据资料截止时间为2009年12月31日。科技大事记以时间为序记载。

五、《湖南科技年鉴》（2010卷）的编辑出版得到了湖南省直各单位、高等院校、科研机构、高新技术产业园区、市州科技局和广大高新技术开发应用企业的大力支持和帮助，在此一并致以最诚挚的谢意！

六、为方便读者查阅，本书配备了中英文目录。由于本书内容涉及面广，加之编者水平有限，难免存在疏漏、错误之处，敬请广大读者批评指正。

《湖南科技年鉴》编辑部

2010年12月

《湖南科技年鉴》(2010卷)目录

第一篇 特 载

第二篇 专题综述

第三篇 科技管理

第四篇　科 技 奖 励

第五篇　行 业 科 技

教育科技

卫生科技

国土资源科技

信息产业科技

农业科技

林业科技

环境保护科技

知识产权

气象科技

机械工业科技

防震减灾科技

出入境检验检疫科技

第六篇　高等院校

第七篇　科 研 院 所

第八篇　高新技术产业园区

第九篇　区域科技

第十篇　科技统计

提高自主创新能力·转变经济发展方式

Contents

Science and Technology in Various Industries

Science and Technology in Universities

Research Institutes of Science and Technology

High and New Technology Industry Districts

Regional Science and Technology

Statistics on Science and Technolog

Sights in Hunan of Improving the self-renovation capability and transforming the mode of economic development

第一篇

特　　载

让科技引领中国可持续发展

——温家宝总理在首都科技界大会上的讲话

（2009年11月3日）

今年是中科院建院60周年，中科院的成立是中国科学史上的一个里程碑。当时，共和国刚刚成立、战争的硝烟还没有完全散去，百废待举、百业待兴。共和国的奠基人就高瞻远瞩，着手组建中国科学院。因为他们懂得一个道理，就是要摆脱长期以来中国积贫积弱的状况，不再落后挨打，使中华民族跻身于世界民族之林，必须依靠科学技术。

从新中国成立起，我国的科技事业就开始奠基，并和共和国一起发展、腾飞。60年来，党和政府始终把科技摆在重要战略地位。从“向科学进军”到“科学技术是第一生产力”，从“科教兴国”到“建设创新型国家”，我们独立自主地建立起现代科学技术体系，走出了一条中国特色的科技发展道路。“两弹一星”奠定了中国尖端科技基础和大国地位；陆相成油理论甩掉了中国“贫油国”的帽子；杂交水稻成为满足中国粮食需求和促进世界谷物生产的“金钥匙”；载人航天成功实现了中国人的“飞天”梦想。我们在许多重要科研领域达到国际先进水平。今天的中国，已经成为世界有影响的科技大国和经济大国。历史告诉我们，科学技术决定民族兴衰和国家命运。

今天在座的有许多老一辈的科学家，也有许多和我年龄相仿的科学家。我们都是新中国科技发展的见证人和实践者。我年轻的时候曾经是一名地质工程师，许多老科学家的感人事迹至今难忘。去年，《Science》杂志的主编布鲁斯·艾伯茨采访我，我开头跟他说了两句话：第一，如果我不从政的话，也有可能成为一名科学家；第二，我参与领导工作以后，一直关注着科学技术工作。我认为一名好的领导者，应该有一定的科学素养，具备相当的科技知识。到中央工作以后，我一直对科技工作倾注了自己的深厚感情。特别是担任总理近7年来，科技发展始终是我心头萦绕的一件大事。我深知，没有科技发展就没有中国的今天，也没有中国的明天。我们必须依靠科学技术全面建成惠及十几亿人口的更高水平的小康社会，依靠科学技术加快建成富强民主文明和谐的现代化国家。

世界200多年的工业化历程，仅使不到10亿人口的发达国家实现了现代化，但资源和生态却付出了沉重的代价。包括中国在内的发展中国家实现现代化，再也不能延续传统的经济增长方式和发展模式。可持续发展是现代化的永恒主题，人类文明进步呼唤着可持续发展和新科技革命，中国面临重大机遇和严峻挑战。我们要依靠科学技术实现中国可持续发展，依靠科学技术形成少投入、多产出的生产方式和少排放、多利用的消费模式，走出一条生产发展、生活富裕、生态良好的新型工业化和城镇化道路。让中国这块美丽古老的土地，成为炎黄子孙世代繁衍生息的绿洲和乐园！

当今世界正遭受金融危机的冲击，也正处在新科技革命的前夜。20世纪上半叶，发生了以量子力学和相对论为核心的物理学革命，加上其后的宇宙大爆炸模型、DNA双螺旋结构、板块构造理论、计算机科学，这六大科学理论的突破，共同确立了现代科学体系的基本结构。自从20世纪下半叶以来，尽管知识呈快速增长的态势，但是基本表现为对现有科学理论的完善，没有能够出现与这六大革命性的科学突破相提并论的理论成就或重大发现。从这个意义上说，"科学的沉寂"至今已经有六十余年了。进入21世纪以来，一些重要科技领域发生革命性突破的先兆已经初显端倪。这场新科技革命，将依赖现代化进程强大需求的拉动，将源于知识与技术体系创新的驱动。

中华民族有史以来就是富于创造的民族。英国哲学家培根曾赞扬说，中国古代的印刷术、火药和指南针改变了世界事物的面貌和状态。遗憾的是，由于众所周知的原因，近代中国屡次错失科技革命的机遇，逐步从世界经济科技强国的地位上沦落了。回想一下近代以来的历史，我们有过四次发展机遇。第一次是当欧洲工业革命迅速发展的时候，我们正处于所谓"康乾盛世"。康熙61年、乾隆60年，加上中间雍正13年，一共134年，当时的清王朝沉湎于"天朝上国"的盲目自尊，以至发展到发布"禁海令"，关上了中国通往世界的大门。对于国外的科技发明，称之为"奇技淫巧"，不予理睬。由于满足于传统农业社会的生产方式，对科技革命和工业革命麻木无睹，错失良机。第二次是1840年鸦片战争以后，西方列强的坚船利炮打开了清朝的大门，洋务派发动"师夷长技以制夷"的自强运动，但因落后的封建制度和对近代科学技术认识的肤浅终告失败，使中国又一次丧失了科技革命的机遇。第三次是20世纪上半叶，由于军阀混战及外敌入侵，使中国失去了科学救国和实业救国的机遇。第四次是文化大革命时期，新中国建立的宝贵科学技术基础受到很大的破坏，我们又失去了世界新技术革命的机遇，使我国与世界先进科技水平已经有所缩小的差距再次拉大。前事不忘，后事之师。中国再不能与新科技革命失之交臂，必须密切关注和紧跟世界经济科技发展的大趋势，在新的科技革命中赢得主动、有所作为。

去年9月以来，百年罕见的国际金融危机，使世界经济遭受了上世纪大萧条以来最为严重的挑战。这场危机波及范围之广、影响程度之深、扩散速度之快，超出了人们的预料。中国经济也受到严重的冲击，主要是外部需求萎缩，产能过剩凸显，一些行业企业生产经营困难，失业人员增多，经济增速明显下滑。我们及时果断地调整宏观经济政策，坚持把扩大内需特别是消费需求作为应对国际金融危机的基本立足点，努力做到速度与结构、质量、效益相统一，政府调控与市场作用相结合，促进增长与改善民生相协调，全面实施并不断丰富完善应对国际金融危机的一揽子计划，比较快地扭转了经济增速下滑的态势，中国作为一个负责任的大国，为世界经济复苏作出了应有的贡献。

我们清醒地认识到，国际金融危机对中国的机遇前所未有，挑战也前所未有。短期的困难和长期的矛盾交织在一起，转变发展方式、调整经济结构的任务越来越艰巨，资源环境的制约越来越突出，国际经济和科技竞争的压力越来越大。只有加快体制创新和科技创新，我们才能从根本上克服国际金融危机的不利影响。因此，在经济积极向好的趋势得以巩固的时候，应该而且必须开始考虑长远的事情。长远的事情是什么？我认为最重要的是科技和教育。要使中国真正走在世界的前列，必须有强大的科学技术力量，有一支富于创新的人才队伍，这是中国发展的后劲之所在、力量之所在。

历史经验表明，经济危机往往孕育着新的科技革命。正是科技上的重大突破和创新，推动经济结构的重大调整，提供新的增长引擎，使经济重新恢复平衡并提升到更高的水平。谁能在科技创新方面占据优势，谁就能够掌握发展的主动权，率先复苏并走向繁荣。1857年的世界经济危机，是第一次波及全球的生产过剩危机。这次危机引发了电气革命，推动人类社会从蒸汽时代进入电气时代。内燃机和电动机逐步取代蒸汽机，创造了电力与电器、汽车、石油化工等一大批新兴产业，同时大幅提升了机械、冶金等产业的发展水平，工业文明成为世界发展的主流。1929年的世界经济危机，是20世纪最为严重的全球经济危机。这场危机引发了电子革命，推动人类社会从电气时代进入电子时代。电子产业迅猛发展带动了一批高技术产业崛起，推进了传统产业的升级换代，世界产业结构发生了重大变化，全球化、知识化、信息化、网络化的新时代逐步到来，有别于以往工业革命的新型人类文明形态正在形成过程中。面对当前这场国际金融危机，各国正在进行抢占科技制高点的竞赛，全球将进入空前的创新密集和产业振兴时代。美国提出，将研发的投入提高到GDP的3%这一历史最高水平，力图在新能源、基础科学、干细胞研究和航天等领域取得突破；最近又两次提出美国科技的主攻方向，包括节能环保、智慧地球等。欧盟宣布到2013年以前，将投资1050亿欧元发展绿色经济，保持在绿色技术领域的世界领先地位。英国从高新科技特别是生物制药等方面，加强产业竞争的优势。日本重点开发能源和环境技术。俄罗斯提出开发纳米和核能技术。我们必须目光远大，把握机遇，在这场竞争中努力实现跨越式发展，缩小与发达国家在经济和科技方面的差距。

怎样推动中国经济在更长时期内全面协调可持续发展，尽快走上创新驱动、内生增长的轨道，是我最近一个时期重点调研和经常思考的一个问题。我觉得，战略决策、科技创新、领军人才和产业化这四个方面的储备决定着未来。我们已经作出并将继续完善战略部署。制定了国家中长期科学和技术发展规划纲要，把建设创新型国家作为战略目标，把可持续发展作为战略方向，把争夺经济科技制高点作为战略重点，逐步使战略性新兴产业成为经济社会发展的主导力量。这些前瞻性、战略性和全局性安排，体现了自主创新、重点跨越、支撑发展、引领未来的我国科技发展战略方针。

科学选择战略性新兴产业非常关键。选对了就能跨越发展，选错了将会贻误时机。战略性新兴产业必须掌握关键核心技术，具有市场需求前景，具备资源能耗低、带动系数大、就业机会多、综合效益好的特征。目前我国经济运行中的最大困难，就是外部需求急剧减少，而且将来在相当长的时间也很难恢复到危机之前的水平。在这种情况下，一部分产业就暴露出产能过剩问题，而且其中一些产业又没有掌握核心和关键技术。面对这种情况，我们必须重视发展战略性新兴产业，同时要在最有基础、最有条件的领域突破核心和关键技术。选择战略性新兴产业的科学依据是什么？最重要的有三条：一是产品要有稳定并有发展前景的市场需求；二是要有良好的经济技术效益；三是要能带动一批产业的兴起。

最近，我主持召开了三次座谈会。有47位经济、科技专家，围绕新能源、节能环保、电动汽车、新材料、新医药、生物育种和信息产业发展进行了热烈的讨论，提出了很好的意见和建议。如何抓住机遇，充分发挥中国经济和科技的优势？如何突出重点，确定中国战略性新兴产业的发展方向？如何加强科技支撑，突破产业发展的关键和核心技术？这是我给广大科技工作者提出的题目。科学研究只有同经济社会发展紧密结合起来，才有强大的生命力。

世界各国都高度重视新能源产业发展，正在加快推进以绿色和低碳技术为标志的能源革命。中国在调整能源结构、提高能源资源利用效率、应对气候变化方面，已经并将继续作出积极努力。新能源发展要突出清洁能源和可再生能源，包括水电、核电、风力发电、太阳能发电、沼气发电，以及地热利用、煤的洁净利用等。要加强宏观规划和配套设施建设，推动清洁能源和可再生能源有序发展。同时，要采取更强有力的措施，突破关键技术，提高能源利用效率和优化能源消费结构。新能源汽车已成为全球汽车工业发展方向。世界主要国家为保障能源安全，都在加快新能源汽车研发和市场开拓的步伐。中国经过近10年的自主研发和示范运行，在这个领域与世界先进水平的差距大大缩小。当前紧迫的任务是，通过技术经济、市场需求和经济效益三个方面的充分论证，尽快确定技术路线和市场推进措施，推动新能源汽车工业的跨越发展。

新材料产业发展对中国成为世界制造强国至关重要。目前，中国许多基础原材料以及工业产品的产量位居世界前列，但是高性能的材料、核心部件和重大装备严重依赖于进口，关键技术受制于人，“中国制造”总体水平处在国际产业链低端。无论是推进大飞机、高速列车、电动汽车等重点工程，还是发展电子信息、节能环保等重要产业，都面临着一系列关键材料技术突破问题。必须加快微电子和光电子材料和器件、新型功能材料、高性能结构材料、纳米材料和器件等领域的科技攻关，尽快形成具有世界先进水平的新材料与智能绿色制造体系。

21世纪是生命科学大发展的世纪。生物科技发展将显著提高农业和人口健康水平。13亿中国人的吃饭问题必须靠自己来解决，根本要靠科技。要发展转基因育种技术，这是提高农业产量和改善产品质量的重要途径。科学家建议超前部署分子设计育种，大规模挖掘动植物种质中蕴藏的优异基因资源。这样，中国10年左右就可能实现小麦、水稻等主要农作物和猪、牛、羊等主要牲畜的优良品种的显著改良。

健康科技、生物医药事关民生大计。中国是一个发展中的人口大国，加快这个领域创新和发展具有特殊重要的意义。要把生命科学前沿、高新技术手段与传统医学优势结合起来，研发适应多发性疾病和新发传染病防治要求的创新药物，突破应用面广、需求量大的基本医疗器械关键核心技术，形成以创新药物研发和先进医疗设备制造为龙头的医药研发产业链，大幅度提升生物医药产业的国际竞争力。目前，世界主要发达国家的干细胞研究发展势头强劲。干细胞研究促进了再生医学的发展，这是继药物治疗、手术治疗之后的又一场医疗革命。我们要力争在干细胞研究的更多领域取得领先地位，同时要高度重视、切实防范干细胞研究引发的伦理问题。

信息网络产业是世界经济复苏的重要驱动力。全球互联网正在向下一代升级，传感网和物联网方兴未艾。“智慧地球”简单说来就是物联网与互联网的结合，就是传感网在基础设施和服务领域的广泛应用。我在无锡考察时参观了中国科学院微系统所无锡传感网工程中心，很高兴看到一批年轻人正在从事传感网的研究。我相信他们一定能够创造出“感知中国”，在传感世界中拥有中国人自己的一席之地。我们要着力突破传感网、物联网的关键技术，及早部署后IP时代相关技术研发，使信息网络产业成为推动产业升级、迈向信息社会的“发动机”。

这里，我还想谈一谈空间、海洋和地球深部开发利用问题。空间、海洋和地球深部，是人类远远没有进行有效开发利用的巨大资源宝库，是关系可持续发展和国家安全的战略领域。我们要实施好“载人航天计划”和“嫦娥计划”，有效进入并和平利用空间。中国是一个海洋大国，海洋资源开发和海洋产业发展是“蓝色聚宝盆”。国际上正兴起海岸带可持续发展研究，我们要切实加强这方面的工作。在地球深部资源探测方面，中国已有固体矿产勘探开采的深度大都小于500米，而世界一些矿业大国已经达到2500米到4000米，南非计划开采的深度达到6000米。澳大利亚在本世纪初率先提出“玻璃地球”计划，也就是要使地下1000米变得“透明”。加拿大人近期提出的类似计划，要搞到3000米。中国人均资源短缺，资源勘探水平不高，开采利用率也比较低，这是制约未来经济发展的突出矛盾。我们要千方百计提高资源勘探开采水平和效益，充分挖掘和利用好各类资源。

要更加重视基础研究和战略高技术研究。基础研究相当重要，因为原始创新源于基础研究。而基础研究没有十到几十年的积累不可能出重大成果，这绝不是急功近利的事情，是要花费心血长年积累的事情。重大战略高技术是引不进、买不来的。原始创新是一个国家竞争力的源泉。中国要抢占未来经济科技发展的制高点，就不能总是跟踪模仿别人，也不能坐等技术转移，必须依靠自己的力量拿出原创成果。科学技术是老老实实的学问，来不得半点虚假，需要充满艰辛、敢担风险的探索，需要“面壁十年”、甘坐冷板凳的精神。要脚踏实地、潜心钻研，切忌浮躁。我希望中国能够诞生更多世界级的科学家和科技领军人才，我们也一定能够出现这样的人才。

要深化科技管理体制改革，大胆革除阻碍科技生产力发展的一切体制机制障碍。要进一步促进经济和科技的结合，充分发挥市场在科技资源配置中的基础性作用，加大自主创新的投入，引导企业成为技术创新的主体。我们要把显著提高全社会的研发投入(R&D)占GDP的比重作为一项重要的任务，作为一个要奋斗实现的目标。特别要从根本上解决科技经济“两张皮”问题，促进产学研结合，促进科技成果向现实生产力转化。我们要大幅度提升知识产权的创造、运用、保护和管理能力，为建设创新型国家提供有力支撑。我们全部科技政策的着眼点，就是要让创新火花竞相迸发、创新思想不断涌流、创新成果有效转化。为此，要创造良好的环境，让科技工作者更加自由地讨论、更加专心地研究、更加自主地探索。全社会都要尊重知识、尊重人才、尊重实践、尊重创造，大力弘扬科学精神、传播科学思想、倡导科学方法、普及科学知识，全面提高自主创新能力和全民科学素质。我们各级领导干部要像邓小平同志那样，当好科技工作的“后勤部长”。

今天在座的都是科技工作者。这里，我想缅怀两位最近去世的科学家：一位是钱学森先生，一位是贝时璋先生，他们都是我国科学界的杰出代表。

10月31日，钱学森先生去世了。那天是星期六，早上我还是按时上班。他是8点零6分去世的，我是8点15分知道的。我赶到了301医院，向这位给国家和人民作出重大贡献、德高望重的科学家鞠了三个躬，来表达我对他的敬意和哀思。当天夜里，北京雨雪霏霏。我躺在床上，辗转反侧，难以入睡，钱老的音容笑貌一直萦绕在脑海里。我起身找出当年的日记和与钱老的通信。睹物思人，思绪万千，一桩桩往事历历在目。我跟钱老认识是在上个世纪80年代。那时，我在中央分管科协工作，他是中国科协主席。1990年7月3日，我到他在国防科工委的办公室去谈工作，我们两人谈了很长时间。我的日记记得清清楚楚，他说，整个社会主义建设是一个大的系统工程，作为社会形态应该包括三个方面，就是经济、政治和意识形态。因此，我们必须提出要建设精神文明、政治文明和物质文明。然后他又强调还有一个基础，就是地理环境。我作总理以后这几年去看望钱老，他谈的更多的不是科技问题了，几乎每次都是教育问题。他反复提到，创新型人才不足是现行教育体制的严重弊端，也是制约科技发展的瓶颈。他提出要更加关注教育改革和发展，注重培养具有创新能力的人才。他说，中国现在没有发展起来，一个重要原因是没有按照培养科技发明创造人才的方式办学，没有自己独特创新的东西，培养不出杰出人才。他还结合自己成长的经历说，一个有科学创新能力的人不但要有科学知识，还要有文化艺术修养。我对钱老提出的这两条意见深为赞同。后来，我每到一所学校，都向师生们讲述钱老的这番话。我们要把培养创新型人才作为教育发展的重要目标，这需要从娃娃抓起。不仅要重视发展高等教育，努力创建世界一流大学，更要重视发展小学、中学教育，培养孩子们的创造精神，打好人才成长的基础。只有培养一批又一批、一代又一代各类人才，特别是创新型人才，中国才有希望。

贝时璋老先生去世时，我没有赶上去告别。那个星期天我到他家里去吊唁。这位老先生在去世的前一天，就是10月28日上午，还邀请北大医学部生物物理教研室林克椿教授等6人进行讨论，一位107岁的老人邀请科学家来讨论什么呢？在得知2009年的诺贝尔奖揭晓以后，他心情一直不平静。他想起林克椿教授1981年在斯坦福大学化学系作访问学者时，曾经发现了“由钙离子促进膜间结合而诱发螺旋状脂质体”的现象。当时这个成果很受重视，1982年的英国《自然》杂志以封面文章的形式予以发表。我们有的科研成果其实离诺贝尔奖并不是很远，也许就一步之遥。他女儿跟我讲，那天，老先生精神特别好，跟大家讨论了一个小时，而且最后还讲，我们要为国家争气。我希望老一代科学家像钱老和贝老一样，继续在重点科技攻关和创新领域发挥关键作用，善于发现和培养青年才俊；青年科学家要继承发扬老一代科学家献身祖国的高尚品质和甘于寂寞的奉献精神。只有大批青年科学家不断成长起来，站在前辈的肩膀上攀登新的科技高峰，中国的科技事业才能兴旺发达，后继有人。

中国的现代化是人类历史上前所未有的大变革。科学技术是推动这场变革的重要原动力。只要用现代科学技术武装起来，中国这艘巨轮就能产生无尽的力量，任何人都阻挡不了我们前进的步伐。我坚信，中国科技一定能够支撑和引领我们伟大的祖国实现现代化宏伟目标，中国的现代化一定能够为人类文明进步事业作出新的更大贡献！

转载自2009年11月23日中华人民共和国中央人民政府门户网站

充分发挥科学技术的引领支撑作用
促进我国经济社会又好又快发展

——国务委员刘延东在2009年全国科技工作会议上的讲话（摘要）

（2009年2月9日）

一、充分认识科技在国家现代化建设中肩负的历史使命，增强责任感和紧迫感

当前，我国改革开放和现代化建设站在了一个新起点上。中国已经成为一个对世界具有重要影响力的大国，正在加快向世界强国迈进。强大的科技实力是国家强盛的标志。科技是现代化的发动机，是中国由大国走向强国不可替代的支撑。胡锦涛总书记在中国科协成立50周年纪念大会上，明确提出把科技置于优先发展的战略地位，这一高度是前所未有的，充分体现了中央对科技工作的高度重视和殷切期望，在中国从大国走向强国的进程中和应对当前国际金融危机的形势下，要从这样五个方面来把握其深刻含义：

第一，从大国走向强国必须创造高度发达的社会生产力，这需要科技的强大支撑和引领，科技是先进生产力的集中体现。近现代以来每一次全球性的重大经济社会变革，都与科技的革命性突破密切相关。18世纪中叶，以蒸汽机为标志的第一次技术革命，开启了工业文明的时代。19世纪末，以电力技术为标志的第二次技术革命，推动人类社会从蒸汽时代进入电气时代。20世纪中叶以来，以电子技术、航空航天技术、核技术、信息和网络技术为标志的第三次技术革命，使人类从电气时代进入了电子时代。历史表明，科技革命推动了产业革命，促进了生产力的跨越式提升和工业文明的兴起，成为改变世界竞争格局、导致强国崛起和更替的关键因素。凡是抓住科技革命机遇实现腾飞的国家，就能够率先进入现代化行列。

第二，实现国家强盛必须建设先进完备的产业体系，这需要科技的强大支撑和引领。我国是一个大国，又处于工业化、城镇化、信息化快速推进的阶段，只有建立与国家发展进程相适应的现代产业体系，才能培育强大的经济实力和竞争力。科技是推动产业结构升级的根本动力和先导力量，完备的产业体系必须有各个层次、各个方面先进技术的支撑。我们既要依靠科技进步改造传统产业，提升产业发展水平，又要依靠科技进步培育新兴产业，创造新的市场需求，推动产业结构升级，这样才能培育新的比较优势和竞争优势，引领未来经济社会的发展。

第三，我国作为后发国家必须走内涵式发展道路，这需要科技的强大支撑和引领。后发国家的后发优势，在于能够吸取其他国家发展过程中的经验教训，在于能够利用过去没有的先进技术加快发展，少走弯路，实现赶超。目前，能源供应、生态环境和自然资源对我国经济增长的约束强度不断加大。为此，我们及时提出了加快建设资源节约型、环境友好型社会的要求，不再走高消耗、高污染的老路。这就要求我们大力发展节能技术、清洁生产技术、环保技术，解决好能源资源节约开发、治理环境污染、应对气候变化等问题，为可持续发展提供根本保障。

第四，在现代化进程中必须大幅度提高人民生活质量，这需要科技的强大支撑和引领。现代化的进程，应当是一个经济与社会协调发展，人民群众生活水平不断提升的过程。经济增长不仅需要科技进步提供动力，社会发展也需要科技进步提供动力。比如，在文化领域，网络动漫、游戏、影视制作等很多新兴文化产业都是科技水平提升以后催生的；在人口健康领域，要提高人口质量，保证食品安全，攻克影响健康的重大疾病，首先都要求科技的突破。

第五，中国要成为现代化强国必须在更广阔的空间维护国家安全和战略利益，这需要科技的强大支撑和引领。在新世纪新阶段，国家利益已经不再局限于现有的国土空间。从世界各大国的战略取向来看，他们都把国家利益继续向太空、海洋和网络“三大空间”拓展。中国作为一个处于上升期的大国，也应当从长远利益出发，把加强太空、海洋和网络的开发利用放在战略高度进行安排和部署。而在这样新的空间内维护国家安全和利益，对科技创新的要求远远高于过去，我们必须尽快在重大核心关键技术上取得新的突破。

环顾世界，回顾历史，展望未来，我们可以更加深切地感受到，当年邓小平同志为什么要把科技作为第一生产力，江泽民同志为什么提出要实施科教兴国战略，胡锦涛同志为什么强调建设创新型国家，要更加深刻地理解这些高瞻远瞩的科学论断和重大决策对建设一个强大的现代化中国的伟大意义。我国发展的巨大优势在于创新，持续发展的强大动为源于创新，中华民族复兴的希望在于创新。要充分认识科技在现代化建设和实现中华民族伟大复兴中的重要地位，充分认识科技工作者所肩负的神圣使命，树立强烈的责任感、紧迫感，坚定信心，振奋精神，为加快科技进步和创新作出不懈努力。

二、以科学发展观为指导，推动科技事业又好又快发展

第一，始终坚持促进科技与经济社会发展相结合，找准科技发展的努力方向。科学技术必须面向经济建设和社会发展。只有围绕国家战略和人民需求，明确科技发展的战略重点，加快对制约经济社会发展重大科技问题和提高人民群众生活水平现实科技问题的攻关，才能让科技发展成果惠及全体人民，真正体现科技的价值。

第二，始终坚持把自主创新作为我国科技发展的战略基点，走中国特色自主创新道路。在关系国民经济命脉和国家安全的关键领域，核心技术是买不来的，必须依靠自主创新，这样才能避免核心技术受制于人的被动局面，牢牢把握国家发展主动权，增强国家核心竞争力。要充分认识自主创新对国家长期发展的战略意义，从国家改革发展的大局来理解自主创新，把提高自主创新能力、建设创新型国家的信念深深植根于现代化建设的各个方面。

第三，始终坚持按照建立社会主义市场经济体制的要求完善举国体制，集中力量在重大关键技术上取得突破。发挥社会主义制度的优越性，集中力量办大事，是我们经过几十年实践探索出的成功经验和致胜法宝。我们还处于社会主义初级阶段，要立足这个基本国情，实行有所为、有所不为，举全国之力，集优势资源，在事关国计民生、国家安全和长远利益的重大科技问题上率先突破，推动我国科技事业跨越式发展，尽快缩小与发达国家的差距。把国家和市场两方面的优势充分发挥好，我国的科技发展就能比别人快得多。

第四，始终坚持解放思想、改革创新，增强科技发展的动力和活力。近年来，国家大幅度增加科技投入，今后我们还要进一步加大投入力度。如何使这些投入发挥更大的效益，产出更多的成果，体制机制是关键。要逐步建立健全科学合理的使用监管机制，可以考虑探索引进第三方监管机制等。还有，现在科技系统部门分割、资源分散、重复建设、各自为战的问题依然严重，搞小而全、大而全，造成了极大的浪费，也要通过改革形成好的体制机制，把各方面资源充分整合好利用好，发挥最大效益。

第五，始终坚持对外开放，大胆吸收和善于利用人类一切优秀科技成果。只有放宽视野、兼收并蓄，科技才能加快发展，国家才能真正富强。要不断提高科技领域对外开放的深度和广度，瞄准世界科技发展的最前沿，积极引进国外重大先进技术和优秀人才，掌握和运用世界先进科研成果，注重借鉴各国发展科技的先进经验，充分吸纳国际创新资源，在高起点上提升我国自主创新能力。

第六，始终坚持加强科技基础建设，提高科技事业可持续发展的能力。要把基础研究作为先导和源泉，准确把握学科发展前沿和技术发展趋势。要支持科技重大公共平台建设，增强科技创新基础能力和公共服务能力。要坚持人才为先，造就一支高素质创新型人才队伍，为科技发展提供人才保障。要弘扬科学精神，做好科学普及工作，提高全民科学素养，用科学武装人民，用知识战胜愚昧。

三、充分发挥科技的重要作用，为应对金融危机、促进经济增长作出更大贡献

历史经验证明，科技在应对经济危机中具有不可替代的突出作用。近百年来，成功应对重大经济危机的国家有一个共同之处，就是重视科技对未来发展的重要作用，把科技创新作为政府战略举措的核心。每一次经济危机都带来科学技术的新突破，孕育新的产业发展方向和新的经济增长点，从而催生新一轮的经济繁荣。1857年世界经济危机和1929年~1933年美国经济大萧条之后，分别爆发了电气革命和电子革命两次技术革命高潮，美国依靠技术创新迅速进入以重化工为主的工业化发展高峰期，大萧条导致经济倒退了近30年，而新一轮技术创新则使美国经济只用了8年就基本恢复。美国、日本在经历石油危机以后，依靠技术创新使节能环保型产业迅速崛起。亚洲金融危机使韩国经济受到重创，韩国政府颁布实施《技术创新特别法》，集中发展计算机、半导体、生物技术、新能源、航空航天等28个知识型产业，仅3年时间经济率先复苏。

当前我国抵御国际金融危机的冲击，解决经济运行的深层次矛盾，从根本上讲最有效的途径也是加快科技创新，发展新的社会生产力。科技界要贯彻中央的决策部署，主动承担起责任，动员和组织全社会的科技力量，为应对国际金融危机、促进经济增长作出更大贡献。

第一，抓紧实施与扩内需、保增长紧密相关的重大专项任务。当前，要适应应对金融危机的新形势，按照“出手要快、出拳要重、措施要实”的要求，加快重大专项实施进度。要对各专项进行梳理，筛选出当前对扩大内需最能产生推动拉动作用的、有望较快取得技术突破和形成市场竞争力产品的科研项目，优先安排部署，特事特办，简化程序，建立“绿色通道”，争取早日见到成果。

第二，为重点产业振兴提供强有力的科技支撑。最近，国务院明确提出要振兴十大重点产业，包括汽车、钢铁、装备制造、石化、纺织、轻工业、造船、有色金属、电子信息、房地产等产业，具体的振兴规划将陆续出台。这是中央应对金融危机的一项重大举措。振兴重点产业关键要靠科技支撑。要配合实施产业振兴规划，认真研究和找准制约每个产业发展的关键技术障碍，支持科研部门与相关大型龙头企业开展联合攻关，推动成果共享，普遍提高重点产业的基础技术水平。要更加重视扶持战略性高新技术产业发展。近年来，我国科技创新和产业化有很大进展。比如，第三代移动通讯、新能源汽车、太阳能光伏、钢铁可循环流程等领域的关键技术的突破和成果应用，推动这些领域形成了规模化的新产业。我们要适应新的形势，进一步采取鼓励措施，在新能源、信息、生物、医药、节能环保、现代服务业等方面重点培育一批战略产业，在软件创意、新媒体、网络动漫等方面开发一批新型产业。

第三，大力支持企业提高自主创新能力。金融危机一方面带来市场环境变化的压力，形成了一种倒逼机制；另一方面由于原材料价格下降，也降低了企业研发的成本。这给促进创新和结构调整带来了新的机遇。一些企业发展的实践证明，只要奋发努力、应对得当，置于困难境地反而能够激发创新活力，开辟新的发展空间。我们要千方百计采取措施，大力支持企业提高自主创新能力。一要支持企业成为创新主体，尽快研究一些政策，在国家投资、财政补贴、税收减免等方面形成一些机制。二要开放共享科技资源和研发平台，大院大所、高等院校要向企业开放，基础研究平台和应用研究平台要和企业共享；要制定细化的政策措施，包括收费方式、成果和利益分配方式等，形成一些机制，促进开放共享。这实际上是一场科技体制的深刻变革。三要加强对中小企业技术创新的支持，重点是帮助研发新产品。科研部门要采取灵活的政策措施，动员组织科技人员深入企业，开展形式多样的创新服务，支持科研人员直接创办科技型中小企业，促进科技创业，带动社会就业。四要强化高新区集聚、示范和辐射作用，推动高新区用好优惠政策，直接为区内企业开展研发服务，构筑自主创新产业高地。只要政府和企业共同努力，相信这场危机后，中国一定能够成长起一批更具创造活力和国际竞争力的创新型企业。

第四，大幅度提高农业发展的科技水平。把保障农产品供给、增加农民收入的问题解决好，是我们应对金融危机的一个重要方面。要针对我国人多地少、水少的现实，加强对制约农业发展关键技术的研发攻关，力争在良种培育、动植物疫病防治、节水节肥、科学耕作和农产品精深加工等方面实现技术突破。要加快农业科技成果转化，完善适应市场经济要求的多元化、社会化农村科技服务体系，提升农村科技服务能力。要推动科技下乡活动，加快推广农业实用技术，开展农民技能培训，使科技人员与广大农民结成利益共同体，共同创业致富。

第五，加快发展民生科技。提高人民生活水平，是我国科技发展的根本目的。在经济困难情况下，通过科技惠民促进经济发展和社会和谐尤为重要。要下大力气解决生态环境、人口健康、公共安全等方面的科技瓶颈问题，特别要围绕全面提高人民生活质量，加快建立食品安全、生产安全、交通安全、防灾减灾等公共安全技术支撑体系，为群众生产生活创造良好的社会环境；围绕提高全民健康水平，加强医药卫生的科技创新，加快新药创制，促进疾病防控体系建设，在影响我国群众健康的重大疾病预防、诊断和治疗的研发推广上迈出较大步伐，让科技进步成果惠及更多群众。

四、贯彻落实《规划纲要》，认真完成今年的各项任务

做好科技工作，既要立足当前，又要着眼长远。要从经济社会发展的重大需求出发，抓住关键领域自主创新这个核心，提升科技解决经济社会发展瓶颈制一约的能力。要抓住企业为主体的技术创新体系建设这个突破口，引导创新资源向企业集聚，增强企业创新能力。要抓住政策保障这个关键，加强对政策实施的监督，优化促进自主创新的政策环境。

第一，全面推进重大科技专项的组织实施。重大专项是落实《规划纲要》的重中之重。目前，16个重大专一项已经全面启动，进入具体实施阶段。这一阶段的核心是研发攻关，主要任务是攻克一批重大技术，建设一批重大工程，培育一批高技术产业群，锻炼一支高素质队伍。为了更好地实施重大专项，要重视研发的组织、成果运用和推进产业化的机制建设问题。要引入市场机制，建立多元化、多渠道的投融资体系，鼓励企业广泛参与。要统筹各类科技资源，优化科技力量布局，充分利用现有科技基础设施，提高科技资源使用效率。要把重大专项组织实施作为探索市场经济条件下完善举国体制、推进整个科技体制改革的试验田，在专项组织形式上有新的突破，提高实施专项的效益、水平和成功率。

第二，进一步推进国家创新体系建设。一要引导和支持创新要素向企业集聚，加快推进以企业为主体的技术创新体系建设。促进产学研用紧密结合，构建重点领域产业技术创新战略联盟，加快科技成果转化。推动科技与金融的紧密结合，构建支持企业创新创业活动的多层次资本市场，为科技创新开辟新的融资渠道。二要深化科研机构的管理改革。加快建立“职责明确、评价科学、开放有序、管理规范”的现代科研院所制度。三要完善科技宏观管理体制，加强统筹协调。目前，科技创新由研究开发延伸到整个创新链，延伸到产业化过程，覆盖了更加广泛的领域。要树立大科技的观念，完善部门之间、部门与地方之间的协调一机制，统筹好重大科技政策与计划的制定和实施，形成推动科技发展的合力。四要配合国家区域发展战略，实行分类指导，发挥区域优势和特点，推动形成各具特色的创新集群，大幅度提升区域创新能力。

第三，深入落实《规划纲要》配套政策。我们在制定《规划纲要》的同时，还出台了一系列配套政策和实施细则，主要是为确保各项任务落到实处。这些政策力度大、范围广、影响深。各部门、各地方都要尽最大的努力，切实履行职能，共同做好政策的执行工作。要加强对政策实施的监督检查，特别是在财政、金融、税收等经济政策方面要加大落实力度。要注意跟踪了解配套政策在执行中遇到的新问题，及时根据形势的发展变化加以调整和完善。

第四，培养造就更多的高水平创新型人才。经济靠科技，科技靠创新，创新靠人才。要把发现、培养和凝聚各类人才作为科技工作的重要任务，优化人才成长环境，完善人才评价、奖励、流动、使用等方面的机制。要依托国家重大科研项目，培养一批懂技术、懂管理、懂市场、有创新能力的科技领军人物。要注重优秀创新型团队建设，形成人才梯队，鼓励年轻人才脱颖而出。要加大引进人才的力度，落实高端人才引进计划，让更多的海外高层次人才通过多种方式参与我国的科研与推广工作。对于政治可靠、专业水平高、具有重大科技项目管理经验的海外杰出人才，可以放手让他们在关键岗位上发挥作用。

第五，做好“十一五”科技规划执行情况检查和“十二五”前瞻性研究。“十一五”是落实《规划纲要》的第一阶段，主要是对各项任务的部署和启动，实现开好头、起好步。目前，“十一五”已经过半，今年要着手对“十一五”科技规划执行情况进行检查、评估，认真总结经验，分析问题，完善计划、项目和政策。“十二五”是落实《规划纲要》的重要攻关阶段。从规划战略研究和纲要制定到现在，大体上过去了五六年时间，出现了许多新情况新问题，如贯彻科学发展观对我国科技发展提出了新要求，国际金融危机对全球科技发展产生重要影响，重大科研成果的突破带来世界科技发展格局和趋势的新变化等等，许多重要问题迫切需要深入研究。明年国家将制订“十二五”国民经济和社会发展规划，科技部门也要制订“十二五”科技规划。要早做准备，超前思考，按照《规划纲要》的总体部署，研究提出“十二五”科技发展主要思路、任务和目标。

科技部门要大力推动职能转变，特别是抓好六个环节：一是抓定位，由过去注重具体项目管理，更多转向加强战略导向、制定规划和政策法制、用好国家科技投入、推动科技体制改革、完善科技发展环境上来。二是抓规划，明确时间表和路线图，使工作更有章法。三是抓政策法规，制定和落实政策要因地制宜、因时制宜，善于把好的政策上升为制度规范和法律法规。四是抓试点，对重大科技改革要先试点先行，取得成熟经验后再推广，这样既能大胆开拓，又能积极稳妥。五是抓督查，掌握落实的进度，及时发现问题，提高政策的执行力。六是抓效能，改进工作作风，提高工作效率和服务质量，不搞花架子，把更多的精力用在解决实际问题上，努力建设服务型政府。

转载自2009年2月9日中华人民共和国中央人民政府门户网站

落实科学发展观，着力自主创新促进经济社会平稳较快发展

——国家科技部部长万钢在2009年全国科技工作会议上的讲话

（2009年2月9日）

今天，我们在这里召开全国科技工作会议。这次会议的主要任务是，回顾总结2008年工作，交流工作经验，研究部署2009年工作。刚才，刘延东国务委员作了重要讲话，对科技工作取得的成绩给予了充分肯定，特别是从国家发展进程和世界竞争格局的高度，深刻阐述了科学技术的重要作用，对科技工作贯彻落实科学发展观、发挥科技创新在应对国际金融危机、促进经济发展中的作用提出了明确要求。我们要深刻领会刘延东国务委员的重要讲话精神，认真贯彻落实。下面，我代表科技部做工作报告。

一、2008年科技工作回顾

2008年是很不寻常、很不平凡的一年。在党中央、国务院的正确领导下，我们全面贯彻科学发展观，深入落实《国家中长期科学和技术发展规划纲要》(以下简称《规划纲要》)，大力推进自主创新，积极应对突发事件，科技工作有力地支撑了经济和社会发展，取得显著成绩，科技事业得到较快发展，创新型国家建设稳步推进。

（一）深入学习贯彻科学发展观，走中国特色自主创新道路的信心更加坚定

按照中央的统一部署和要求，从去年下半年开始，学习实践科学发展观活动全面展开。科技部党组高度重视，提出以“推进自主创新、促进科学发展”为主题，以“创新体制机制、转变管理方式、落实规划纲要、实现重点突破”为实践载体，紧密围绕科技改革与发展30年、建设创新型国家、重大专项组织实施、“十二五”科技工作思路等部署了21个调研专题，凝炼出8个重大问题，深入细致地进行了调查研究，以各种方式征求各方面的意见。通过深入学习实践科学发展观，进一步统一了思想、凝聚了共识，明确了科学技术在推进现代化建设、全面建设小康社会中肩负的历史使命，增强了责任感和使命感。学习实践科学发展观活动，既为我们扎实推进创新型国家建设奠定了坚实的思想基础，也为我们有效推进各项工作注入了强大动力。

学习实践科学发展观活动的深入开展，使我们对贯彻落实科学发展观重要性的认识更加深刻，贯彻落实行动更加自觉，坚持走中国特色自主创新道路、推进创新型国家建设的信心更加坚定。科技部党组研究提出了关于推进自主创新促进科学发展的意见，进一步明确了在科学发展观指导下科技工作的思路和任务，对我们今后做好科技工作、推进自主创新有着重要的指导意义。

(二)科技支撑经济社会发展能力大幅提升

高技术产业进一步壮大，促进产业结构调整的带动作用日趋突显。国家高新区目前已成为我国高新技术产业发展的重要基地。2008年，54个国家高新区实现营业总收入6.5万亿元，工业增加值达到1.27万亿元，比上年增长18.6%，占全国工业增加值的8.8%；出口创汇1957亿美元，占全国全部出口创汇的14%。在高新区带动和国家各项政策的支持下，在一些事关国计民生的重要领域，高新技术产业化深入推进，发展迅速。TD-SCDMA的网络应用和建设，已在八个城市进行规模化应用。新能源开发和应用取得长足进步，初步掌握了1~2兆瓦双馈式变速恒频风电机组系列机型的设计技术，已有国内订

单约400台，并已完成10项技术成果转让，为风能产业的发展奠定了转化应用的坚实基础。移动多媒体广播电视系统技术的研发和应用进展顺利，展现出新兴产业成长的良好前景。尽管在自然灾害和国际金融危机的多重影响下，我国高技术产业仍保持持续增长势头，高新技术企业和科技型中小企业发挥了重要作用，成为国民经济发展的重要力量。2008年，我国高技术产业总产值达到5.8万亿元，比上年增长14.1%；高技术产业增加值约2.17万亿元，比上年增长14%。

产业关键技术的突破带动传统产业竞争力的快速提升。以混合动力为主的新能源汽车已具备产业化条件，一批混合动力整车获得产品公告，正式进入市场，推动我国新能源汽车进入一个新的发展阶段。我国首个特高压实验示范工程正式运行，标志着我国在特高压工程设计、建设、运行和设备制造方面达到世界领先水平。多项可循环钢铁流程技术创新，为钢铁企业实现节能、降耗、低成本、高效化生产提供了技术支撑。大型船用曲轴热装及关键冷加工技术开发成功，改变了我国“船等机、机等轴”的被动局面。水泥、玻璃、陶瓷、墙体材料等建筑材料的绿色制造技术获得重要进展，使我国建材行业整体技术水平达到了一个新的高度。

农业科技对现代农业发展和新农村建设发挥了不可或缺的支撑作用。粮食丰产科技工程全面推进，在12个粮食主产省建立了核心试验区、技术示范区和辐射区，每亩单产比实施前平均增产54.3公斤，项目实施区单产增长是全国平均增长水平的4.6倍。食品加工、农林机械、重大病虫害防治、强优势杂交育种、固碳减排、沼气应用等农业关键技术不断得到突破和推广。科技特派员、农业专家大院、星火科技12396等新机制加快推广，全国科技特派员数量已近6万名，多元化农村科技服务体系在发展中不断壮大。科技富民强县专项行动、农业科技进村入户等工程深入实施。这些工作为农业稳定发展、农民持续增收以及促进现代农业发展和新农村建设做出了重要贡献。

民生科技进步为构建和谐社会提供了技术保障。一批重大疾病、重大和突发传染病的预防与治疗的关键技术得以攻克并推广应用。中小锅炉烟气污染控制、机动车污染排放控制、饮用水安全保障、城市生活垃圾处理等技术的研发和应用，显著改善了人居环境。生产安全、社会安全、食品安全等领域的一批关系民生的重大关键技术的创新和应用，公共安全技术保障得到加强。

(三)科技创新能力显著增强

科技重大专项推进顺利，全面进入组织实施阶段。在党中央、国务院的领导下，在各有关部门的密切配合下，民口11个重大专项顺利完成了实施方案的综合论证，并通过国务院常务会议的审议批准。一批重点研究任务已经部署到位，标志着重大专项的实施跨入一个新阶段。为了保证重大专项的实施，各专项成立了实施管理办公室和总体专家组，进一步完善了行政和技术相结合的专项组织管理体系，重大专项的组织构架和运行机制基本形成。基于已有技术储备和前期工作基础，重大专项的实施将孕育着重大技术和产品的突破，能够在应对当前国际金融危机、培育形成新的经济增长点中发挥重要的支撑和推动作用。

基础研究和前沿技术进展捷报频传。2008年，我国专利申请量达到82.8万件，其中发明专利申请量达到29万件，世界排名稳居第三位。SCI收录中国论文9.48万篇，比上年增长了25.2%，论文数排名跃居世界第三位。EI收录中国论文7.56万篇，比上年增长了16.2%，论文数排名首次位居世界第一位。在基础研究和前沿技术研究领域，取得了铁基超导、量子中继器、流感病毒聚合酶亚基多肽精细结构、诱导性多功能干细胞研究等一批具有国际影响的重大研究成果。曙光5000A高性能计算机、分布式无线组网关键技术及系统容量分析、家蚕基因组精细图谱、千瓦级全固态激光器、天然气水合物地震识别等取得重要突破。我国原始创新能力显著增强。

关键领域的核心技术突破振奋人心。“神州七号”发射成功，实现了中国人太空行走的伟大壮举，更加凸显了我国在航空航天领域的国际地位。“嫦娥一号”探月，使我国跨入世界上为数不多的具有深空探测能力的国家行列。高速磁浮交通已具备了车辆的设计和集成能力。1.5万吨自由锻造水压机、全断面掘进机等的研制成功，提高了我国大型装备制造领域的自主创新能力。具有自主知识产权的12000米特深井石油钻机突破9项重大关键技术，近钻头地质导向钻井系统研制成功，3000米水深半潜式平台已开工建设，打破国外对我国高端石油装备的技术封锁。

（四）应对突发事件和服务于国家重大需求成效显著

2008年，我们遭遇了难以预料的冰雪灾害、突如其来的特大地震，肩负着科技奥运、节能减排等艰巨任务。全国科技界急国家所急，想人民所想，竭尽全力支持，全身投入，展现出高度的责任感和献身精神。

在抗击冰雪灾害中，智能化工程机械、轨道交通设备和电力设备、灾害天气精细数值预报系统等一大批科技成果在抗击南方地区雨雪冰冻及灾后重建中提供了重要的技术支持。紧急启动了一批重大自然灾害防御关键技术的研发工作，加快了应急技术库的建设，为我国今后抗灾救灾提供了技术储备。湖南、湖北、广西、江西、安徽、贵州等科技部门积极行动，及时研究确定科技支撑措施，减少灾害损失，有力支持了农业生产、疾病防治、道路和输电线路除冰、地质灾害防治等灾后恢复工作。

在抗震救灾中，国家汶川地震专家委员和各相关领域专家组，及时为党中央国务院提供重要的决策建议，发挥了重要作用。高精度遥感遥测技术为中央及时、准确掌握灾情提供有效支撑，率先对唐家山堰塞湖次生地质灾害提出预警，为采取应对措施争取了宝贵时间。宽带无线交互多媒体系统的成功应用，为救援方提供了现场信息，尤其是在唐家山堰塞湖抢险工程中发挥了巨大作用。在财政部的大力支持下，国务院士4个部门联合组织实施抗震救灾恢复重建科技支撑专项行动，及时编制了《抗震救灾恢复重建适用技术简介》，得到国务院领导高度重视。温家宝总理批示“在地震灾区恢复重建工作中，要重视并充分利用科技成果。《适用技术简介》可供灾区参考。”各部门、各地方科技管理部门积极开展对口支援，筛选和组织通信、照明、医疗设备等新技术产品送往灾区。大批科技人员投身于抗震救灾一线，提供了监测、救援和恢复重建等科技服务。特别是四川、陕西和甘肃等受灾省市科技管理部门积极投身到抗震救灾和灾后重建工作中，表现出了特别能战斗、特别能吃苦、特别能奉献的精神，得到了社会各界的充分肯定和赞同。积极应对国际金融危机。科技界坚决地把思想和行动统一到中央对经济形势的分析判断上，统一到中央的决策部署上，统一到贯彻科学发展观的要求上来，研究应对国际金融危机的对策，调整科技工作的部署和重点，加强科技成果的转化和推广，调动科技资源落实中央决策。加快节能与新能源汽车、低成本计算机等自主创新产品的规模化推广应用。将国家科技计划支持形成的2000多项先进适用技术和产品汇集成册向社会发布，推动在扩内需、调结构、保增长中的转化和应用。

在北京奥运的筹备和举办中，全国科技界通力合作，各部门密切配合，为一届无与伦比的奥运会作出了重要贡献。新能源、通信、激光显示、水处理等技术的应用，节能与新能源汽车的示范运行，全方位支持了北京奥运建设和举办，圆满地实现了科技奥运的六大目标。经过实际应用的奥运科技成果具备了产业化推广的良好基础，有望成为新的产业增长点。胡锦涛总书记对科技奥运工作给予了高度肯定，作出重要批示："科技奥运成果显著，谨表祝贺。望抓好成果推广应用，大力推进成果产业化，为经济社会又好又快发展作贡献。"

积极推动节能减排科技专项行动的实施。一批重点行业的重大节能减排技术攻关进展顺利，并在重点领域和行业进行了示范和推广应用，为实现国家节能减排目标做出了切实贡献。实施"中国应对气候变化科技专项行动"，促进了我国气候变化领域的自主创新与科技进步，提升了我国应对气候变化的能力。组织开展"节能减排全民科技行动"，受到各媒体和公众的广泛关注与积极评价，提升了全社会的节能减排意识。

（五）国家创新体系建设进展顺利

技术创新体系建设步伐加快。技术创新引导工程取得新进展，287 家创新型企业试点全面展开，91 家企业成为首批创新型企业；钢铁可循环流程、煤化工等四个产业技术创新战略联盟集成了 53 家重点企业、研究型大学和骨干科研机构的力量。各地方结合各自的产业特色和科研基础组建的产学研技术创新联盟，也如雨后春笋般迅速建立。如北京市建立了"软件产业开放标准联盟"。天津市围绕新型科技产业发展，建立了半导体照明、现代中药、创意产业等产学研创新联盟。河北省建立了"国家抗生素技术创新战略联盟"、"国家维生素技术创新战略联盟"。吉林省建立了"玉米精深加工科技创新联盟"。安徽省建立了汽车、铜产业等战略技术联盟。广东省瞄准引领产业技术发展的重大产品，建立了 24 个产学研技术创新联盟，并积极开展机制创新试点，推动联盟的实体化建设。湖南建立了电动汽车、风力发电、轨道交通、桔柑加工首批 4 个技术创新战略联盟。国家和地方产业技术创新联盟的组建，丰富了技术创新引导工程的内涵，密切了产学研各方的联系，提高了企业技术创新能力，推动了技术共享，加快了以企业为主体、市场为导向、产学研相结合的技术创新体系的建设。

知识创新体系不断向纵深推进。高等院校科技发展基础设施建设不断强化，专著、论文和专利数量明显增长。中科院知识创新工程三期成效显著，研究所综合配套改革试点取得实质性进展，创新队伍建设得到加强，创新能力进一步提升。

区域创新体系建设初见成效。长三角两省一市实现了大型科学仪器、科技文献资源等的整合、共建、共享。安徽省开展合（肥）芜（湖）蚌（埠）自主创新综合试验示范区建设，省财政每年安排 6 亿元专项资金，支持试验区建设。各地方积极探索区域创新体系建设的机制和模式。这些积极的实践为推进我国区域创新体系建设，加强区域科技协作和资源共享积累了宝贵经验。

军民结合取得进展。国防科技工业体制改革，促进了国防建设和经济建设两个能力相结合。吸收社会资本参加国防科技工业建设，加强军民两用技术开发，促进了军民结合、寓军于民的国防科技创新体系建设。

科技中介服务体系建设成效显著。生产力促进中心、技术市场、科技企业孵化器、大学科技园、国家技术转移示范机构等科技中介服务机构不仅数量有增长，更为可喜的是，为企业技术创新提供服务的能力不断提高，科技中介服务体系建设步伐加快。2008 年，全国生产力促进中心总数达 1463 家，从业人员达 1.76 万人。全国科技企业孵化器已达 614 家，其中国家级 197 家，当年新孵化企业 9515 家。技术市场交易发展态势良好，全国登记的技术合同 22.6 万项，较上年增长了 2.3%；技术合同成交金额 2665 亿元，较上年增长了 19.7%。

（六）自主创新条件和环境明显改善

自主创新的政策法规进一步完善。新修订的《科学技术进步法》去年 7 月开始实施，为自主创新提供了法律保障。《规划纲要》配套政策的 77 项实施细则已经出台，激励自主创新的政策体系趋于完善。在税务总局的大力支持下，企业研究开发费加计扣除政策开始执行；在各有关部门的大力支持和各地方的努力下，高新技术企业认定、自主创新产品认定等各项工作进展顺利；各地方围绕落实《配套政策》等制定出台了 170 多项政策。

科技投入稳步增长。据初步统计，2008 年，我国全社会研究与试验发展（R&D）经费支出预计将达到 4400 亿元，继续保持世界第四位。R&D 支出与 GDP 之比将达到 1.5%。中央财政科技投入达到 1147 亿元，比去年增长 27%。全国科技活动人员预计达到 496 万人，比去年增加 9%。R&D 人员总量预计达到 194 万人年，比去年增加 12%。一批科技领军人才和优秀创新团队的培养，海外高层次人才的引进，大幅提升了我国科技创新队伍的整体素质。

科技创新基地和基础设施建设得到进一步加强。目前，国家重点实验室等科技创新基地获得稳定支持，2008 年中央财政支持 220 个国家重点实验室的科技经费达到 30 多亿元。首批 36 个依托转制院所和企业的国家重点实验室批准建设，国家实验室建设稳步推进，新建了 51 个工程实验室，新认定了 76 家国家企业技术中心。国家工程中心已达 300 多家，覆盖了农业、制造业、教育部、中科院、工程院、自然科学基金委、中国科协等单位就科技工作的重大问题建立了会商机制。科技部与财政部、国家发展改革委建立了沟通机制，加强了科技资源优化配置的沟通协商。部省会商机制进一步完善，初步形成了部省合作的长效作机制，有力地推动了地方科技与经济的紧密结合。围绕各部门的工作重点和行业、产业发展的科技需求，科技部与多部门联合组织实施了一系列科技行动，为加强科技与经济的结合提供了有益的探索。

科技计划管理进一步完善。积极探索国家科技支撑计划的立项方式，以“省部会商”和“部部合作”为准确把握需求的重要渠道，安排落实重点任务；创新对产业技术创新战略联盟的支持方式，探索由产业技术创新战略联盟组织支撑计划项目的试点；以支撑计划为载体，开展后补助试点等支持方式。建立和完善了科技计划应对重大突发事件的快速反应机制，增强了科技计划管理的快速响应能力。

（七）地方、行业科技工作迈出新步伐

地方科技工作异彩纷呈，充满生机和活力。地方科技工作面向产业、调动资源、突破政策、创新机制，为各地经济与社会发展做出了重要贡献。江苏省打造完整产业链条，大力推动新能源、新医药、新材料及新型环保装备等十大高技术新兴产业；天津市以国家生物医药国际创新园为重点，聚集国内外科技资源，加快推进滨海新区研发转化基地建设；辽宁省启动实施了“科技创新示范企业创建工程”，引导和支持创新要素向企业集聚；上海市在研发公共服务平台建设方面积极创新，建立了“上海西南片高校分析测试中心协作联盟”，搭建服务于产学研的“桥梁”；重庆市探索建立了“检测超市”等富有特色的平台建设模式，等等。在自主创新政策的落实方面，江苏省对 3500 多家企业实现了研究开发费 150%加计扣除优惠政策；湖北省政府与国家开发银行签署《开发性金融贷款协议》，在 500 亿元融资规模中安排 100 亿元用于高新区基础设施建设和发展高新技术产业；四川省成立了中国建设银行成都科技支行，成都银行股份有限公司科技支行。广东省加大科技体制改革力度，与科技部、教育部联合启动了省部产学研结合试点工作，积极探索企业科技特派员制度。各地还有很多很好的例子，我在这里就不一一列举了。总之，地方科技工作呈现出欣欣向荣的局面，各地一些好的经验模式，我们要认真交流总结和相互借鉴。

部门行业科技工作取得新进展。行业、部门科技工作紧紧围绕行业发展和重大工程建设的需求，调动力量、组织资源，取得重大成绩。环保部发布了《关于增强环境科技创新能力的若干意见》，把科技工作摆到环境保护事业更加重要的战略位置。农业部加速推广应用了一大批新品种、新技术和新设备，提高了粮食单产和耕种收综合机械化水平。交通部紧密结合重大工程建设，加强交通运输重大科技项目攻关，苏通大桥建设、国家高速公路网不停车收费与服务系统、现代物流服务示范工程、离岸深水港建设等关键技术研究取得重要成果。在组织机制创新上，多部门联合推动科技创新的局面初步形成。科技部与公安部和交通部联合实施了“道路交通安全科技专项行动”；与铁道部联合推动了京沪高速列车技术攻关；与环保部、卫生部、农业部、工业与信息化部、广电部等联合实施了应对气候变化科技行动、全民健康科技行动、粮食丰产工程、高性能宽带信息网等科技行动计划，集成了各部门资源。配合中组部，并会同相关部门实施了高层次海外人才引进计划，在重大专项实施、国家重点实验室、国家高新区引进了一批高层次人才或科技领军人物。

（八）国际科技合作上新台阶

科技外交取得积极进展，在国家总体外交中的地位作用进一步提升。在中美战略经济对话中发挥了重要作用。中美建立了7个联合实验室，两个联合研发中心，能源与环境合作十年规划取得重大进展。中欧科技高层往来与交流合作进一步深化，签署了一系列合作文件。中意“中国住宅领域温室气体减排计划”、清洁机制(CDM)合作等取得实质性进展。中俄、中日等政府间科技合作与交流日益深化，合作领域进一步拓展，提升了科技合作的影响力。

利用多边合作机制，努力发挥负责任大国的作用。积极参与联合国科技促进发展委员会(UNCSTD)、联合国亚太技术转移中心(APCTT)、联合国开发计划署(UNDP)、亚太经合组织(APEC)、亚欧会议(ASEM)等的工作，努力“占位子、出声音、做贡献、有影响”。积极参与国际热核聚变实验堆计划(ITER)、国际氢能伙伴计划(IPHE)，推动“新能源与可再生能源国际科技合作计划”、“中医药国际合作计划”等国际大科学计划和大工程合作，进一步扩大了我国的国际影响力。

积极拓展合作领域和形式，服务经济社会发展。引入竞争机制，加大支持力度，推动科研机构和企业实施“走出去”战略；开拓对外科技援助形式，开展对发展中国家技术培训。加强国际科技合作和驻外科技调研工作，为2008年应对重大突发事件和科技发展提供了有效的支撑。一个全方位、多层次、广领域的国际科技合作局面已初步形成，为经济社会发展和国家外交工作做出积极贡献。

同志们，上述进展和成绩的取得得益于党中央、国务院的正确领导，得益于科技战线全体同志的共同努力，得益于社会各方面的大力支持。毫无疑问，地方、部门从事科技管理的同志们也做出了巨大努力。在此，我代表科技部，向各有关部门和地方表示衷心的感谢，向为科技事业付出心血和努力的各位地方科技厅局长、部门科技工作负责同志以及科技管理人员表示衷心的感谢，向艰苦战斗在科技工作第一线的广大科技工作者表示崇高的敬意！

回顾和总结去年的工作，我们的体会是：

——必须坚定不移地坚持树立科学发展观，牢牢把握发展这一第一要义，把科技工作的方向明确在推动科学发展上，更加自觉地、更加坚定地走中国特色自主创新道路。

——必须坚定不移地坚持科技工作的十六字方针，牢牢把握提高自主创新能力这个核心，把科技工作的着力点聚焦到建设创新型国家这个根本任务上来，促进国民经济又好又快发展。生科技，支撑社会主义新农村建设。创新这个重点，不断探索和激发各方面的创新活力，推动科技工作的健康发展。

——必须坚定不移地坚持以人为本，牢牢把握住调动广大科技人员的积极性和创造性这个重心，广泛联合，统筹协调，形成整体合力，共同推动创新型国家建设。

总结一年来的工作，我们清楚地看到，科技工作还存在不少问题和困难。一是科技的支撑和引领作用发挥还不够充分，自主创新能力还不强，关键技术自给率还比较低。在推动科技与经济社会发展紧密结合、支撑产业结构优化升级和转变发展方式等方面还需要进一步加大力度。二是科技工作的统筹部署还不到位，统筹协调的机制还不够健全，协调各方科技力量和各类科技资源共同推动自主创新还需要进一步努力。三是有利于自主创新的体制机制还不够健全，推进国家创新体系建设的力度还有待加强，激发各类创新主体的活力、促进产学研紧密结合的机制模式还需要进一步完善，《规划纲要》配套政策的落实还需要加大工作力度。四是科技管理方式还存在诸多不适应发展要求的问题，科技评价机制的改革和科技诚信体系的建设还很薄弱，需要我们进一步解放思想，大胆改革创新。

对于以上问题，我们要高度重视，按照科学发展观的要求，在今后的工作中采取措施加以解决，并以高度的责任感，坚持不懈地努力工作，推动我国科技事业更快地发展。

二、当前形势与2009年科技工作总体部署

（一）当前科技工作面临的形势

去年下半年以来，世界经济金融形势复杂多变，不稳定不确定因素明显增多。美国次贷危机引发的国际金融危机愈演愈烈，迅速从局部发展到全球，从金融领域蔓延到实体经济，从发达国家传导到新兴市场国家和发展中国家。国际金融危机对实体经济的影响还在进一步加深，由此可能带来的各种严重后果还难以预料。这场危机也对我国经济造成较大冲击，去年第三季度以来，我国出口大幅下滑；经济增速放缓，就业压力加大。党中央、国务院审时度势，果断决策，及时做出标本兼治的战略部署，调整宏观经济政策取向，迅速出台扩大内需的十项措施，制定实施十大产业振兴规划，对应对国际金融危机、促进我国经济平稳较快发展发挥了重要作用。

同志们，最近，党中央、国务院对发挥科技创新的支撑作用，促进经济平稳较快发展提出了新的要求，并作为治本之策，对科技界寄予厚望。面对当前严峻而复杂的经济形势，我们既要按照中央的统一部署，坚定信心，沉着应对，加强统筹协调，发挥科技的支撑作用；又要保持清醒；遵循规律，变压力为动力，化挑战为机遇，大力提高我国自主创新能力，继续推进建设创新型国家的进程。

一是党中央、国务院十分重视科技在应对国际金融危机中的支撑作用。近一段时间以来，中央领导就自主创新和发挥科技创新在应对国际金融危机、促进经济平稳较快发展中的重要作用，做出了一系列重要指示，对科技支撑引领经济发展提出了更高要求。胡锦涛总书记在纪念中国科协成立50周年大会上的讲话中指出，党和国家事业发展，比以往任何时候都更加迫切地需要坚实的科学基础和有力的科技支撑，更加迫切地需要广大科技工作者不懈地进行创造性实践。温家宝总理多次指出，应对国际金融危机，要标本兼治，体现近期和长远结合，归根结底要靠科学技术。我们要深刻理解中央领导的指示精神，深刻认识科技创新在应对危机中至关重要的作用和科技创新促进经济发展的巨大空间和潜力，增强科技界在应对国际金融危机、保持经济平稳较快发展中的责任感和使命感。

二是国际金融危机对实施自主创新战略，增强自主创新能力提出了更加迫切的需求。历史表明，每一次大的危机常常伴随着一场新的科技革命。知识和科技是可持续发展的重要因素，是克服经济困难的根本力量。从历次经济波动的发生发展过程看，经济周期在经历了低谷之后，将在或长或短的时间内催生出新的企女家群体、企业群体及至新兴产业的诞生和发展，从而带动整体济步入新的繁荣。当前，我们必须集中力量应对国际金融危机的挑战，但也要敏锐地洞察和把握住这场危机带给我们的发展机遇。一方面，国际金融危机已引发出对重大技术突破和产业变革的需求。另一方面，从科学技术发展看，信息技术自20世纪90年代产生重大变革后正处于渐进式创新，并不断伴随着结构性创新；生物技术不断取得重大突破，新产品新产业快速增长，并开始向众多领域扩散；纳米技术已发展到纳米结构的组成系统阶段，开始向应用研究及产业化迈进；多元化的新能源正处于替代传统化石能源的前期。在未来的一段时间内，可以预见在这些领域或更多领域将孕育和诞生一批新兴产业，成为全球经济增长的新的引擎。

三是国际金融危机对加快我国产业结构调整、转变发展方式提出了更加迫切的要求。当前，落实科学发展观，加快结构调整，促进经济发展方式的转变正处于攻坚阶段。国际金融危机对加快我国“三高一低”发展方式的转变已形成一种倒逼机制。市场竞争促进企业研发新产品，采用节约成本的生产方式，从而加快整个经济结构的调整。加之新出台的各项政策的因势利导，将使资本更多地投向技术创新，推进产业结构升级，促进发展方式向创新驱动转变，实现更高水平的可持续发展。

四是我国在应对国际金融危机方面具有有利条件。经过改革开放30年的发展，我国经济发展已经形成了一些独特的比较优势，包括完备的工业体系、丰富而多元化的经济结构、巨大的国内市场需求、世界上最大规模的可再培训的人力资源，以及中央和地方政府对创新资源的组织和动员能力。在这些比较优势的综合作用下，在改革开放的宏观经济背景下，我国已逐步形成了具有中国特色的自主创新道路，为我国经济运行和经济结构提供了自我调整的不竭动力和源泉，也为我国经济应对变化提供了有力保障。

正是基于对挑战、机遇和我国国情的认识，我们完全有信心担负起党中央、国务院交给我们的重任，绝不辜负全国人民对科技界的期望。为了贯彻落实党中央、国务院应对国际金融危机、保持经济平稳较快发展的战略部署，根据温家宝总理和刘延东国务委员的指示，科技部多次召开党组会和部务会，认真研究科技支撑措施，认真听取科技界、经济界、金融界的意见，努力准确把握振兴产业的需求，对进一步发挥知识和科技在应对国际金融危机，扩内需、保增长、调结构、上水平中的重要作用，在思路和举措上形成了广泛共识。

按照党中央、国务院的要求，结合当前我国经济发展面临的挑战，发挥知识和科技支撑作用总的考虑是：以科学发展观为统领，以自主创新为核心，调动和发挥科技人员的积极性和创造性，推动我国经济尽快走上创新驱动的发展轨道。一是围绕扩大内需和产业振兴，加大重大科技项目的攻关力度，加速推广和应用高新技术和产品，为扩内需、保增长做出直接贡献。二是加强企业技术创新和技术改造，支持和引导各类创新要素向企业集聚，帮助企业解决实际困难，增强企业的综合竞争能力。三是既立足当前，又着眼于长远的战略需求和下一轮的国际竞争需要，发展和壮大战略性高新技术产业，培育和形成新的经济增长点，为调结构、上水平做出切实的贡献。四是深化改革，动员广大科技人员投入经济建设第一线，面向企业开展形式多样的创新创业服务。

（二）2009年科技工作总体部署

2009年是全面完成“十一五”规划各项任务的重要一年，也是依靠科技进步和创新，克服国际金融危机的影响，尽快振兴我国经济的关键一年。2009年科技工作的指导思想是：认真贯彻落实党的十七大、十七届三中全会和中央经济工作会议精神，以邓小平理论和“三个代表”重要思想为指导，深入贯彻落实科学发展观，以提升自主创新能力为核心，以改革创新为动力，继续实施《规划纲要》，把应对国际金融危机、保持经济平稳较快发展作为今年科技工作的首要任务，为扩内需、保增长、调结构、上水平提供科技支撑，为克服当前困难和促进长远发展做出切实贡献。

为了全面完成今年科技工作的各项任务，要着重把握以下几个方面：

1、继续推进《规划纲要》的实施。要牢牢抓住增强自主创新能力这个关键，把落实《规划纲要》与促进当前经济社会发展的措施相结合，进一步把《规划纲要》提出的各项任务落到实处，采取切实措施全面系统地推进国家创新体系的建设。

2、坚持科技与经济紧密结合。今年科技工作的安排和推进要与落实中央扩大内需十条措施和十大产业振兴规划相结合，加快推进科技进步和创新，更加主动地发挥科技支撑经济发展的作用，更加自觉地服务于提高我国经济发展的质量和效益，保障经济安全性、国际竞争力。和可持续发展的需要，更加有力地推进产学研用的结合，提高企业综合竞争能力，推动产业结构优化升级。

3、继续深化改革，依靠体制和机制创新激发活力。深化科研院所改革，建立科研院所和科技人员服务于企业的长效机制。坚持体制机制创新，鼓励科研院所面向企业需求组织研发，推进科研设施设备及相关资源向企业开放，促进科技资源的合理配置和共享共用。完善和落实鼓励自主创新的法制保障、政策体系、激励机制和市场环境。

4、加强统筹协调。强化政府科技宏观管理职能，优化科技力量布局，完善部门与部门之间、部门与地方之间的协调机制，加强对重大科技政策制定、科技基础设施建设的统筹，动员和组织全社会创新资源和各方面的力量，共同推动科技事业的发展。充分利用全球科技资源，统筹国内国外两种资源，在更高的起点上推进自主创新。

三、关于2009年科技工作重点

根据今年科技工作的指导思想和部署，今年要继续围绕节能减排、环境保护、产业技术改造和升级、改善民生等重点领域，着力突破一批支撑经济社会发展的核心关键技术；要继续加强基础研究和前沿技术研究，加快建设一批开放共享的科技基础设施和条件平台，提升科技持续创新能力；要继续完善和落实《规划纲要》配套政策，加强军民科技结合，加强人才队伍建设；要充分调动各方面的积极性，加强行业和地方的科技工作，继续加强科普能力建设，推动

《科学素质纲要》的落实，发展创新文化，形成全社会共同推进自主创新的良好环境。

在上述工作的基础上，结合当前形势，2009年要重点围绕应对国际金融危机，保持国民经济平稳较快发展这个中心任务，紧紧抓住提高自主创新能力、提高企业综合竞争力这个重点，"加强重大专项、支撑产业振兴、发展高新产业、支持企业创新、深入基层服务、促进人才建设"，着力抓好以下几个方面的工作：

(一)加快科技重大专项的实施进度

《规划纲要》确定的16个重大科技专项，涉及电子信息、装备制造、生物、能源等国家战略性产业，投资规模大、关联度高、产业链长。到2020年，重大专项总投入将达到1万亿元。其中，中央和地方财政将超过5000亿元。重大专项的实施，不但对于培育和形成我国具有自主知识产权的战略性产业和增强国家核心竞争力具有重要意义。而且实施过程中将产生大量的科技成果，带动新产品的开发、产业技术升级，创造新的市场需求和就业机会，催生和引领产业发展的革命性变革，对于当前应对国际金融危机、扩大内需将起到直接的作用。这是体现"治本"的重大举措。

因此，加快重大专项实施，要与扩内需、保增长相结合。遵循科学发展规律，充分利用多年自主创新形成的成果，筛选出对当前产业发展和扩大内需最具影响，已有较好基础的攻关任务，加快实施，力争早出成果、快见成效，努力培育一批战略性产业。如，加强已进入市场应用的TD-SCDMA增值应用服务业务的研发，大规模网络瓶颈技术的攻关，加速TD-SCDMA增强型的产业化。优先支持已初期进入市场的刻蚀机、离子注入机和后封装设备的产业化，着力培育我国集成电路制造装备产业链。加快已有订货意向的数控桥式龙门五轴联动车铣复合机床，超重型数控落地镗车床，超重型数控卧式铣镗床等事关船舶、汽车等产业振兴的关键装备的研制与开发等等。

各有关专项组织部门要精心组织，整合资源，创新重大专项组织方式，健全责任体系，加快实施进程。对于已确定的近期攻关任务，在科学决策的基础上，简化审核审批程序，加快中央财政投入的拨款进度。　以重大产品为龙头，发挥行业骨干企业的领军作用，采取项目业主制，定向委托，带动更多的中小科技企业参与实施和共享科技成果。各重大专项的组织实施部门和单位要善于调动相关地方、相关部门的各种优势力量，及时推进专项实施过程中形成的阶段性创新成果的规模化应用和产业化。同时，对重大专项形成的重大装备和产品，落实政府首台(套)首购等政策，通过组织实施用户示范工程等，支持产学研用结合，对用户给予必要的补贴。

(二)支撑产业振兴，加快推广应用先进技术和产品

当前科技支撑的着力点就是要有效支撑和服务于中央扩大内需十项措施和十大产业振兴规划的实施。首当其冲的是尽快把已有的先进、适用的科技成果用起来，尽快转化为生产力。经过各级科技计划的持续支持，在国民经济主要产业领域已经积累了一大批自主创新的技术和产品。加快已有科技成果，特别是高新技术和产品的转化和规模化应用很有基础，释放多年技术创新成果所积蓄的能量，是发挥科技支撑作用最直接的措施。

要针对产业振兴规划的实施，加快推广应用一批能有效促进产业升级、技术改造和节能减排的自主创新技术和产品，加大产业化、商业化和规模化应用力度，带动产业结构调整和发展方式转变，提升经济运行质量和水平。要发挥转制科研院所的作用，选择一批转制院所，作为产业振兴的技术创新支撑平台，加大政策和资金

的支持力度，联合行业大型骨干优势企业和高等院校，加快产业共性技术和竞争前技术的研发推广应用。

我们已经初步筛选出一批重大技术和产品，会同有关部门和地方组织联合研发和推广应用。如，实施“十城千辆”工程，面向公共交通，在重庆、深圳、武汉、北京等10个城市和上海世博会进行千辆级节能与新能源汽车的推广应用，带动汽车产业的振兴，财政部已明确在国家节能减排专项中采用补贴车辆购置差价给予支持。与铁道部联合实施京沪高速铁路科技专项行动，加快高速铁路关键装备的自主研发和产业化，两年内研发投入将达到30亿元，产品仅京沪高速列车的首次购车投入就将达到400亿元。在国家科技支撑计划支持形成的成果基础上，组织推广应用新一代可循环钢铁流程工艺技术，带动钢铁产业的振兴。

国家、部门和地方的科技计划都要结合十个重点产业振兴规划，进一步凝炼和筛选出有积累、有基础的技术和成果，调整结构，加大投入，力口快研发和成果的推广应用，为重点产业振兴作出贡献。

(三)加大对企业技术创新的支持，提升企业核心竞争力

《规划纲要》提出国家创新体系建设的重点是：技术创新体系、知识创新体系、国防科技创新体系、区域创新体系和科技中介服务体系。其中，知识创新体系主要发挥科研院所的骨干和引领作用，发挥大学基础和生力军作用，解决经济社会长远发展技术储备问题；技术创新体系主要发挥企业的主体作用，产学研结合，解决当前支撑发展的问题。

当前，国家受国际金融危机影响，冲击最大的是企业，特别是中小企业。今年要启动技术创新工程，并加快推进，综合运用政策、投入、金融、服务等多元化的支持方式，引导各类创新要素向企业集聚，帮助他们解决实际困难，提升企业的自主创新能力。

一是要整合现有国家工程中心、国家重点实验室、国家工程实验室、大型仪器设备共享网等资源，形成百家面向企业开放的技术创新服务平台，帮助企业，特别是中小企业开发新产品、调整产品结构、创新管理和开拓市场，引导中小企业向专、新、特、精方向发展，提高市场竞争力。要加强和完善区域技术创新平台建设，建立开放制度，提高对企业的服务质量。

二是要在去年工作的基础上，面向重点产业，建设一批产业技术创新战略联盟，促进产学研紧密结合，加强行业内大中小企业的创新合作和联动，加快先进技术向中小企业的技术辐射和转移。要以大型骨干企业为龙头，完善产业链，提高中小企业的配套协作水平。

三是要加大对科技型中小企业技术创新的财政支持力度，促进中小企业的兼并重组，扶持和壮大一批具有创新能力和自主知识产权的中小企业。要加快创新型企业建设，支持创新型企业研发能力建设，培育创新型企业500强。

(四)强化高新区的作用，加快发展高新技术产业集群

受国际金融危机的影响，2008年高新区主要经济指标增幅虽然有所回落，但相比全国情况，增长依然平稳强劲，仍保持18.6%的增幅。要充分发挥高新区的集聚、辐射和带动作用，加快发展新能源、生物、信息、航空航天等战略性产业，形成产业集群，促进产业结构调整和优化升级，支撑区域经济增长。

一是组织实施半导体照明、太阳能光伏发电、低成本计算机、高性能宽带信息网等规模化应用示范工程。加大对创意、动漫、游戏、应用软件以及软件服务外包等产业的支持，加快培育和形成新的经济增长点，发展和壮大高新技术产业，增加就业岗位，带动就业。

二是发挥高新区在区域经济增长中的作用。支持高新区内高科技企业参与国家重大专项的实施、承担各类科技计划项目和重大高新技术产业化项目，建设一批国家工程中心、企业重点实验室等科技基础设施，推动高新区的产业集聚和特色产业基地发展，提高高新技术产业在区域经济结构中的比重，促进区域产业结构调整和优化升级。

三是在已有的54个国家高新区的基础上，选择一批有优势、有特色、符合条件的省级高新区，按照国务院批准的省级高新区升级的审批原则和程序，加快审批，升级为国家高新区。加大对高新区政策等支持，支持高新区建设企业孵化体系等创新创业公共服务平台。

（五）加快实施民生科技工程，让科技进步的成果惠及大众

改善民生是科技工作的出发点和落脚点。围绕广大人民群众最关心、最直接、最现实的健康、人居环境、安全等重大问题，实施若干民生科技工程，加强涉及民生的关键技术攻关，加快科技成果推广应用，促进人民群众消费，扩大内需。这不仅有利于保障和改善民生，使科技成果惠及人民大众，而且有利于激发人民群众推动科学发展的积极性、主动性和创造性。

一是实施改善人居环境科技行动。结合中央投资的拉动内需的相关民生工程建设，大力推广节能省地宜居型住宅建设、饮用水安全保障、城市污水和垃圾处理等先进适用技术，带动环保等产业发展，提高投资项目科技含量。

二是继续实施全民节能减排科技行动。面向重点污染行业，加快研发和推广一批节能减排技术、资源综合利用技术和生态修复重建技术等。开展全民节能减排宣传教育，提升全社会节能减排意识，引导循环经济和低碳经济发展。进一步加强国家可持续发展实验区工作。

三是加快推进全民健康科技行动。加快疾病防治、优生优育、公众卫生、医疗器械国产化等技术研发和应用，重点是结合基层乡镇卫生院和社区医院建设，推广新型的数字化医疗仪器、医疗信息化、远程诊疗等适宜技术和设备，提高社区、乡镇医疗水平和质量。

四是加快实施道路交通安全科技行动，发展和普及智能交通技术和道路安全技术，明显降低道路交通事故和死亡率，保障道路畅通和安全；加大对防灾减灾、食品安全、生产安全、社会治安等公共安全科技的支持力度，防范、降低灾害风险和损失。

（六）加快发展现代农业技术，推进农村农业科技创新

农业发展的根本出路在科技进步。贯彻落实党的十七届三中全会、中央农村工作会议精神，充分发挥科技创新在发展现代农业、建设社会主义新农村中的重要作用。今年中央一号文件指出，“扩大国内内需，最大潜力在农村；实现经济平稳较快发展，基础支撑在农业；保障和改善民生，重点难点在农民”。因此，要加强城乡科技统筹，引导科技资源和要素向农业农村转移，保持农业农村经济平稳较快发展和农民持续增收。

一是继续推进农业科技创新。进一步加大粮食丰产科技工程实施力度，扩大核心试验示范区建设，确保国家增产千亿斤粮食战略目标的实现。大力发展农业生物、信息等高新技术，加强食用植物油、大宗农产品、农机装备、节能生态型设施农业等科技攻关和示范，保障主要农产品的有效供给，提高农业现代化生产水平和生产效率。

二是加快农村科技成果转化应用。筛选、集成并示范一批先进适用的农业与农村技术和产品，做强做大良种、农产品加工、饲料、生物农药等涉农产业，延长农业产业链，扶持和壮大一批科技型龙头农业企业。加强乡村宜居、环保、饮

水、公共服务等技术的集成应用和示范，推进新农村建设。继续推进科技富民强县专项行动和国家农业科技园区建设。

三是启动实施农村科技创业行动。组织动员广大科技人员和高校毕业生作为科技特派员，深入农村一线领办、创办、协办生产经营实体，开展创业和服务，解决农村基层生产经营各个环节的技术难题。建立健全农业科技专家大院、农村专业技术协会、农村科技合作组织等多元化农村科技服务体系。推进农村信息化建设，形成覆盖广大乡村的科技信息服务网络，优化农村科技创新创业环境。

在这里，我要特别强调当前抗旱减灾科技工作。去年入冬以来中国北方大部分地区遭遇严重干旱，夏粮生产面临着多年少有的严峻挑战，国家已经启动最高级别抗旱应急响应。根据党中央、国务院的统一部署，科技部决定启动抗旱减灾科技行动，积极发挥科技在抗旱救灾中的作用。组织多学科专家深入旱区基层开展技术咨询和服务，推广抗旱减灾的实用技术和产品，加大科技投入，支持受灾重点省区推广成熟技术和开发应急技术。各有，关地方和部门要加强协作，结合各自的实际，充分调动和集成科技资源，投入到这场抗旱减灾斗争中去。

（七）组织和动员科研院所和高校的科技人员进入经济建设第一线，面向企业开展创新创业等多元化服务

我国目前约有496万从事科技研发人员，其中70%以上在企业，主要聚集在大型骨干企业和高科技型企业。要充分调动和激发科技人员创新创业的积极性，组织和动员广大科技人员深入企业，特别是受国际金融危机影响较大的中小企业，开展创新创业和技术服务。

一要继续深化科研院所改革，建立与企业紧密结合的有效机制。研究开发类科研院所要发挥行业技术创新的带动和辐射作用，加快技术、成果向企业转移，促进人才向企业流动。社会公益类科研院所要加大开放力度，为企业提供检测、测试、标准等服务。

二要利用科技中介机构、技术转移机构等搭建科技人员与企业双向选择的信息交流平台，形成科技人员服务企业的长效机制，确保科技人员能下到最需要的企业，企业能够找到最需要的人才和技术。继续通过院士企业行、科技副职、企业专家工作站等方式，为区域创新和企业开展咨询和服务活动；通过“讲理想、比贡献”活动，增强科技人员服务企业的责任感和使命感。

三要从科研院所和高校选派一批科技人员进入企业，研发技术、开发产品。特别是鼓励科技人员带技术、带产品进入企业推广应用。派出单位要针对企业需求认真组织和动员，保留其职务、工资福利和岗位。对科技人员与企业联合提出的科研项目，各级政府科技计划要给予优先安排。

四要鼓励科研院所和高校的科技人员以科技成果无形资产入股等方式创办科技型中小企业。各级高新技术产业开发区、创业园、孵化器、大学科技园、农业科技园、技术转移机构要为科技人员创业提供条件和支持。

（八）加强科技能力建设，提高持续创新能力

基础研究和科技基础条件是科技创新的源泉。必须着眼长远，加大对基础研究和科技能力建设的投入，整合、完善现有科技资源，促，进共享，增强科技发展的后劲。一是继续加大对基础研究和前沿技术的支持。在生物、能源、信息、资源环境、生命科学、材料、综合交叉和重要科学前沿领域进行前瞻性部署，进一步完善蛋白质研究、量子调控研究、纳米研究、发育与生殖研究等重大科学研究计划的项目布局，加大支持力度，力争取得一批具有世界影响的科学成果。

二是加强创新基地建设。结合重大科技任务，加强顶层设计，完善规划布局，创新组织模

式，突出开放共享，建设一批国家实验室、国家重点实验室和工程中心等创新基地。

三是加强科技基础设施和条件平台建设。围绕国家重大战略需求，建设若干具有国际影响力和竞争力的重大科学基础设施和重大科学工程。加大科技基础性工作，整合资源，建设一批开放共享、高质量的科技基础条件平台。促进各种创新方法的研究和综合，加快推进创新方法的推广应用。

（九）完善合作机制，全面推进科技金融结合

要从机制与体制创新入手，加强与金融机构的合作，充分调动和发挥金融机构科技投入的积极性、主动性，联手推动科技金融工作，促进科技与金融的紧密结合。

制定出台"关于促进科技型中小企业贷款的若干意见"，推出促进科技型中小企业贷款的相关政策，开展设立科技支行的试点。深化科技保险试点，拓展高新技术企业对外合作、国内高新技术产品应用以及融资方面的保险险种，研究建立利用科技保险工具对使用国内自主研发的首台(套)设备的风险补偿机制。大力推进农业科技贷款与科技特派员工作的结合，开展对科技特派员的授信业务和农业科技小额贷款试点业务，支持农业科技成果转化和产业化。

扩大科技型中小企业创业投资引导基金的规模，支持科技创业投资机构的发展。推进科技担保体系建设，引导和支持科技担保机构的发展，为企业提供担保等综合服务。积极推动创业板的尽快推出，加快对自主创新企业的培育。扩大股权代办转让系统试点工作。利用各地的技术产权交易机构开展科技型中小企业股权和知识产权交易服务。继续组织发行第三期国家高新区企业债券。推动多层次资本市场建设。

（十）加强国际科技合作，充分利用全球科技资源

在全球化的背景下，要加强国际科技合作和交流，拓展合作领域、深化合作层次、创新合作方式、提高合作成效，充分利用全球科技资源，服务于社会主义现代化建设和国家外交工作的大局。

围绕国家战略需求，积极参与国际大科学工程，分享世界先进科学研究成果。积极开展应对全球气候变化、发展低碳经济等全球性重大科技问题的合作。参与国际知识产权保护和技术标准的制定。建设一批高水平的科技合作研究基础和联合研发机构，强化在前沿技术和基础科学领域等方面的合作研究，缩短与发达国家的差距。

积极吸引有实力的跨国公司拓展在华业务，鼓励其在华设立研发中心，加强在华的研发力量。在合作中合理分享合作研发成果和保护自主知识产权，推动双边政府间合作向更高层次上发展。继续对第三世界国家开展科技援助，提高援助水平，帮助他们提高科技水平和创新能力，解决他们面临的现代通讯、医疗卫生和粮食生产等问题。

充分利用全球科技资源，鼓励我国企业引进制约自主创新的关键技术、知识产权和关键零部件，支持企业开展消化吸收和集成创新，加快提升创新能力。支持企业"走出去"建立海外研发基地，收购兼并国外科技企业和研发机构。

今年的任务十分繁重。我们要立足当前，贯彻落实好党中央、国务院应对国际金融危机、促进经济平稳较快发展的战略部署，充分发挥知识与科技的支撑作用。同时，要在"十一五"科技规划执行的基础上，总结经验，谋划长远，启动面向"十二五"科技规划的战略研究工作。在"十二五"科技规划的战略研究中，要紧密结合这次国际金融危机对经济社会发展和科技创新带来的影响、教训和启示，深入研究科技发展形势、重大发展任务、创新条件与环境等战略问题，提

出未来几年我国科技工作的主要思路和重点任务，为“十二五”科技规划编制奠定坚实基础。

要落实《中央人才工作协调小组关于实施海外高层次人才引进计划的意见》，创造环境，吸引海外高层次人才回国（来华）创新创业，加快提升我国在某些关键领域的创新能力。鼓励国家科技重大专项吸收海外高层次人才参与承担重大技术攻关任务；国家高新区吸收海外人才创新创业，加快发展高新技术产业；大型企业吸收海外人才加快技术研发，提升竞争能力。

要进一步转变政府职能，完善适应社会主义市场经济发展要求的政府管理科技事业的体制机制。要创新投入方式，加强科技经费监管，提高科技经费使用效益。

要认真贯彻落实十七届中央纪委第三次全会精神和《建立健全惩治和预防腐败体系2008-2012年工作规划》，坚持标本兼治、综合治理、惩防并举、注重预防的方针，进一步加强科技项目、科技经费和科技系统干部的管理和监督，切实加强科技系统党风廉政建设和反腐败工作。

要进一步加强干部队伍建设和作风建设，着力营造积极向上、团结和谐的良好氛围，进一步提高科技干部队伍的战斗力、凝聚力和创造力。

2009年是充满挑战、充满机遇的一年，科技工作承担着光荣的使命。让我们更加紧密地团结在以胡锦涛同志为总书记的党中央周围，高举中国特色社会主义伟大旗帜，深入贯彻落实科学发展观，坚定信心，振奋精神，开拓创新，扎实工作，以优异成绩迎接建国60周年。

在节能与新能源汽车启动仪式上的讲话

湖南省人民政府省长 周 强

（2009 年 4 月 30 日）

各位领导、各位嘉宾、同志们：

上午好！

今天我们在这里隆重举行长株潭两型社会试验区节能与新能源汽车示范推广试点工程首批车辆交付运营启动仪式，这是湖南省委、省政府在新形势下认真贯彻落实党中央国务院“保增长、扩内需、调结构”经济方针，积极应对金融危机的重大举措，是推进“节能减排”，大力推动汽车产业转型升级，推动节能与新能源汽车产业化的具体行动，标志着长株潭两型社会试验区节能与新能源汽车示范推广运营迈出实质性步伐。在此，我谨代表中共湖南省委、省人民政府表示热烈的祝贺！同时对各位领导和嘉宾的到来表示热烈的欢迎！

我省电动汽车产业近年来能够得到快速发展，取得令人瞩目的成就，离不开科技部、财政部等各部委的大力支持，借此机会，我代表湖南省委、省政府对科技部、财政部长期以来给予湖南的支持表示衷心的感谢！

这次国家在长株潭两型社会试验区开展节能和新能源汽车示范推广试点工程，对促进长株潭两型社会试验区建设，带动湖南经济社会发展具有重要意义。今天启动仪式的成功举行，表明示范推广工作正式拉开帷幕，各有关单位一定要把这项工作抓好抓实，抓出成效。为此，我提四点要求：

一是提高认识，加强领导。全省各级政府特别是长株潭三市政府、以及省直各相关部门要从落实党中央国务院“保增长、扩内需、调结构”战略部署出发，从推进节能减排总体要求出发，从推动我省电动汽车产业跨越式发展的大局出发，充分认识开展节能与新能源汽车示范推广工程的意义，按照科技部、财政部关于试点工作的总体部署和要求，高度重视，加强领导，精心组织实施节能与新能源汽车的示范推广。**二是把握机遇，用好政策。**这次国家开展节能与新能源汽车示范推广试点工程，国家财政对节能与新能源汽车补助力度之大，范围之广，时间之长都是空前的。这对推进我省节能与新能源汽车的示范推广，加快我省电动汽车产业发展是一次难得的历史机遇。我们一定要牢牢把握这次机遇，用好用足国家政策，各单位要准确把握几个关键申报节点，尽量争取国家更多的支持。**三是加强协调，共同推进。**长株潭三市政府、各相关企业、各公交公司要共同努力，通力协作，共同推进。省电动汽车领导小组办公室要加强协调沟通，统筹协调示范推广运营各项工作。及时掌握示范推广运营进度，协调解决示范推广运营中遇到的问题。长株潭三市政府各相关企业要加强技术攻关，为示范推广提供坚实的技术服务保障。**四是创新机制，加快发展。**节能与新能源汽车示范推广运营要坚持以市场为导向、企业为主体，以老百姓满意度为评价标准，不断创新运营机制，充分调动各方面的积极性，促进示范运营快速发展。要创新投融资机制，争取多种渠道筹措资金，为示范运营快速发展创造坚实的资金保障。

同志们，开展节能与新能源汽车示范推广试点工作任务光荣而艰巨，使命重大，让我们以此为契机，努力工作，大力促进我省电动汽车产业快速发展，大力推进两型社会试验区建设。我相信，有党中央、国务院的正确领导，有科技部、财政部等各部委的大力支持，我省长株潭两型社会试验区节能与新能源汽车示范推广工作一定会不断深入，不断完善，不断创造新的辉煌。

谢谢大家！

在部省工作会商会议上的讲话

湖南省人民政府省长 周 强

（2009 年 12 月 24 日）

尊敬的万钢部长，科技部各位司局领导，同志们：

刚才，永文副省长就上次部省会商合作项目的进展情况和本次会商议题作了汇报，科技部计划司就会商内容提出初步协商意见，科技部几位司局领导也提出了很好的意见。在此我代表湖南省委、省政府对科技部长期以来对湖南发展的大力支持表示衷心感谢！

今年，面对多变而艰难的经济形势，湖南省认真贯彻落实党中央、国务院的决策部署，结合湖南实际，着力在扩投资、促消费、提高自主创新能力、推进产业结构调整升级、保障改善民生等方面下功夫，使我省经济呈现高开稳走、全面回升、整体向好态势。前三季度，全省生产总值增长 13.1%，增速居全国前列。

我省经济能实现平稳较快发展，科技在其中起到了重要支撑作用。今年以来，我们充分发挥湖南的科技优势，认真贯彻落实国务院《关于发挥科技支撑作用促进经济平稳较快发展的意见》，采取了包括抓紧实施与扩内需、保增长紧密相关的科技重大专项、大力支持企业提高自主创新能力、制定和落实激励自主创新的政策措施和加快发展高新技术产业集群等一系列积极措施，取得了较好成效。**一是重大专项取得新的阶段性成果**。如，超级杂交稻专项取得重大进展，在提前一年完成第二期亩产 800 公斤目标的基础上，又有望提前 3 年完成第三期亩产 900 公斤目标。山河智能牵头承担的飞机专项，成功研制出我省首架轻型飞机，标志我省通用航空产业成功迈出了第一步。三年多来，我省共组织实施 60 个科技重大专项，累计攻克关键技术瓶颈 272 项，获得新产品 397 个，新增产值 200 亿元，新增利税 25 亿元。**二是具有自主知识产权的本土企业逆势高速增长**。如，中联重科将完成高新技术产品产值 200 亿元，同比增长 35%；株洲电力机车、时代新材等轨道交通装备骨干企业产值同比增长超过 50%；南车时代电动公司主营业务收入比去年同期增长 60%；湘电集团销售收入增长 40%，其中 60%以上为新开发产品所实现，带动利润增长 200%。**三是高新技术产业保持了快速发展的态势**。预计今年全省实现高新技术产品总产值 4450 亿元，同比增长 26%；实现增加值 1400 亿元，同比增长 26.5%，占全省 GDP 的比重达 11.5%，同比提高 1.7 个百分点。高新技术产品总产值和增加值提前一年超额完成“十一五”规划目标，为我省经济全面回升作出了较大贡献。

这些成绩的取得，与科技部的大力支持是分不开的。刚才关于上次会商落实情况的汇报就表明，在科技部的大力支持下，议定的各项工作进展都很顺利，达到了预期目标，对提升我省自主创新能力、加快富民强省进程起到了重要推动作用。可以说，今年科技部对湖南的支持是广泛而深入的。在园区和基地建设方面，长株潭沿江国家高新技术产业带获批，长沙高新区获准建设创新型科技园，湘潭高新区成功升级为国家级高新区和国家科技兴贸创新基地，永兴县成为国家稀贵金属再生利用产业化基地。在平台建设中，植物功能成分利用和混凝土机械两个国家工程技术研究中心已列入科技部的组建计划；杂交水稻和柑橘两个国家级产业技术创新战略联盟以及杂交水稻国家重点实验室都通过了评审；中国（长沙）科技成果转化交易会也获得了部里的有力支持。在项目支持上，今年我省共获得科技部科技计划经费支持近11亿元，一大批项目纳入了国家科技重大专项、国家863计划、国家科技支撑计划、国家金太阳示范工程等，其中，长株潭两型社会试验区成为全国首批节能与新能源汽车示范推广试点城市，今年获得国家补贴资金近1.6亿元，为全国之最。

最近召开的中央经济工作会议明确，明年我国经济工作的重点是在促进发展方式转变上下功夫。这就意味着，作为欠发达省份的湖南，作为“两型社会”建设试验者的湖南，一方面要壮大经济总量，加速赶超发达地区，一方面要在比较薄弱的经济基础上，加快转变发展方式，扁担两头的担子都更加重了。这就要求我们不能再沿袭老的工业化道路，而应更加注重依靠科技来提升传统产业、发展特色产业、培育新兴产业，在发展中促转变，在转变中谋发展，开拓一条具有湖南特色的新型工业化之路。在这个过程中，希望科技部通过部省会商这个渠道，一如既往地给予湖南更多更大的支持。

谢谢！

科技支撑节能减排　彰显政府责任担当

——在“2009'资源节约型、环境友好型国际合作高层论坛”之“节能减排与政府、企业责任”分论坛上的讲话

湖南省科技厅厅长 王柯敏

（2009年4月18日）

尊敬的各位领导、各位来宾，女士们、先生们：

在这个春意盎然、阳光明媚的四月，很荣幸能与在座的各位相聚美丽的星城，共同探讨节能减排这个世界性的热门话题。“同一个世界，同一个梦想”是北京奥运会的主题口号，我想，这句口号也体现了我们这次论坛的理念。建设和谐社会、实现和谐发展是全世界人民共同的梦想和追求，今天，我们怀着同一个梦想来到这里，那就是为节能减排献计献策，创造属于我们的美丽家园。

刚刚听过了联合国全球契约办高级顾问杜晖贤先生和美国环保协会首席经济学家杜丹德先生关于企业履行环保责任的演讲，我颇受启发。勿庸置疑，企业责任在节能减排中发挥着至关重要的作用，今天，利用这个难得的机会，我想表述的是，节能减排中政府的责任同等重要。公共服务是政府行使的一个重要职能，实施节能减排应当是政府的重要职责之一，同时，节能减排的成效也是对政府执行力和公信力的考验。中央政府明确提出：要尽快形成以政府为主导、企业为主体、全社会共同推进的节能减排工作格局。因此，政府不仅是节能减排的重要推动者，也应是节能减排的主导者，具有义不容辞的责任。众所周知，政府责任的重要性主要体现在：创新体制机制，制定政策法规，强化监督管理，加强协调配合，建立考核体系，做好舆论宣传，加强科技进步等等。作为政府科技管理部门的负责人，我想从科技如何支撑节能减排和政府部门如何营造氛围、为节能减排担当责任两个方面谈谈个人体会。

一、科技进步是推进节能减排的强大支撑

随着全球工业化的快速推进，人类迅速进入了物质丰富的时代，但随之而来的地球资源日益枯竭和大规模工业废料排放，不断引发能源危机、环境污染，极大威胁着人类赖以生存的环境。要解决这些问题，必须依靠科技进步与创新，为节能减排提供强大支撑，以促进经济社会的可持续发展，这是必然选择。

一是科技进步是实现产业结构优化升级的的决定性因素。产业结构优化升级的目的就是要以更少的资源消耗和更少的环境污染生产出更多的财富。在这个过程中，科技进步是决定性因素。胡锦涛主席指出，加快转变经济发展方式，推动产业结构优化升级是关系国民经济全局紧迫而重大的战略任务，并指出要促进经济增长由主要依靠增加物质资源消耗向主要依靠科技进步、劳动者素质提高、管理创新转变。可见，科技进步为产业结构优化升级提供技术支撑，而产业结构优化升级又是推进节能减排的根本性举措。

从产业结构来看，湖南正处于经济发展的“重化工业化”阶段。在三次产业结构中，第一产业比重过大，第二、三产业比重又相对偏低，特别是受资源和地理区位的影响，湖南省逐步形成了以冶金、机械、化工、建材、食品、纺织为支柱的资源型产业结构，在这些行业中资源消耗

高，环境污染大。最近，省人民政府为了确保实现“十一五”节能减排目标，作出了在治理上采取“四大行动”（城镇污水处理、湘江流域水污染综合整治、污染减排、节能减排科技支撑行动）、在管理上加强“四把关”（把好项目准入关、把好结构调整关、把好监控关、把好考核关）的决策，其中“四把关”中就有“把好结构调整关”，我们要抓住这一契机，按照省政府提出的“新兴产业规模化、优势产业高端化、特色产业集群化”的原则，针对现有生产装置和工艺，加大通用和共性技术的创新，并及时组织推广应用，推进现有企业和生产装置的科技进步。同时，要加大利用高新技术和先进适用技术改造现有生产工艺和装置的力度，不断提升现有生产装置的技术水平，促进产业升级、技术升级，实现节能减排。

二是科技进步是促进经济循环发展的根本保障。发展循环经济是实现节能减排的重要措施，也是有效措施。利用磷肥生产过程中产生的废渣磷石膏制取硫酸和水泥，利用电石法聚氯乙烯生产过程中产生的电石渣生产水泥，利用电石炉尾气发电，利用焦炉气生产甲醇等，以及工业用水的循环利用、废旧轮胎的翻新再生都是循环经济的成功范例。这些过去是难以做到的，随着技术创新和组织科技攻关，一个个技术难题被攻克，一个个技术瓶颈被突破，过去的废弃物变成今天化工产品的生产原料，实现了循环利用，实现了节能减排。

在这方面，湖南有比较成功的例子。如，岳阳市针对巴陵石化、长岭炼化等大型石化企业的“三废”问题，在省科技重大专项的支持下，积极组织技术攻关，延长产业链，实现变废为宝。湖南凯美特公司研究开发出“CO2 动态分离超高提纯”专利技术，对巴陵公司合成氨装置和己内酰胺制氢装置排放的 CO2 尾气进行资源化处理和深加工，建成国内最大的石化 CO2 尾气处理回收工厂，生产食品级二氧化碳和优质干冰等产品，不仅每年可减少二氧化碳排放量 7811 万立方米，还实现利税近 2000 万元，成为了岳阳市财税建设的亮点。

三是科技进步是实现新型能源技术领域的重大突破和产业化的重要手段。近年来，世界各主要国家都加强了对新能源和可再生能源研究开发的支持力度，在未来的若干年内，新型能源技术领域的重大突破和产业化将会接踵而至。随着气候变化问题的日益凸现，以低能耗、低污染为基础的低碳经济开始风行。低碳经济时代的目标就是在经济发展的全过程中消耗最少的能源、排放最少量的温室气体，同时获得整个社会最大的产出。要实现这个目标，最重要的手段在于技术创新的重大突破，催生一系列新兴产业，实现能源结构的调整，创造新的市场需求。

近年来，我省以组织实施科技重大专项为抓手，在突破能源技术领域关键瓶颈技术、发展新兴产业方面取得了较好成效。比如，在电动汽车及关键零部件研发方面，突破了车用大功率镍氢动力蓄电池、驱动电机等关键零部件制备技术，自主研发的动力总成系统、电池管理系统、地面充电机已先后成功应用于北京奥运会纯电动及混合动力汽车、上海世博会超级电容车等。南车时代电动的大功率城市客车电机驱动系统，市场占有率超过 80%。同时，今年我省长株潭成为国家节能与新能源汽车重大项目“十城千辆”计划首批入选的“五城一地”中的一地。又如，湘潭电机通过省重大科技专项“2 兆瓦及以上风力发电机组和关键零部件的研制与产业化”的实施，突破了整机系统集成技术、机组控制系统技术、大型直驱动低速风力发电机设备三大技术瓶颈，成为我国最早确立的三个风力发电机整机制造产业化基地之一。

二、营造良好氛围，建立完善节能减排的激励和约束机制

建立激励约束机制是做好节能减排工作的

重要基础。在这方面，政府的职责就是要深化改革，消除制约节能减排工作的体制性机制性障碍，秉承公平公正的原则，建立有效的激励机制和严格的约束机制，为企业依靠科技进步实现节能减排营造良好氛围。

（一）建立完善激励机制。激励机制可以降低企业自主创新的风险，营造鼓励创新的环境，调动企业创新的欲望。目前，国家和省已出台了财税、金融、价格等一系列激励政策和措施，有效地激发了企业节能减排的积极性，当务之急是要确保这些激励政策落实到位。除此之外，建立完善激励机制还可以从以下几方面着力。

一是要确立技术创新的扶持重点。政府资源是有限的，支持节能减排技术开发也应有所侧重，提高政府资源的利用效率。推动节能减排技术开发与推广，政府的扶持重点为基础性研究和应用性基础研究。对于省级政府而言，应将扶持重点放在应用基础的开发和研究。2008 年，我省全面启动了“湖南省节能减排科技支撑行动”计划（前面提到的“四大行动”之一），决定以湘江流域和环洞庭湖地区等重点污染区的环境改善为核心，以长株潭“两型社会”综合配套改革试验区建设为重点，利用 3 年左右的时间，组织实施一批科技项目，建设 1 个国家级节能减排科技示范区，攻克 30 项节能减排重大关键技术和共性技术，培育 30 家节能减排科技示范企业，推广 100 项重大节能减排成熟技术（简称“1331”节能减排科技支撑行动），大幅度提高全省能源、资源利用率，显著削减污染物排放量，使我省的节能减排技术及指标居国内领先水平。

二是要做好节能减排技术推广与典型示范。首先，要加强对于节能减排技术发展的政策指导，积极完善促进节能减排的财政政策，加大环保技术研发的资金投入和政策支持。其次，要在技术推广与典型示范方面扮演好组织者和推动者的角色，要建立起一批优秀的典型和示范区为企业采用先进的节能减排技术提供榜样和示范。近年来，我省以组织实施科技重大专项为抓手，在这方面取得了较好成效。如我省自主研制的输配电关键技术及装备很好地解决了电网运行与控制中存在的技术难题，突破了谐波复合控制、高低压先进无功补偿等系列技术瓶颈，应用后使变电站平均功率因数由 0.75 左右提高到 0.95，累计实现节能效益 4 亿多元。又如，湖南化工研究院自主研发的新型铁基复合型水处理剂 FPAS 系列产品，在省内造纸企业推广应用后，COD 降至 40mg/L 左右，低于国家标准的一半；株冶集团通过常压富氧直接浸锌技术的引进消化和再创新研究，建立了 10 万吨/年电锌清洁生产新技术工程示范，万元产值综合能耗、万元增加值能耗分别同比下降 40%和 20%等等。

三是进一步完善政府采购制度。当前，政府采购在我国国民经济和社会发展中正扮演着越来越重要的角色，其中很重要的一个作用就是可以有效激励企业的技术创新活动。虽然对国产创新产品进行大规模政府采购打破了市场自然竞争规律，但是可以对落后技术进行快速淘汰，让高科技产品在短时间内提高市场占有率，从根本上建立起节能创新产业发展模式。目前，我省结合长株潭城市群“两型社会”综合配套试验区的建设，优先做好了节能减排领域的自主创新产品认定工作，逐步落实节能减排产品的政府采购制度。

（二）建立完善约束机制。企业行为在经济上具有的理性特点是追求其自身利益/财产的最大化，用最低的成本履行义务及社会责任；如何引导、强制、激励企业及公众参与节能减排是政府推进节能减排进程的重要职责。因此，政府在建立完善激励机制的同时，还必须强化约束机制，对企业的节能减排形成有效的“倒逼”。

首先是要制定必要的能耗标准、排放标准和准入标准。要对高耗能、高污染新建项目，要从能源、水资源消耗以及土地、环保方面实行更为严格的产业准入标准；完善重点行业能耗和排放标准、重点耗能产品及新建建筑能效标准；建立和完善企业生态恢复、破坏修复责任制度，依法加大执法和监督检查力度，提高对违法、违规企业的处罚力度，使依靠科技实现节能减排成为企业的自觉行为。比如，湖南从2006年下半年起，关停整治了环洞庭湖区234家造纸企业。最近，省委、省政府又作出决定，从4月15日起，对全省不能按新标准排放的造纸企业一律关停。在这个机制约束下，使一批企业走上了创新驱动型发展道路。如岳阳丰利纸业采用新工艺、新材料，在实现减排的同时还扩大了生产规模；湖南建材纸厂通过技术改造，转产成为竹、麻、棉及新型健康纤维的"绿色生产基地"等等。

其次是要发挥价格、税收杠杆作用，提高企业用能成本。政府应加快推进资源性产品价格的市场化改革进程，建立能够反映能源资源稀缺程度、市场供求关系和环境成本等完全成本的价格形成机制，将低成本使用能源的鼓励政策改为高成本使用能源的约束政策，对排污坚决收费，加大差别电价、水价政策实施力度，促使企业在科技创新中寻找出路。例如，我省根据国家节能减排和差别电价的有关规定，对钢铁、电解铝、铁合金等8个高能耗行业企业实行差别电价。这一电价政策执行后，对引导高能耗行业的技术创新起到了显著效果。如全省钢铁行业，重点研究推广了"烧结烟气余热高效回收利用"、"烟气循环烧结工艺"、"焦炉、高炉和转炉的煤气干式除尘技术及对水、煤气和固体废渣的综合利用"等先进节能技术。仅华菱湘钢通过建立干法炼焦装置和高炉煤气余压透平发电装置(TRT)，吨钢综合能耗同比下降60公斤标煤，节能降耗所创利润达亿元。又如电解铝行业，湖南创元铝业在省科技重大专项的支持下，开展了"超动态稳流结构电解铝节能关键技术"研发应用，使每吨电解铝生产节电1300度，如果该技术推广到全国，按目前全国1200万吨的年生产能力，每年可为国家节电150亿度，超过葛洲坝水电站的年发电量，全国每年因节电而节省的标准电煤203万吨，减少CO2排放465万吨。

政府在营造氛围、创新机制的同时，还要做好节能减排技术的舆论宣传。要充分利用电视、广播、报刊、网站等公共媒体宣传节能减排知识，介绍节能减排科研最新成果，充分发挥高校、科研机构和其他组织在节能减排科技宣传和普及方面的作用，让节能减排融入政府的执政理念，融入企业的发展道路，融入群众的具体行动。

"东风好作阳和使，逢草逢花报发生"。我相信，在科技进步的和煦春风吹拂下，节能减排之花必将遍地开放。让我们以此次论坛为契机，携起手来，深入贯彻落实科学发展观，坚持以人为本，统筹兼顾，继续把科技进步作为节能减排的一个重要抓手，为创造一个绿色地球，营造一个和谐世界作出不懈的努力！

谢谢大家！

第二篇

专题综述

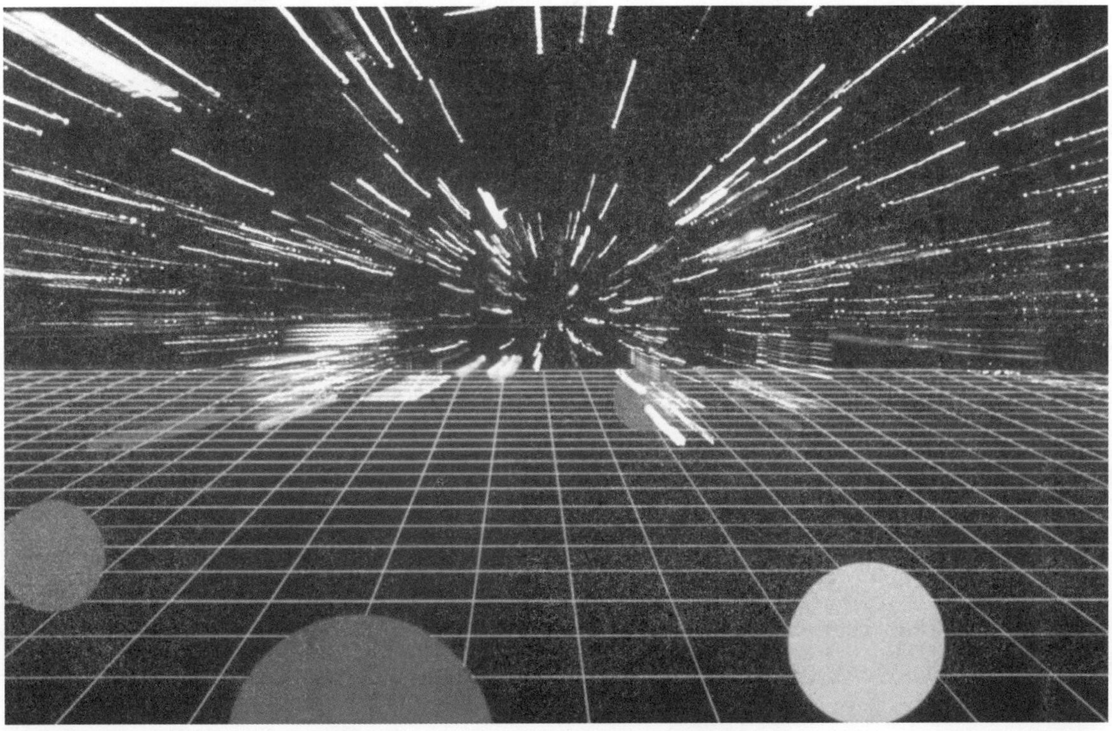

贯彻落实湘发[2008]14 号文件和湖南省产学研结合创新大会精神情况督查活动

为确保《中共湖南省委 湖南省人民政府关于促进产学研结合增强自主创新能力的意见》(湘发[2008]14 号)和湖南省产学研结合创新大会精神能落到实处，充分发挥科技创新与科技进步对经济发展的引领和支撑作用，走出一条技术含量高、经济效益好、资源消耗低、环境污染少、人力资源得到充分利用的可持续的发展新路子。2009 年，湖南省科技厅提出在全省开展产学研结合督查建议，该建议被湖南省人民政府采纳，并被列入全省十一件督查工作之一。

2009 年 10~11 月，根据湖南省人民政府办公厅《关于对湘发〔2008〕14 号文件和全省产学研结合创新大会精神贯彻落实情况进行督查的通知》(湘办电[2009]177 号)通知要求，由湖南省人民政府办公厅牵头，湖南省发改委、省经委、省教育厅、省科技厅、省财政厅、省国土资源厅、省建设厅、省信息产业厅、省商务厅、省国防科工办、省国资委、省地税局、省知识产权局、省国税局组成的湖南省产学研结合创新督查组，分别对全省 14 个市州和省促进产学研结合工作协调领导小组成员单位进行“贯彻落实湘发[2008]14 号文件和全省产学研结合创新大会精神情况督查活动”。

此次督察的主要内容包括两个方面：一是贯彻落实湘发[2008]14 号文件的情况，包括出台政策措施，加大资金投入和金融支持，加快科技成果转化，加强组织领导等情况；二是贯彻落实湖南省产学研结合创新大会精神的情况，包括召开会议、成立专门机构和配备人员、建立考核机制等。

督查对象涉及各市州政府以及湖南省产学研结合协调领导小组成员单位，督查采取书面汇报和现场督查的方式。在市州督查时，听取各市州政府汇报，实地考察 2-3 个企业(或园区)，并与有关单位座谈，查阅相关文件档案，并与当地政府交换意见，各市州现场督查时间为一天至一天半，其中半天考察产学研结合典型项目。在督查协调领导小组成员单位时，主要采取听汇报、看资料、考察产学研结合典型项目等方式进行。督查工作按自查阶段、现场督查阶段、情况汇总阶段、整改落实阶段、情况汇报阶段五个步骤进行。

【市州督查活动】

督察组共分为四个小组，分别由省科技厅、省政府督察室、省经委、省教育厅、省发改委的领导任正、副组长，省国土资源厅、省地税局、省财政厅、省知识产权局、省建设厅、省信息产业厅、省国防科工办、省商务厅、省国资委、省国税局、省科技厅等单位派员参加。

10 月 22 日起，督察一组先后对常德市、张家界市、湘西自治州和长沙市等 4 个市(州)进行督查。期间，分别听取 4 个市(州)政府汇报，实地考察常德德山经济开发区、金健米业股份有限公司、湖南金健药业有限责任公司、恒亮新材料科技有限公司、奥威科技有限公司、老爹农业科技开发股份有限公司、丰达合金科技有限公司、自治州高新技术创业服务中心、三鑫锰业有限公司、湖南大学科技园、湖南有色重型机械有限公司等园区和企业。与有关单位进行座谈，查阅相关文件档案。督查结束时，督查组与当地政府交换意见。

10 月 21 日起，督察二组对株洲市、益阳市、岳阳市等 3 个市进行督查。督查组先后深入株洲时代电器铸件有限公司、湖南株洲时代新材料科技股份有限公司、湖南汉森制药股份有限公司、瑞亚高科纺织公司、湖南中科电器股份有限公司、岳阳国泰机械有限公司等10多家企业，考察部分重点项目，询问相关情况，查看相关资料，听取市政府和市直相关部门的汇报。

10月26日至11月2日，督察三组对湘潭市、邵阳市、怀化市、娄底市等4个市进行督查。督查组先后深入怀化正好制药有限公司、湖南省湘维有限公司、邵阳李文食品有限公司、湘窖酒业、湖南广信工业纸板有限公司、湖南玉新药业有限公司、邵阳学院等企业和高校，考察部分产学研结合创新项目，分别听取市政府和市直有关部门的汇报。

10月22日至30日，督察四组对衡阳市、郴州市、永州市3个市进行督查。督查组先后深入熙可食品有限公司、敬和堂制药有限公司、湖南科技学院、衡钢集团、特变电工衡阳变压器有限公司、东江湖渔业股份有限公司、金旺实业有限公司、高斯贝尔公司等单位考察部分产学研结合创新项目，听取市政府和市直相关部门的汇报。

督查结束后，督查组认为，市州各级党委、政府高度重视湘发[2008]14号文件和全省产学研结合创新大会精神的贯彻落实，主要成绩表现为以下三个方面：

1、党委和政府加强组织领导，建立良好的工作机制。各市州在产学研结合创新大会、市州委常委会、市州政府常委会、市州科技工作会、县(市)科技局长会等场合传达湖南省产学研结合创新大会精神，部署产学研工作；成立由市州委副书记、市长或分管副市长任组长的产学研结合工作协调领导小组；建立产学研结合考核机制，把产学研结合创新工作纳入县市区党政领导政绩考核指标；出台具体落实措施，加强政策引导。

2、完善资金投入机制，形成多元化投入结构。一是进一步发挥政府资金的引导作用。长沙市新增科技发展专项经费1亿元，用于支持科技成果转化；株洲市每年安排产学研科技专项经费1000万元；湘潭市决定从2009年起，3年内新增财政预算3000万元，其中2009年新增600万元，对产学研结合项目予以专项支持；岳阳市2009年预算产学研结合创新专项经费500万元，重点支持20个产学研结合创新项目；益阳市决定三年安排1000万元，计划经费总额的70%用于产学研合作创新；常德市2009年安排产学研专项经费200万；衡阳市财政每年安排500万元用于鼓励和支持企业自主创新；永州市财政三年安排1000万元，300万元已在2009年到位；郴州市本级2009年把产学研引导资金一并纳入科技经费管理，共安排1200万元，比上年增长20%；张家界和湘西自治州尽管财力有限，但也设立产学研结合创新引导资金，张家界2009年安排300万元，湘西自治州提出三年达到1500万元的目标。此外，各市州科技计划也相应加大对产学研结合创新项目的支持力度。二是充分调动企业投入积极性。株洲市规模以上企业的研发投入达到年销售收入的1.9%，全市企业研发投入占全社会研发投入的比重在70%以上；湘潭市通过26个市级产学研结合项目引导企业投入研发经费1.42亿元，投入引导比为1:41，全市规模以上工业企业技术开发经费占销售收入的比例达到2.9%；邵阳市2009年引导企业的科技投入达到1.2亿元；娄底市2009年政府投入0.65亿元，引导企业投入研发经费3.9亿元；衡阳、郴州、永州1–9月份规模以上企业分别投入技术开发费用3.7亿元、1.93亿元、0.97亿元。三是努力拓宽社会投入渠道。长沙市着力建设以市风险投、市高创投、市创业投融资协会为基础的长沙科技投融资体系，总资金规模达30亿元以上；株洲市出台《关于加强和改善金融服务支持中小企业发展的实施意见》，对创新型企业的信贷资金投入每年保持在50亿元左右；湘潭市引导湖南省高创投、深圳创新投等投资企业创新，并引进美国同力基金、宏宇担保等投融资机构；邵阳市引导银行对产学研项目贷款1.5亿元，比去年增加60%，已有4家企业完成股份制改造，并与券商签订上市辅导协议；益阳市中小企业信用担保有限公司2009年前三季度帮助企业融资新增贷款达6亿多元；岳阳市4家中小企业担保公司也加大对产学研项目的担保力度，前三季度担保额达1.6亿元；娄底市与建设银行湖南省分行签订1.5亿元的授信贷款；衡阳市企业信用担保投资有限公司今年1–9月共为202家企业担保金额21.5亿元；常德市与省高新创业投资有限公司合作设立创新创业投资基金；其他市州也通过帮助开展产学研结合的企业联系金融资本市场和风险投资市场，推介产学研结合创新重大成果等方式推动科技与金融结合。

3、建立健全产学研合作机制。一是搭建产学研对接平台。长沙市与国家科技部火炬中心、湖南省科技厅、教育厅一道，举办第三届中国（长沙）科技成果转化交易会，组织20余场科技成果对接洽谈会、投资推介会和经验交流会；株洲市在湖南省率先创立科技超市、科技沙龙，促成企业技术难题招标与院校科技成果转化；株洲市政府与签约高等院校和科研院所每年进行一次高层会商；湘潭市召开湖南省内9所大学参加的产学研结合工作座谈会；益阳市举办首届产学研对接与科技成果交易会，共有52个产学研项目实现对接，协议投资20亿元；常德市建成专门向外发布企业技术难题招标需求信息的常德科技信息港，编印《常德市企业关键技术需求汇集》向湖南省内外高校和科研机构发布，邀请专家参加“专家企业（基层）行”“院士常德行”活动，组织企业赴高等院校和科研院所进行技术对接；怀化市组织科技顾问怀化行活动，为企业提供技术咨询服务，促进产学研结合；娄底市对全市企业进行深入调查，全面了解企业技术创新需求，并组织专门力量前往北京科技大学、北京有色研究学院、中南大学等高等院校和科研院所寻求技术支持；湘西自治州举办多场大规模的产学研技术对接活动，促成州校、县校和校企科技合作关系的建立。二是建立合作创新平台，积极组建产业技术创新战略联盟。长沙市与清华大学研究生院、上海交通大学国家技术转移中心等单位签署共建技术转移中心等合作协议，还组建中药产业技术联盟、数控装备产业技术联盟和现代农业特色产业科技示范基地创新联盟等3个产业技术联盟；株洲市牵头建立电动汽车、轨道交通两个湖南省产业技术创新战略联盟；常德市新建生物医药产业产学研合作联盟、纺织产业产学研合作联盟、新材料产业产学研合作联盟、机电产业产学研合作联盟和食品产业产学研合作联盟等5个产业技术联盟；娄底市建立特种陶瓷、中小型煤矿机械、小型农业机械和特色猪养殖加工等4个产业技术创新战略联盟；湘潭市、岳阳市、永州市和益阳市也分别组建2–3个产学研技术创新联盟。湘潭市2009年新增湖南省级工程技术研究中心3家（全市总数达到9家），新增湖南省级企业技术中心2家（全市省级以上企业技术中心达到15家）；娄底市积极开展科技创新年活动，大力开展科技创新五大工程和九大活动，新增企业研发机构12个。三是探索多种合作模式，支持以项目为纽带的技术合作。各市州在科技计划中加大对产学研结合项目的支持力度，2009年长沙市级科技计划支持产学研结合项目1400多万元，湘西自治州科技创新引导专项计划安排500万支持产学研合作项目。鼓励探索合作创办实体、共建研发平台、委托研发等多种产学研合作形式，长沙市与清华、北大等重点大学签订中国长沙-重点大学-企业人才战略合作联盟共建协议，常德金健米业采取提前介入华东师范大学正在组织的草珊瑚药用机理研究课题，获得该项研究成果的优先转让权利。此外，各市州还认真落实各项税收优惠政策，鼓励产学研结合创新。如株洲市2008年高新技术企业所得税及技术开发税前扣除减免税额1.52亿元；岳阳市高新技术企业所得税减免1396万元，研究开发费用按150%加计扣除减免税收2394万元；益阳市减按15%的税率减征国家认定的高新技术企业所得税近1000万元；永州市按照研究开发费用150%加计抵扣的政策减免税收1054万元，并对符合国家产业政策的技术改造项目的企业，办理国产设备投资抵免企业所得税，共抵免企业所得税近5000万元。

【湖南省产学研成员单位督查活动】

对湖南省产学研结合协调领导小组成员单位的督查采取集中汇报形式进行。11月24日，湖南省产学研结合创新督查组组织召开省产学研结合协调领导小组成员单位工作汇报会。会上，各成员单位相关负责人向督查组汇报本单位贯彻落实全省产学研结合创新大会精神和湘发[2008]14号文件的情况。湖南省科技厅党组成员、省高新办主任、省产学研结合领导小组办公室副主任黄新亮代表省产学研结合领导小组办公室和湖南省科技厅作工作汇报。

督查组认为，湖南省产学研结合创新大会召开后，湖南省产学研结合协调领导小组各成员单位各司其职、各尽其责，互相配合、互相支持，形成强大合力，推动湖南省产学研结合创新工作新进展。湖南省发改委着力加强规划的引领作用，突出产学研结合创新，制定《湖南省高新技术产业技术创新和产业化公共服务平台建设规划》，编制《长株潭国家高技术产业基地规划》；湖南省经委以企业技术中心为重要抓手，将产学研结合能力及效果作为申报国家、省级、市级企业技术中心的重要评价指标，引导企业加大产学研投入，推动产学研成果的产业化；湖南省教育厅积极推进高校科研力量参与产学研结合，制定全省高校推进产学研结合创新工作规划，实施以产学研结合创新为核心的“教育服务能力提升工程”，支持和推动中南大学等高校成立产学研结合专门管理机构，并出台相关激励政策；湖南省科技厅在认真负责领导小组办公室的日常事务、协调产学研工作的有关活动的同时，在科技计划中进一步加大对产学研结合项目的支持力度，努力探索推动产学研结合的新模式、新机制，组建杂交水稻、柑橘等两个国家级产业技术创新联盟和茶叶、生猪等两个省级产业技术创新联盟，新建6个省级重点实验室和22个省级工程技术中心，推动建立中科院湖南技术转移中心，并会同湖南省发改委、省财政厅联合发布《湖南省自主创新产品认定实施办法(试行)》；湖南省财政厅在进一步加大科技投入的基础上，积极落实产学研结合专项资金，确定2009年安排5000万元，并会同湖南省科技厅制定《产学研结合专项资金管理办法》；其他成员单位也积极发挥本部门职能，统筹创新资源，认真落实促进产学研结合的政策措施。

2009 年度科技重大专项的启动与实施

【承担和参与国家科技重大专项情况】

2009 年，湖南省进一步加强国家科技重大专项承接工作。湖南省人民政府批复同意湖南省科技厅新设重大专项处，各相关职能部门明确责任处室，中南大学、湖南大学、国防科技大学和株洲钻石切削股份有限公司等单位设立专门机构对接国家科技重大专项。

2009 年，湖南省共承担国家科技重大专项课题 48 项，涵盖 6 个民口专项，获得国家经费支持 5.44 亿元。这些课题与国家和湖南省确定的战略性新兴产业发展密切相关，课题的实施将突破一批关键共性技术，形成若干重大战略产品，对战略性新兴产业的发展提供原动力。

株洲钻石切削刀具股份有限公司、湖大海捷制造技术有限公司、湖南大学、中南大学等单位承担“高档数控机床与基础制造装备”重大专项中的 11 个子课题。依托该重大专项，株洲钻石切削刀具股份有限公司开发出 12 个系列 80 多个品种的新产品，性能达到国际先进水平。

国防科技大学、湖南大学、湖南长城信息金融设备有限责任公司等单位承担核心电子器件、高端通用芯片和基础软件产品重大专项中的 9 个子课题，获得经费支持 3.4 亿元。

湖南杂交水稻研究中心、湖南农业大学、湖南金健种业有限责任公司等承担转基因生物新品种培育重大专项中的 7 个子课题，主要开发广谱抗病广适性超级杂交水稻、高产优质新型转基因抗虫棉花新品种等。

九芝堂股份有限公司、湖南汉森制药股份有限公司、湖南景达制药有限公司等单位承担重大新药创制重大专项中的 12 个子课题，这些项目主要集中在抗癌新药、制剂、抗体的临床研究以及化学药大品种技术改造和新药研发、干细胞技术支撑等方面。

【2009 年新启动的省级科技重大专项】

2009 年，湖南省科技厅加强顶层设计，强化项目遴选，出台《湖南省科技重大专项管理办法》、《湖南省科技重大专项管理工作流程》等文件，规范重大专项管理程序。严格执行“四评三审”机制，使立项决策和评审咨询相互分离，确保立项全程的公开、公正和透明；严格执行“两条线”监管模式，确保专项实施取得实效。全年确定 12 个科技重大专项和 5 个科技重大预研项目。

12 个科技重大专项分别是：新型工业化领域的混合动力汽车研发、兆瓦级低风速直驱式风力发电机组产业化关键技术研究、第三方物流协同服务系统关键技术研究与应用示范、动力电源关键薄膜材料的工程化研究、稀贵金属高效提取及深加工关键技术开发与示范、汽车轻量化材料关键技术国际合作研究与产业化示范。现代农业领域的超级杂交稻分子育种研究、油菜产业化关键技术研究及示范。节能减排领域的株洲清水塘典型冶化工业区固体废物梯级利用产业链关键技术开发、湘乡工业区钢铝冶金重要辅助原料生产节能减排技术开发与示范，生猪适度规模清洁养殖模式关键技术研究与集成示范。民生科技领域的城市生活垃圾和电子废弃物综合利用关键技术研究与工程示范。

5 个科技重大预研项目分别是数字化变电站关键技术研究与装备研制、特高压换流变压器技术研制、湖南省食品安全监测与控制关键技术研究及示范、生物酶土壤固化筑路关键技术研究与集成示范、微细粒复杂难选铁矿选矿技术开发及产业化。

上述 17 个科技重大专项围绕湖南省新型工业化、现代农业、节能减排、民生科技等方面的发展需求进行部署和设计，主要呈现出以下五个方面的亮点：一是充分体现省委、省政府在应对国际金融危机、促进湖南省经济平稳较快发展的战略举措，通过关键技术的攻关，进一步提升湖南省电子信息、轨道交通、新材料等重点产业的核心竞争力，壮大产业集群，加快产业结构调整升级，培育壮大战略性新型产业。二是利用地方区位和政策优势，充分开发和利用具有地区优势的特色资源，形成具有辐射带动力的科技创新示范基地，推动地方经济发展。三是通过节约、替代、循环利用和治理污染共性技术的突破，为湖南省发展清洁能源和可再生能源、保护土地和水资源、建设科学合理的能源资源利用体系提供强大的科技支撑。四是按照建设社会主义新农村的总体部署，通过科技创新，大力发展现代农业，提高了农业专业化、规模化和产业化经营水平，增强农业综合生产能力。五是注重突出企业主体，实现资源整合，优势互补，加大产学研结合力度，形成一批产业技术创新联盟，提升行业领域的整体创新能力。

【2009 年省级科技重大专项执行情况】

2009 年，处在执行期的 17 项科技重大专项（含预研项目 5 项）共突破关键技术瓶颈 87 项，研制新产品 99 个；申请专利 171 项，其中授权专利 54 项；制定国家标准 6 个、企业标准 15 个；引进、培养高级人才 206 人；新增产值 19.48 亿元，新增利税 1.86 亿元。其中：

“高性能移动通讯手机关键技术开发与产业化”专项：完成“3G 高性能环保型微波介质陶瓷材料组份与低温共烧成型技术”、“支持 WINDOWS MOBILE 和 GPS 等先进功能的集成技术”等移动通讯关键技术的研发并实现国产化，成功开发出全球第一款骨神经传导手机，建成湖南省首个手机产业研发平台和年产 200 万台手机产业化基地。

“六轴交流传动电力机车系统集成技术创新及整车研制”专项：成功研制世界上功率最大、适用范围广阔、节能环保的六轴电力机车，建立全新的大功率六轴电力机车设计平台和产品平台，填补国内外单轴 1600KW、机车总功率 9600KW 交流传动机车的空白，登上“世界电力机车技术的金字塔尖“，新增销售收入 45.6 亿。

“轻型飞机的研制与产业化”专项：研究和掌握轻型飞机气动外形和全复合材料机体平台的三维数字化设计技术、全复合材料机体的轻型飞机制造技术等 5 项先进技术，进一步提升我国飞机制造业的自主研发能力，促进航空产业发展。

“特色植物资源高值化利用关键技术国际合作研究与产业化开发”专项：解决植物资源改良与优选的新技术、功能成分高效提制技术、提制工艺与质量标准化等 5 项关键技术瓶颈，开发出高附加值的标准化植物提取物系列产品和功能性终端产品。在专项研发成果的支撑与辐射下，2007-2009 年湖南植物提取物及其延伸产业的出口规模增长幅度分别达到 28.7%、22.4%和 25.2%，出口金额分别达到 3800 万美元、4650 万美元、5823 万美元，远远高于湖南其他行业的出口平均增长水平。

“斑点叉尾鮰鱼深加工关键技术研究及产业化”专项：解决斑点叉尾鮰鱼速冻鱼片生产工艺中放血方式、低温浸泡和速冻条件等三个关键工序对产品质量的影响，建成鱼片加工，鱼油、鱼皮胶原蛋白提取纯化，鱼专用饲料生产线共 4 条。专项成果转化新增企业经济效益 2.3 亿元，新增农民养殖收入 2 亿元。

“安全环保烟花爆竹材料和综合燃放技术研究及其产业化”专项：解决改性硝酸钡安全氧化

剂材料、无烟/微烟焰火技术、烟花综合燃放控制技术等 15 项技术瓶颈，推动湖南省烟花爆竹安全生产，促进烟花爆竹产业可持续跨跃式发展，成功完成第六届中国农运会、2008 年北京奥运会、新中国成立 60 周年大庆、2010 年上海世博会的大型焰火燃放任务，确保焰火燃放的安全、环保和精美效果。三年累计新增产值 2.2 亿元，新增利税 3500 万元，出口创汇 1200 万美元。

“湖南省极端气象灾害预警评估技术体系研究与示范”专项：突破湖南极端气象灾害标准评估体系、高影响天气客观诊断分析技术、高分辩卫星资料同化反演方法等 11 项关键技术，使温度、降水预报准确率分别提高 15%、5%，研发的大雾预报系统为国内首创，显著提高大雾预报准确率，并使预报时效从 24 小时提高到 96 小时，专项前期成果在 2009 年应用于国家水稻丰产科技工程、行业计划等项目的示范基点（如耒阳、冷水滩区等）示范后，累计节约灌溉用水 0.87 亿 m3，增加双季稻种植面积 2.68 万亩，新增粮食产量 2.59 万吨。

“重金属冶炼节能减排关键技术与工程示范”专项：研制的节能新工艺将炼铅的能耗由原来的 380kg 标煤降至 280kg 标煤，粗铅冶炼回收率达到 96.8%，同时以株冶中和渣、窑渣等为对象，重金属固体废物经硫化后，金属硫化率达到 90%以上，有力地推动湖南省重金属冶金冶炼的节能减排。

“高电耗企业电气节能关键技术研究与成套装备研制及其应用示范”专项：研制出智能型动态无功补偿装置(IVC)中核心控制器——多功能 DSP 控制板，攻克 HAPF、SVC、DSTATCOM、IVC 小型样机研制的瓶颈问题，研发的部分技术及系列电气节能成套装置在高电耗企业——湖南涟源钢铁集团有限公司和中国石化股份有限公司长岭分公司应用后，产生巨大的节电效益，湖南涟源钢铁集团有限公司年节能达 2800 余万元，中国石化股份有限公司长岭分公司年节能达 1400 万元，电气节能成套装置成功实现产业化，2009 年在湖南科立电气有限公司和长沙博立电气有限公司开始规模生产和销售，累计销售额达 3600 万元。

“生猪产业化关键技术研究与示范”专项：解决和突破仔猪肠道健康调控、无抗猪日粮配制、猪免疫增强、冷却肉减菌降耗和猪血多肽脱色等生猪产业化关键技术，成功实现绿色饲料、生猪养殖和猪肉加工等关键技术的创新，研制和推广应用新产品 11 个，并建成生猪安全、高效养殖、饲料与肉制品加工示范基地 3 个，累计新增产值 5 亿元，带动 20000 多人口就业，促进湖南省饲料工业发展。

“茯茶产业化关键技术研究与示范”专项：突破茯茶诱导调控发花技术体系、黑毛茶快速醇化新技术、茯砖茶快速醇化新技术、散茶发花新技术等多项技术瓶颈，开发出精品、极品、一品高级茯茶及方便型茯茶系列新产品。在 2008 年和 2009 年两届中国北京国际茶业博览会上获得国际金奖 8 个、银奖 4 个，专项还建成年产 5000 吨全程清洁化、标准化、现代化的茯茶生产线和 20 万亩无公害茯茶原料示范基地。通过该专项技术的应用，湖南省内的黑茶生产、加工、销售企业，都已实现全面盈利，累计新增销售额 1.65 亿元，新增利税 4000 多万元，每亩茶园收入从原来的 1200 多元增加到 2700 多元，湖南省黑茶主产区安化县因茶而获得的财政收入，从 2006 年的 28 万元，飞跃到 2009 年的近 2000 万元。

“A 型地铁车辆的研制与产业化”专项：通过组建“轨道交通产业技术创新战略联盟”，积极整合中南大学、西南交通大学等高校的研发资源，成功突破 A 型地铁的系统集成技术研究、电气系统技术研发、异步牵引电动机技术研发、新型转向架技术研发等多项核心技术，打破国外跨国公司对 A 型地铁车辆的技术垄断。

“有色金属钨及硬质合金产业技术创新战略联盟”专项：集结国内最大的硬质合金生产、科研、经营和出口基地和国内最大的钨精矿生产基地的 11 家企业，联合拥有完整有色学科群的 4 所大学和 4 所较具规模的矿冶科学与工程技术综合性研究与设计院。“联盟”成立以来，在湖南省科技重大专项“钨产业链关键技术开发及产业化”的支持下，突破一系列行业共性、关键的技术瓶颈，取得大量的科研成果，开发出复杂低品位黑白钨选冶联合新工艺，打破我国实行 50 多年的选冶分离模式；成功研制出粒度小于 70nm 钨钴纳米复合粉，0.15-0.25mm 微钻棒材，200nm 粒晶的合金，CVD 和 PVD 高性能涂层硬质合金刀具，特大顶锤、轧辊等一系列具备国际先进水平的高端产品。

部省工作会商

2009 年 12 月 24 日上午，国家科技部与湖南省人民政府在长沙举行第四次部省工作会商会议。全国政协副主席、科技部部长万钢，科技部党组成员、纪检组长郭向远，中共湖南省委副书记、省长周强，副省长韩永文，省政协副主席阳宝华，省政府秘书长武吉海，省政府科技顾问曾庆炎，省政府副秘书长姜儒振等领导出席会议。科技部有关司局领导、湖南省政府办公厅、省发改委、省经委、省科技厅、省教育厅、省财政厅、省信息产业厅、省农业厅、中南大学、湖南农业科学院、长株潭三市市长及部分高新区管委会负责人参加会议。

万钢在讲话中充分肯定湖南的科技工作，特别是在优化科技创新环境、深化产学研结合、发展新兴产业、完善创新体系、发挥科技支撑作用等方面所取得的成绩。他指出，湖南积极贯彻落实国家应对国际金融危机的“一揽子”政策，注重科技在经济社会发展中的支撑和引领作用，取得显著成效，实现了经济平稳较快发展。他希望湖南继续发挥科技支撑和引领作用，大力发展现代农业、新能源、先进制造、电动汽车、新材料、生物医药等战略性新兴产业，实施科技兴贸，促使地方和区域经济发展走上创新驱动、内生增长的轨道；发挥好科技进步对保障民生的重要作用，依靠科技进步促进发展方式转变，加快产业结构调整；实施好科技创新工程，按照“企业主体、政府引导；深化改革、创新机制；立足当前、着眼长远；部门联合、上下联动”的原则，积极创新体制机制，进一步营造良好的科技创新环境和氛围，完善自主创新体制机制，用活、用好、用足各项优惠政策，促进高新技术产业快速发展。科技部将以部省工作会商为重要平台，进一步加强与湖南的合作与互动，促进湖南加快科技创新步伐。

周强在讲话中感谢科技部长期以来对湖南经济社会发展的大力支持。他指出，部省会商合作机制建立以来，科技部为湖南省科技支撑经济增长给予了大力支持，对湖南省保持经济平稳较快发展、提升自主创新能力、加快富民强省进程起到重要的推动作用，各项合作协议得到积极有效落实，科技项目建设取得显著成效，特别是湖南在克服金融危机过程中注重发挥科技创新的重要支撑作用，重大专项的阶段性成果不断涌现，具有自主知识产权的企业迅速增长，高新技术产业快速发展。下一步，湖南将以部省工作会商为契机，更加注重发挥科技是第一生产力的作用，依靠科技提升传统产业、发展特色产业、培育新兴产业，真正把加快科技成果转化与调结构、保增长有机结合起来，以科技的重大创新和突破，实现创新驱动、内生增长，促使经济发展上水平、有后劲、可持续，为加快转变发展方式，推进经济结构战略性调整做出贡献。

经过协商双方决定，将重点围绕贯彻落实《国家中长期科学和技术发展规划纲要（2006-2020 年）》和《国务院关于发挥科技支撑作用 促进经济平稳较快发展的意见》（国发[2009]9 号）的精神和任务，根据《科学技术部、湖南省人民政府工作会商制度议定书》框架，结合湖南省经济社会发展需求，就以下 4 个方面 15 项重点工作商定展开合作。一是为长株潭“两型社会”改革试验区建设和发展提供更有力的科技支撑，开展湘江流域重金属污染治理和洞庭湖流域生态建设。包括推动长沙高新区进入国家第一批扩大代办股份转让系统试点园区，推动长株潭沿江高新技术产业带建设，加强长株潭城市群循环经济构建技术研究与模式创新，重视湘江流域重金属污染治理和洞庭湖流域生态建设。二是推进实施技术创新工程，创新产学研结合机制和模式，推进科技型中小企业产业集群发展。包括共同推进技术创新平台建设，创新产学研结合机制和模式，推动建立重点领域的产业技术联盟，共同推进创新基金产业集群试点工作。三是支持加快发展战略型新兴产业，开展长株潭区域节能与新能源汽车推广示范等。包括加快160km/h六轴宽轨交流传动客运电力机车的研制，开展长株潭区域节能与新能源汽车推广示范工作，推动钨产业结构调整和升级，推动湘潭和郴州开展LED照明应用工程示范，实施金太阳示范工程。四是推进新农村建设和现代农业发展，共同推动环洞庭湖旅游经济圈建设。包括重视加强粮油产业共性技术研发，共同推动环洞庭湖绿色经济圈建设，积极推进武陵山区特色资源高效综合开发利用。

国家科技部与湖南省人民政府自2006年建立部省合作机制以来，每年举行部省工作会商会议。湖南省委、省政府高度重视部省合作工作，在双方共同努力下，不断通过部省合作平台，加强部省高层互访，加强双方在科技工作思路、工作部署与措施上的对接，创新工作机制，集成科技资源。科技部对湖南省部省会商工作共支持经费2.5亿元，湖南省将其纳入省科技重大专项、重点项目和重点工作，部省互动推进各项工作任务的落实，实现“两个结合”和“两个提高”。即服务于国家战略目标与满足湖南经济社会发展的重大科技需求相结合，开展重大科技项目合作与注重机制体制创新相结合；进一步提高湖南的科技自主创新能力，进一步提高科技支撑湖南经济社会发展的能力。

湖南省科技人员深入基层服务企业活动

【国家七部委召开电视电话会议】

3 月 26 日，国家科技部、教育部、国务院国有资产监督管理委员会、中国科学院、中国工程院、国家自然科学基金会、中国科协等七部委在北京召开“动员广大科技人员深入基层服务企业”电视电话会议。国务委员刘延东在会上发表重要讲话，指出科技人员是国家宝贵的智力财富，要弘扬为国奉献的优良传统，迅速行动起来，深入基层，帮助和支持企业、农村和社区创新技术、开发产品、改善管理、增强核心竞争力，构建产学研用合作的有效模式和长效机制。各级政府和有关部门要完善激励科技人员服务基层的政策环境，科研院所、高等院校和学术团体要做好保障，为科技人员解除后顾之忧。她强调，要把科技人员服务企业作为科技体制创新的重要探索，大胆改革，努力突破长期难以解决的体制性障碍。全国政协副主席、科技部部长万钢，国务院有关部门负责同志，部分科研院所、高等院校和企业代表在主会场出席会议。

会后七部委共同下发《关于动员广大科技人员服务企业的意见》（国科发［2009］131 号）。根据党中央、国务院关于“扩内需、保增长、调结构、上水平、惠民生”的总体部署，从 12 个方面提出实施意见：一、充分认识科技人员服务企业的重大意义；二、组织实施“科技人员服务企业行动”；三、科研院所和高等院校要积极创造条件支持科技人员服务企业；四、广大科技人员要把服务企业作为报效祖国、服务社会的自觉行动；五、组织各类专家深入企业提供咨询指导；六、企业要为科技人员开展工作创造条件；七、发挥地方组织实施科技人员服务企业的主体作用；八、保障科技人员在派出单位的相关待遇；九、落实激励科技人员转化科技成果的各项政策；十、强化科技计划对科技人员服务企业的支持；十一、营造科技人员服务企业的良好社会氛围；十二、建立部门协调联动的工作机制。

【出台相关文件】

为了贯彻落实《国务院关于发挥科技支撑作用促进经济平稳较快发展的意见（国发[2009]9 号）》和国家科技部、教育部等七部门联合下发的《关于动员广大科技人员服务企业的意见（国科发政[2009]131 号）》，4 月 13 日，湖南省科技厅、省教育厅、省经委、省国资委、省科协联合出台《关于动员广大科技人员深入基层服务企业的意见（湘科字[2009]51 号）》，湖南省科技厅、省教育厅制定《组织科技小分队深入基层服务企业活动实施方案（湘科字[2009]52 号》。

《关于动员广大科技人员深入基层服务企业的意见（湘科字[2009]51 号》明确要求从 3 个方面 14 个重点内容进行科技服务：一是迅速动员组织广大科技人员深入基层为企业服务；二是精心指导科技人员结合实际开展多形式服务，突出科技服务特色，采取多种形式为企业提供服务，重点提出 7 点内容：全面掌握服务企业的技术需求，参与企业关键技术研发，促进科技成果转化与产业化，联合培养技术和管理人才，协助企业开展产学研合作，为企业提供科技咨询服务，因地制宜将服务向社区和农村延伸；三是积极为科技人员深入基层服务企业创造条件，重点提出 7 点内容：①成立“湖南省科技人员深入基层服务企业活动领导小组”，负责全省科技人员深入基层服务企业的动员组织、指导协调和督促检查工作；②科研院所、高等院校和各类学术团体要积极动员支持科技人员服务企业；③派出单位要保障派出科技人员的待遇和权益；④科技人员要发扬爱国创新、乐于奉献、不畏艰险、淡泊名利的优良传统，把服务企业作为报效祖国和服务社会的自觉行动，在实践中凝练技术需求，在服务中解决实际问题，在贡献中实现自我价值；⑤企业要把技术创新作为应对危机、促进发展的根本途径，把握科技人员服务企业的机遇，主动联系对接；⑥省市科技、教育、经委、国资、科协等部门要统筹资源、调整结构，充分利用本部门的优势和条件为科技人员服务；⑦各有关部门要与新闻媒体通力合作，营造良好的社会氛围。

《组织科技小分队深入基层服务企业活动实施方案(湘科字[2009]52 号》从指导思想、组织方式、时间安排、注意事项四个方面进行要求，以提高企业自主创新能力，增强产业核心竞争力，形成新的经济增长点为目标，以湖南省重点振兴产业和中小型企业为重点，以科技服务为手段，组织动员广大科技人员深入基层服务企业，充分发挥科技对保增长、调结构、上水平的支撑作用，促进湖南经济平稳较快发展。

【湖南省科技人员深入基层服务企业活动启动仪式】

4 月 20 日，湖南省动员科技人员深入基层服务企业活动启动式在长沙隆重举行。湖南省科技厅党组书记、厅长王柯敏主持会议。湖南省人民政府副省长郭开朗作重要讲话并向湖南大学和长沙矿冶研究院两支科技小分队代表授旗。科技小分队代表在启动仪式上作表态性发言。湖南省科学技术厅、省教育厅、省经济委员会、省国有资产监督管理委员会、省科学技术协会等有关省直单位领导和中南大学、湖南大学、长沙矿冶研究院、长沙矿山研究院等 20 余家高等院校、科研院所的校长、院长和科技小分队代表参加启动仪式。

副省长郭开朗代表湖南省人民政府感谢积极参加服务企业活动的广大科技人员以及迅速行动起来的各有关部门，感谢关心支持这项活动的社会各界朋友。他指出，广大科技人员深入基层服务企业要紧密联系实际，突出科技服务特色，多形式地开展服务。要在深入调查研究的基础上，结合产业和技术发展趋势，协助企业制定技术发展规划；要积极参与企业关键瓶颈技术攻关，提升企业技术研发能力；要带一批产业化基础好的先进适用技术成果到企业去，促进企业技术改造和产品升级；要联合企业培养一批技术、管理人才，提高企业员工整体素质；要发挥产学研结合的桥梁纽带作用，促进产学研长效机制的建立；要因地制宜地将科技咨询服务向社区和农村延伸，努力扩大和提升科技人员深入基层的覆盖面和服务效果。他强调，各有关部门要把思想和行动统一到省委、省政府的决策部署上来，统一到全力以赴应对金融危机保持经济平稳较快发展上来。要调整科技工作的结构和重点，大力提高企业的自主创新能力；要通力协作，形成合力，切实为广大科技人员深入基层服务企业提供政策和资源等方面的支持。各科研院所、高等院校要根据企业需求，动员和调配创新能力强、工作热情高、有技术成果的科技人员深入基层服务企业，并形成后续的团队支撑。要制定切实可行的措施，保障派出科技人员的待遇和权益，消除后顾之忧。企业要把技术创新作为应对危机、促进发展的根本途径，要十分珍惜这难得的机遇，为科技人员开展工作提供必要的环境和条件。各有关部门、单位、新闻媒体和社会各界要大力营造鼓励和支持科技人员深入基层服务企业的良好氛围，及时总结和大力宣传科技人员服务企业的好经验、好典型。要认真抓好表彰奖励工作，要建立和完善长效机制，引导更多的科技人员投身到深入基层服务企业的创新实践中去，为建设创新型湖南、实现富民强省做出新的、更大的贡献。

【服务企业活动工作成效】

截至12月底，湖南省共组织了150支科技小分队、1000名科技人员深入基层帮扶中小企业发展，充分发挥了科技创新在促进湖南经济平稳较快发展中的重要支撑作用。

据统计，湖南省科技厅启动150万元的科技服务企业专项，并积极争取到国家科技部2000万元的科技人员服务企业行动项目经费。有11个市州科技局已联合市直有关部门或单独出台相关意见和实施方案，并与高校院所共同配套科技人员服务企业活动经费8300万元，形成了上下联动、部门联合的工作协调机制。广大科技人员在帮扶企业过程中，与派出单位、帮扶企业签订权益分享三方协议236份，累计攻克213项关键瓶颈技术，400余项先进适用技术成果已在企业实现转化或产业化，并为企业培训各类技术管理人才2800多人次。其中，受科技人员服务企业专项资助的50家中小企业预计将实现年产值78亿元，新增就业岗位近600个，为保持湖南经济平稳较快发展发挥了重要作用。

湖南省节能与新能源汽车示范推广行动

2008年8月，"长株潭两型社会试验区电动汽车示范推广"获批为国家863计划节能与新能源汽车重大项目课题，长株潭成为全国首批电动汽车示范区之一，即"五城一地"中的一地。2009年4月30日首批车辆交付运营，标志着长株潭两型社会试验区节能与新能源汽车示范推广运营迈出实质性步伐，进入商业化运营阶段。

【湖南省电动汽车产业发展领导小组办公室会议】

3月10日，湖南省电动汽车产业发展领导小组办公室主任、省科技厅党组书记、厅长王柯敏主持召开电动汽车产业发展领导小组办公室第一次会议。省电动汽车产业发展领导小组副组长、省政府科技顾问曾庆炎，省电动汽车产业发展领导小组办公室副主任、省财政厅副厅长王新国，省经委副主任卓群，省高新办主任黄新亮出席会议。长株潭三市主管公交的市领导及相关部门负责人以及南车时代电动汽车股份有限公司、长丰集团等企业负责人参加会议。

会上，黄新亮传达国家四部委节能与新能源汽车示范推广试点会议精神及与财政部、科技部汇报沟通情况。长株潭三市主管公交副市长汇报各自节能与新能源汽车示范推广方案，落实三市2009年度计划进展情况。与会代表研究讨论《湖南省电动汽车示范推广财政补助资金管理暂行办法》和长株潭节能与新能源汽车示范推广试点启动暨首批车辆采购签约仪式方案。

4月27日，湖南省电动汽车产业发展领导小组办公室召开第二次会议。会议由省电动汽车产业发展领导小组办公室主任、省科技厅党组书记、厅长王柯敏主持，省电动汽车产业发展领导小组各成员单位代表、长株潭三市政府领导及南车时代电动汽车股份有限公司负责人参加会议。

会议听取"长株潭两型社会试验区节能与新能源汽车示范推广试点工程首批车辆交付运营启动仪式"筹备情况以及南车时代电动节能与新能源汽车研制和推广进展情况的汇报。长株潭三市分别汇报节能与新能源汽车示范推广试点工作进展情况。

王柯敏在讲话中指出，省电动汽车产业发展领导小组各成员单位、长株潭三市和相关企业要加强协调，抓紧落实省电动汽车产业发展领导小组及办公室会议精神；积极筹备4月30日召开的"长株潭两型社会试验区节能与新能源汽车示范推广试点工程首批车辆交付运营启动仪式"；省电动汽车产业发展领导小组各成员单位要加强对示范推广试点工作的支持和协调，进一步落实省电动汽车产业发展专项经费，并要求经费设立专户，确保专款专用。长株潭三市要结合生产厂商的生产能力，制定接收新车的详细月度分配表，保证长沙、株洲、湘潭三市2009年分别完成250辆、150辆和100辆的示范推广试点任务。

【长株潭节能与新能源汽车示范推广工程实施方案】

4月，湖南省电动汽车领导小组办公室组织长株潭三市共同编制《长株潭国家两型社会试验区节能与新能源汽车示范推广工程实施方案》，经初步论证后上报科技部。实施方案的总体目标是：2009-2012年，在公共服务领域，通过财政政策推广混合动力公交车2300辆，混合动力出租车1470辆，混合动力和纯电动公务、环卫、邮政、电力车辆和旅游观光车辆800辆，合计 4570 辆，配套建设充电维护站 50 座。2009 年在长沙、株洲和湘潭三市共投入 500 辆混合动力公交车开展示范运营。

【"湖南省电动汽车及关键零部件研发及产业化"评估验收会】

3 月 12 日，湖南省科技厅在株洲对 2006 年启动的省科技重大专项 "湖南省电动汽车及关键零部件研发及产业化"进行现场评估验收。省科技厅副厅长罗亚军、厅重大项目办、高新处、株洲市科技局主要负责同志出席评估验收会。该项目自 2006 年启动以来，共鉴定技术成果 3 项，其中达到国际领先水平 1 项，国际先进水平 2 项；申请国际和国内专利 29 项，其中发明专利 16 项；培养博士 4 人和硕士 10 人；发表学术论文 36 篇；获国家科技进步奖二等奖 1 项。2006~2008 年销售收入达 1.7 亿元，新增利税 2700 余万元。

评估验收专家组考察现场，认真审阅验收报告和相关材料，听取项目首席专家郭淑英教授关于专项总体实施情况的汇报和 4 个子课题负责人的补充汇报，对相关问题进行质疑和答辩。评估验收专家组认为项目组已完成合同规定的研究工作，完成了各子项合同规定的技术经济指标，部分指标超过合同要求，产品实现小批量生产，部分产品在北京奥运会上批量使用。专家组一致同意该项目通过验收。

【长株潭节能与新能源汽车示范推广试点工程启动式】

4 月 14 日，湖南省科技厅召开节能与新能源汽车示范推广启动仪式筹备会议，省电动汽车产业发展领导小组成员单位负责人，南车时代电动、长丰集团等企业负责人以及长株潭三市各有关公交公司负责人参加会议。省科技厅党组成员、省高新办主任黄新亮出席会议并讲话。会议传达省政府关于节能与新能源汽车示范推广启动仪式所作的指示，讨论启动仪式整体方案汇报。

4 月 30 日，长株潭国家两型社会试验区节能与新能源汽车示范推广试点工程首批车辆交付运营启动仪式在长沙举行，30 台混合动力公交车正式投入运营。启动仪式由省政府秘书长武吉海主持。科技部党组书记、副部长李学勇，副部长杜占元，省委副书记、省长周强，副省长郭开朗出席仪式。部省有关领导向长株潭三市领导交付象征性金钥匙。省电动汽车领导小组办公室主任、省科技厅党组书记、厅长王柯敏对长株潭示范运营方案作了介绍。长沙市市长张剑飞在仪式上致辞。科技部、财政部的领导和专家，省政府相关领导，省电动汽车领导小组成员单位领导，长株潭三市主要领导，长株潭三市四家主要公交公司的主要领导以及有关企业参加仪式。

国家科技部副部长杜占元对长株潭两型社会试验区节能与新能源汽车示范推广试点工程顺利启动实施表示热烈祝贺。他说，在湖南省委、省政府的高度重视和支持下，湖南节能与新能源汽车产业经过多年发展，取得令人瞩目的成就，为我国节能与新能源汽车产业的发展做出重要贡献。期待长株潭两型社会试验区积极探索节能与新能源汽车示范运营的新机制新经验，为节能与新能源汽车在全国大规模示范推广应用提供模式，做出榜样。

副省长郭开朗在讲话中指出，这次国家在长株潭两型社会试验区开展节能和新能源汽车示范推广试点工程，对促进长株潭两型社会试验区建设、带动湖南经济社会发展具有重要意义。他要求各有关单位一定要把这项工作抓好抓实，抓出成效。要充分认识开展节能与新能源汽车示范推广工程的意义，精心组织实施节能与新能源汽车的示范推广。要牢牢把握国家财政对节能与新能源汽车补助力度空前的机遇，用好用足国家政策，准确把握几个关键申报节点，尽量争取国家更多的支持。长株潭三市政府、各相关企业、各公交公司要共同努力，通力协作，共同推进。省电动汽车领导小组办公室要加强协调沟通，统筹协调示范推广运营各项工作。长株潭三市政府各相关企业要加强技术攻关，为示范推广提供坚实的技术服务保障。要创新机制，坚持以市场为导向、企业为主体，以老百姓满意度为评价标准，不断创新运营机制和投融资机制，充分调动各方面的积极性，促进示范运营快速发展。

【长株潭节能与新能源汽车示范推广方案论证会】

7月5日上午，国家财政部、科技部、发改委、工信部组织专家论证长株潭两型社会试验区节能与新能源汽车示范推广实施方案。论证会由财政部经建司副司长曾晓安主持，科技部高新司副司长张志宏等四部委领导及863计划节能与新能源汽车重大项目总体专家组组长欧阳明高等专家出席论证会。湖南省科技厅党组书记、厅长王柯敏，厅党组成员、省高新办主任黄新亮，省财政厅副厅长石建辉，省经委副巡视员黄宝林，长株潭三市分管副市长参加论证会。论证会上，湖南省科技厅党组成员、省高新办主任黄新亮代表省电动汽车产业发展领导小组办公室从长株潭城市群基本情况、试点工作总体目标、组织保证与领导措施、试点工作计划、配套措施与示范进展、试点效果分析等六个方面汇报实施方案。专家组成员听取长株潭两型社会试验区节能与新能源汽车示范推广实施方案汇报后，就实施方案中有关问题进行认真交流，并形成综合论证意见，认为长株潭节能与新能源汽车示范推广试点实施方案具有较强的可实施性，符合论证要求，建议进一步修改完善后上报财政部、科技部尽快批复实施。

科技部高新司副司长张志宏充分肯定长株潭节能与新能源汽车示范推广工作所取得的成绩，同时要求要结合专家论证意见，尽快修改完善实施方案。

湖南省科技厅党组书记、厅长王柯敏代表省电动汽车产业发展领导小组办公室表示将根据专家建议对实施方案作进一步完善和修改，在示范推广工作中认真落实，同时代表试点城市对如何进一步搞好新能源汽车试点示范推广工作提出建议。得到论证组充分肯定。

论证组领导和专家还试乘了由南车时代电动生产的参与长株潭两型社会试验区示范推广运营的混合动力公交车。

【长株潭节能与新能源汽车示范推广督查工作】

9月23~24日，湖南省政府督查室主任谢晚林率省政府办公厅秘书四处和省科技厅高新处，督查2009年长株潭三市节能与新能源汽车示范推广500台混合动力公交车的落实情况。督查组认为，节能与新能源汽车运营情况良好，车辆出勤率和满趟率分别达98%和96%以上，示范推广效果显著，提升了长株潭城市公交的整体形象，取得良好社会反响。三市的公交公司反映节油效果明显，尾气排放得到大大改善。

截止10月底，长株潭三市已投放10米以上混合动力公交车121台，其中10米系列111台(株洲90台，湘潭21台)，12米系列10台(全部投放在长沙市)。一共有141台混合动力公交车在长株潭公交线路运营，位居全国前列。

【长株潭三市节能与新能源汽车示范推广协调会议】

9月30日，湖南省政府秘书长武吉海主持召开长株潭三市节能与新能源示范推广专题会议，研究长株潭三市节能与新能源汽车示范推广问题。省政府科技顾问曾庆炎，长沙市、株洲市、湘潭市人民政府负责人以及省发改委、省经委、省科技厅、省财政厅、省住房和城乡建设厅、省交通运输厅、省环保厅、省国资委、省地税局、省国税局、省旅游局、省公安交警总队、省电力公司、湖南南车时代电动汽车股份有限公司等部门和单位负责人参加会议，听取三市关于节能与新能源汽车示范推广工作情况汇报和省政府督查室关于三市节能与新能源汽车示范推广督查情况汇报。

会议研究议定以下事项：一是坚定不移地完成省电动汽车产业发展领导小组第一次会议确定的2009年推广500台目标任务，二是确保车辆质量和供车进度，三是就补贴、税收、牌照、试运营补贴、资金配套、示范推广方案、充电站建设等几个具体问题提出解决办法，四是三市政府和省直有关部门要密切配合，加强协调。

第三篇

科技管理

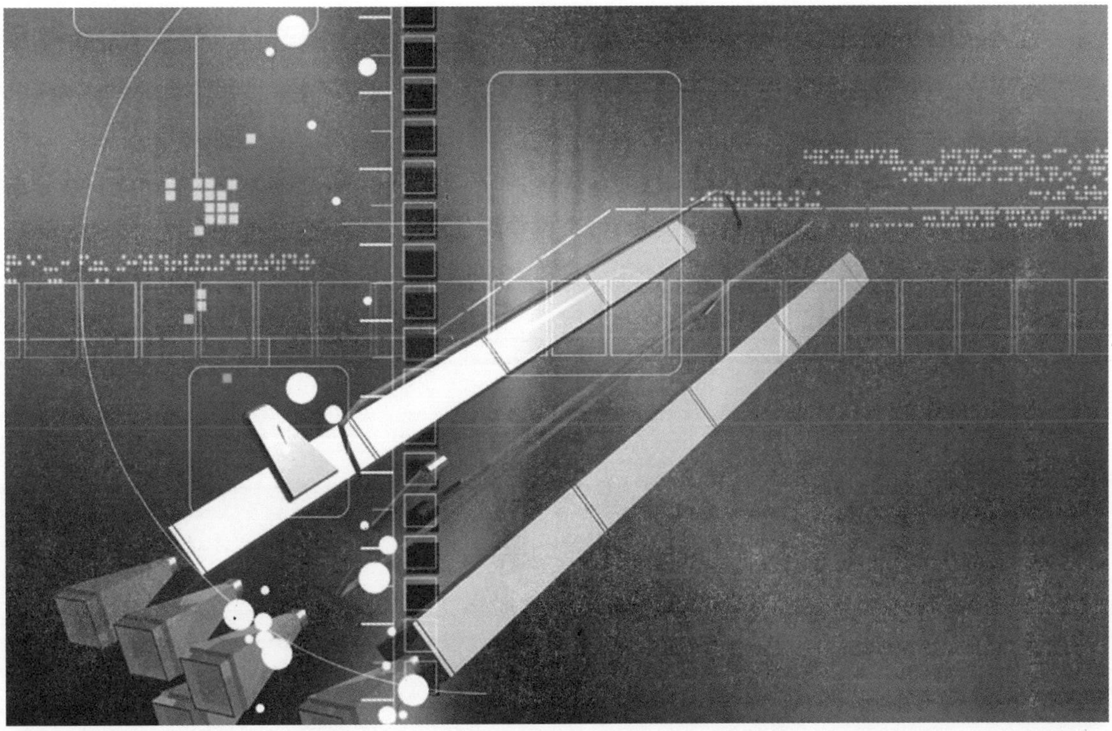

科技发展计划与基础研究

【概况】

2009年，是全面完成"十一五"规划各项任务的重要一年，也是依靠科技扩内需、保增长的关键一年。湖南省科技计划以增加自主创新能力、建设创新型湖南为主线，按照"体现省级目标，强化宏观协调，整合创新资源，完善管理制度，促进自主创新，实现总体推进"的基本思路，积极探索科技计划管理新路子。

2009年，全省科技计划体系总体框架是"科技专项计划+科技支撑计划+基础研究计划+其它"。科技专项计划涵盖重大科技专项、科技创新能力建设计划、科技富民强县与农业科技成果转化资金专项。科技支撑计划包括工业支撑计划、农业支撑计划、社会发展支撑计划、成果推广计划、国际合作计划、软科学研究计划、高新技术产业发展专项计划、中小企业创新基金计划、科技政务与计划管理。基础研究计划包括自然科学基金计划、院士基金计划、应用基础研究计划、科技人才培养计划。其它包括市县科技进步考核与监理、韶山"五个一示范工程"、建整扶贫与对口支援等。全年按重大专项、重点项目和一般项目实行分类管理，其中重大专项和重点项目经费比例占计划经费总量的70%。科技计划分配遵循"发展导向、有限目标、统筹发展、产学研结合、调结构扩增量、财政预算管理"原则，突出重大专项计划这个重点，启动实施科技重大专项17项(含预研项目5项)。全年科技经费预算21239万元，较上年增加2000万元，增长10.4%。

科技专项计划10390万元，占总经费的48.9%。其中重大科技专项7740万元，科技创新能力建设计划1850万元，科技富民强县与农业科技成果转化资金专项800万元。

科技支撑计划6605万元，占总经费的31.1%。其中工业支撑计划1000万元，农业支撑计划1000万元，社会发展支撑计划1000万元，成果推广计划500万元，国际合作计划570万元，软科学研究计划550万元，高新技术产业发展专项计划700万元，中小企业创新基金计划1000万元，科技政务与计划管理285万元。

基础研究计划2650万元，占总经费的12.5%。其中自然科学基金计划1200万元，杰出青年基金计划200万元，院士基金计划500万元，应用基础研究计划400万元，科技人才培养计划350万元。

其它计划1594万元，占总经费的7.5%。其中市县科技进步考核与监理专项60万元，韶山"五个一示范工程"300万元，建整扶贫与对口支援专项129万元，"十二五"前期调研与科技统计监测专项50万元，机关党建和科技文化建设研究专项50万元，科技重大项目管理专项50万元，科技宣传专项30万元，科技合作机制与政策研究专项20万元，节能减排与企业责任国际合作高层论坛专项20万元，2008年自然科学基金滚动支持专项100万元，省长、厅长专项500万元，特别专项200万元，机动计划85万元。

【科技计划项目申报指南】

2009年湖南省科技厅根据《湖南省科技发展第十一个五年规划纲要》，结合湖南省经济社会发展与科技自身发展的重大需求，按照现有计划体系，以及重大专项、重点项目、一般项目三个层次进行布局，编制《2009年度湖南省科技计划项目申报指南》。申报指南依据体现发展导向、突出有限目标、实现统筹发展、突出产学研结合、集聚创新要素等五大原则，按照科技支撑、成果转化、创新能力建设、基础研究四个方面组织实施，重点支持领域包括以下4个主题、17个专题。

主题1. 关键技术攻关和新产品开发

专题1　高新技术关键技术及产品

支持重点：

新材料领域：高品质钢、稀有金属及稀土材料、贵金属及其代用材料等高性能金属材料制备技术；有色金属的精深加工技术；动力电池、太阳能电池等先进电池材料制备技术；现代轨道交通用材料制备技术；先进硬质材料、先进陶瓷材料、先进复合材料、新型化工材料、环境友好材料的制备技术。

先进制造领域：大型化、智能化与特种工程机械及其关键零部件研发；电气工程及现代仪器仪表研发；高档数控机床及大型模具研发；航空航天装备及其关键材料制备新技术。

能源交通领域：电动汽车、清洁汽车等节能与新能源汽车研发；汽车关键部件产业化技术；新型轨道交通设备研发；太阳能光伏发电装备研发；特高压直流输变电装备研发；大型风力发电装备研发；地热能利用及其他可再生能源装备、微波能应用技术及产品；节能减排关键技术及装备研发。

电子信息与现代服务业领域：新型显示器件研发；数字媒体技术及产业化；基于互联网和3G技术的PDP（个人媒体播放器）研制与开发；软件及创意技术与产品；数字视讯产品研发；集成电路研发；现代生产性及流通性服务业关键技术；制造业信息化关键技术应用与示范。

专题2　农业关键技术及示范

支持重点：

主要农林新品种选育及制种、种苗快繁关键技术；优质畜禽水产新品系选育与规模化健康养殖技术；大宗农产品加工及主要副产物综合利用技术；特色植物资源活性成份开发关键技术；农残、药残及重金属等有毒有害物质快速检测技术及设备研究；农产品（食品）安全风险指标体系的建立与质量控制技术；重大农林生物灾害防控技术；环境友好型生物农药技术；新型控释肥包膜技术；绿色饲料添加剂开发技术；农业机械化生产关键技术与装备；农村节能及新型能源开发；农村小康住宅建材及绿色社区规划技术。

专题3　社会发展关键技术及产品

支持重点：

矿产资源高效开发与高值化利用技术：难采、难选矿和伴生金属采、选、冶新技术；高效、节能、清洁采冶炼集成技术；信息技术在矿产资源开发中的应用；非传统资源高效清洁提取和综合利用开发。

节能减排技术：冶金、化工等重点耗能工业企业余热、余气利用技术；建筑节能技术；农业面源污染减排技术。

清洁生产和循环经济技术：金属冶炼加工清洁生产技术与装备；工业及城市固体废物资源化利用技术。

环保产业化技术：大气污染防治、室内空气污染治理、水污染防治设备；环保监测仪器以及新型环保材料；废塑料、废旧轮胎及农业废弃物的综合回收利用技术；城市生活垃圾资源化利用和无害化处理技术。

人口健康与重大疾病、常见多发病防治新技术、新方法、新产品及适宜技术集成创新临床研究。

新药创制：恶性肿瘤、心脑血管疾病、糖尿病、自身免疫性疾病、肺结核、病毒感染性疾病等重大疾病的创新药物及药物制备产业化关键技术研发。

医用新产品：疾病防治新型诊断、治疗设备和医疗器械研制；用于人体修复、替代人体组织的人体植入新材料研究。

食品安全技术：食品安全监测监控、溯源关

键技术与仪器设备；食品安全标准体系及技术措施研究。

安全生产技术：矿山安全生产关键技术与装备；矿井瓦斯控制与综合利用技术；烟花爆竹安全生产新技术。

防灾减灾关键技术：灾害预警预报技术与实时监控技术；重大灾害应急处理、灾损预测与评估技术；自然灾害数据库及防灾决策指挥信息系统技术。

可持续发展实验区建设：长株潭“两型社会”试验区可持续发展建设；人口与生态环境可持续发展实验区建设；区域资源环境保护与开发可持续发展实验区建设。

专题4 国际科技合作与引进消化吸收再创新

支持重点：

政府间国际科技合作项目；国际科技合作基地项目；中医药国际科技合作项目；可再生能源与新能源国际科技合作项目；食品安全技术国际科技合作项目；节能减排技术国际科技合作项目；引进、消化、吸收、再创新促进国外先进技术在湘产业化，具良好市场培育前景的项目；推动我省成熟实用的技术及其产品“走出去”项目。

主题2. 科技成果转化

专题5 重大科技成果转化示范与先进适用技术成果推广

支持重点：

新材料领域：电网用倍容量导线复合材料、高速轨道交通线缆、航空航天特种电缆、高速轨道交通车辆复合材料整体制备、粉末冶金注射技术、高性能新型纳米材料、新型复合材料的转化与推广。

先进制造领域：高精度高速低耗数控多线切割控制技术、小容量注射剂可见异物自动检测设备、大规格高精度高速重载圆弧锥齿轮、自行式高空作业平台、先进煤矿架空乘人装置的研发与推广，以及推进传统产业信息化、自动化建设的成果推广。

节能与环保领域：城市生活垃圾综合处理关键技术、电子废弃物再生利用技术及设备、资源节约综合利用技术、资源节约型与环境友好型社会建设的重大共性技术的转化与推广。

现代农业领域：特色农业资源深加工与综合利用、农业生产和农产品深加工机械关键技术、优质经济作物苗木生产关键技术、农村新能源技术的开发及产业化。

专题6 产学研结合专项

支持重点：

产业技术创新战略联盟：围绕《湖南省高新技术产业五年行动计划》“千亿产业工程”、“百亿产业工程”及湖南省十二大产业振兴规划构建的产业技术创新战略联盟。

产学研结合创新平台：在现有国家和省级工程技术研究中心、工程研究中心、企业技术中心、重点实验室、工程实验室等公共科技创新平台中择优选择一批给予重点支持，并授牌“湖南省产学研结合创新平台”；支持湖南省工业应用技术研究院创新平台建设。

产学研结合重大科技成果转化项目：符合《湖南省高新技术产业五年行动计划》及十二大振兴产业振兴实施领域内容，重点支持推广应用近年来我省已经取得的重大产学研科技成果。

专题7 科技富民强县和农业科技成果转化资金

专题8 科技型中小企业技术创新

主题3. 科技创新能力建设

专题9 软科学研究

支持重点：

湖南经济与社会协调发展的前瞻性问题；科技应对金融危机的若干问题；长株潭两型社会建设的相关问题；产学研结合的相关问题；科技条件平台的相关问题；深化科技体制改革的有关问题；软科学研究理论与方法。

专题 10 科技基础条件平台建设

支持重点：

科技共享服务平台建设：对 2008 年度立项的“湖南农产品质量安全检测共享平台”、“湖南星火 12396 农村科技服务平台”、“湖南省连续运行参考站综合应用服务系统”三个平台进行年度检查与评估，确保项目按计划进行；积极推动和支持湖南工业应用技术研究院（中科院湖南技术转移中心）的建设工作。

科研院所创新平台建设：主要面向归口湖南省科技厅预算管理的省属科研院所，以提高科研院所技术创新、成果转化、市场竞争三大能力建设为目标，以“增强造血功能”为宗旨，以人才团队建设为突破口，促进科研院所自主创新，全面推动科研院所发展。

工业设计创新平台建设：重点加强平台的软件和硬件设施建设，利用平台资源，加强产学研结合，着重提高平台的创新能力，提升公共服务水平，促进工业设计面向经济建设，面向企业，面向市场。

重点实验室和工程技术研究中心建设：继续在湖南省有科研实力的企业、高等院校和科研机构推进建设一批省级重点实验室，为湖南省经济社会发展提供战略性、基础性、前瞻性的知识储备，使之成为获取高水平科研成果、聚集和培养优秀人才的重要基地；继续在农业、高新和社会发展领域新组建一批省级工程技术研究中心。

专题 11 博士后和科技领军人才培养

博士后培育：立足博士后流动站、工作站的学科与技术领域优势，抢占科技制高点，自由选题，开展具有前瞻性、关键性的科技创新研究。科技领军人才培养。

专题 12 高新技术产业基地建设及产业培育

专题 13 省校、省院合作创新及产业技术创新战略联盟

专题 14 科技兴贸

支持重点：

具有自主知识产权，技术水平高，有较好的国际市场出口前景，在促进外贸增长方式转变方面示范作用明显的项目；高新技术产品出口基地内培育自主品牌，具有出口潜力的项目；利用高新技术改造传统出口产业的项目。

专题 15 市县科技创新能力建设

支持重点：

市县优势产业发展关键技术、社会发展瓶颈技术的研发，优先支持区域特色明显、地方党委政府重视和支持、示范带动作用强的产业化开发项目；市县区科技服务体系和相应的基础条件建设，增强科技成果推广与应用能力，增强科技创新与服务能力。

主题 4. 基础研究

专题 16 自然科学基金

专题 17 应用基础研究

支持重点：

先进材料和重要传统材料制备新技术及高效、清洁生产新方法的应用基础研究；重点行业先进制造的基础理论与关键技术应用基础研究；网络信息安全应用基础研究；农业种质资源整理、挖掘与利用的应用基础研究；重大动植物病虫害和生长发育规律研究；农产品安全监控与检测新方法研究；重大疾病和地方疾病的发病与诊疗技术应用基础研究；生殖健康与优生优育新技术、新方法研究；生物医用传感装置的设计和制造技术应用基础研究；节能与可再生能源利用新技术和新方法应用基础研究；两型社会城市规划与建设的应用基础研究。

【科技计划项目】

2009 年，湖南省共获得承担各类国家科技计划项目资助经费 6.65 亿元，同比增长 50.79%。共实施省级科技重大专项 12 项（见表 2，预研项目除外），重点项目 184 项（见表 3）。

表 1　湖南省 2009 年承担国家科技计划项目的经费

序号	计划名称	经费数
1	863 计划	2.24
2	国家科技支撑计划	1.09
3	973 计划	0.43
4	国家重点实验室计划	4088
5	国家工程技术研究中心计划	0
6	星火计划	560
7	农业科技成果转化资金	1470
8	科技富民强县专项计划	1080
9	火炬计划	815
10	科技型中小企业科技创新基金	18365
11	国家重点新产品计划	455
12	国际科技合作重点项目计划	1205
13	国家软科学研究计划	46
14	科研院所技术开发专项	785
合计		6.65

注：1-3 项单位为亿元，其他为万元。

表 2 湖南省 2009 年度科技计划重大专项安排

序号	专项名称	牵头单位	总投入（万元）	
			合计	其中：拨款额
1	第三方物流协同服务系统关键技术研究与应用示范	湖南省中邮物流有限公司	1000	400
2	动力电源关键薄膜材料的工程化研究	湘潭大学	1250	500
3	超级杂交稻分子育种研究	国家杂交水稻工程技术研究中心	1760	700
4	油菜产业化关键技术研究及示范	湖南农业大学	2414.3	600
5	生猪适度规模清洁养殖模式关键技术研究与集成示范	湖南新五丰股份有限公司	2410	600

续表 2 湖南省 2009 年度科技计划重大专项安排

序号	专项名称	牵头单位	总投入(万元)	
			合计	其中：拨款额
6	株洲清水塘典型冶化工业区固体废物梯级利用产业链关键技术开发	湖南智成化工有限公司	3000	700
7	稀贵金属高效提取及深加工关键技术开发与示范	郴州市宇腾化工有限公司	8075	600
8	湘乡工业区钢铝冶金重要辅助原料生产节能减排技术开发与示范	五矿(湖南)铁合金有限责任公司	8600	600
9	城市生活垃圾和电子废物综合利用关键技术研究与工程示范	湖南万容科技有限公司	2072	500
10	轻型飞机的研制与产业化	湖南山河科技股份有限公司	3000	300
11	兆瓦级低风速直驱式风力发电机组产业化关键技术研究	湘潭电机股份有限公司	3920	700
12	车辆轻量化材料关键技术国际合作研究与产业化示范	湖南长丰汽车制造股份有限公司	4300	600
合　计			41801.3	6800

表 3 湖南省 2009 年度部分科技计划重点项目

序号	领域	项目名称	承担单位
1	基础研究	兆瓦级低风速直驱式风力发电机组的研制	湘潭电机股份有限公司
2		兆瓦级低风速直驱永磁发电机及变流器的研制	湘潭电机股份有限公司
3		兆瓦级低风速复合材料叶片研制	株洲时代新材料科技股份有限公司
4		变桨偏航系统的研制	江麓机电科技有限公司
5		高存储性能薄膜动力电源壳体薄膜材料	湘潭大学
6		全固态双相电解质薄膜材料	湖南海纳新材料有限公司
7		高比容和高导电性电极薄膜材料	中南大学
8		高比容高功率薄膜动力电源组装技术与应用	湘潭大学
9		第三方物流协同服务信息平台关键技术研究	湖南中邮物流有限公司
10		基于第三方物流协同的物流资源优化配置系统	湖南大学
11		关键技术研究	湖南白沙物流有限公司
12		第三方物流协同服务系统应用示范	湖南师范大学
13		超级杂交稻重要有利基因的定位与克隆	湖南农业大学
14		超级稻转基因新种质的创制	国家杂交水稻工程技术研究中心

续表 3 湖南省 2009 年度部分科技计划重点项目

序号	领域	项目名称	承担单位
15	基础研究	智能不育分子设计技术的研究和智能不育系的创制	湖南未名凯拓作物分子设计中心有限责任公司
16		生猪清洁养殖模式垫料配方优化与质量控制技术研究与示范	湖南新五丰股份有限公司
17		生猪清洁养殖模式微生物菌剂筛选配制与优化组合技术	湖南泰谷生物科技有限责任公司
18		生猪清洁养殖模式垫料使用安全评价与健康养殖配套技术研究与示范	中国科学院亚热带农业生态研究所
19		生猪清洁养殖模式垫料废弃物肥料化高效利用技术研究与示范	长沙浩博生物科技有限公司
20		早熟、优质、适合机械化生产的油菜新品种选育	湖南农业大学
21		油菜生产主要环节机械装备研制与示范	现代农装株洲联合收割机有限公司
22		与机械化生产相配套的油菜高产、高效栽培技术研究与集成示范	湖南农业大学
23		优质油菜籽冷榨—酶法联合制油新工艺	湖南巴陵油脂有限公司
24		铅阳极泥中稀贵金属高效提取	郴州市宇腾化工有限公司
25		铋的高效提取与深加工	郴州市金贵银业股份有限公司
26		全湿法提取铁锂云母矿中有价元素新工艺	湖南省铸万有实业有限公司
27		贵金属的分离提取与深加工	中南大学
28		重金属固体废物高值回收有价金属新工艺研发	中南大学
29		化工副产盐渣回收利用关键技术与示范	中盐湖南株洲化工集团有限公司
30		梯级利用工业固废物胶凝化材料生产技术	湖南智成化工有限公司
31		大宗工业固体废物梯度利用成套设备与循环模式	湖南工业大学
32		铁合金电炉炉气直接燃烧余热发电	五矿(湖南)铁合金有限责任公司
33		铬清洁生产及铬污染治理	中南大学
34		含氟废水深度净化与氟石膏资源化	湖南有色湘乡氟化学有限公司
35		垃圾自动分选及废塑料造粒改性回收的新技术与示范	湖南省仁和垃圾综合处理有限公司
36		废弃电器电子产品拆解分离关键技术及设备开发	湖南万容科技有限公司
37		熔池熔炼技术在城市垃圾无害化处理中的应用开发	湖南万容科技有限公司
38		垃圾堆肥处理及二次污染控制关键技术与示范	湖南大学
39		汽车用大型、复杂铝合金型材制备技术及汽车前、后碰撞横梁和碰撞盒产业化应用示范	湖南大学
40		三级变刚度新型汽车钢板弹簧悬架开发及应用示范	湖南易通汽车配件科技发展有限公司
41		新型炭陶(C/C-SiC)刹车材料低成本制备技术与应用	中南大学
42		轻型飞机产业化关键技术研究	湖南山河智能科技股份有限公司
43		特高压换流变压器技术研制	特变电工衡阳变压器有限公司
44		数字化变电站关键技术研究与装备研制及应用示范	湖南大学
45		生物酶土壤固化筑路关键技术研究与集成示范	湖南省交通科学研究院
46		微细粒复杂难选铁矿选矿技术开发及产业化	长沙矿冶研究院
47		湖南省食品安全监控技术体系研究与示范	湖南出入境检验检疫局检验检疫技术中心
48		混合动力汽车研发	湖南省财政专户
49		湖南省科技重大专项评估专项	湖南省科技发展中心
50		高性能含钪铝镁合金制备及应用基础研究	中南大学材料科学与工程学院
51		单分子有机电致白光材料及节能照明光源的开发与应用	湘潭大学
52		基于 CCD 图像传感器的高	湖南第一师范学院

续表3 湖南省2009年度部分科技计划重点项目

序号	领域	项目名称	承担单位
53	基础研究	NOx硝化低碳烷烃反应中的制备技术研究	湖南师范大学
54		矸石充填整体置换“三下”保护煤柱关键技术研究	湖南科技大学
55		水稻种子休眠性生理及遗传基础的研究	湖南农业大学
56		时滞脉冲分布参数系统的控制及在宽厚钢板热加工中的应用	湖南工程学院
57		侗族药用植物资源及其利用研究	怀化学院
58		湘西黄金茶特异种质资源创新与利用研究	湖南省茶叶研究所
59		防治水稻害虫新型吡唑杂环化合物的设计与合成研究	湖南化工研究院
60		农田污染控制与农业资源利用湖南省重点实验室建设	湖南农业大学
61		粮油深加工与品质控制湖南省重点实验室建设	中南林业科技大学、湖南省粮油科学研究设计院
62		可信系统与网络湖南省重点实验室建设	湖南大学
63		环境友好化工过程集成技术湖南省重点实验室建设	湘潭大学
64		耳鼻咽喉重大疾病研究湖南省重点实验室建设	中南大学
65		可再生能源电力技术湖南省重点实验室建设	长沙理工大学
66		湖南省混凝土机械工程技术研究中心建设	三一重工股份有限公司
67		湖南省特种线缆工程技术研究中心建设	湖南华菱线缆股份有限公司
68		湖南省畜禽健康养殖工程技术研究中心建设	中国科学院亚热带农业生态研究所
69		湖南省消化道药物工程技术研究中心建设	湖南汉森制药股份有限公司
70		湖南省油茶工程技术研究中心建设	湖南省林业科学院
71		湖南省烟花爆竹安全工程技术研究中心建设	湖南出入境检验检疫局检验检疫技术中心
72		湖南省高品质特殊无缝钢管工程技术研究中心建设	湖南衡阳钢管(集团)有限公司
73		湖南省先进涂层工程技术研究中心建设	湖南省冶金材料研究所
74		湖南省铁合金清洁生产工程技术研究中心建设	五矿(湖南)铁合金有限责任公司
75		湖南省粉末涂料工程技术研究中心建设	湖南至诚涂料有限公司
76		湖南省炭纤维复合材料工程技术研究中心建设	博云新材料股份有限公司
77		湖南省机械传动工程技术研究中心建设	中航工业航空动力机械研究所
78		湖南省苎麻麻纺织工程技术研究中心建设	湖南华升株洲雪松有限公司
79		湖南省冶金电磁工程技术研究中心建设	湖南中科电气股份有限公司
80		湖南省发酵食品工程技术研究中心建设	长沙坛坛香调料食品有限公司
81		湖南省稀贵金属再生和深加工工程技术研究中心建设	永兴县鑫泰银业有限责任公司
82		湖南省中药液体制剂工程技术研究中心建设	紫光古汉集团股份有限公司
83		湖南省高性能纤维工程技术研究中心建设	湖南中泰特种装备有限责任公司
84		湖南省铀矿冶工程技术研究中心建设	南华大学
85		湖南省智能交互工程技术研究中心建设	长沙合发信息科技有限公司
86		湖南省现浇砼空心无梁楼盖工程技术研究中心建设	长沙巨星轻质建材股份有限公司
87		湖南省建筑陶瓷工程技术研究中心建设	湖南天欣陶瓷有限公司
88		电控可调涡轮增压器研究	湖南天雁机械有限责任公司
89		纳导稳态环保节能型通用智能开关技术研究	湖南省人华科技有限公司
90		非均相氨肟化－重排生产己内酰胺的节能减排关键技术	湘潭大学
91		DAD系列高精度智能安防电控装置	湖南紫光测控有限公司

续表 3 湖南省 2009 年度部分科技计划重点项目

序号	领域	项目名称	承担单位
92	基础研究	大功率 IGBT 模块封装基板	湖南浩威特科技发展有限公司
93		高性能磁控溅射镍基靶材制备技术的研究	湖南省冶金材料研究所
94		基于层次任务链的智能政务系统	国防科学技术大学
95		应急救灾无线网络中间件系统设计与实现	湖南大学计算机与通信学院
96		低温烟气余热发电关键技术研究	中南大学能源与动力工程学院
97		溶液雾化氧化法制备镍钴精细粉体材料中试生产	中南大学
98		仿生催化生产己二酸绿色技术和成套设备的开发与工业示范	湖南大学化工学院
99		利用多晶硅副产四氯化硅生产食品级沉淀白炭黑	湖南工业大学
100		以碳素铬铁为原料生产三氧化二铬和草酸亚铁的新工艺	湖南佳飞新材料有限公司
101		磷酸亚铁锂制备新工艺及专用钟罩炉研究与产业化	长沙矿冶研究院
102		高性能碳/碳复合材料坩埚制备产业化示范工程	湖南金博复合材料科技有限公司
103		全钒液流储能电池新产品开发项目	湖南维邦新能源有限公司
104		新型高速双金属复合带锯条共性技术研发项目	湖南泰嘉新材料科技股份有限公司
105		新型结构大口径高压截止(节流)阀关键技术开发	岳阳筑盛阀门管道有限责任公司
106		钒氮合金技术研究及产业化	湘西自治州鸿源矿业有限公司
107		环保型高温水源热泵机组	湖南凌天科技有限公司
108		大型风力发电机组状态监控与故障诊断技术研究	湖南大学
109		仓储害虫防治用高纯、无臭甲基嘧啶磷产业化关键技术研究	湖南化工研究院
110		基于 RFID 的旅游景区智能化管理系统开发及应用	张家界市武陵源旅游产业发展有限公司
111		进京湘菜优质高效综合技术集成研究示范	湖南新湘对外国际经贸合作有限公司
112		猕猴桃根活性成分提取及产业化关键技术研究	湖南老爹农业科技开发股份有限公司
113		优质瘦肉猪配套系选育与规模化健康养殖技术研究与示范	湖南省畜牧兽医研究所
114		高档湘益茯砖茶标准化生物发酵技术研究	湖南城市学院
115		主要麻类作物良种高效繁育技术研究与示范	湖南农业大学
116		新型和改良多倍体、二倍体鱼的遗传育种研究及应用	湖南师范大学
117		基因工程菌多杀菌素绿色高效杀虫农药的研制与开发	湖南师范大学
118		五倍子蚜虫越冬与繁殖关键技术研究开发	张家界贸源化工有限公司
119		奶牛绿色、高效饲料添加剂的开发应用研究	中国科学院亚热带农业生态研究所
120		“铁城一号”油茶产业化综合技术开发	常德市林业科学研究所
121		优质多抗西瓜新品种选育及种子预处理技术研究	湖南省瓜类研究所
122		水库大坝渗流热监控关键技术的研究	湖南省水利水电科学研究所
123		优质专用甘薯新品种创制与示范	湖南省作物研究所
124		油茶组培育苗关键技术研究	湖南省森林植物园
125		现代中药降糖通络胶囊开发	湖南九典制药有限公司
126		燃煤电厂烟气脱硝新型 SCR 反应器研制	湖南永清环保股份有限公司
127		特殊环境空气污染物健康危害控制技术研究及产业化	长沙人人康空气净化技术有限公司
128		冶金精轧线塑烧管除尘系统应用研究	长沙凯天环保科技有限公司
129		高效节能型太阳能发电建筑幕墙成套及关键技术研究	中建(长沙)不二幕墙装饰有限公司
130		注射用灯盏花素质量标准重大提高	衡阳恒生制药有限公司

续表 3 湖南省 2009 年度部分科技计划重点项目

序号	领域	项目名称	承担单位
131	基础研究	重金属在线监测仪器的研发与产业化	长沙华时捷环保科技发展有限公司
132		2+1 立式斜型导线剥离机	湖南省海德丰环保科技发展有限公司
133		选矿废水处理复用与零排放技术研究	湖南有色金属研究院
134		动脉粥样硬化性心血管病防治新策略研究	南华大学
135		创新中药“便可通片”的临床研究	湖南时代阳光制药有限公司
136		脊柱侧凸有限元模型的建立及其相关临床研究	中南大学湘雅医院
137		交流传动电力机车电传动系统仿真平台的研究	南车株洲电力机车有限公司
138		高速动车组关键材料轻量化制备技术与应用示范	株洲时代新材料科技股份有限公司
139		CONFORM 连续挤压轧制变形镁合金板带材关键技术与力学数字模型的研究	郴州市强旺新金属材料有限公司
140		1000 吨 / 年对叔丁基邻苯二酚工业性试验研究	湖南化工研究院
141		温拌再生沥青混凝土技术研究与应用	长沙理工大学
142		高杆芦苇收割机研制及产业化	中南林业科技大学机电学院
143		高功率锂离子动力电池关键制备技术及性能研究	湘潭大学
144		绿色建筑能量系统与环境控制的成套技术研究	湖南大学土木学院
145		炭素回转窑温度场监测技术研究	中南大学信息科学与工程学院
146		木质素高效降解菌的筛选及其应用研究	中南大学冶金工程学院
147		车用三效催化转化器高效长寿低污染关键技术及应用	湖南大学机械与运载工程学院
148		复合材料制备轨道交通整体车辆	国防科技大学
149		安瓿注射液异物自动检查机关键技术研发及产业化	湖南正中制药机械有限公司
150		煤矿液压驱动架空乘人装置产业化关键技术开发	湘潭市恒欣实业有限公司
151		数控多线切割关键技术、系列装备及产业化	湖南大学
152		高精度大规格高速重载圆弧锥齿轮开发与推广应用	株洲沃尔得特种齿轮有限公司
153		甘薯淀粉超强吸水剂	保靖县万发农业产业发展有限公司
154		机车轴承故障诊断系统的研究和产业化	中南大学信息科学与工程学院
155		新一代电子、电工级准球形硅微粉高新技术成果转化工程	湖南金马硅业有限公司
156		酿酒刺葡萄产业化技术示范	湖南农业大学
157		3G 时代移动通信用户心理动机与消费行为关系的实证研究	长沙理工大学
158		在建设教育强省中实现民办学校健康发展的战略研究	湖南广播电视大学
159		国际外包与中国产业结构升级研究	湖南财经高等专科学校
160		法律制度绩效评价理论与技术研究	湖南大学
161		长沙大河西先导区创新建设的路径选择与评价体系研究	湖南大学经济与贸易学院
162		长株潭“两型”社会建设战略研究	湖南大学两型社会研究院
163		湖南省财政支出绩效评价体系研究	湖南大学统计学院
164		以资源节约为导向的区域自主创新联盟构建机制研究	湖南工程学院经济管理学院
165		生态文明视域下的湖南城市发展战略研究	湖南工学院
166		湖南省社会主义新农村建设与城镇化协调发展研究	湖南农业大学
167		中国粮食安全的科技保障研究	湖南农业大学经济学院
168		长株潭城市群交通基础网络体系优化发展的研究	湖南商学院财政金融学院
169		长株潭“两型社会”建设中农村金融改革创新研究	湖南商学院财政金融学院

续表 3 湖南省 2009 年度部分科技计划重点项目

序号	领域	项目名称	承担单位
170	基础研究	大力实施名牌战略加快我省新型工业化进程研究	湖南商学院工商管理学院
171		湖南省建筑节能现状及发展对策研究	湖南省建设厅
172		湖南民族地区扶贫开发研究	湖南省人大民族华侨外事委员会
173		长株潭公共突发事件应急体系一体化建设研究	湖南省社会科学院
174		现代企业战略性薪酬作用机制研究	湖南师范大学
175		湖南省产学研合作与其产业发展的关联性及实现模式研究	南华大学
176		长株潭两型社会建设中知识产权纠纷解决机制研究	湘潭大学
177		特色创新人才培养的实践研究	湘乡市第二中学
178		党政“一把手”监督问题研究	中共湖南省纪律检查委员会
179		两型社会建设中企业自主创新能力形成机制和提升模式研究	中南大学商学院
180		基于期权博弈和行为博弈的排污权交易定价策略研究	中南大学商学院
181		基于产业布局的湖南省现代物流发展战略研究	中南林业科技大学交通学院
182		产学研战略联盟服务体系创新研究	中南林业科技大学社会科学部
183		湖南肉品安全预警机制建设与肉品生产大集团化战略研究	中南林业科技大学社科处
184		“两型社会”建设与公民环境教育及政策建议	中南林业科技大学社科处

高新技术发展及产业化

【概况】

2009 年，湖南省围绕"一化三基"战略、"两型社会"建设，克服金融危机影响，大力推进全省高新技术产业发展，全省高新技术产业呈现出"重大项目带动、创新能力提升、优势产业集聚、总体平稳增长"的发展态势。全年完成高新技术产品产值 4500.9 亿元，同比增长 27.5%；实现增加值 1427.1 亿元，同比增长 29.9%；实现利税 471.7 亿元，同比增长 41.0%。全省高新园区实现高新技术产品总产值 2179 亿元，同比增长 20.6%，占全省高新技术产品总产值的 48.4%。轨道交通、风电装备、电动汽车等战略性新兴产业得到跨越式发展，其中轨道交通装备产业中株洲电力机车、时代新材、时代电子、联诚集团等骨干企业产值增长均超过 50%；风电装备龙头企业湘电风能有限公司 1000 台套 2.0MW 级以上风力发电整机项目建成投产，预计实现产值 25 亿元；株洲时代电动汽车公司、南方宇航等电动汽车及关键零部件企业实现产值超过 30 亿元，同比增长 35%。

【园区基地建设】

2009 年，长沙、株洲、湘潭（简称长株潭）沿江国家高新技术产业带建设获国家科技部批准；湘潭高新区升级为国家高新区；长沙高新区获批创建国家创新型科技园区；郴州永兴稀贵金属产业基地被国家科技部批准为国家稀贵金属再生利用产业基地；推荐申报株洲电动汽车产业化基地等 5 个国家高新技术产业化基地，其中长沙先进电池材料及电池、长株潭风力发电装备、长株潭工程机械 3 个产业化基地被国家科技部批复为国家高新技术产业化基地。

【高新技术产业五年行动计划】

6 月 26 日，湖南省高新技术产业发展领导小组发布《湖南省高新技术产业五年行动计划（2008-2012 年）》（湘高技组字[2009]1 号,以下简称《行动计划》）。该《行动计划》对全省高新技术产业发展进行总体规划，明确发展目标，确定主要任务。湖南省科技厅组织实施全省高新技术产业发展专项，按照强化自主创新与注重产学研相结合原则，紧密结合《行动计划》中的风电装备、轨道交通装备等 5 个千亿产业工程以及电动汽车等 10 个百亿产业工程，安排高新技术产业发展专项（含省校合作）项目 36 项，支持经费 940 万元。其中重点支持高新技术产业化示范项目 17 项，安排经费 700 万元。同时，建立重点企业联系制度，通过对各产业重点企业的跟踪联系和主动服务，解决企业以及产业链各环节的关键和突出问题，培育壮大 100 家示范高新技术企业。

【产学研合作】

2009 年，湖南省各市（州）、县（市）、企业与省内外高校、科研院所签订合作协议（合同）1700 多项；指导各市州新组建区域性产业技术创新战略联盟 24 个；安排产学研结合专项资金 5000 万元，重点支持 36 个省产学研创新工程项目，带动社会投资 30 多亿元。各市州已落实专项资金 1.5 亿元。全省 520 多个产学研对接项目全年预计新增产值超过 350 亿元。2009 年，湖南省与北京大学共同开展湘江流域污染治理纳入国家科技部、湖南省政府第四次部省会商议题；与中国科学院合作共建的"中科院湖南技术转移中心"正式揭牌，双方开展合作项目 18 项，投资总额超 10 亿，总产值突破 40 亿，实现利税

10 亿元；湖南省工业应用技术研究院组建方案已编制完成。

【高新技术企业认定】

根据《高新技术企业认定管理办法》，2009 年由湖南省科技厅、省财政厅、省国税局、省地税局共同组成的湖南省高新技术企业认定领导小组认定高新技术企业 450 家，全省高新技术企业数量达到 930 家。组织认定技术先进型服务企业 8 家。向科技部推荐国家自主创新产品 54 项，申报国家高新技术产品指导目录 299 项。通过加强对认定企业的指导服务，高新技术企业享受到政策扶持，全年共减免企业税收近 8 亿元。

农村科技

【概况】

2009 年，湖南省科技厅为落实省委、省政府“服务经济保增长，改善民生保稳定”的指示精神，在调研基础上，制定应对金融危机工作方案，明确科技服务基层、服务企业、服务农民工作重点，为全省应对金融危机、推动城乡统筹、促进农村民生改善提供强有力的科技支撑。全年共选派农村科技小分队 124 支，人员 631 名，服务农业企业（示范户）421 个。组织有关单位向国家科技部申报“科技人员服务企业项目”，全年申报农业项目有 23 个。在平台建设方面，组织湖南农大申报“国家天然产物工程技术研究中心”，通过科技部综合专家评审并立项，这是继国家杂交水稻中心成立近 15 年以来全省农口获批的第三个国家级工程中心；组织隆平高科申报“杂交水稻种质资源创新企业国家重点实验室”和湖南杂交水稻研究中心申报“杂交水稻技术国家重点实验室”取得突破性进展；柑桔、杂交水稻和生猪等三个国家农口产学研技术创新战略联盟均由湖南省牵头组建，其中柑桔和杂交水稻两个联盟已通过国家科技部组织的专家评审，生猪联盟组建方案正在评审中。在争取国家科技项目支持方面，“水稻转高产基因育种”等 5 个课题列入作物转基因育种国家科技重大专项；“油茶产业化关键技术研究与示范”、“城郊农业关键技术研究与示范”、“特大型养猪场新型高效规模化沼气工程”等 4 个课题列入“十一五”国家科技支撑计划重点项目；“强优势水稻杂交种的创制与应用”等 3 个项目列入国家 863 计划。全省推荐的 20 个农业科技成果转化资金项目全部通过专家评审并批准立项支持，共获得国家财政无偿资助资金 1470 万元。七个县（市、区）入选国家科技富民强县专项行动计划，获得国家资助 1080 万元，创历年之最。全年全省农口争取国家经费达 1.5 亿元。

【重大科技成果】

根据《国家粮食安全中长期规划纲要》提出的战略目标以及省政府工作报告中提出实施“湖南省粮食安全保障科技行动计划”任务要求，抓好“广适型超级杂交水稻新组合选育与示范”、“国家粮食丰产科技工程”等国家科技专项和“超级杂交稻技术研究与示范”省重大科技专项，启动“超级杂交稻分子育种研究”、“油菜产业化关键技术研究及示范”等重大专项以及“优质高产多抗杂交稻新品种选育”、“油茶组培育苗关键技术研究”等一批重点项目。超级稻专项创制优异超级杂交稻骨干不育系和恢复系28个，超级杂交稻产量达标组合23个，其中通过国家审定的超级杂交稻新品种7个，申请作物新品种保护权17个，超级杂交稻已提前一年完成第二期亩产800公斤的目标。超级稻分子育种专项共克隆11个与耐旱、耐寒、耐盐、品质以及育性等相关的新基因或调控元件；创制40余份高光效、耐逆、抗病的转基因育种新材料；开展抗病虫基因分子标记辅助育种研究，获得一批抗性新资源；开展智能不育系的分子设计研究，克隆育性恢复基因、花粉致死基因和荧光标记基因并构建成超双元载体，申请发明专利1项。油菜专项选育16NA、1613、杂1609、杂1508，杂1062、GX30、GX50、G7、1442等一批特早熟、适合机械化生产要求的油菜新品系（组合），其中不育系16NA可于4月25日前成熟，含油率达75%左右；优化2BYF-6型油菜免耕直播联合播种机生产工艺；初步研制出催熟剂配方及其施用方法；开展水酶法提取茶油以及皂素、植物蛋白联产工艺小试研究。

【重大专项实施与管理】

2009年，湖南省在推进农村新型工业化方面取得明显成效。茯茶、生猪等6个专项共育成农作物新品种90个，开发新技术、新产品20个，研发新技术56项，组装集成产业技术体系、技术规程18项，建立生产示范线11条，建立示范基地49个共25万亩。其中茯茶专项：在茯茶工厂化生产关键技术上取得重大突破，研创出“散茶发花新技术”，突破茯茶产品的高档化和方便化关键技术瓶颈；获得高活力的冠突散囊菌优异菌株3个，“高效发花诱导剂”可使发花周期缩短3天以上；研发出“黑毛茶快速醇化”新技术和“茯砖茶快速醇化”新技术，黑毛茶和茯砖茶熟化周期缩短10倍以上，在益阳建立年产2万吨全程清洁化、标准化黑毛茶精制生产线。生猪专项：构建抗菌肽的表达载体，实现牛乳铁蛋白素抗菌肽bufforin II在酵母菌中的高效表达，建成绿色饲料添加剂中试生产线1条；完成IL-2与IFN-γ双基因工程菌构建，大幅度降低生产成本，使细胞因子在兽医临床上使用成为可能；组装以双抗原夹心法为原理检测圆环病毒抗体试剂盒并申请发明专利；复合免疫增强剂应用5000头份以上，示范猪场猪瘟等疫病感染率下降95%，伪狂犬病的净化取得明显成效；优化冷却肉生物保鲜剂配方，建立冷鲜肉加工保鲜示范生产线，冷却肉货架期可超过15天；建立猪血小肽产品的示范生产线。稻米深加工专项：研制出α-淀粉酶高效液化技术和糖化酶高效酶解技术、天然高效稳定剂复配技术，并结合高压均质乳化等现代工艺，彻底解决米乳营养奶产品中淀粉残留而导致沉淀难题和在保质期内易出现分层变色等技术难题；研制出超高耐温高活力酶制剂及复合酶制剂的合理配置技术，解决淀粉转化率低及淀粉糖纯度低技术难题，淀粉糖生产中淀粉转化率达95%；研究出最佳蛋白乳沉降技术和高效节能干燥技术，大幅提高蛋白提取率和纯度等产品品质，降低生产成本。示范企业已安装1万吨米乳营养奶生产线，建成年产6万吨超高纯度淀粉糖生产线一条。生猪清洁养殖专项：初步筛选出适合本地生态条件复合微生物菌剂配方3个，并将生产的微生物菌剂成功接种至核心示范基地发酵床垫料中，开展有益微生物菌种库的构建、有益菌群优化组合配制和增强有益微生物菌剂效能的营养配比研究工作以及减少抗生素和重金属使用以及减排氮磷的调控技术集成和示范工作；建成一条年产能力达1万吨的有机肥生产线，研究制定有机肥料的堆肥发酵、腐熟物料造粒的生产设计、设备选型等生产工艺。

【新农村建设科技示范工作】

2009年，湖南省科技厅会同省财政厅修订《湖南省农村特色产业科技示范基地管理办法》，联合湖南卫视和湖南日报等媒体开设《科技富民强县——农村特色产业科技示范基地巡礼》专栏，对省农村特色产业科技示范基地的建设成效进行连续专题报道。全年新上省级基地11个，基地总数达30个，全年30个省级农村特色产业科技示范基地主体项目产品年销售收入23亿元，新增产值20亿元，净利润2亿元，新增财政收入2亿元，新增就业岗位1万多个，农民新增收入1.8亿元，项目区农民人均年增收632元。国家科技富民强县专项效果显著，其中7个县市纳入国家科技富民强县专项行动计划，争取国家科技经费1080万元，创历年国家支持经费新高；29个县市进入国家计划笼子，居全国前列。据统计，国家科技富民强县专项行动计划22个试点县主体项目产品销售收入64.16亿元，新增产值47.34亿元，净利润4.6亿元，上交税收3.6亿元，新增财政收入4.32亿元。新增就业人员21670人，农民新增收入3.3亿元。

【农村科技服务体系】

2009年，湖南省着力在农村科技信息服务平台框架设计、推进科技特派员创业行动、农村科技合作组织等方面加强管理创新，取得明显效果。

农村科技信息服务平台框架设计：加速构建“以科技部门为主导，12396为主体，信息化为支撑，互联互通互动”新型农村科技服务平台，促进农村科技创新与农村基层党组织建设工作对接，明晰全省“整合‘三网’、集成‘五种服务模式’、推进‘两个对接’、构建以12396为主体的新型公共科技服务平台”的基本框架思路。组织湖南农大、湖南省科学技术信息研究所的专家进行系统设计，研究制定《新型农村科技信息服务平台建设总体方案》，在进一步完善框架设计的基础上重点开展12396平台建设中互联互通关键技术的攻关，建立资源与技术支撑系统、数据的智能化检索系统、专线服务统计与评估系统、短信互动系统等。

全面推进科技特派员创业行动，全省科技特派员工作范围已覆盖14个市(州)，共选派科技特派员3243名，其中农业科技特派员2463名，共实施科技开发项目1037个，引进推广新技术1956项，引进新品种1871个，创办和领办专业合作组织409个，创建利益共同体421个，创办实体197个。6月，国家科技部组织“全国科技特派员工作会议暨农村科技创业行动启动仪式”，万钢部长对“组织部门牵头抓总，科技部门主推，相关部门配合”的湖南模式给予充分肯定。有16名优秀科技特派员、5个科技特派员工作先进集体、1个科技特派员工作省级优秀组织管理单位在会上受到表彰和奖励。全省科技特派员行动专题系列报告获国家科技部等部门共同评审的“2009年度全国科技好新闻奖”。

农村科技合作组织：推广以双峰农村科技合作社为代表的综合型合作组织模式，以蔬菜、肉牛、葡萄等科技合作组织为代表的产业型合作组织模式，以茶叶协会等为代表的专业协会型合作组织模式等三大类新型专业科技合作组织模式，全省各类农村科技合作组织已经发展到214个。

社会发展科技

【概况】

2009 年，湖南省社会发展科技工作在抓好全省社会发展科技计划项目管理的同时，重点开展环保产业调研、节能减排科技创新、推进县市区科技进步考核、农村卫生适宜技术推广、血吸虫病预防诊断治疗和监测等各方面的工作，取得较好成效。长沙市、湘潭县成为全国第三批科技兴县(市)示范县(市)。

【环保产业调研】

2009 年，湖南省科技厅组织开展环保产业调研，调研报告中提出“加快发展环保产业，打造湖南省新的千亿产业”的建议，得到湖南省委省政府领导高度重视和充分肯定，省委书记张春贤、省长周强、省委副书记梅克保、副省长郭开朗、陈肇雄、刘力伟等领导在调研报告上做出重要批示，明确表示要大力发展环保产业。5 月 27 日湖南日报刊发省科技厅起草的《环保产业，蓄势待发》文章，摘要刊登环保产业调研报告主要内容。

【节能减排重大专项】

2009 年，湖南省科技厅重点支持节能减排项目建设，组织安排“生猪适度规模清洁养殖模式关键技术研究与集成开发”、“株洲清水塘典型冶化工业区固体废物梯级利用产业链关键技术开发”、“湘乡工业区钢铝冶金重要辅助原料生产节能减排技术开发与示范”、“城市生活垃圾与电子废弃物综合利用关键技术研究与工程示范”4 个科技重大专项，占立项总数 33.3%，支持经费 2500 万元。各重大专项取得初步进展，攻克石灰石半干法烟气脱硫技术、铁炭微电解法处理重金属有机废水新技术、含汞污酸生物制剂处理新技术等一批节能减排关键技术，开发陶瓷膜过滤中试装置、化工冶炼中水回用装置、锌冶炼废水电絮凝处理装置、烟气循环烧结工艺及装备等一批环保新产品，并分别在涟钢、湘钢等企业进行应用示范。

省科技厅组织 16 个企事业单位 30 多个节能减排和新能源科技项目参加“2009 中国国际节能减排和新能源科技博览会”，参展规模居全国各省份之首。组织承办“2009 湖南资源节约型、环境友好型高层合作论坛”之《节能减排与企业责任》分论坛工作。同时在论坛期间举办“2009’中国湖南国际新能源与节能环保科技产品博览会”和“2009’湖南省节能减排新技术新产品推广大会”，集中展示和推介国内外和湖南省一批先进的新能源与节能环保技术。在湖南省委召开的论坛总结工作会上省科技厅荣获优秀组织单位。

【县市科技进步考核】

2009 年，全国进行第四次科技进步考核，湖南省科技厅组织召开各市州科技局科技进步考核工作动员会，指导和检查各地科技进步考核申报材料，完成申报材料规范性审查和定量、定性评分。申请考核县(市、区)达到 123 个，比上次考核增加一倍。通过国家科技部考核的县(市、区)达到 96 个，比上年增长 63%。获得全国科技进步先进市、县、区达到 38 个，增加 70%。先进个人获得者 122 名。

【重金属污染治理】

2009 年，根据湖南省政府关于编制湘江流域重金属污染治理专项规划工作部署，湖南省科技厅编制《湘江流域重金属污染治理技术研究规划项目汇编(2010-2015年)》,从重金属清洁生产减排、重金属污染物资源循环及其污染控制、重金属污染土壤生态修复、重金属污染监控、评价与管理体系等4个方面的科技研究与攻关进行规划,整合凝炼成四大类53个项目,初步提出重金属污染治理技术路线,解决重金属治理过程中技术难题,为湘江流域重金属污染治理提供重要科技支撑。该规划为省政府制定湘江流域重金属污染治理规划提供重要参考依据。全省获得国家社会发展领域科技计划项45个,争取国家经费1.53亿元,比上年增加近一倍。

【血防科技】

2009年,科技重大专项"血吸虫病防制关键技术研究"超额完成各项研究任务,血防工作从预防、到诊断、到治疗及疫情监测全程各个环节获多项科技成果。一是突破血吸虫病天然分子疫苗产业化关键技术瓶颈,首次构建成功抗日本血吸虫病天然分子编码基因(pVAX1/SjRPS4·CB)畜用多价疫苗和人用双价疫苗,为血吸虫病疫苗产业化及现场应用提供技术支撑。二是研制成功血吸虫病快速酶免诊断试剂盒,试剂盒达到快速(15-20分钟出结果)简便、敏感、特异等指标,获得满意检测效果。三是建立酶免诊断试剂生产线,完成GMP认证工作,对现场快速查病提供有效的实用技术。四是成功研制基于传感技术的免疫检测自动分析装置,对血吸虫病诊断自动分析、定量检测构建新技术平台。五是抗晚期血吸虫病肝纤维化药物氟非尼酮研究取得原创性成果,获得自主知识产权,成功实现该项技术成果产业转化。六是新型环保缓释灭蚴块现场灭蚴效果达到94.3%以上,项目提前进入中试阶段,日产量达到3000Kg以上。

【可持续发展实验区建设】

2009年,湖南省科技厅组织启动省实验区建设公开申报和评审工作,初步确定2010年拟重点支持建设的实验区名单。同时,省科技厅联合湘潭市人民政府、韶山市人民政府承办"第七届国家可持续发展实验区论坛",来自全国22个省、自治区、直辖市科技厅(委)有关同志,88个国家可持续发展实验区及部分省级实验区负责同志、部分专家学者共计300余人参加论坛,是参加人数最多的一届论坛。论坛围绕"生态文明与可持续发展"主题,设置三个专题论坛,分别为"生态资源保护、开发与政策机制"、"生态经济与发展模式"和"生态文明建设与行为规范"。提出《第七届国家可持续发展实验区论坛韶山倡议》,倡议各国家和省级可持续发展实验区、示范区积极行动起来,开展形式多样生态文明建设实践和创新行动。

科技体制改革与政策法规

【科技立法】

2009年,湖南省科技厅根据新修订的《科技进步法》要求,启动《湖南省科技进步条例》修订工作。在湖南省人大教科文卫委和省政府法制部门指导下,省科技厅成立领导小组和专门工作机构,已完成调研工作,形成调研报告。初步明确此次修订的重点:结合湖南实际,把新《科技进步法》确立的精神在湖南省以法律法规形式加以落实;从法律法规上确立"科教兴湘、建设创新型湖南"地位;把湖南省科技进步成功经验和需要长期稳定的科技政策上升为法律法规。

【依法行政】

2009年，湖南省科技厅认真开展《湖南省行政程序规定》（以下简称《规定》）的贯彻实施，根据省政府办公厅的通知要求，厅党组高度重视，成立以党组书记、厅长王柯敏任组长的贯彻实施领导小组，建立由分管厅领导直接抓、政策法规处牵头、在厅各处室设立联络员制度的工作机制。组织开展《规定》贯彻实施自查工作，通过对规范性文件和行政审批、办事服务项目的清理发布，使省科技厅每一项行政权力都有据可查、有章可循，推进依法行政。7月24日，湖南省政府督查组对省科技厅贯彻实施《规定》情况进行督查，得到督查组的一致好评。在全省政府法制办主任法规处长会议上，湖南省科技厅在全省33个省直部门综合评价中成绩突出，排名第一。积极开展省政府《关于开展开展编制行政许可和非行政许可审批项目及办事服务项目目录指南有关工作的通知》编制工作，省政府办公厅检查指导组对《目录指南》工作给予高度肯定。根据《湖南省人民政府关于公布取消、调整的行政审批项目和保留的行政许可项目目录的决定》（省政府第235号令），省科技厅开展行政许可和行政审批的清理工作，把37项行政许可与审批事项精减为9项；进一步优化流程，精简环节，提高行政许可与审批效率，除涉及人类遗传资源的国际合作项目审核外，其余3项行政许可项目和5项非行政许可审批项目的承诺办理期限在原定期限基础上再缩短三分之一。全年受理行政许可项目35项，其中科技类民办企业受理21项、实验动物许14项，接受咨询60余次。所有项目全部在法定时间内完成登记、核发登记审查，并在厅政务公开网站上对外公示。

【科研机构改革】

2009年，湖南省科技厅起草《关于天津等七省市区技术开发类科研机构改革情况的调研报告》和《关于促进省属技术开发类科研机构稳定与发展的请示》，并先后三次召开院所长座谈会征求意见,报厅党组会议审议后，正式报省政府，为省领导决策提供参考。完成《2009年湖南省深化科技体制改革的情况及2010年的打算》报告，上报省发展改革委员会。起草完成《湖南省省属转制类科研机构产权制度改革办事服务指南》，对省属转制类科研机构产权制度的办事程序作了较详细规定，对改制单位申请改制立项、制定改革总体方案等发挥指导作用。召开省属转制科研机构转制前退休人员代表见面恳谈会，起草并致函省人力资源与社会保障厅、省财政厅《关于在全省事业单位绩效工资改革中统筹解决好省属转制类科研机构转制前退休人员待遇问题的报告》，恳请其特别关注全省省属转制类科研机构转制前退休人员待遇与事业单位绩效工资改革政策相衔接的问题。

【创新型企业试点工作】

2009年，创新型企业试点工作首次作为湖南省科技厅四项主要工作指标纳入省政府工作部门绩效评估指标体系中。进一步完善创新型（试点）企业联络员制度和省科技厅、省国资委、省总工会三家联席会议制度，加大创新型企业专项资金支持力度，建立创新型（试点）企业年度信息采集工作制度。承办“2009年科技部长沙技术创新配套政策培训班”，为创新型（试点）企业提供竞争情报分析服务等。继中联重科等3家企业被命名为首批“国家创新型企业”之后，三一重工等4家企业又成为第二批国家创新型企业，山河智能等4家企业被纳入第三批国家创新型企业试点，目前湖南省国家级创新型（试点）企业达到12家。经湖南省科技厅、省国资委、省总工会联合组织评审，授予湘潭平安电气等27家企业为首批“湖南省创新型企业”，授予株洲时代新材等39家企业为湖南省第二批创新型试点企业，湖南省创新型（试点）企业达到67家。

【科技管理系统评先工作】

2009年，根据湖南省科技厅与省人事厅联合下发的《关于开展我省科技管理系统先进集体和先进个人评选表彰工作的通知》（湘人发[2009]79号），经评选，授予望城县科学技术局等20个单位“湖南省科技管理系统先进集体”称号，授予陈智勇等38位同志“湖南省科技管理系统先进个人”称号，其中给予陈智勇等17位同志记一等功，给予唐凤才等21位同志记二等功。

软科学研究

【概况】

2009年，湖南省软科学计划为继续深入贯彻落实党的十七大报告提出的“推进决策科学化、民主化，完善决策信息和智力支持系统”要求，充分发挥湖南省软科学研究决策咨询作用，年初制定《2009年软科学研究计划项目申报指南》，突出重点，紧扣决策需求，以省委省政府提出的“一化三基”、新型工业化、富民强省、创新型湖南等重大战略部署为主线，重点支持科学应对金融危机、两型社会建设、产学研结合等重点工作和有关前瞻性问题研究。

【项目申报】

2009年，湖南省软科学研究计划申报项目610项，其中重点项目119项，一般项目491项，申报单位涉及高等院校、行政事业单位、科研院所、中介机构、学术团体、企业等。经湖南省科技厅讨论、专家评审、分管厅领导审查、厅党组审定，确定重点项目28个，一般项目201个，指导项目69个，总计298项，资助金额共计370万元。其中”基于期权博弈和行为博弈的排污权交易定价策略研究”是在国务院批复长株潭城市群开展排污权交易试点的背景下立项的，主要研究排污权交易定价机理，为排污权交易定价和交易时机选择的研究提供研究思路和方法。“湖南省产学研合作与其产业发展的关联性及实现模式研究”、“产学研战略联盟服务体系创新研究”等项目，围绕湖南省的产学研结合创新战略，深入理论层面和实证层面研究，为湖南省产学研结合创新的发展提供理论指导和决策支撑。

【软科学计划管理】

2009年，湖南省科技厅根据《湖南省软科学研究计划管理办法》以及《加强湖南省软科学研究计划管理的补充规定》的要求，进一步优化评审方法，首次采用厅科技计划网络评审方法，项目承担单位和项目负责人的信息均被隐去，第一次实现软科学计划项目电子化盲审，大幅提高软科学评审效率，确保评审结果公平公正。5月，省科技厅对《湖南省软科学研究计划项目合同书》进行修改完善，合同条款明确要求项目承担单位要有配套投入，一定程度上弥补软科学研究投入不足的问题。9月，省科技厅对湖南省软科学研究主要承担单位进行调研，深入考察学习湖南省软科学研究取得的成效和经验，广泛听取新形势下优化湖南省软科学管理的对策建议，共同商讨解决办法，切实提高软科学管理水平。强化过程管理，要求本年度重点课题负责人进行开题汇报，深入了解重点课题的研究思路、研究内容、技术路线和团队组织等，针对研究过程中可能出现的问题进行广泛的讨论研究，确保研究成果的针对性、决策性和时效性。加强与项目承担单位软科学归口管理部门的沟通联系，把软科学管理工作写入年终总结，提高各单位对软科学研究认识和重视。

【成果与奖励】

2009年，湖南省软科学计划进展顺利、结题数量大幅度增加，全年共办理结题项目107项，其中会议评审6项，通信评审8项，结题验收91项，结题数量是2008年的近3倍。研究成果中获湖南省科技进步三等奖1项，形成决策咨询报告6份，3项研究成果被相关政策文件采纳，出版专著11部，教材1部，发表论文307篇（其中核心期刊论文占90%以上），编发《决策研究》内刊9期。其中：

1.由国家科技部组织，中南大学牵头，湖南省科技信息研究所、湖南省社科院、湖南省四达咨询公司等单位参与的省部合作重大专项课题《中部地区创新型城市群建设研究》课题,以创新型城市群理论为基础，对中部地区城市群特别是湖南省“3+5”城市群进行实证研究，提出实现中部地区创新型城市群建设的战略构想，提出长株潭“3+5”创新型城市群建设的战略思路、建设路径、阶段目标、主要任务和对策建议。该课题相关研究内容在国务院批复的《长株潭城市群资源节约型和环境友好型社会建设综合配套改革试验总体方案》中得到体现。

2.由湖南科技信息研究所完成的《湖南省产学研结合的现状与对策研究》获得2009年湖南省科技进步三等奖。其中部分研究成果被《中共湖南省委 湖南省人民政府关于促进产学研结合增强自主创新能力的意见》（湘发[2008]14号）以及市州出台的有关意见中采纳应用，长沙一派数控机床有限公司、中南大学、湖南化工研究院等企业、高校、科研院所在实际工作过程中也运用该研究成果。

3. 由湖南大学承担的区域创新的比较优势战略及其创新链的构建课题，利用国际经济学、区域经济学和产业经济学的相关理论作为设计研究路线的技术原理，按照“构建理论模型——建立指标体系——实证研究和产业选择——构建创新链——政策建议研究”技术路线，综合运用归纳法和演绎法，将定性和定量（综合指标体系法和DEA数据包络分析法）方法相结合，首次较为科学地界定区域创新比较优势内涵，构建四大因素、13项因子、57项子因子的评价指标体系，并应用数据包络分析方法对湖南省制造业行业的创新资源配置效率进行分析，提出在区域比较优势基础上建设区域特色的创新体系，增强湖南省科技创新能力和综合产业竞争力的政策建议。

科技基础条件与财务

【概况】

2009年，湖南省科技厅按照国家和省条财工作的总体要求，坚持科学发展观，坚持服务宗旨，不断解放思想，开拓创新，发奋工作，创新发展理念、转变发展方式、解决发展难题、把握发展规律，做好预决算管理，加强平台建设，强化经费监管，开展资源调查，为提高条财工作对自主创新的支撑能力和保障水平作出新贡献，为抵御金融危机、保持全省经济平稳较快发展提供根本保障。湖南省本级科技支出比上年增加4000万元，达到4.29亿元，完成湖南省委、省政府赋予的“科技对经济的引领和支撑作用”任务。省科技厅连续第九年被省财政评为省直部门“部门决算工作先进单位”。

【科技经费预算管理】

2009年，湖南省科技厅加强部门预算编制，统筹预算内外资金。各预算单位在编制本部门预算时，将全年财务收支纳入部门预算，切实保证预算科学性、准确性、合理性。加强预算执行监管，加强节点控制，各预算单位预算执行进度和年初预算到位率大幅提高。

科技支出进行结构性调整。一是打破原有科学事业费和科技三项费区分概念，归口湖南省科技厅管理的科技经费总称为"科学技术支出"，按照科研活动规律进行统筹使用、合理配置；二是优化科技经费支出结构，按照"先基本支出，后项目支出"原则，2009年安排43个预算单位机构运行费1.86亿元，比上年增加1382.18万元；在重大专项经费投入的同时，压缩一般项目支出，计划总投入1.69亿元，其中新增2800万元，突出支持新型工业化、现代农业、节能减排和民生科技等重点领域。

【科技基础条件平台建设】

2009年，湖南省科技基础条件平台建设主要任务是搭建具有公益性、基础性、战略性的科技平台，重点建设科技共享服务平台、科研院所创新平台、工业设计创新平台、重点实验室和工程技术研究中心四大类平台。组织专家对科技基础条件平台建设专项在建的16个项目进行年度检查。根据专家综合评估意见，有5个项目圆满完成，效果显著，占项目总数的18.5%；有19个项目进展顺利，占项目总数的70.4%；有3个项目由于仪器设备政府采购程序复杂，导致预算滞后，占11.1%。其中湖南农产品质量安全检测共享平台、湖南星火12396农村科技服务平台、湖南省连续运行参考站综合应用服务系统三个平台的建设，当年引导单位和社会投入1183万元，培养培训各类人才3000多人次，承担国家和省级课题10项，公开发表科技论文12篇。

【科技经费管理】

2009年，湖南省科技厅采取积极措施加强科技经费管理。一是完善重大科技专项经费预算评审。重大专项集中了70%的科技投入，是全省科技工作的重点，也是湖南省科技厅资金监控重点，预算评审从综合评审中分离出来，理顺预算编制程序、细化预算单元、加强专项资金核算、试行政府采购制度、调整资金拨款方式等方面管理，强化预算评审的严肃性和有效性，确保重大专项资金专款专用。二是加强所属预算单位财务管理。根据国家和湖南省相关财经专项整治和管理工作要求，开展"小金库"清理和厉行节约工作，对厅属预算单位财务管理工作部署，出台《加强厅属预算单位财务管理工作的意见》，要求厅直属预算单位建立财务管理制度和会计核算流程，对薄弱环节和重要岗位要加强控制，细化责任，避免各种违反财经纪律问题发生。

科技成果与技术市场

【科技成果和技术合同登记】

2009年，湖南省新增各类科技成果982项，技术合同认定登记5257项，成交额共计44.04亿元。

【科技服务企业】

2009年，湖南省科技厅联合省直有关部门开展科技人员服务企业活动，出台《关于动员广大科技人员深入基层服务企业的意见》和《组织科技小分队深入基层服务企业活动实施方案》。在省科技厅启动的150万元“科技服务企业专项”基础上，争取到国家科技部2000万元科技人员服务企业行动项目经费，资助50个由科技人员和帮扶企业共同承担的企业项目。督促指导市州科技局和高校院所开展服务企业活动，争取配套经费8300万元。10月，组织召开全省科技人员服务企业活动工作汇报会。12月，下发《关于做好科技人员服务企业活动总结表彰和宣传报道工作的通知》与《关于做好科技人员服务企业活动自评工作的通知》。省科技厅组织150支科技小分队、1000名科技人员深入基层服务企业，与派出单位、帮扶企业签订权益分享三方协议236份，累计攻克213项关键瓶颈技术，400余项先进适用技术成果在企业实现转化或产业化，培训企业各类技术管理2800多人次。其中科技人员服务企业专项资助的50家中小企业实现年产值78亿元，新增就业岗位近600个。如湖南省冶金材料研究所科技小分队入驻中联重科环卫机械分公司后，把先进涂层技术应用到关键部件的设计制造中，提升环卫机械在酸、碱腐蚀和高负荷等极端严酷工况下的耐久性和可靠性，全年实现海外销售收入3000万元。株洲火炬工业炉有限公司依托服务企业活动平台，加强与中南大学合作，新研制的国内首台85吨蓄热式熔铅炉在株冶投产，节能效果达50%以上。

【科技成果转化工程】

2009年，湖南省围绕科技成果向现实生产力转化，突破制约产业关键技术瓶颈，支持科技成果推广计划重点项目10个和一般项目92个。如“煤矿架空乘人装置液压驱动系统产业化”项目，解决液压煤矿架空乘人装置规模化生产中技术问题，使风冷散热装置具备防爆和防堵功能，提高设备的通用性。8月，湖南省科技厅联合长沙市科技局对2007年启动的“安全环保烟花爆竹材料和燃放技术及其产业化”一把手工程项目进行实地调研，该专项累计申请专利20余件。其中项目承担单位之一的东信烟花承担国庆60周年天安门庆典活动焰火燃放等重大任务。11月，省科技厅组织“城市生活垃圾和电子废物综合利用关键技术研究与工程示范”重大专项承担单位召开项目协调会，听取该项目实施情况汇报。该项目研制的废电视电脑拆解线、废冰箱处理线、废线缆处理线等已通过初步试验运行，可实现废物高度分离、高效回收金属和非金属资源，并具备整机拆解20万台废电器电子产品的设计处理能力，为长沙市作为国务院办公厅主导实施“家电以旧换新”活动9个试点单位之一提供科技支撑。

【科技保密工作】

2009年11月，为加强新形势下全省科技保密工作的宣传和服务，湖南省科技厅在邵阳组织召开全省科技保密与政务公开培训会议，邀请国家科技部姚昆仑处长围绕新形势下科技保密工作进行专题讲座。各市州科技局分管领导、成果科科长，厅机关各处室（中心、办）、部分高校院所分管科技保密工作负责人共122人参加学习培训。

【科技兴贸】

2009年，按照商务部、国家科技部关于开展第三批科技兴贸创新基地认定工作的通知要求，湖南省科技厅会同省商务厅组织推荐湘潭高新区、株洲金山科技园等4家单位申报第三批国家科技兴贸创新基地。经地方联合推荐、赴北京答辩、专家综合评审等多个环节，湘潭高新区从全国100多家申报单位中脱颖而出，被认定为20家第三批国家科技兴贸创新基地之一。

【科技与金融】

2009年，湖南省高新技术企业创业板上市培育基地在湖南省技术产权交易所正式挂牌成立，并举办省高新技术企业创业板上市培训班。8月28日，湖南省科技厅指导省技术产权交易所与长沙银行股份有限公司签订全面战略合作协议，举办50多家高新技术企业负责人参加科技型企业无形资产评估、运营与融资专题培训班。9月8日，省技术产权交易所组织在袁隆平农业高科技股份有限公司举办国内30多家种业界代表共80多人参加水稻植物新品种展示与竞买会，推介早、中、晚及超级杂交稻新品种20多个，其中14个品种进行竞买，4个品种实现有效转移。

国际国内科技合作

【项目与成果】

2009年，根据国家国际科技合作计划要求，结合湖南省新型工业化重点产业发展及“两型社会”建设需求，湖南省科技厅遴选、确定一批具有较大国际影响、能够推动湖南省重点领域关键技术瓶颈突破并形成自主知识产权的项目，争取到国家科技部国际科技合作专项经费支持3500万元，较上年增长80%，获得项目支持15项。省级国际科技合作计划项目申报达99项，较上年增长16.5%，经评审最后确定10个重点项目、5个滚动项目、10个基地项目和59个一般项目进入计划支持范围，项目申报数与立项数创历年新高。其中“车辆轻量化材料关键技术国际合作研究与产业化示范”项目被列为省级科技重大专项支持。湖南科技重大专项“特色植物资源高值化利用关键技术国际合作研究与开发”获得1项国家科技进步二等奖；新建厚朴、虎杖和茶黄素3条生产线。发表学术论文87篇，其中SCI论文13篇；申请12项发明专利，其中授权1项；制定9项国家或行业标准。

【国际科技合作基地建设】

2009年，湖南省向国家科技部组织推荐国际科技合作基地6个，其中“湖南洞庭湖流域生态系统管理与水资源可持续利用国际科技合作基地”、“轨道交通装备系统集成与关键技术研发国际科技合作基地”、“湖南优质高效瓜类新品种引进及创新国际科技合作基地”等3个已获科技部批准。支持“湖南药用植物资源国际合作研究基地”建设，通过集聚全省药用植物资源研发领域优秀人才，构建科技创新群体，组建开放型研究实验室，构建知识创新、技术转移、文化传播与国际合作的互动平台。对湖南省瓜类作物研究所等省级国际科技合作基地进行项目与基地建设相结合的支持，对山河智能等企业积极开展国际科技合作基地建设工作。

【国际科技交流】

2009 年，湖南省科技厅共邀请引进国外高层次人才、技术管理人员 200 多名来湘进行科技考察、合作研究、培训讲学等。KOICA 中国事务所官员对在湘工作的韩国志愿者进行慰问与考察；邀请韩国茶叶专家来湖南农业大学讲座；邀请德国知识产权专家来湘交流、讲座；派遣 10 多名人员赴日研修；引进并促成美国孟山都公司与湖南大学建立战略科技合作伙伴关系洽谈会；承办“2009 年亚欧水资源管理国际论坛”；承办由湖南省委组织部主办的“美国全面提高自主创新能力专题研究班”；制定《关于进一步加强干部因公出国（境）管理的通知》文件；举办茶叶、杂交水稻技术国际培训班。

【“泛珠三角”区域科技合作】

2009 年，湖南省积极推动“泛珠三角”区域科技合作，与香港应用科技研究院签订合作意向书，湖南省高新技术企业与香港应用科技研究院对接了一批项目，促进香港电子信息、新材料等领域的先进研发成果在湘产业化。12 月，澳门科技委代表团一行来湘考察并与湖南省科技厅签订正式科技合作协议，该协议对双方开展科研项目和科技人才培养合作，加强科技资源开放与共享，建立区域产业技术创新战略联盟，构建湘澳长效科技合作机制描绘了蓝图，对双方开展电子信息产业、医药与健康、环保科技等重点领域合作指明方向。

科技人才队伍建设

【科技领军人才培养工作】

2009 年，湖南省科技厅以引进、培养高层次科技人才为重要抓手，加强高层次科技人才队伍建设工作。全年继续在创新团队建设、院士带培、举办高端论坛、研修考察等方面对科技领军人才予以资助，共资助创新团队 12 个，院士带培 20 项；在科技重大专项、重点项目和基地建设项目立项上对科技领军人才予以倾斜支持，进一步完善“项目、基地、人才”三位一体的科技管理和人才培养模式，促进人才工作由虚向实、由软向硬、由单一向立体转变；积极推荐科技领军人才申报两院院士，组织召开“2009 年度湖南省两院院士增选工作座谈会”，邀请湖南省院士联谊会会长何继善院士与科技领军人才座谈，积极推荐科技领军人才申报两院院士。首批 20 名科技领军人才中，有 6 人进入两院院士遴选最后一轮，其中国防科技大学于起峰成功当选中国科学院院士，湖南日报、湖南红网及时对此进行报道，进一步扩大“科技领军人才培养计划”和科技领军人才对社会的影响。

2009 年，科技领军人才获得省部级科技进步一等奖以上奖励的数量为历年之最。如曾光明主持完成的“涂料工业清洁生产工艺和方法”获得国家技术发明二等奖（排名第一）、王耀南主持完成的“大型水电站泵站高效运行优化控制与成套自动化装置及其工程应用”获得国家科技进步二等奖（排名第一）、李夕兵主持完成的“磷化工全废料自胶凝充填采矿技术”获得国家科技进步二等奖（排名第一）、陈明宪主持完成的“钢管混凝土拱桥建设成套技术”获得国家科技进步二等奖（排名第一）、蔡光先主持完成的“中药超微粉体关键技术的研究及产业化”获得国家科技进步二等奖（排名第一）。

【高层次科技人才引进工作】

2009 年，中央和湖南省委从统筹国内外两个大局的战略高度出发，相继实施“千人计划”和“百人计划”，大力引进一批能够突破关键技术、发展高新产业、带动新兴学科的海外高层次人才。在湖南省委人才工作领导小组的领导和省委组织部的统筹协调下，湖南省科技厅牵头组织重点创新项目、重点实验室、民营企业和高新区为主的各类园区人才引进工作。一是在全省科研院所、工程技术研究中心、重点实验室、高新园区、高新技术企业等 41 个单位开展海外高层次人才需求调查，初步摸清拟引进对象的专业分布、学历背景、工作经历和科研成果等基本需求。二是起草湖南省重点创新项目、重点实验室和高新园区为主的各类园区引才工作细则、申报通知和评审方案等一系列文件，并严格按照条件，对申报对象进行资格审查。三是为保证引进人选的质量和引进单位特别是民营企业的真实性，组成联合考察组对引进单位进行实地考察，进一步核实了解有关情况。5 月，组织第一批“千人计划”人选的专家评审工作，向国家推荐的 11 名人选中有 4 人成功入选“千人计划”。10 月，组织科技口“百人计划”人选的专家评审工作，最终有 9 人入选“百人计划”，该项工作得到湖南省委人才工作领导小组充分肯定，湖南卫视、湖南日报等多家媒体进行报道。

【高层次科技人才规划工作】

2009 年，按照《湖南省中长期人才发展规划纲要（2009-2020 年）编制工作方案》（湘组[2008] 162 号）的要求，湖南省科技厅承担全省高层次创新型科技人才的调研与规划工作，成立由厅长担任组长、分管厅领导担任副组长的专题组，组织以厅人事处和省科技信息研究所为主、省社科院人才研究所和省委党校专家共同参与的研究团队，历时 6 个月，先后 8 易其稿形成《湖南高层次创新型科技人才队伍建设专题研究报告》，通过研究，基本掌握全省高层次创新型科技人才队伍的现状，总结高层次创新型科技人才队伍建设主要做法和经验，深刻剖析存在问题和不足。同时，立足建设创新型湖南和实现经济社会平稳较快发展的需要，提出 2009-2020 年全省高层次创新型科技人才队伍建设的战略目标、重点任务和政策措施。得到湖南省委人才工作领导小组的肯定，报告的研究成果写入《湖南省中长期人才发展规划纲要（2009-2020 年）》。

【院士工作与交流】

2009 年，湖南省组织召开“2009 年度湖南省两院院士增选工作座谈会”和“2009 年度湖南省两院院士候选人遴选会议”，邀请 19 位院士专家组成遴选委员会，邀请郭开朗副省长担任主任委员，向中国科学院和中国工程院推荐院士候选人。组织院士参与“科技领军人才培养计划”工作，促进科技领军人才及其创新团队成长。编辑出版《三湘院士科学人生自述集》，举办签名送书仪式，共收集三湘院士 72 人的自述文集 83 篇。举办“新中国成立 60 周年湖南经济社会发展成就展览”，湖南省科技厅负责“院士群体繁星闪烁”专栏，展现在湘工作的 48 位两院院士（含双聘院士）的生平简介、先进事迹和主要科研成就。邀请院士参加“2009 年湖南科技活动周”、“湖南科技论坛”等全省重大科技活动，以及省直有关部门或市州政府举办的科技论坛等重要科技活动共 30 余人次。

科学技术普及

【科技活动周】

2009年5月16~22日，湖南省科技厅牵头，联合湖南省委宣传部、湖南省教育厅、湖南省科学技术协会举办“2009年湖南省科技活动周”。本届科技活动周以“加强自主创新，建设创新型湖南”为主题，按照党中央、国务院明确提出的“扩内需、保增长、调结构、惠民生”战略部署，围绕“节约能源资源、保护生态环境、保障安全健康”三项重点内容，坚持贴近实际、贴近生活、贴近群众原则，着重突出依靠科技应对危机、自主创新促进发展、充分显示科学技术对经济社会发展的支撑作用。

5月16日，湖南科技活动周启动式暨科普游园活动在省森林植物园隆重举行，湖南省委副书记梅克保、省人大常委会副主任刘莲玉、省人民政府副省长郭开朗、省政协副主席龚建明出席启动式，省直有关厅局、社会团体、大专院校、科研院所、企事业单位的负责同志及科技工作者、学生、新闻记者代表2000余人参加开幕式，数千名各界群众驻足观看。科技活动周启动式上，中南大学与麓谷医药有限公司签署产学研合作协议。中联重科、三一重工、山河智能、隆平高科、九芝堂等27家企业被授予“湖南省首批创新型企业”称号，同时表彰第二届湖南省优秀科普作品获奖者。省国土资源厅、省农业厅、省水利厅、省信息产业厅、团省委、省妇联、省地震局、省气象局、省广电局、省监狱管理局、省粮食局、中南林业科技大学、省建筑科学院、省青少年活动中心、省创造学会，长沙市育才小学、清水塘中学以展板、展台、实物、互动活动和发放宣传资料等形式开展节能环保、公共应急、防灾减灾、健康生活等科普宣教活动。全省14个市州围绕省里确定的2009年科技活动周主题和重点，联合有关部门组织开展内容丰富、形式多样的科普活动。

科技活动周期间，全省上下联动，部门联合，先后举办2009年湖南科技活动周启动式暨科普游园活动、企业科技创新电视大奖赛、科技专家企业行、省直厅级干部科技报告会、科技下乡暨农民工技术培训、全省科技特派员支农技术讲座、科技特派员咨询服务活动、信息化与网络安全技术论坛等十多项大型科普活动，同时发动8万多名科技人员，同期开展2000多项科普集中活动，3000多项分散科普活动。

【日常科普工作】

2009年，在日常科普工作中，湖南省科技厅突出科普宣传、科技服务企业活动、科技下乡、科普纪念日等活动主线，组织并引导机关、高校、企事业单位和群团开展形式多样的科普活动。省科普领导小组办公室对《湖南科普网》进行技术改版，各科普成员单位可利用改版后的湖南科普网直接交流科普工作信息，反映本部门工作动态。在科教新报上开设科普天地栏目，刊登各种科普文章和作品，主办《发明与创新》、《企业技术开发》、《农家致富顾问》等科普期刊，针对青少年、农民和企业等群体，普及科学技术知识。

自然科学与基础理论研究

【计划项目与经费】

2009年，湖南省有25个单位获得国家自然科学基金各类计划资助539项，经费1.76亿元，比上年增长15.03%，再创历史新高。其中面上项目330项，青年项目197项，杰出青年项目5项，重点项目6项，创新研究群体1项。全省获得国家自然科学基金项目中大部分集中生命科学、工程材料、信息科学等优势学科，获资助项目通过率较高。启动自然科学创新研究群体基金，申报首批创新研究群体基金项目共35项，4个创新研究群体获资助，资助强度50万元。省自然科学基金委员会与湘潭市人民政府共同设立湘潭联合研究基金，重点解决湘潭市经济、社会发展的重大应用基础研究问题。湘潭联合基金资助重点项目6项，资助强度为20-30万元；一般项目12项，资助强度为5万元。

【项目成效】

2009年，为加强基金项目绩效管理，湖南省自然科学基金委员会组织专家对2006年省自然科学基金杰出青年和重点项目进行验收评议，对一般项目进行结题审核。本次验收的80个项目实现预期研究目标，其中有23项取得突破性进展，39个项目验收评为优秀；在国内外刊物发表论文774篇，发表的论文被SCI、EI、ISTP三大检索系统收录466篇次；出版中、英文专著19本，申请或授权发明专利94项；项目负责人获得国家级项目经费6620.92万元，获国际、国家及省部级奖励24项；培养硕士生442人，博士生178人、博士后19名；有5个科研团队获教育部新世纪创新群体计划资助；1个科研团队获国家自然科学基金创新研究群体资助。其中：

1.由湖南大学何怡刚主持的“开关电流电路测试与故障诊断理论与方法”项目，首次提出小波变换及小波神经网络硬件实现系统的理论和设计方法，提出开关电流模拟连续小波变换、小波变换算法和小波神经网络实现理论和方法，对推动开关电流电路理论与设计技术应用于小波变换及其网络实现、推动小波理论及其应用的发展有着重要的理论意义和实际意义，获国家杰出青年基金资助。

2.由中南大学肖鹏主持的“高速列车C/C-SiC制动材料低成本制备技术的研究”项目，为高性能摩擦材料产业奠定坚实基础，对全省轨道交通、工程机械、汽车等产业发展具有重大意义。

3.由湖南大学何晓晓主持的“硅壳纳米颗粒材料的生物效应研究”项目，为硅壳纳米颗粒材料制备的尺寸控制、化学修饰以及安全使用浓度提供了依据。

2009年共有338个基金项目结题，发表国内刊物论文1459篇，发表国外刊物论文582篇，其中被SCI收录479篇，被EI收录417篇；被ISTP收录131篇，出版专著35本；申请或授权发明专利108项；培养博士后51名、博士生251名和硕士生768名，为政府提供决策参考52份。

【科研管理】

2009年，为规范和加强湖南省自然科学基金项目管理，省自然科学基金委员会根据《国家自然科学基金条例》和《湖南省科技计划项目管理办法》，对2006年8月28日公布《湖南省自然科学基金项目管理办法》（以下简称《办法》）和《湖南省自然科学基金项目经费管理办法》等全面进行修改，于8月17日以湘科字[2009]125号文件颁布。组织有关专家对省自然科学基金管理与评价体系进行系统的研究，修改完善省自然科学基金的评价体系（项目的申请书、合同书、验收结题报告、管理系统和评审指标体系），启用27个新表格并完成《湖南省自然科学基金管理与评价体系》研究报告。7月，基金办在长沙学院举办基金管理人员的培训会议，详细解读新的省基金管理流程、资助体系与评价体系。完成省自然科学基金依托单位注册工作，共52个单位参与注册。完成省自然科学基金委员会的换届工作，由各单位推荐，基金办提出建议名单，聘请29位专家组成湖南省第五届自然科学基金委员会；其中主任1名，副主任6名，院士2名，教授21名；新当选的委员13人，留任委员16人。规范省自然科学基金专家库，对原有基金专家库进行扩充调整，补充一些年轻的、有名望、热心基金项目评审、工作负责的专家，专家数增加到了2807个。

科技党建与纪检监察工作

【科技党建工作】

2009年，湖南省科技党建主要开展以下工作：一是组织开展党的十七大及十七届四中全会精神、科学发展观、“两会”精神、“两型社会”等方面的专题学习和讲座，共发放学习读本11本，邀请湖南省委宣传部的领导和高校的知名专家、教授进行专题讲座6场。二是做好学习实践科学发展观活动“回头看”工作，促进学习实践活动进一步深入。编印《省科技厅深入学习实践科学发展观活动调研成果汇编》、《省科技厅深入学习实践科学发展观活动文件材料汇编》和《深入学习实践科学发展观努力实现科技发展新跨越》三本理论作品。召开“讲党性、重品行、作表率”动员大会。开展“讲党课、比贡献”主题实践活动，评出一等奖1名、二等奖2名、三等奖3名。三是圆满完成“公推直选”工作。成立由省科技厅党组书记、厅长王柯敏担任公推直选领导小组组长，制定《中共湖南省科技厅直属机关委员会换届选举公推直选实施方案》，积极宣传动员组织工作，通过召开厅系统支部书记会议、张贴公告、出宣传栏等多种形式和途径，使广大党员和群众了解“公推直选”的目的、意义、方法和步骤，经过公开推荐、组织考察、公示程序，确定候选人预备人选11名，其中书记1名、专职副书记2名、委员8名。成功召开“第四届厅直属机关党员代表大会”，选举产生厅直属机关党委第四届委员会成员。四是开展“争先创优”活动。在厅系统开展先进基层党组织、优秀共产党员、优秀党务工作者的评选推荐工作，经各基层党组织推荐、评选出10个先进基层党组织、65名优秀共产党员、4名优秀党务工作者，在省科技厅庆祝中国共产党成立88周年暨表彰大会进行表彰奖励。推荐1个省直先进基层党组织和1名省直优秀共产党员。厅党组中心组被评为“省直机关先进党组（党委）中心组”，原机关党委专职副书记张艳琼被评为“全国三八红旗手”。四是积极开展作风建设。按省作风办部署，起草并印发《湖南省科技厅关于“增强服务意识，改进服务态度，提高服务质量”主题活动实施方案》，收集整理《“服务意识、服务态度、服务质量”自我评估表》，并及时汇总评估结果，上报省作风办。省科技厅机关作风建设的专题总结，两次被省直工委选入《情况反映》报送省委常委。

【科技纪检监察工作】

2009年，湖南省科技系统纪检监察工作围绕全省科技中心工作，主要做了以下工作：一是加强对科技项目特别是重大专项的监督，驻厅纪检组监察室作为厅重大项目办组成单位（厅重大项目办由厅发展计划处、驻厅纪检组监察室和厅条件财务处组成），积极配合相关处室制定科技计划项目和经费管理制度，对重点以上各类科技项目的评审立项进行全程监督。4~5月，由纪检监察室牵头，组织专家对2006年以来实施的47个重大专项进行考核评估，并于8月组织召开科技重大专项年度执行情况和2009年启动项目新闻发布会，向社会公布科技重大专项实施情况和新启动项目情况，在加强内部监督的同时，接受社会监督。在科技资金的监督管理上，驻厅纪检组监察室严格按照财政专项资金管理办法，对科技资金的安排和使用情况进行监督检查，特别是在占科技项目资金60%的科技重大专项立项评审中，增加经费预算评审环节，对拟立项的重大专项单独组织专家进行经费预算评审。同时，结合科技重大专项的评估验收，对项目资金使用绩效情况进行检查。二是认真开展反腐倡廉学习教育，驻厅纪检组、监察室在年初将反腐倡廉学习教育纳入到厅党组中心组年度学习计划和厅系统干部年度教育培训计划之中，不断创新教育形式和方法，确保学习教育活动取得实效。先后向机关干部发放《关于实行党政干部领导问责的暂行规定》等自学资料300多套。修订完善《省科技厅党风廉政责任制实施办法》、《省科技厅领导班子成员党风廉政建设职责》，制定《省科技厅落实党风廉政建设责任制，推进惩防体系建设考核办法》，对厅机关处室和厅属单位落实党风廉政建设责任制、推进惩防体系建设进行目标管理考核。三是认真贯彻落实中央《建立健全惩治和预防腐败体系2008-2012年工作规划》（以下简称《工作规划》），成立省科技厅惩治和预防腐败体系建设领导，由王柯敏厅长担任组长，分管计划的副厅长和纪检组长为副组长，厅机关有关处室和部分厅属单位纪检监察负责人为成员，办公室设在纪检监察室，负责日常工作。领导小组先后多次召开会议，按照《科技厅贯彻落实〈工作规划〉的实施方案》的要求和步骤，扎实开展惩防体系建设。四是认真开展信访、信息和专项工作，全年厅纪检监察室共收到信访件17件，已全部办结。全年报送各类工作计划、方案、总结、情况报告等综合材料40余篇；联合相关处室撰写调研报告1篇；撰写纪检监察新闻、信息稿件23篇，其中：上报科技部12篇，已采用9篇；上报省纪委监察厅7篇、采用1篇；红网、科技快讯、湖南科技动态各采用1篇，科技厅外网采用10篇、内网刊登21篇。全年没有发生一起违纪违规案件。

株洲市科学技术局

原湖南省委书记张春贤与刘友梅合影

国家科技部党组书记、副部长李学勇在南车时代考察

株洲市委书记陈君文视察科技工作

2009年，株洲市科技局在市委、市政府的正确领导下，认真实施“科教先导”战略，坚持“项目带动、实干兴科”原则，开拓进取，奋力拼搏，各项工作取得了新成效、实现了新突破。这一年，是株洲科技工作实效显著提升的一年。全市共争取国家、省级科技项目70多项，部省资金2.6亿元，占全省的六分之一。全市高新技术产值达585亿元，同比增长25.8%。20项科技成果获2009年度湖南省科学技术奖励，其中科学技术进步奖一等奖6个，约占全省的二分之一。刘友梅院士荣获湖南省科学技术杰出贡献奖，该奖项第一次由长沙以外的企业院士获得。这一年，是株洲科技事业发展地位显著提升的一年。株洲市第7次荣获全国科技进步先进城市，并获评国家知识产权示范城市，五个县市区被评为全国科技进步先进县市区，占全省的五分之一。这一年，是株洲科技干部队伍形象显著提升的一年。市科技局在全市规范行政执法行为评议社会公众测评中名列第二，并被评为全市科学发展观学习实践活动先进单位、政务公开和依法行政先进单位。

地址：株洲市天元区长江北路68号　　邮编：412000

长沙市科学技术局

2009科交会得到了各级领导的关心和社会各界的支持，图为全国人大常委会副委员长周铁农等领导在会场参观

2009科交会胜利开幕，图为开幕式现场

2009年，在市委、市政府的领导和湖南省科技厅的指导下，长沙市科技系统深入学习实践科学发展观，树立四个观念，实现四大转变：一是牢固树立科技创新是经济发展的核心和关键的观念，实现科技工作与经济工作由结合不紧向紧密结合的转变；二是牢固树立大长沙的观念，实现科技资源整合由市属向市域的转变；三是牢固树立科技投入是战略性投入的观念，实现科技投入由政府投入为主向政府投入为引导、企业投入为主体、社会投入为补充的多元投入方式的转变；四是牢固树立人才资源是第一资源的观念，实现人才政策和人才机制由相对封闭到更加开放的转变。积极寻求科技支撑和引领经济社会发展逆势而上的有效途径。

发挥科技支撑引领作用，推动经济社会发展逆势而上。一是实现科技工作的多方互动，二是组织实施“引进国际先进适用技术行动计划”，三是不断扩大科技交流合作领域，四是组织实施“进重点大学揽万名英才”活动。

落实创业富民政策，营造科技创新创业氛围。一是“两帮两促”活动取得实效，二是加强创新创业的政策激励，三是夯实科技创新的支持平台，四是推进了创新型城市建设，五是成功组织了科技创业系列活动，六是加大了创新型人才队伍建设。

加强产学研合作，科技成果转化取得重大突破。引导和支持高新技术企业、高校、科研院所和中介服务机构不断探索产学研合作的新模式，围绕长沙的优势产业组建产业技术联盟。以产业技术联盟为载体，组织实施科技重大专项，开展关键共性技术攻关，促进科技成果转化和产业化。

打造科技会展品牌，2009科交会再次取得圆满成功。10月17日至19日，由国家教育部、国家科技部、中国科学院和湖南省人民政府主办，科技部火炬高技术产业开发中心、湖南省科技厅、湖南省教育厅、长沙市人民政府承办的2009科交会在长沙高新区会展中心隆重举行。各级领导、各界精英约6000人参加了会议，参观人数达6万多人次。共签订了各类科技合作项目230个，签约金额达103.05亿元。

扶持重点领域，高新技术产业加速发展。一是围绕重点高新技术领域科学设计科技重大专项，二是推进高新技术产业园区和特色产业基地建设，三是扶持科技企业孵化器等创新服务平台的发展，四是针对汽车及零部件、数控装备、光伏、生物医药等产业的重点领域加强了技术提升工作。

重大项目签约暨闭幕式

面向“三农”，科技支撑新农村建设富有成效。一是着力抓好食品安全科技重大专项，二是“百村百名大学生培育工程”深入开展，三是加强优良品种和先进技术的开发与推广，四是健全完善农村科技服务体系，五是农业特色产业基地建设取得进展。

关注社会发展领域，科技引领经济社会全面发展。一是科技进步考核工作实现历史性突破，二是科技支撑“两型产业”发展、推进“两型社会”建设取得实效，三是突出“民生科技”助推社会健康发展，四是组织实施“节能与新能源汽车示范推广试点工程”。

市委副书记、市长张剑飞为唐景庭颁发百万大奖

通过理念的转变和上述政策措施，长沙市经济社会发展取得了显著成效：全市高新技术产业总产值突破1440亿元，增长28%；科技成果转化率提高2个百分点，技术合同成交额突破36亿元，增长12.5%；自主创新能力和核心竞争力明显提高，全社会R&D投入占GDP的比重达到1.98%；科技交流合作实效明显增强，成功举办2009中国（长沙）科技成果转化交易会，科交会首次荣获2009年度中国行业品牌展会金鼎奖；积极开展第二批79个创新型单位试点，创新型城市建设得到实质性推进，荣获首批全国创新型试点城市；

深圳新能源汽车会议

09年春节前何市长看望袁隆平

北美留学生长沙科技行

2009中国长沙科技大会

浙江大学长沙技术转移中心授牌

科技进步考核取得历史性突破，市本级和9个区、县、市全部通过全国科技进步考核，其中芙蓉区、长沙县、浏阳市等7个区、县（市）获得了“全国科技进步考核先进县（市）”的荣誉称号，市本级在六次蝉联全国科技进步先进城市的基础上首次跻身全国科技进步示范城市；城市科技竞争力位居全国第六、中部第一；科技成为了经济发展的强劲内生动力，长沙市在全国大中城市中综合竞争力首次进入第六位，长沙县、浏阳市、宁乡县、望城县进入全国县域经济百强行列。长沙科技取得的巨大成绩引起了社会广泛关注，新华社、人民日报、中央电视台、香港大公报等各级各类媒体给予了重点报道和推广，“长沙发展看科技”成为了发展趋势和潮流。

2010年，长沙市科技系统坚持“自主创新、重点跨越、支撑发展、引领未来”的科技工作方针，突出“产学研金一体化、科技创业在长沙”这个主题，围绕国家创新型试点城市建设这一主线，积极整合各类科技资源，加快新型工业化进程、提高城市国际化水平。力争实现高新技术产业总产值同比增长25%、科技成果转化率提高2个百分点、技术合同成交额增长15%、全社会R＆D投入占GDP的比重达到2.2%等目标。

地址：长沙市政府11楼（410013）传真：0731-8666160

湘西自治州科学技术局

科技创新引领湘西经济发展

2009年，湘西自治州充分发挥科技进步对全州经济社会发展的支撑引领作用，各项工作取得显著成绩，全州科技工作呈现七大亮点：

一是加强产学研结合，推进科技创新。

2009年组织开展“院士专家湘西行”、州政府专家顾问科技合作、10所高校与企业技术对接和科技小分队服务企业等活动，全州有80多家企业与高校、科研院所建立了产学研合作机制，采用合作研发、委托研究、技术转让、技术参股等方式，实施科技合作项目100项，解决产业关键技术难题60项，研发新技术45项、新产品25项。

2009年12月17日组织召开了全州产学研结合创新暨科教兴州表彰大会，邀请了北京科技大学、中南大学等12所高校、科研院所领导、专家教授共50多人。

二是加强厅州会商制度建设，提高自主创新能力。

州政府与湖南省科技厅签署《湖南省科学技术厅、湘西自治州人民政府科技工作会商协议书》，确定共同推进湘西高新技术产业发展，加快新型工业化进程；共同推进湘西农业科技创新，为新农村建设提供科技支撑；共同推进具有湘西特色的区域创新体系建设，提高湘西州自主创新能力等三大科技工作重点。

三是加强科技特派员工作，促进新型农村科技服务体系建设。

组织实施科技开发项目140个，推广新技术新产品78个，引进新品种96个，创建经济利益共同体50家，创办专业协会、合作社23个，组建企业12家；建立示范基地151个，吸引和安置农村剩余劳动力3万余人。该项工作得到了科技部、湖南省委组织部和科技厅的肯定和表彰。

湘西州科技局以实际行动学习实践科学发展观，临近春节之际，局长彭姻侠带领机关工作人员及局属单位负责人到扶贫村进行走访慰问。

四是加强产业技术创新，增强科技对经济发展的支撑作用。

科技创新引导专项、湘西科技专项取得显著成绩，起到“立项一题，带动一片，致富一方”的效果。“湘西锰精深加工高新技术产业化基地”被批准为国家高新技术产业化基地。

五是开展农村科技研发与示范，推进现代农业发展。

12396科技服务平台初步建立，农业新技术、新品种研究与推广成效显著，农副产品深加工技术创新取得较大突破。

六是加强科普工作，提高科技服务能力。

开展“加强科技创新，促进经济社会发展”专题巡讲、科技下乡等群众性科技活动，举办多种形式的科技培训、普及和推广活动。

七是加强科技工作领导，优化科技创新环境。

出台《关于推进产学研合作加快科技成果产业化的意见》、《关于加强产学研合作中知识产权管理的意见》等文件，优化了科技创新政策环境。

2009年6月，科学与中国院士专家巡讲团湘西行活动现场。

龙山县超级稻攻“九”项目通过专家测产验收，百亩片平均单产853.6公斤，最高单产达908.2公斤，居全国六个示范县百亩片平均单产第一。

2009年5月19日，湖南省科技厅与州人民政府科技工作会商协议书签订仪式暨厅州会商第一次工作会议在长沙举行。省科技厅厅长王柯敏和州委副书记、州长叶红专共同签署《湖南省科学技术厅、湘西自治州人民政府科技工作会商协议书》

李学勇书记(右二)和王柯敏厅长(右四)在州委书记何泽中(右三)的陪同下视察老爹公司

地址：湘西州吉首市人民北路58号（416000）

长沙高新技术产业开发区

2009年6月，温家宝总理来区考察

2009年，长沙高新技术产业开发区（以下简称高新区）坚持以科学发展观总揽全局，紧紧抓住“两型社会”综合配套改革试验区和创新型科技园区建设的机遇，努力化解国际金融危机带来的负面影响，积极实施项目立园、产业兴区战略，落实“抓改革、扩投入、保增长、促创新、强基础、优环境”等措施，促进园区经济社会较快发展。

一、产业实力稳步提升。全区完成技工贸总收入1500亿元，实现总产值1340亿元，其中岳麓山高科技园完成总收入752亿元，总产值660亿元，均增长20%；实现规模工业总产值520亿元，增长25%。其中41家企业产值超亿元，5家企业突破10亿元大关，中联重科等6家“长沙工业20强”企业完成产值390亿元，增长35.5%。麓谷税收过亿元企业达到4家，中联重科、方正证券税收突破6亿元，梦洁家纺等3家企业税收过5000万元，税收过千万元企业达到26家。财政收入增长幅度保持全市前列，麓谷科技新城完成企业财税收入45亿元，财政一般预算收入10.26亿元。

二、产业项目强势推进。2009年共引进省外资金15.56亿元，到位外资1.53亿美元，引进购地项目20个，总投资86.9亿元，世界500强企业爱立信落户麓谷，中电软件园、中国移动电子商务基地、中电集团第48研究所等中央企业相继入园。全年有25个企业项目开工，其中22个被列入长沙市重点项目，3个成为市十大示范性工程项目，项目总投资63亿多元。累计完成全社会固定资产投资40亿元，同比去年增长83%。

三、新城建设不断加速。东方红镇和雷锋镇成功纳入长沙市土地利用总体规划，全年完成新征用地资料报批8500亩，实际获批用地5200亩，挂牌出让土地15亩，出让面积1500亩，实现土地收入6.4亿元。加大闲置土地清理，收回处置闲置土地450亩。全年完成拆迁腾地项目14个、4500亩；保障住房建设一期工程进展顺利。

四、创新能力持续增强。积极推进创新型科技园区创建工作，成为科技部批准的第九个国家创新型科技园区。研究制定长沙高新区建设方案以及政策意见，完善考核办法；出台创新30条等支持产业发展和科技创新的政策措施。区内企业新获授权专利431件，增长46%；新增金杯电工等中国驰名商标5个；中冶长天、湖大海捷等企业获得国家行业技术标准制定权；中信湘雅获得2009年度国家科技进步二等奖，隆平种业获得2009年度湖南省科技进步一等奖；园区通过软件企业CMMI3认证企业达到7家。新增市级以上工程中心、企业技术中心10家，中联重科成为全市首家设立企业国家重点实验室和国家工程技术研究中心的企业，科力远成为先进储能材料国家工程研究中心，湖南大学先进动力总成技术研究中心落户麓谷；国家软件产业基地顺利通过国家验收，并荣获中国软件和服务外包杰出园区。全年新增孵化面积8万多平方米，新增在孵企业200多家。大学生创新创业服务平台申报创新基金国家立项10个、市级科技计划立项6个。4名海外高层次人才获得市国际高端人才奖金，推荐入选中央海外高层次人才“千人计划”2人，省海外高层次人才首批“百人计划”9人。

2009年科技成果转化交易会在麓谷圆满举行

五、投资环境不断优化。整合内设机构职能和职责，优化岗位设置，制定出台工作绩效考核与管理办法，进一步提高绩效考核的科学性和准确性。开展“行政效能年”活动，深化政务公开，公开办事项目，实行首问负责制，落实全程代办、限时办结和过错追究制度。深入开展“两帮两促”活动，形成“一个项目一名委领导牵头、一个局室配合、一名专职干部联络”的“1+3”帮促工作模式，实地走访帮扶企业100多家，有效地促进了产业发展和园区项目开工建设。

中联重科现代化的泵车生产线

地址：长沙市河西麓谷大道668号（410205）

湘潭高新技术产业开发区

园区景观

湘潭国家高新区(德国)工业园一角

创新大厦

湘潭高新技术产业开发区成立于1992年，2009年3月18日，经国务院批准晋升为国家级高新区。

近些年来，湘潭高新区坚持“创新引领、特色发展、重点支撑、赶超跨越”的发展思路，成功打造了德国工业园、新材料工业园、火炬创新创业园。科研能力居全国第一的湘电风能、美国《财富》500强企业铁姆肯轴承、全国唯一的风电实验室、国家级风电检测平台等众多知名企业、科研机构纷纷落户湘潭高新区，园区形成了新能源装备制造、机电一体化、新材料等三大产业集群。目前，湘潭国家高新区成为了国家新能源高技术产业基地、国家火炬计划一体化特色产业基地、国家新材料成果转化及产业化示范基地、国家科技兴贸出口创新基地、国家知识产权试点园区、中国产学研合作创新示范基地等。

晋升“国家队”的湘潭高新区，肩负推进高新技术产业化、现代化、国际化的重大历史使命，必将以全新的姿态，屹立于湖南，驰名于世界。

真诚欢迎各级领导、各界朋友来湘潭国家高新区指导！

热切期待更多的国内外有识之士加盟湘潭国家高新区，携手湘潭，共创伟业！

传真：0731-58560284
网址：www.xtctp.com
地址：湘潭市芙蓉路科技大厦（411104）

①
2009.04.29 科技部党组书记、副部长李学勇，省长周强莅临湘潭国家高新区启动暨发展动员大会

②
2009.10.28 国家知识产权局局长田力普（右2）、湖南省人民政府副省长韩永文（左2)为湘潭高新区国家知识产权试点园区揭牌，时任中共湘潭市委书记彭宪法（右1）、市长余爱国（左1）见证揭牌

③
2010.01.14 中共湘潭市委书记陈三新、湘潭市人民政府市长吴奇修共同为百万创业大奖得主颁奖

④
2010.07.31 中共湘潭高新区工委书记肖克和陪同国家发改委调研组在我区调研“两型”建设情况

⑤
2010.04.30 湘潭高新区管委会主任刘硕科（中）与风电产业配套项目代表签约

⑥
省招商引资暨承接产业转移会议代表视察铁姆肯湘电（湖南）轴承有限公司

⑦ 湘电风能产品在福建某风场运转

⑧ 铁姆肯湘电（湖南）轴承有限公司生产的巨型风机轴承

⑨ 光伏企业天利恩泽有限公司无尘操作间

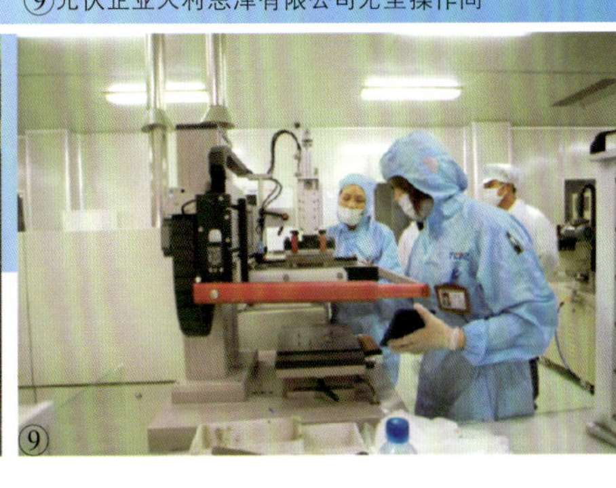

“岳阳创造”正崛起

——岳阳经济技术开发区高新技术产业发展纪事

创业中心被国家科技部认定为“国家高新技术创业服务中心”
承担国家省市科研项目100多项，取得一批重大高新技术成果
已形成特色产业集群5个，拥有高新技术企业27家
创业中心在孵企业68家，已孵化成功毕业企业36家

湖南中科电气股份有限公司生产车间

岳阳经济开发区白象方便面厂火热的生产场景

“十一五”期间，岳阳经济技术开发区紧紧围绕科技创新与高新技术产业化的目标，以大开放为主战略，积极引进国内外科技资源，全力实施国家重大高新技术项目，通过“选商、扶商、育商”，推进了高新技术产业发展，一个“园区创特色、企业争开发、项目求突破、中介强服务”的高新技术产业发展格局基本形成。目前，全区有经认定的高新技术企业27家，2009年实现高新技术产品产值85亿元。

选商。以市场为导向，紧紧围绕装备制造、生物医药、新材料、光伏电子、健康食品等开发区特色产业集群，有选择地引进“不污染、占地少、效益高”的上下游高新技术项目，拉长拉粗产业链条。“十一五”期间，开发区共引进各类高新技术项目35个，完成固定资产投资17.5亿元。如为做大做强开发区电子光伏产业，2008年6月在“沪洽周”上成功引进

2010年6月18日，原全国政协副主席毛致用与商务部副部长傅自应为岳阳经济开发区晋升为国家级开发区揭牌。

2009年12月25日，湖南中科电气股份有限公司在创业板正

桑乐太阳能项目。桑乐太阳能有限公司依托山东省科学院的技术优势，是国内集研究、开发、生产、销售为一体的太阳能大型专业生产厂家。工程全面完成后，年产数字化太阳能热水器100万台，实现产值180000万元。“2009年6月，公司办到了岳阳市第一张临时施工许可证。180天，从开工到试生产，这个时间创造了桑乐太阳能全国在建4个基地中的最快建设速度。”“山东总部对岳阳创造的‘桑乐速度’特别称道，全得益于岳阳市、开发区对项目建设的高度重视和优良的投资环境。”桑乐岳阳筹备处负责人李景超如是说。该项目的建成填补湖南省太阳能热利用产业的空白，对促进开发区产业升级，加快岳阳光伏产业的发展具有十分重要的意义，同时可产生税收5000万元，安排就业3000至6000人，带动太阳能管、包装、物流等相关产业聚集发展。

湖南桑乐数字化太阳能有限公司生产车间

岳阳经济开发区产业兴旺

艾欧史密斯电气产品（岳阳）有限公司生产车间一角

扶商。在引导企业自身增加对科技活动投入和积极提供政策、信息等方面支持的基础上，开发区对区内企业的创新和产业发展给予多种途径的资金扶持。据统计，该区24家高新企业与湖南大学、国防科技大学等17所知名大学和科研院所进行了产学研合作，建立国家级工程技术中心1个，省级4个，拥有博士后（流动）工作站2个。2009年，该区共申报专利和转化科技成果63项，有“道道全”、“中科电气”等20家企业产品获得“中国驰名商标”和“省级名牌产品荣誉”，有筑盛阀门、大陆激光等10家企业成为国家行业标准的制订者，“岳阳创造”正脱颖而出。昌德化工的“环己二醇、二氧化双环戊二烯、环己二醇二缩水甘油醚”等三个产品填补国内市场空白；“双氯醇法处理己内酰胺的轻质油废液新技术研究”项目被列为湖南省省重点项目，“环己烯相转移催化环氧化制备环氧环己烷”工业化项目被列为中小企业创新基金项目，公司目前已授权发明专利5件。

育商。岳阳火炬创业服务中心和留学人员创业园，围绕岳阳市优势产业集群，积极引进上下游企业入孵，催生了一大批高新企业。截止2009年底，创业中心总资产2904万元，其中固定资产2522万元。拥有可自主支配场地面积58157.77平方米，其中孵化器总建筑面积13441.86平方米，含写字楼1栋，标准厂房1栋；加速器总建筑面积44715.91平方米，5栋标准

环保志愿者在行动

5月21日上午，由省委原书记熊清泉、省政协原主席刘夫生带领的省级老领导考察团在市委副书记盛荣华，市委常委、秘书长赖社光，市委常委、组织部长严华，市人大副主任陈国荣等陪同下，来我区考察工业园建设情况。

岳阳经济技术开发区

科美达电气有限公司“电磁产业研发设计中心”项目在岳阳经开区正式启动

岳阳市委书记易炼红（右三）在岳阳经济技术开发区工委第一书记樊进军（右一）和工委书记欧江平（左二）的陪同下考察企业。

岳阳弘森环保纸品有限公司生产车间。

湖南科美达电气有限公司是目前国内综合开发电磁技术最强的高科技企业。2009年6月26日“电磁产业研发设计中心”项目正式在科美达启动启动。

“十一五”期间，岳阳经济技术开发区紧紧围绕科技创新与高新技术产业化的目标，以大开放为主战略，积极引进国内外科技资源，全力实施国家重大高新技术项目，通过“选商、扶商、育商”，推进了高新技术产业发展，一个“园区创特色、企业争开发、项目求突破、中介强服务”的高新技术产业发展格局基本形成。目前，全区有经认定的高新技术企业27家，2009年实现高新技术产品产值85亿元。

选商。以市场为导向，紧紧围绕装备制造、生物医药、新材料、光伏电子、健康食品等开发区特色产业集群，有选择地引进“不污染、占地少、效益高”的上下游高新技术项目，拉长拉粗产业链条。“十一五”期间，开发区共引进各类高新技术项目35个，完成固定资产投资17.5亿元。如为做大做强开发区电子光伏产业，2008年6月在“沪洽周”上成功引进桑乐太阳能项目。桑乐太阳能有限公司依托山东省科学院的技术优势，是国内集研究、开发、生产、销售为一体的太阳能大型专业生产厂家。工程全面完成后，年产数字化太阳能热水器100万台，实现产值180000万元。“2009年6月，公司办到了岳阳市第一张临时施工许可证。180天，从开工到试生产，这个时间创造了桑乐太阳能全国在建4个基地中的最快建设速度。”“山东总部对岳阳创造的‘桑乐速度’特别称道，全得益于岳阳市、开发区对项目建设的高度重视和优良的投资环境。”桑乐岳阳筹备处负责人李景超如是说。该项目的建成填补湖南省太阳能热利用产业的空白，对促进开发区产业升级，加快岳阳光伏产业的发展具有十分重要的意义，同时可产生税收5000万元，安排就业3000至6000人，带动太阳能管、包装、物流等相关产业聚集发展。

扶商。在引导企业自身增加对科技活动投入和积极提供政策、信息等方面支持的基础上，开发区对区内企业的创新和产业发展给予多种途径的资金扶持。据统计，该区24家高新企业与湖南大学、国防科技大学等17所知名大学和科研院所进行了产学研合作，建立国家级工程技术中心1个，省级4个，拥有博士后（流动）工作站2个。2009年，该区共申报专利和转化科技成果63项，有“道道全”、“中科电气”等20家企业产品获得“中国驰名商标 ”和“省级名牌产品荣

地址：岳阳市岳阳大道（414000）

娄底华剑科技园

娄底华剑科技园，是从事生物质能源、城市生活垃圾开发研究的民营科技企业。

公司遵循我国人口多、耗能多、垃圾多、污染多、资源多的国情，以取之不尽，用之不完的农林等有机废弃物、生活垃圾为原料，致力于上规模、上档次、上水平和实惠实于民的科研思路，经过十多年的努力，成功研制出"高温无氧强化干馏热解技术"以及其大型自动化生产设备，可生产生物质中热值燃气（3000—3800大卡）、燃气发电、高热值炭（5000—6000大卡）、高品位柴油四大能源产品。攻克了制约我国历代以来制取生物质能源依靠土窑、铁罐直点焖烧产量低、质量差、不安全、产品单一、污染环境、浪费资源的落后生产方式，仅几分钟，即可完成生物质需经地球亿万年物理演化的天然气、石油和煤炭。实现了生物质气、电、炭、油一气呵成和生活垃圾能源化的规模化、产业化、自动化生产，为我国的能源结构的改革和国家能源安全，做出了重大贡献。

该工艺技术的创新性是整机封闭、高温真空、超长中轴、自动调控。无氧强化干馏是热解的特例，由于没有空气进入，燃气中的可燃成份可达70%以上。主机膛内装有独特设计的中轴，快速转动使生物质在高温中翻滚循环流化裂解，含硫量几乎为0，热效率达98%，是生物质直接燃烧效率的8倍多，比空气气化热效率提高2倍多。同时，公司还研制出了专门用于生物质中热值燃气钢瓶罐装的工艺技术，既提高了燃气的使用和经济效益，也方便了广大城乡用户。"高温无氧强化干馏热解技术"产品不仅产量高、热值高，而且原料适应性很强。能高效洁净包括秸秆、农林废弃物、能物作物、生活垃圾和生活污泥等各种生物质有机物原料。特别是生活垃圾、生活污泥中挥发份可燃成物质含量高，本技术是国内现阶段无害化、能源化处理生活垃圾、污泥的至关技术。本项目技术及设备获得多项国家发明专利，通过了湖南省科技厅鉴定："项目成果技术居国内领先水平"并荣获2008年湖南科技博览会科技创新金奖。

公司研制的生物质无氧强化干馏热解设备，分30、60、120、240型四个机型，可分别日产生物质燃气30万m^3—240万m^3；燃气发电43万度—343万度；生物质炭45吨—360吨；生物柴油5吨—40吨。四种建设规模的机组，可供应几十万至几百万人口的大中小城市的清洁能源，也可设计制造日产几千立方至几万立方燃气的各种小型机组满足县镇村寨居民的需求。

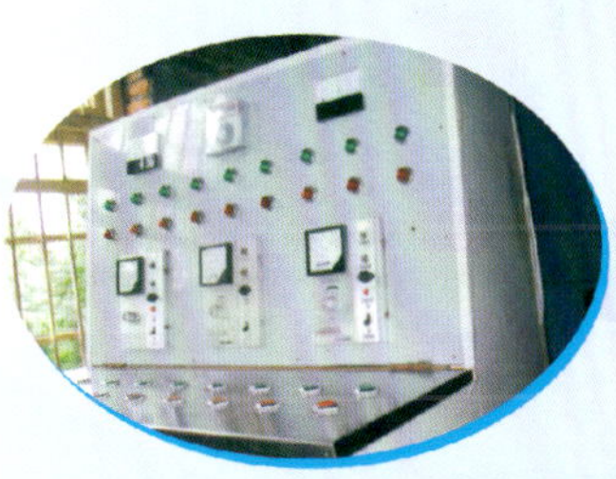

该项目具有显著的经济、社会效益，节能环保。每消耗一吨干基原料（农作物秸秆、农林废弃物、生活垃圾有机物等），可产生燃气1600—2200m^3，炭200公斤、化工原料（木焦油、木醋液，可转化为燃气或柴油）50kg，产值达1260元，形成利润620元以上，销售利润率43.81%，投入产出比1:3。以中型机组60型为例，年耗原料9万吨，年产燃气1.08亿m^3、炭2.7万吨，化工原料4500吨；实现产值1.134亿元，形成利润5580万元；可替代标准煤18万吨，减少CO_2排放46.8万吨，解决就业200人，农民直接增收3000万元，拉动相关产业6000万元。

生物质能源，是国家倡导的清洁、经济、安全、可再生并必将替代日异枯竭的化石能源。本项目的开发与推广应用，对于构建两型社会、保障能源安全、加快新农村建设、推进社会经济和环境可持续发展都具有重大的战略意义。

地址：娄底三圭桥开发区
电话：13973818540 13807381863 13087381896 传真：0738-8522318
邮箱：huajiankejiyuau@163.com 1336136397@qq.com

祁阳县科技局局长朱新德

祁阳县科技局

祁阳县科技局党组书记蒋芬云

祁阳县科技局始建于1958年4月，后几经易名、撤销和恢复，于2002年4月由原县科学技术委员会更名为县科学技术局。2005年成立县知识产权局，2006年成立县地震办公室，与科技局三块牌子一套人员，设4个股室。目前，科技局在职人员16人，退休人员9人。其中局班子成员7人。下设两个党支部，共有党员20名。建有1200平方米的科技信息楼，300平方米的技术市场楼。各项配套设施齐全，能适应现代科技发展的需要。

近年来，祁阳县委、县政府认真实施“科教兴县”战略，创造性地开展工作，出台了《关于加速实施科教兴县战略全面推进科技进步的决定》、《祁阳县促进科技成果转化暂行办法》、《祁阳县“十一五”科技发展规划》、《祁阳县科技发展资金管理办法》（试行）、《推进科技进步建设创新型祁阳的决定》、《祁阳县科学技术奖励办法》、《祁阳县关于促进产学研结合的若干实施意见》、《祁阳县知识产权战略纲要实施方案》、《祁阳县专利资助资金管理办法》等一系列推进科技进步的文件和措施，科技事业有了显著进步，科技对经济社会发展的贡献率2009年达到50%。近三年来，共组织实施各类科技项目95项，其中国家级计划项目2项，省级17项，市级30项，县本级68项。争取上级专项无偿资金1080万元，投入和带动投入资金近3亿元，创产值18.8亿元。取得各类科技成果85项，其中获市以上科技进步奖11项。推广新技术、新品种415项。2009年专利申请量突破100件大关。到目前为止，全县拥有3个省知识产权优势培育工程试点企业，天龙米业、银光粮油两个“中国名牌”，金浩茶油、天龙米业、银光粮油3个“中国驰名商标”，1个农业产业化国家级龙头企业、6个省级龙头企业（这些都名列全省前茅）。2010年10月全省农业产业化工作会议在祁阳县召开。2007年被列为全省知识产权试点县，2009年底顺利通过验收。2008年纳入国家科技富民强县专项行动计划实施县。是全国科普示范县、全国科技进步先进县。2010年1月，县长张常明同志出席在京召开的全国科技奖励大会。

祁阳县委常委、宣传部长陈环玉（左）、科技局局长朱新德（右）在湖南省科力电机有限公司调研。

2010年科技活动周现场活动中。副县长易峥嵘（中）现场指导

科技局局长朱新德（右一）现场察看推广新型稻种种植情况

团结奋进的局领导班子

由县科技局支持，发明人唐新桥经过近20年的潜心钻研，研究出了适合丘陵地区的微型联合收割机，目前已经过各种鉴定程序，正在开发之中。图为2009年在浯溪镇召开的现场演示会。

农村实用科学技术培训课堂

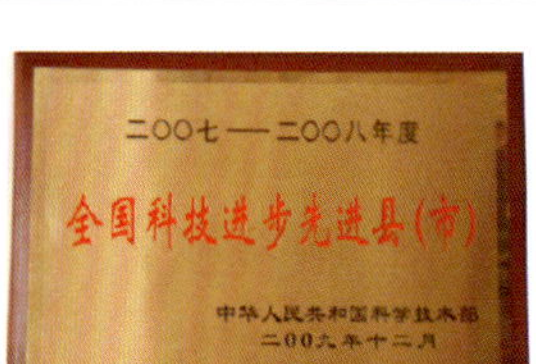

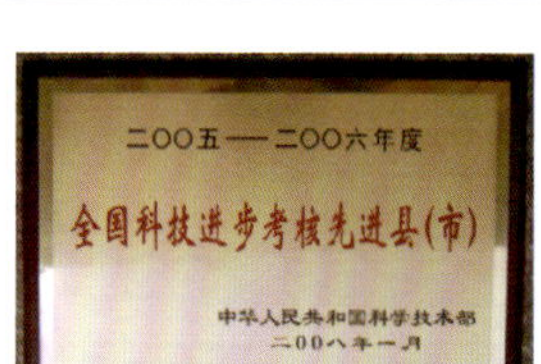

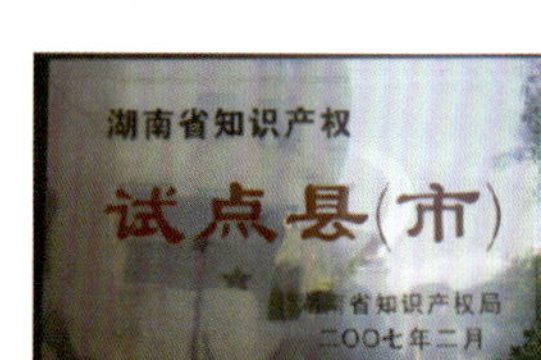

地址：祁阳县浯溪镇民生南路222号（426100）

资兴市科技局

资兴市科技局局长袁理中

创新科技工作 连获四级嘉奖

2009年，资兴市科技工作全面进步，先后获得2007～2008年全国科技进步考核先进市、全省县市区防震减灾工作先进单位、郴州市政府科技创新特别奖、资兴市委市政府推荐记集体二等功等荣誉称号。

以项目为支持，服务企业和项目单位的力度进一步加大。2009年市本级科学技术支出2720万元，财政对科技投入的增幅达到64.05%。完成国家、省、郴州市各类科技计划项目申报25项，争取项目经费100多万元。完成高新技术企业认定4家，实现了全市高新技术企业零的突破。全市高新技术产业产值达31.7988亿元，增幅57.16%。

按照保先创新的要求，认真做好国家科技工作先进县（市）考核迎检工作。2009年4、5月份，全局干部把做好国家科技工作先进县（市）考核迎检工作当作工作的重中之重来抓，对照国家科技工作先进县（市）考核办法将任务分作11块，每块分别明确了工作人员、责任领导和完成时间。在4月底便完成了申报资料初稿，之后进行了多次修改完善，确保顺利通过了国家科技工作先进县（市）考核。

以科技服务“三农”为切入点，认真做好科技特派员工作。全年建立科技特派员示范基地33个，培训农民3.6万人次，发放科普资料9.2万份，推广新技术新品种88个，培植农业龙头企业2家，创办协会、合作社会8个，安置劳动力5.4万人，带动农民人均纯收入增幅达20.6%。

出政策，签协议，扎实推进产学研结合工作。市委市政府出台了《关于加强产学研结合推进科技创新的决定》（资发[2009]10号），在产学研工作投入、建立激励机制上全部以操作性极强的条款明确下来，成为我市近年来出台的实用性最强的一个政策性文件。建立全新的市校合作机制，与湖南大学、湖南农业大学等高等院校、科研院所开展了广泛的合作，取得了很好的工作成效。

召开国家可持续发展先进示范区研讨会

启动了低碳经济园区建设工作。成立了市低碳经济科技示范工作协调领导小组和办公室，积极与湖南大学低碳经济发展课题组合作，将低碳产业园区纳入了全市可持续发展先进示范区建设的重要内容，与湖南大学签订了制订低碳经济产业园区建设规划的协议。

扎实开展防震保安，着手建设地震监测台。在充分论证的基础上，完成了白廊地震监测台的选址工作。目前，白廊地震监测台已进入了测量、施工的初步阶段。

科技部领导、专家考察科技示范项目

积极实施专利战略工作。全年申请专利58件，专利授权7件，专利实施32件，其中工矿企业专利授权4件，增长100%。确定资兴市天然绿色食品有限公司和资兴市金万嘉肉食制品有限公司为专利试点企业。组织2名干部参加省知识产权局举办的第一期专利代理人资格考试培训班学习和专利代理人资格考试。

依靠科技桔农喜获丰收

与湖南农大合作农业产业

地址：郴州资兴市东江中路（423400）传真：0735-3322476

湖南省肿瘤医院

全国百佳医院——湖南省肿瘤医院是一所集医疗、科研、防治为一体的三级甲等肿瘤专科医院。位于长沙市岳麓山西北咸嘉湖畔。始建于1972年，占地158.88亩，建筑面积近15万平方米，省肿瘤防治研究所、省肿瘤防治研究办公室、省抗癌协会均设在院内，是全省肿瘤防治研究的中心。

医院现有编制床位1300张，截止2009年底，在职职工1338人，其中专业技术人员1203人，高级职称329人，设有肿瘤放疗科、肿瘤外科、肿瘤内科、妇瘤科、层流室、ICU、中医科、麻醉科等32个临床科室（其中湖南省重点专科5个）和病理、放诊、药剂、检验、核医学、内镜中心、超声影像科等医技科室。医院拥有一批当代国际先进的仪器设备，如：5台高能医用直线加速器、我省首台目前能早期诊断肿瘤的PET/CT、可调强治疗计划系统(TPS)、放疗专用CT、进口模拟定位机、核磁共振、高档CT、SPECT、后装机、进口1000mAX光机、进口乳腺机、电视胸腹腔镜、电子内镜、高档进口彩色B超机、美国贝克曼全自动生化分析仪等。为提高治疗，医院在巩固完善手术、放疗、化疗、中西医结合等综合治疗的同时，还开展了热疗、冷冻、免疫、栓塞、灌注、止痛、X刀(全省独家)、骨髓移植、自体干细胞移植、肝移植、射频热疗、全身放疗、适形调强放疗、介入治疗、粒子刀、全肝移植、微创手术等先进治疗手段。通过治疗，八大常见肿瘤的五年生存率达到或领先国内先进水平。医院与香港合作，率先在国内开展临床心灵关怀服务及李嘉诚宁养医疗服务，不断提高肿瘤患者生存质量，使晚期癌症患者在生命临终阶段得到适当的照护、安宁及尊严。

湖南省肿瘤医院坚持走科技兴院的道路。作为全省肿瘤防治中心，多个协会、学会均挂靠在医院，有湖南省医学会肿瘤（化疗、放射治疗、妇科肿瘤、中西医结合治疗）4个专业委员会、湖南省肿瘤学专业委员会、湖南省抗癌协会、湖南省放射治疗质量控制中心、湖南省肿瘤化学治疗质量控制中心等；与湖南大学联合成立了癌症防治联合研究中心；与湖南师范大学和国家南方基因组共同开展了联合实验室工作；与法国蒙彼利埃癌症中心结为友好医院；并与欧洲、美洲等多家肿瘤中心建立友好合作关系。

湖南省肿瘤医院建院近四十年来，坚持“以人为本，以病人为中心”的服务理念，做到“病人至上，社会效益第一”，以较低廉的费用为肿瘤患者提供精湛的医疗技术和优质的医疗服务，为促进我省的肿瘤防治事业高水平的发展做出了积极的贡献，综合实力位于全国同级同类医院的前列，受到部、省、厅的各种奖励四十多项，是湖南省卫生厅直属单位首家“三甲医院”；全国28家肿瘤医院中唯一的“全国百佳医院”；还先后被评为全国医院卫生文化建设先进单位；6次蝉联卫生系统先进集体和卫生行业作风建设先进单位；湖南省医疗单位中首家“全国模范职工之家”等。

传真：0731-88651999　医院网站：www.hnzlyy.com

医院电话：0731-88651812（医务部）　0731-88651260（门诊部）

0731-88651900（24小时咨询电话）　0731-88651835（医保办）

湖南省脑科医院

湖南省第二人民医院

THE SECOND PEOPLE'S HOSPITAL OF HUNAN PROVINCE

癫痫诊治中心简介

湖南省脑科医院（省第二人民医院）癫痫诊疗中心是湖南省唯一的由神经内、外科，神经电生理科，精神心理科，神经影像学，小儿科等多学科组成的癫痫病专业治疗中心，以癫痫外科治疗为特色，中心具有一支多年从事癫痫临床及电生理研究的医疗队伍，为癫痫的临床诊断、病因诊断、药物治疗以及难治性癫痫的手术治疗提供了可靠的保证。

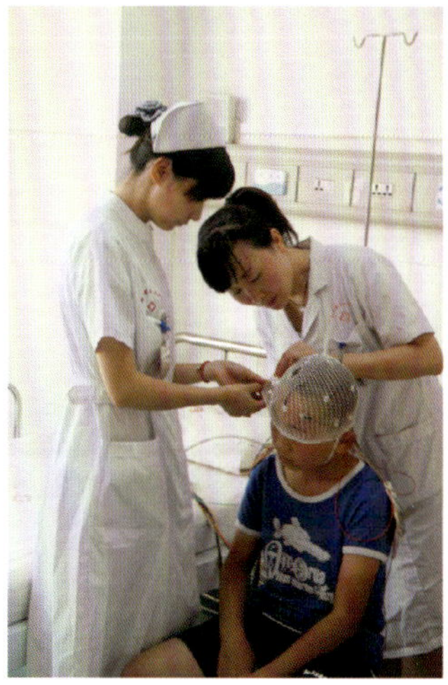
视频脑电监测前准备

中心优势

癫痫外科起步早 湖南省脑科医院（省第二人民医院）功能神经外科是湖南省重点临床学科，2001年开始难治性癫痫的手术治疗，是湖南省最早开展癫痫外科治疗的科室。

治疗病例多 自中心成立以来，已为数千例癫痫患者进行了诊断和治疗，外科手术病例已超过500例，居于中南地区前列。

手术效果好 娴熟的技术与高科技设备有机的结合，使得癫痫的外科治疗达到了前所未有的高峰。效果优良率从初期的60~70%提升到80~90%，颞叶癫痫甚至可达到90%以上。无论治疗例数还是治疗效果都居于省内领先水平。

人才队伍素质高 中心拥有一支由高学历人员组成的专业技术队伍，其中高级职称6人，硕士生导师4人，博士1人，硕士生6人。曾先后在省级以上期刊杂志发表论文10余篇。

设备先进 中心拥有美国Bio-Logic公司生产的先进的128道视频脑电监测系统（俗称癫痫刀），核磁共振成像设备可进行脑成像（MRI）、脑功能成像（fMRI）和磁共振波谱分析（MRS）对脑组织进行化学分析、电子计算机断层扫描仪（CT）、神经内窥镜、神经外科手术显微镜、DSA、细胞刀、立体定向仪等高科技专业设备，并建立了现代化的脑电图监护病房和一流的监护设备。

价格低廉 为了让更多贫困的家庭能够接受治疗，科室及医院将治疗的费用压到了最低，与北京、上海及广州等地相比，治疗费用低近1/3，尤其术前定位检查是他们的1/5~1/10。

中心目标

通过对癫痫病规范化的诊断和治疗，使得更多的癫痫病人免于癫痫发作，回归正常的学习、工作和生活。

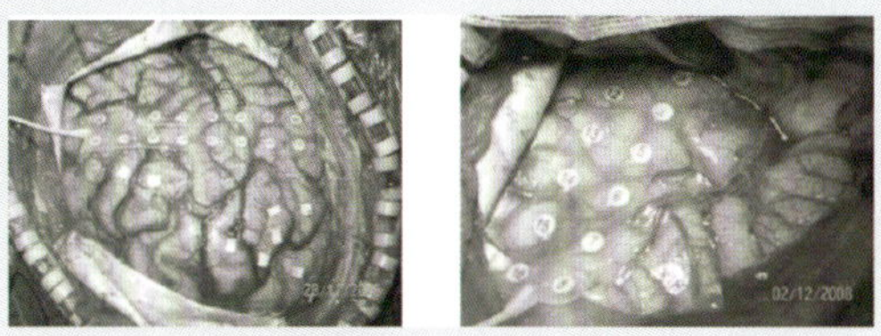
术中皮层电极癫痫灶定位

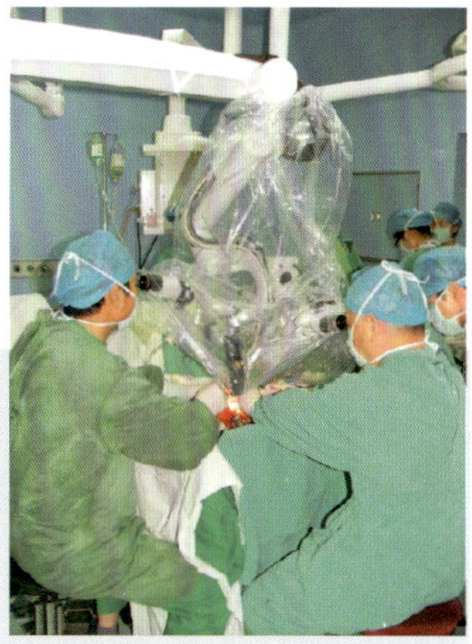
首例癫痫刀手术

癫痫治疗中心主任曾其昌教授

曾其昌，男，湖南省脑科医院（省第二人民医院）癫痫治疗中心主任，湖南中医药大学硕士生导师。1987年7月毕业于南华大学医学院。1998年晋升外科副主任医师，2005年晋升神经外科主任医师。中国抗癫痫协会会员，湖南省医学会神经外科专业委员会委员，湖南省医师协会会员。曾先后在北京宣武医院、北京医科大学第一附属医院、南京军区总医院等进修学习。在省级以上专业杂志发表论文10余篇。

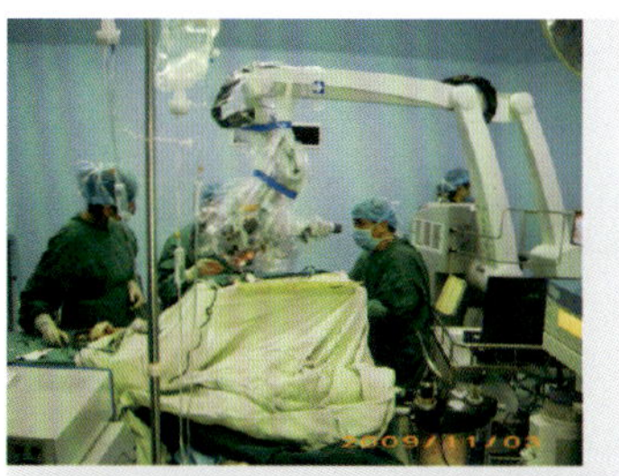
中心主任曾其昌教授正在进行癫痫刀手术

从事外科临床医疗工作20余年来，在脑肿瘤、颅脑外伤、脑血管疾病的诊疗中积累了丰富的临床经验。现专长于功能神经外科疾病的手术治疗，尤其擅长于顽固性癫痫的外科手术，在省内率先开展了术中皮层及深部脑电监测下致痫灶切除、前颞叶切除、选择性杏仁核一海马切除术、胼胝体切开术、低功率皮层下横纤维热灼术、立体定向毁损术及多种手术方式联合治疗顽固性癫痫，完成手术300余例，取得良好的效果。

所带领科室的收治范围：1、各种发作性疾病，需区分是癫痫性还是非癫痫性发作；2、药物难治性癫痫及癫痫持续状态；3、由脑肿瘤、脑外伤、脑炎、脑血管疾病、脑寄生虫病、皮质发育不良等各种原因引起的继发性癫痫；4、儿童癫痫及癫痫综合症；5、各种原因需调整抗癫痫药物者；6、需长程视频脑电监测者。

咨询电话：13875979716 0731－85227069　　地址：长沙市芙蓉中路427号（410007）

中南大学湘雅医院

xiangya hospital central-south university

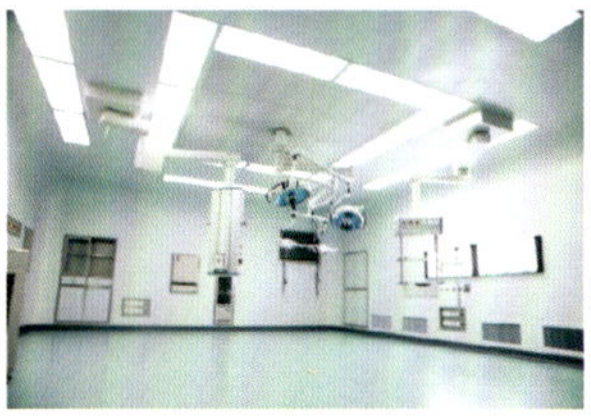

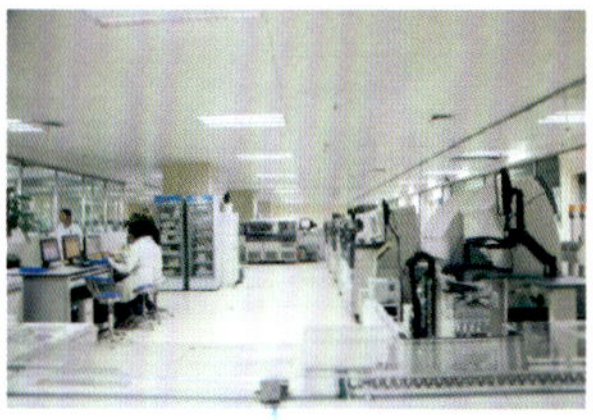

一、现状分析

中南大学湘雅内科住院大楼

“十一五”期间，湘雅医院科研管理部门在学校和医院的正确领导和大力支持下，认真学习实践科学发展观，深刻领会学习实践活动的精髓，与时俱进，抓住机遇，注重科学发展，强化服务意识，尽可能为广大科研人员创造条件，充分调动全院科研人员的积极性，科研工作取得了显著成绩。

（一）建设成就 “十一五”期间，医院共中标各级科研课题总数1060项，总中标经费达9500余万元，其中获国家自然科学基金项目大幅攀升，共中标123项，较“十五”期间增长了98.4%。“十一五”期间全院获国家“863”计划项目课题4项，“973”计划项目课题1项，国家科技重大专项课题3项。同时医院在人才建设方面取得了重大突破，2010年医院陈翔荣获长江学者特聘教授称号，培养湖南省芙蓉学者2人，中南大学升华学者2人，教育部新世纪优秀人才3人，湖南省杰出青年基金获得者2人。引进长江学者讲座教授2人，国家杰青获得者1人。“十一五”期间，医院学科建设再创佳绩，新增耳鼻咽喉科学国家级重点学科和普通外科学国家级重点（培育）学科，校级重点学科发展到8个。医院高度重视科研平台建设，获批国家中医药管理局重点实验室和耳鼻咽喉重大疾病重点实验室2个省部级重点实验室，校、院级科研平台发展到20余个。五年间，医院科技成果硕果累累，2008年医院肖波（以第二完成人）获得国家科技进步二等奖1项；共获省厅级成果奖106项次，其中省科技进步一等奖1项。“十一五”期间医院科研论文产出源源不断，全院共发表统计源论文4308篇，特别是SCI论文发表总数突飞猛进，共258篇，较“十五”期间增长了177%，。

（二）特色与优势 医院领导高度重视科技兴院；百年湘雅具有深厚的文化底蕴；拥有严谨的科研队伍，且具备稳定的研究方向；具有丰富的临床资源和良好的科研氛围。

（三）差距与不足 1.科研支撑条件有待完善。2.竞争国家重大科研项目的能力不强。3.标志性科研成果缺乏。4.领军人才相对缺乏。5.科研管理能力有待加强。

二．机遇与挑战

（一）发展与机遇 21世纪，科学突飞猛进，随着信息网络、生物医学、机械技术的飞速发展，医学研究得到了前所未有的重视和发展。人类更关注人体的健康，全球医学科研的投入不断提高。近几年，我国针对严重影响人类健康和威胁人类生存的常见病、多发病、疑难病，以及传染性疾病等，投入了大量的科研经费。医院的科研工作遇到前所未有的机遇。

（二）面临的挑战 1.来自国际的挑战：通讯的便捷和国际化的趋势使医院拥有与国际同行交流和合作的机会，同时也面临着激烈的竞争。2. 来自兄弟单位的挑战：国内的医学研究，给予科研人员均等的机会。各医疗机构百花齐放，百家争鸣，兄弟单位各有所长，进步飞速。所以科研工作有如逆水行舟，不进则退。3.来自医院内部的挑战：医疗工作的核心地位不可动摇，而且任务繁重，且医院科研队伍普遍特点是身兼多职，心理和身体都承受较大的压力，需要给他们创造一个良好的科研环境，发挥他们的真正潜力。

三．目标与任务

总体目标 在“十二五”期间，我们要把握时机，积极迎接挑战，坚持科学发展，注重自主创新，实现科技强院，着力提升湘雅医院科研核心竞争力。

地址：长沙市开福区芙蓉中路北段 医院总机（TEL）：0731-84328888 夜间值班室：0731-84327324
传真（Fox）：0731-84327332 邮编（Postcode）：410008

中国人民解放军第163医院

解放军第163医院位于古城长沙美丽的浏阳河畔，创建于1940年，占地430亩，展开床位1000张，开设临床医技科室40个，设置专业42个，是一所集医疗、科研、教学为一体的军队综合性二级甲等医院。

新大楼

医疗十佳

护理十佳

专科特色明显

拥有广州军区五个中心，即军区神经外科中心、肿瘤放射治疗中心、耳鼻咽喉头颈外科中心、医学影像诊断介入中心、血管外科专病中心；两个重点学科即心胸外科、老年病科；一些优势学科，如骨伤骨病、创伤急救、甲亢诊治、中医肛肠、心血管介入、微创妇科、血管外科、断指再植等专业学科已经形成了专科特色。医院医疗技术过硬，在省内外乃至全军都有良好的声誉。

专业人才济济

现有专业技术人员723名，其中博士5名，硕士57名，各类中高级专家148名，另有3名专家还被广州军区评为“名医名刀”。医学科研成果丰硕，先后获得医学科研成果奖100余项，其中国家和军队科技进步一等奖2项，二等奖5项。

医疗设备先进

拥有医疗设备近1800台件，总价值达1.8亿元，主要有PET-磁共振、体部伽玛刀、头部伽玛刀、16排CT、DR、CR、大C臂、电子直线加速器、模拟定位机、X-刀、细胞刀、等离子刀、全自动生化分析仪、微粒子发光检测仪、高压氧舱、彩超、全身热疗仪、钬激光治疗仪等现代化的仪器及配套设备。

住院环境优雅

医院确立了创建绿色生态医院的奋斗目标，营区环境优美，绿树成荫，鸟语花香，宜人的环境既可治病又可养身。

2000年以来，医院先后被评为全军医院建设先进单位、全国百姓放心示范医院、湖南省拥政爱民先进单位、湖南省雷锋式医院、湖南省消费者信得过单位、长沙市学雷锋“双十佳”单位、长沙市花园式单位、湖南省新型农村合作医疗定点医院、湖南省城镇职工医疗保险定点医院。2005年，医院成为湖南师范大学第二附属医院。

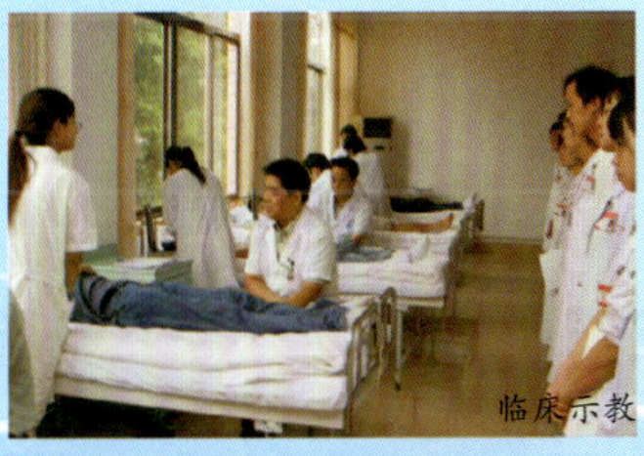
临床示教

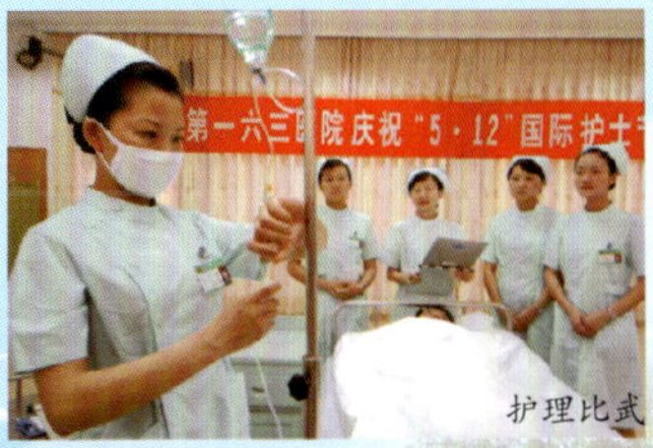

护理比武

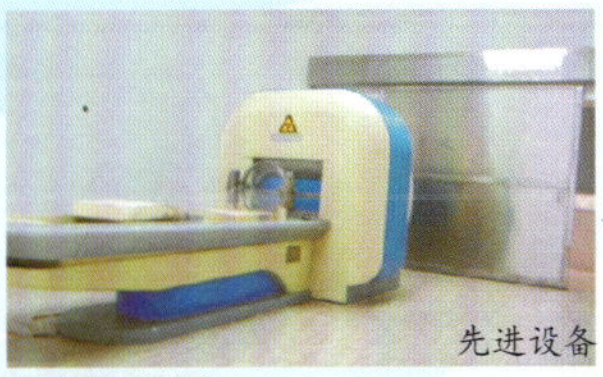
先进设备

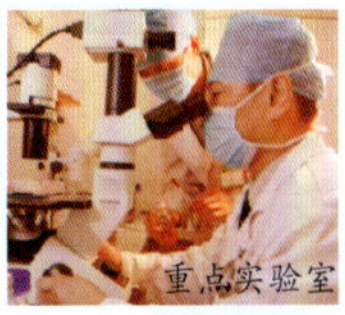
重点实验室

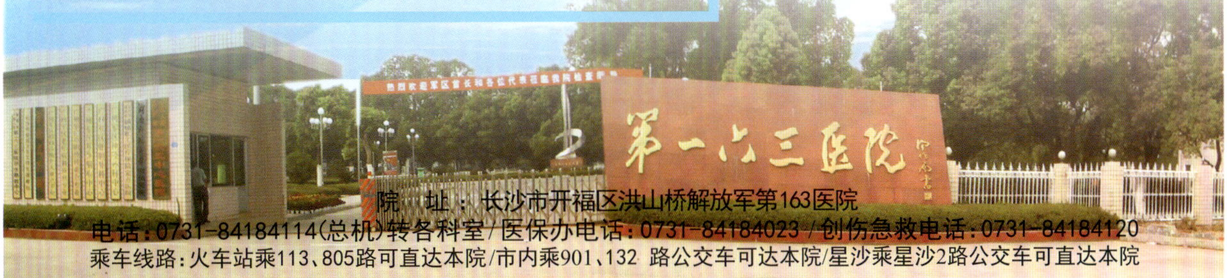

院　址：长沙市开福区洪山桥解放军第163医院
电话：0731-84184114(总机)转各科室/医保办电话：0731-84184023/创伤急救电话：0731-84184120
乘车线路：火车站乘113、805路可直达本院/市内乘901、132 路公交车可达本院/星沙乘星沙2路公交车可达本院

湖南省地质调查院

湖南省资源规划勘测院

是一支集生产、科研于一体、专业性强的地勘队伍，主要承担国家和省基础性、公益性和战略性地质勘查任务，同时参与与地质矿产勘查相关的国家级、省级重大科研项目，为地方经济社会发展和国土资源管理提供强有力的技术支撑。2007年，被国土资源部授予“全国地质勘查行业先进集体”，2009年底，获评全国首批、中南地区首家全国A类地方公益性地质调查队伍。

资质建设过硬 持有区域地质调查、固体矿产勘查、地球物理勘查、地球化学勘查、水文地质、工程地质和环境地质调查、工程勘察专业类岩土工程勘察、测绘、地质灾害勘查与评估等甲级资质，拥有液体矿产勘查、地质灾害治理工程勘查、地质灾害治理工程施工、土地规划等一批乙级资质，具有国家计量认证的基桩检测、岩石、矿物、土壤及水质分析、化验与测试等资质。2004年，通过ISO9001：2000国际质量体系认证。

技术力量雄厚 全院现有在职职工339人，其中具中、高级职称技术人员195人（含教授级高级工程师11人），硕士及以上学历者30多人，本科及大专学历者约200人。

业绩成果显著 湖南省地质调查院——这支被誉为“地质湘军”的精锐之师，发扬地质人“以献身地质事业为荣、以艰苦奋斗为荣、以找矿立功为荣”的“三光荣”精神，艰苦创业，开拓进取，足迹踏遍三湘四水，驰骋疆北大漠雪野，出色地完成了国家级、省级基础地质调查、矿产资源远景调查和评价、水工环地质调查、科研专题、地质灾害预警利用技术等项目300多项，优良率达90%以上；发现了一批以千里山——骑田岭锡铅锌多金属矿为代表的大型和超大型矿床，取得了一大批地质找矿重大成果，曾获原地矿部、国土资源部、湖南省人民政府和湖南省地勘局颁发的重大科技成果奖等100多项，在提高湖南省资源保障与环境保障能力等方面发挥了强有力的技术支撑作用，赢得了社会各界的广泛赞誉。

服务范围广泛 1、从事国家和地方公益性、基础性、战略性地质勘查；2、国土资源勘查、评估、规划及各类数据库建设；3、工程勘察、施工、工程物探、基桩检测、岩土（矿）测试；4、测绘；5、彩色印刷等。

长株潭城市环境地质调查与区划——地下水调查部分-芙蓉区丰泉古井调查

1：25万新疆西昆仑山地质矿产调查

2008年5月，我院地质技术人员在四川地震灾区开展地质灾害调查

资源储量检测

地址：长沙市人民中路72号 / 联系电话：0731-85164315 / 邮箱：hnddy@126.com

湖南省交通建设工程监理有限公司

法人代表：万剑平　　**总经理：许百瑞**

地址：芙蓉中路三段472号

电话：0731-85212566　　传真：0731-85210305

湖南省交通建设工程监理有限公司成立于1993年,主要承担高等级公路、特大型桥梁、隧道工程、机电工程、房建工程的监理和公路工程有关的技术咨询以及交通工程设备研制、生产、销售、安装等业务，同时可接受可行性研究、评估、评审、工程质量检测及材料试验等科技服务。公司技术力量雄厚，专业齐全，有强大的专家技术支持网络及各类高中级专业技术和管理人员，涵盖道桥、隧道、试验检测、交通工程、房建、机电、工民建、造价、环保等各类专业人才。

20多年来，通过投标竞争，公司监理业绩遍布全国二十多个省市，已完成和正在进行的施工监理项目有100多项。公司连续多年被湖南省人民政府评为监理先进单位，2004年、2006年被中国交通建设监理协会评为“优秀监理企业”，2008年被中国建设监理协会评为全国建设工程监理创新发展20周年“先进工程监理企业”；公司参与监理的湘耒、临长项目分别获得全国第四届、第五届“詹天佑土木工程大奖”，监理的上海A5嘉金项目2005年获“上海市市政工程金奖”，参与监理的常张、许平南高速公路项目分别获得2009年度、2008年度中国公路建设行业协会“公路交通工程优质奖”一、二等奖；公司先后多人被评为全国交通系统劳动模范、交通建设监理20周年中国交通建设监理优秀人物、中国建设监理创新发展20周年优秀总监及全国、省优秀（总）监理工程师。

交通部、建设部甲级监理资质

专　业　规　范　·　公　正　严　谨　·　热　情　服　务

湖南省交通科学研究院
HUNAN COMMUNICATIONS RESEARCH INSTITUTE

湖南省交通规划勘察设计院

—— 科技创新人物简介

应邀在第五届全国公路科技创新高层论坛演讲

彭立，男，研究员级高级工程师，国家注册道路工程师，湖南省交通规划勘察设计院总工程师兼博士后科研工作站副主任，同时兼任中国公路学会青年专家委员会委员、湖南省企业技术开发协会副理事长、湖南省公路学会常务理事及交通部工程抢险、国家环境保护总局环境工程评估、湖南省三优工程评选、湖南省科学技术奖励评审、湖南省工程系列高级职称评审等十多个专家委员会专家。个人先后荣获“湖南省青年岗位能手”、“全国青年岗位能手”、“中国公路百名优秀工程师”、“湖南省优秀设计师”、“中国公路学会青年科技奖”、“湖南省青年科技奖”和“交通运输部交通青年科技英才”等称号。

工程未动，设计先行，湖南省继2008年开工18条高速公路后，2009年又有15条高速公路开工建设，一条条高速公路如曳地长龙在三湘四水间纵横，描绘出“六纵九横”的壮美画卷，开启着富民强省的坦道通途。面对繁重的交通基础设施建设任务，彭立同志作为一名长期奋斗在工程建设一线的公路专家，常年奔波于勘察设计最前沿，坚持从没有路的地方走出路来，《中国交通报》、《中国公路网》、《湖南日报》多次对他的先进事迹组织专访进行报道，其博文《路——文化与技术完美结合的梦境》荣获2009年中国科协“首届全国科学博客大赛”最佳博客文章大奖。

在“首届全国科学博客大赛”颁奖典礼上

在野外勘察现场

穿行于南岭山脉的汝城至郴州高速公路地形地质、水文气候条件异常复杂，原工可推荐设置12.2千米长的特长隧道穿越五盖山，该方案因岩溶和地下暗河强烈发育，施工风险大、建设周期长、管理成本高。彭立同志接受方案优化任务后，立即带领设计团队一个月四下郴州，经过反复踏勘、调研，大胆提出使用全长2260米、主跨380米的四塔斜拉桥代替超长隧道，在降低工程造价1.4亿、节约管理成本0.5亿/年的同时，极大地提高了公路的服务社会能力和环境景观效果，修编后的工可报告荣获2008年度“湖南省优秀工程咨询成果一等奖”，2009年度“全国优秀工程咨询成果二等奖”。

凭借高超的专业技术水平和高度的拼搏奉献精神，2009年该同志主持的“常德至张家界高速公路”、“公路桥梁上部结构通用图”和“邵怀高速雪峰山隧道”分享了全国优秀工程设计金质奖、银质奖和全国优秀工程勘察铜质奖；“公路桥梁上部结构通用图”荣获国庆60周年全国“作用显著标准设计项目”大奖，“湖南省常德至张家界高速公路”等四项成果入选“建国六十周年60项公路交通经典工程”；“山东省马站至莱芜高速公路”等八个项目分获了省部级的优秀工程勘察设计奖；此外该同志主持《公路边坡失稳分析及处治技术研究》、《预应力混凝土公路桥梁通用设计图成套技术研究》和《高速公路新型美观防侧翻混凝土护栏的开发研究》分别荣获2009年中国公路学会科学技术一等奖、二等奖和三等奖。上述成果以其领先世界的技术水平，对推动我国交通基础设施建设又好又快发展作出了积极贡献。

人在旅途

地址：长沙市芙蓉北路二段158号/邮编：410008/电话：0731-84367888/网址：www.hnjtsjy.com

中南林业科技大学生物环境科学与技术研究所

木质纤维制取燃料乙醇技术实现国产化

中南林业科技大学生物能源研究团队（中心）是学校优先发展和重点支持的以生物技术为基础、林业生物质能源特别是燃料乙醇开发应用为导向的“跨学科、开放型、国际化”研究平台，与美国佛罗里达大学（University of Florida）生物技术研究中心和生物燃料和化学品研究中心等世界多国的大学和研究机构建立了互利对接的紧密合作关系，拥有世界一流的装备和人才，并与校内外多家高水平实验平台互联共享，具备重大项目成功实施所必需的软硬条件支撑。

团队带头人陈介南博士于1987年秋赴美国佛罗里达大学深造，获得生物工程硕士和环境工程博士，承担过美国能源部、农业部、国家科学基金会的重点课题。2005年，陈介南博士从佛罗里达大学将世界领先的木质纤维制取燃料乙醇技术带回国内，在消化吸收的基础上进行了再创新和国产化，建立了成套的接近产业化的木质纤维制取燃料乙醇技术体系。主要成果包括以下自主创新的核心(关键)技术：

（1）高活性纤维素酶生产技术：以引进里氏木霉RUT C-30作为纤维素酶原始菌株，经过诱变育种，采用二元二次正交旋转组合优化设计，进行液体深层发酵培养，开发出了高活性纤维素酶生产技术，FPA酶活为6.637 IU/ml。

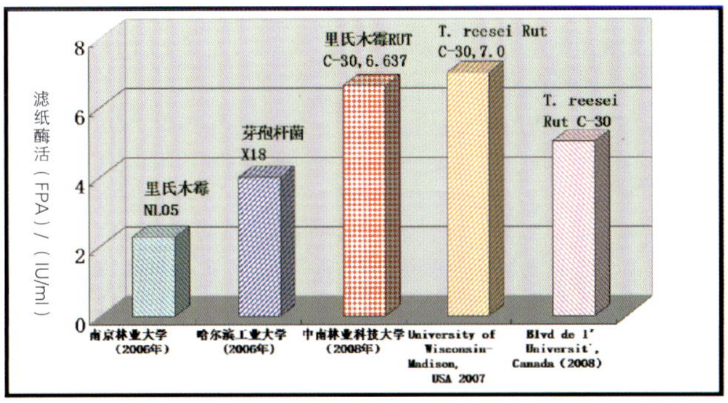

国内外主要纤维素酶活力（滤纸酶活）比较

（2）酶系优化与酶解糖化技术：使用里氏木霉Rut C-30的优良突变株和自主选育的爪哇正青霉ZN-205制备纤维素酶，通过酶系组合优化、酶解糖化条件优化，获得酶系优化与酶解糖化技术，糖的转化率为78.18%。

（3）C6/C5糖共发酵工程菌创制技术：自主选育了高效发酵工程菌—克雷伯氏菌A08，同时自主构建了能进行C6/C5糖共发酵的基因工程菌，并尝试了基因敲除等代谢调控方法,实现了共发酵核心技术的国产化,相关论文在国际生物技术权威刊物《Biotechnology Advances》发表，影响因子为8.25。

（4）同步糖化共发酵工艺技术：采用自主创新的蒸汽爆破多菌种共发酵新工艺技术（MSSCF），克服了单菌种SSCF技术的一些不足，将多个优势发酵菌种组合发酵被同步酶解的蒸汽爆破产物，有效地提高了乙醇含量和木质纤维利用率，乙醇得率为27.6%，为理论得率（34.8%）的79.3%（中试结果为82.2%）。

中南林业科技大学木质纤维（杨木）制取燃料乙醇示范（中试）基地（湖南省常德市）

（5）从原料到产品的系统模式技术：在自主创新的核心(关键)技术基础上，通过实验室小试（5-10升发酵罐）和生产性中试（100-1000升发酵罐）等集成优化与放大试验，获得了优化的工艺流程和参数，所产乙醇浓度稳定在99.5%以上，并在湖南省常德市建立了国产化整装配套的木质纤维制取燃料乙醇模式系统（示范生产线），其系统性能优（纤维素酶活性、酶解/糖化效率、乙醇得率等技术指标均达到国际先进水平），建造和运行成本低（仅相当于国外同类系统的1/10至1/5）、周期短（相对于传统的分步糖化发酵工艺缩短2/5至1/2），有着良好的产业化前景。

团队带头人陈介南教授在基地指导示范生产试验

陈介南教授在指导学生进行原料预处理实验

省科技厅杨治平副厅长一行到基地指导工作

国家林业局科技司杨锋伟处长一行在基地视察

地址：长沙市韶山南路498号（410004）

湖南省蚕桑科学研究所

SERLCULTURAL RESEARCH INSTLTUTE OF HUNAN

湖南省蚕桑科学研究所所长 孟繁利

湖南省蚕桑科学研究所系省农业厅属事业单位，是全省唯一的蚕桑专业性研究所。创办于1941年3月，当时命名为湖南省蚕丝改良场。新中国成立后，改名为湖南省蚕桑试验站。1978年经省编委批准升格更名为湖南省蚕桑科学研究所。现位于长沙市芙蓉区军科路23号（所部）和常德市澧县澧阳镇（示范基地）。共占地面积共24公顷，其中长沙所部3.8公顷，澧县试验示范基地20.2公顷。全所现有干部职工217人，其中在职127人，离退休人员90人，现有专业技术人员49人，其中高级职称17人（正高4人，博士2人、获研究生学历的10人），中级职称9人。有享受政府特殊津贴的专家2人。单位下设机构：办公室、人事科、计财科、科研部、生产部、技术推广科、销售科、蚕种工作站、兰洁蚕业科技有限公司。所内现有科研生产建筑总面积3.15万平方米，生活及配套设施建筑面积1.8万平方米，年冷藏处理蚕种50万张的冷库与保种楼各一栋。拥有固定资产2300万元。

该所主要承担国家及省部级科研课题的研究和项目攻关任务；从事各级蚕种的繁育与新技术推广工作；担负桑、蚕种质资源的收集和保护职责；开展蚕桑诸多领域的技术开发与技术培训、蚕桑副产品综合利用和新产品研发工作；参与蚕种行业管理和标准、法规的制订；为全省蚕业发展提供技术支撑。

桑园一角

特别是20世纪80年代以来，先后承担了国家及省部级科研攻关和学科带头人等项目共55项，曾荣获国家发明奖、科技进步奖等各级科技成果奖共45项次，获国家专利4项，创系列品牌1个。该所在桑、蚕品种选育和生产方面成效显著，通过成果转化与技术推广，据统计到2009年止，累计繁育优良原蚕种53.8万张，一代杂交种735万盒；收集和保护蚕品种资源70多个，桑品种资源270余份。科技实力雄厚，社会效益显著，为湖南乃至全国蚕业的发展发挥了积极作用。

着眼于全省蚕桑产业的壮大和发展，湖南省人民政府办公厅于2001年12月批复："同意所部主体搬迁至长沙市"。同月，湖南省农业厅决定成立省蚕桑科学研究所搬迁协调领导小组。2002年5月，经省计委批准立项。2002年7月省农业厅决定省蚕桑科学研究所与省蚕种工作站合并，实施资产重组。2004年8月，经国家农业部批准在该所新建"国家桑蚕改良中心长沙分中心"，该工程于2006年竣工并交付使用；2007年该所成为公益性行业（农业）科研专项资助单位；2008年该所被农业部确定为国家蚕桑产业技术体系长沙综合试验站依托单位。这标志着湖南蚕业科技创新已跻身于国家级序列。

重点实验室

面临新世纪的机遇和挑战，全所将在省农业厅党组的正确领导下，进一步解放思想，求真务实，充分利用地缘、人才、资源和农业高科技园区的信息、技术等优势，与时俱进，开拓创新。面向全省蚕桑生产实际，致力于蚕桑科研、技术推广、蚕种生产、科技培训、蚕业副产品加工和综合利用以及新功能研发等各项体系建设，注重自主知识产权的系列产品开发，着力提高科研成果的转化率。按照既定的发展目标：以科研生产为主体，拓展蚕业技术推广空间，打造"兰洁"系列品牌，形成"一体两翼"新型发展格局。深化改革，务实进取，服务"三农"，深入实践科学发展观，为湖南蚕业的发展和壮大做出新的贡献。

地址：长沙市芙蓉区军科路23号（410127）

湖南省电力公司试验研究院

编者注：

湖南地处长江中下游，东西南三面环山，北面为洞庭湖，呈马蹄形，这种地形使得湖南极易在冬季形成覆冰。据统计，湖南地区自建国以来发生了4次特别严重冰冻灾害，轻微冰冻几乎年年都有。2008年的冰灾，造成湖南电网500千伏线路倒塔182基，220千伏线路倒塔633基，大量的低压线路倒塔、倒杆，湖南电网直接财产损失数十亿元，由于冰灾，造成了郴州、衡阳发生大面积停电数日，因灾停电对人民的生产生活造成了严重影响。

2008年冰灾以后，在国家科技部科技支撑计划项目及国家电网公司重点科研项目的支持下，湖南省电力公司试验研究院开展了系列的防冰减灾关键技术研究，其中最具代表性的为输电线路新型交直流融冰技术。

图1　可调电容串联补偿交流融冰装置

1、220kV输电线路交流融冰技术研究

传统的交流融冰技术存在倒闸操作多、负荷转移困难、运行方式难以安排等不足。项目首次提出了电容串联补偿式交流融冰方法,分析了串联电容融冰对电网的影响,提出了采用多组电容单元串并联的方法实现容抗逐级可调,得出了交流融冰实施策略,开发了交流融冰辅助决策系统,研制了世界首台可调电容串联补偿交流融冰装置，满足0～40km不同长度的输电线路融冰要求，装置在220kV集里变电站完成了现场试验,为应对大范围冰灾提供了一种有效技术手段。

图2　固定式直流融冰装置

图3　移动式直流融冰装置

2、220kV输电线路直流融冰技术研究

项目建立了杆塔力学仿真模型，结合仿真计算首次提出了安全的融冰策略。建立了导线发热计算模型，确定了融冰电流范围。首次提出了“固定式”与“移动式”相结合的融冰方式，可满足湖南电网97%的线路融冰需求。研制了移动式和固定式直流融冰装置，解决了同塔双回感应电压引起的无法整流、整流过程中谐波超标等技术难题。装置于2009年2月在国内首次完成了同塔双回输电线路的实际直流融冰工作。

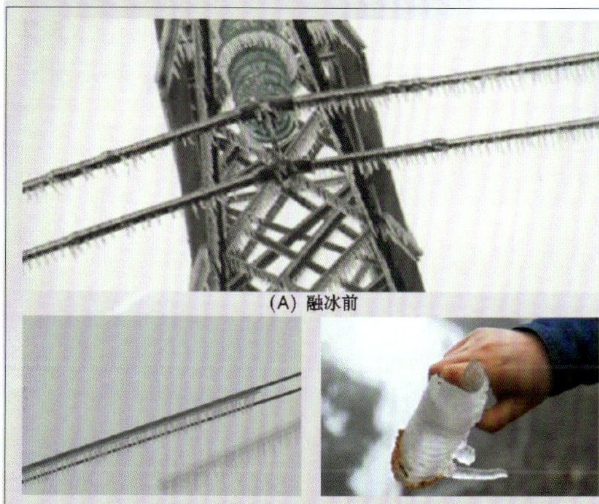

(A) 融冰前

(B) 融冰过程中抓拍　(C) 融冰完成后从导线上掉落的冰块

图4　同塔双回田上线直流融冰

3、500kV输电线路直流融冰技术研究

国内外500kV直流融冰装置融冰电流大、容量大、发热冷却控制系统复杂、造价高、占地多。项目采用12脉波变压器巧妙的抵消5、7次谐波，原边谐波小、发热下降，从而可用二极管整流代替可控硅整流，结合发热计算，优化装置风路，以风冷代替水冷，控制简单，维护方便，造价下降。采用均流设计，并联整流桥电流差小于5%，可以取消平衡电抗器，保证并联安全运行。装置采用大电流组合刀闸，实现了自动切换融冰方式，避免了手工接线。装置于2009年12月成功完成了现场安装，并成功升流至4000安。装置体积小、占地少（不足200平方米）、造价低（整个装置费用及工程造价在2000万元以内）、使用简单、运行维护方便、寿命长，十分适合现场人员使用。

图5　云田变电站500kV输电线路直流融冰装置

联系地址：长沙市东塘水电街79号　湖南省电力公司试验研究院
邮编：410007 联系人：张红先 联系电话：0731-85605362 Email：babyzhx1@163.com

湖南省柑桔无病毒良种繁育中心

办公楼

湖南省柑桔无病毒良种繁育中心是农业部、省、地方三级联合投资建设的省级无病毒柑桔良种繁育中心，承担着全省无病毒柑桔良种的引进、保存、繁育、试验和推广等科研性、公益性任务。该中心坐落在美丽的柘溪库区，距柘溪大坝4公里，三面环水，防疫隔离条件极佳。中心占地总面积1500亩，防疫森林面积1100亩，森林覆盖率74%，科研生产建设用地400亩，系由“三圃三园”及配套设施组成。1987年经农业部立项，1992年建成，2006年由农业部投资扩改提升。是目前国内功能完善、技术先进、环境条件最佳的柑桔无病毒繁育中心。由于中心对柑桔产业的持续健康快速发展做出了突出贡献，被评为2006年度安化县文明单位、2007年度益阳市文明单位、2008-2009年度益阳市文明标兵、2008年度湖南省文明单位。

一、基础设施建设初具规模

1、优越的自然条件为柑桔无病毒原种保存、繁育创造了极好条件。中心位于柘溪库区三面环水，背靠高山，生态环境良好，自然隔离条件极佳。项目区域属中亚热带季风湿润型气候，四季分明，温暖湿润，雨量充沛；内部山泉水充足，水质良好，无任何污染；由于柘溪库区大水体的作用，小气候效应明显，是最理想的无病毒柑桔良种保存和繁育基地。

2、基础设施进一步扎实。经过多年的努力建设，现建有柑桔无病毒种质资源圃20亩、无病毒采穗圃20亩、无病毒苗圃50亩、砧木种子母本园30亩、新品种试验园30亩、展示园250亩。现有钢架大棚3万平方米，其中单栋防虫网室1.6万平方米、连栋防虫覆膜网室7200平方米、连栋防虫网室6400平方米、控温覆膜大棚640平方米，病毒病检测室100平方米。基地实行全程电脑网络监控生产，实现了柑桔无病毒原种保存、接穗生产、种苗繁育等设施现代化、技术操作规范化、生产管理科学化、达到了国内柑桔无病毒良种繁育的先进水平，得到了工程院院士邓秀新、中柑所资深柑桔研究员赵学源等专家的肯定和省委书记周强、副省长徐明华等领导的高度评价。

二、科研生产成绩突出

20多年来，中心严格按照柑桔无病毒苗木生产操作技术规程，生产无病毒种苗和接穗，先后推广柑桔良种98个，为全省各二级苗圃和生产单位以及广东、广西、湖北、江西、四川、重庆等10省市提供无病毒柑桔种苗1000多万株、无病毒接穗3.2万公斤，同时中心一直致力于柑桔良种的引进、保存、试验、推广和技术总结等科研工作，并取得了重大突破。为我省乃至全国柑桔产业的高效健康快速发展做出了较大的贡献，为促进我国柑桔无病毒良种繁育体系建设的健康可持续发展起到了重要作用。

1、柑桔良种引进、保存、试验、推广效果显著。自中心成立以来，先后从国内外引进无病毒柑桔良种257个，其中网室中保存的原种119个。选育柑桔新品种10个，"安化红"蜜柑于2004年11月通过省级专家审定，2005年3月登记注册，编号XPD009-2005。并颁发了优质果品证书，成为中心无病毒柑桔良种繁殖科研的拳头产品。2002年成为国家"948"柑桔引种项目新品种资源保存和繁育基地，该项目从国外共引进柑桔优良品种40个，全套存放该中心。通过几年来的观测、对比和试验，已筛选出诺瓦、天草、纽荷尔新系、福本、秋辉等6个品种，适宜在我省推广发展。纽荷尔脐橙、朋娜脐橙、兴津等品种多次获部、省优质水果评比金、银奖。"秋辉"、"天草"、"诺瓦桔柚"、"埃及糖橙"、"艳阳柑"、"福本脐橙"等十八个品种获农业部柑桔苗木及质量监督检验测试中心优质果品证书，并通过省级品种审定和登记。"柑桔无病毒良种繁育体系建设及技术研究"于1993年获省农业厅科技进步一等奖，1994年获省级科技进步一等奖。2009年8月，引进品种"日南1号"、"地中海桔"、"宫本"、"糖橙"等，通过省级品种审定登记，并于2010年1月，该"柑桔优异种质创新及特色品种选育与推广"项目研究，获省科技厅科技进步奖一等奖。

2、种苗繁育、接穗生产技术研究有很多突破。

中心成立以来，一直致力于柑桔无病毒种苗繁育、接穗生产等方面的技术研究，并取得了突出成绩。该中心严格按照无病毒苗木标准化操作技术规程，生产柑桔无病毒容器苗和无病毒接穗，能确保品种纯正，质量达到国家标准。每年能出圃柑桔无病毒容器苗50万株，无病毒接穗200万枝。由该中心主持的"优质高效柑桔无病毒良种接穗生产技术研究"，达到了速成、安全、高效、优质的目的，有效解决了困扰我国无病毒柑桔采穗圃使用限期的难题，使无病毒柑桔繁育体系得到了进一步的完善，达到世界先进水平。《速成高效无病毒柑桔良种采穗圃试验研究》一文在国家级期刊《中国南方果树》2001年第6期上发表，并于2008年7月获得"益阳市科学技术进步奖"一等奖；由该中心撰写的《诺瓦桔柚在湖南安化引种栽培试验》在《中国南方果树》2006年第2期上发表，《湖南省柑桔无病毒良种繁育中心"三圃三园"建设实践与探讨》一文在国家级刊物《中国南方果树》2008年第3期上发表，还有《柘溪库区柑桔无公害栽培生态环境效益研究》在省级刊物《湖南省农业科学》2010年第5期上发表，等等这一系列论文的发表充分说明该中心的科研实力在不断增强。2010年7月，柑桔无病毒良种繁育体系建设系统化生产技术研究，获得益阳市科技进步奖二等奖。

原种圃

速效采穗树

现在推广的主要品种有：日南一号、兴津早熟蜜柑、大浦、宫本、安化红蜜柑、南柑20号，南丰蜜桔(杨小2—6)、椪柑260、新生系3号、椪柑8306、太田椪柑，糖橙、纽荷尔脐橙，天草桔橙、诺瓦桔橙、秋辉桔橙等。2005年从国外引进国际领先品种克里曼丁系列品种14个，现正在进行大规模区试试验，有望在近年向社会全面推广。

原种母本树

苗木

地　址：湖南省益阳市安化县柘溪镇沙湾（413508）　邮箱：y2x6837@126.com
联系人：黄再安　主任、农艺师　　　联系方式：13873706065
　　　　杨志新　副主任、农艺师　　联系方式：13762706837

株洲新通铁路装备有限公司

ZHUZHOU INNOTRAN RAILWAY EQUIPMENT CO.,LTD.

株洲市市委副书记、市长王群（中）视察株洲新通

新通公司第五届员工技术表演赛

株洲新通铁路装备有限公司位于我国京广、浙赣、湘黔三大铁路干线交汇枢纽株洲市，是国内第一家专门从事铁路工程机械、铁路长大货物车和冶金工矿车辆等设计、生产、维修的股份制企业。

铁路长大货物车主要有D10型90t、D15型150t、D28型280t及D32型320t凹底平车；DK23型230t、D26B型290t及360t落下孔车。

冶金工矿车辆主要有550t钢锭平车、TS65型铁水车、TS120型铁水车、TS320型鱼雷式铁水车、KF60矿石漏斗车。

铁路工程机械主要有CPG500型无缝线路长轨条铺轨机组和PJ165型架桥机、PJ32型铺轨机、无缝线路快速换轨作业车、钢轨运输车、平碴车等。

公司奉行“以人为本，不断创新”的企业管理理念，“生产一代、研制一代、预研一代”的技术开发要求。公司与铁道部铁道科学研究院、青岛四方车辆研究所、西南交通大学、同济大学、中南大学、北京交通大学等科研院所及高校建立了稳定友好的科研与合作关系，研发能力得到了进一步的加强。

公司是国家级高新技术企业、湖南省制造业信息化示范企业、知识产权优势培育企业、利用信息技术改造和提升传统产业试点单位、第一批“小巨人”计划企业等；公司技术中心是湖南省认定企业技术中心；产品CPG500型高速铁路无缝线路长轨条铺轨机组被科技部列入国家火炬计划项目，该机组是世界第一台铺设500m长钢轨的铺轨机组，为我国铁路建设做出了贡献；产品TS320型鱼雷式铁水车于2007年获国家重点新产品证书；同时CPG500型高速铁路无缝线路长轨条铺轨机组、TS320型鱼雷式铁水车获省2010年第一批认定自主创新产品。

2010年度，公司与南车长江车辆有限公司合作研制了澳大利亚FMG公司的钢轨运输车组和平碴车。钢轨运输车组适用于澳大利亚铁路线路运输，一次可以运输40根350米长钢轨，具有装载、存贮、运输、卸载钢轨等功能。平碴车主要是在澳大利亚铁路线路上进行平碴作业，该车能双向作业，即进行推进和倒退均可将道碴由中心迅速均匀向轨道两边推送，具有方便快捷、结构简单、能耗较低、稳定性好的优点。

公司已申请39项专利，其中发明专利12项，外观设计专利1项。已授权12项，其中发明专利4项。专利覆盖了公司的三大系列产品，专利转化实施率达100%。2010年共申请专利14项，其中发明专利2项，外观设计1项，实现了专利申请量以30%的速度递增的目标，充分体现了公司的创新能力和研发能力。

2011年公司将根据国内外形式自主研发新产品，其中包括配碴整型车、公铁两用走行机构等产品。在未来的“十二五”规划中，公司将不断推行企业机制创新、管理创新、技术创新，瞄准世界先进技术，致力打造出我国铁路装备知名品牌企业，与国家的铁路建设一起成长。

公司地址：湖南省株洲市荷塘区宋家桥（412003）
联系电话：0731-28403169　传真：0731-28403169

90T凹底平车

320T凹底平车

290T落下孔车

DK23落下孔车

CPG500型铺轨机组

FMG平碴车

FMG钢轨运输车

TS65型铁水车

550T钢锭平车

TS320型鱼雷式铁水车

快速换轨作业车

PJ165型架桥机组

PJ32型铺轨机组

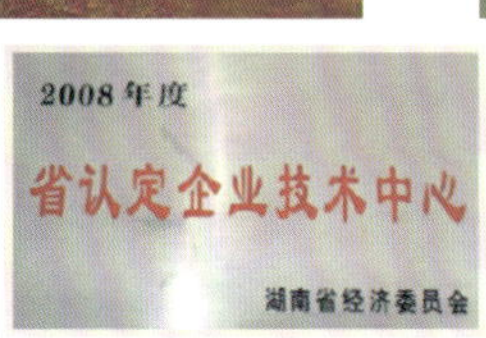

第四篇

科技奖励

湖南省荣获 2009 年国家科学技术奖励项目

国家科学技术发明奖

二等奖(3 项)

1、F-239-2-01 涂料工业清洁生产工艺和方法

完成人员:曾光明、单文伟、汤琳、牛承岗、肖汉宁、李小明

2、F-252-2-02 精度优于±5″的自动陀螺定向与亚毫米级精度机器人位移监测技术

完成人员:张学庄、王爱公、张驰、朱建军、简务人、朱陶业

(另由中国人民解放军国防科学技术大学获国家科学技术发明奖二等奖 1 项、属军口保密项目)

国家科学技术进步奖

一等奖(3 项)

1、J-223-1-01 膨胀土地区公路建设成套技术

完成单位:长沙理工大学、水利部交通部电力工业部南京水利科学研究院、中交第二公路勘察设计研究院有限公司、云南省公路科学技术研究所、广西壮族自治区交通基建管理局、中国科学院武汉岩土力学研究所、河海大学、广西壮族自治区交通规划勘察设计研究院、湖南省交通规划勘察设计院

完成人员:郑健龙、杨和平、程平、章为民、张世俊、张锐、吴万平、王年香、梁军林、马绍昆、刘龙武、姚海林、杨守华、韦秉旭、王保田

2、J-213-1-01 石脑油催化重整成套技术的开发与应用

完成单位:中国石化集团洛阳石油化工工程公司、中国石油化工股份有限公司石油化工科学研究院、中国石油化工股份有限公司洛阳分公司、中国石化扬子石油化工有限公司、湖南建长石化股份有限公司、中国石油化工股份有限公司镇海炼化分公司

完成人员:马爱增、徐又春、赵振辉、王净依、杨宝贵、潘锦程、许浩洋、孙敏杰、周立进、李彬、郭劲鹤、师峰、任坚强、刘贵平、阎遂宁

(另由中国人民解放军国防科学技术大学获国家科学技术进步奖一等奖 1 项,属军口保密项目)

二等奖(24 项)

1、J-201-2-05 籼型系列优质香稻品种选育及应用

完成单位:湖南水稻研究所、中国水稻研究所、湖南金健米业股份有限公司

完成人员:胡培松、赵正洪、黄发松、唐绍清、龚超热、王建龙、周斌、罗炬、曾翔、段传嘉

2、J-201-2-07 油菜化学杀雄强优势杂种选育和推广

完成单位：湖南农业大学

完成人员：官春云、王国槐、陈社员、李栒、刘忠松、官梅、张琼瑛、刘宝林、田森林、康国章

3、J-202-2-04 油茶雄性不育杂交新品种选育及高效栽培技术和示范

完成单位：湖南省林业科学院、浏阳市林业局、浏阳市沙市镇林业管理服务站

完成人员：陈永忠、杨小胡、彭邵锋、柏方敏、粟粒果、王湘南、王瑞、欧日明、李党训、喻科武

4、J-220-2-03 大规模网络安全监控数据库系统

完成单位：中国人民解放军国防科学技术大学、国家计算机网络应急技术处理协调中心

完成人员：邹鹏、贾焰；杨树强、吴泉源、童晓民、刘欣然、韩伟红、舒敏、李爱平、周斌

5、J-220-2-09 大型水电站泵站高效运行优化控制与成套自动化装置及其工程应用

完成单位：湖南大学、北京四方利水自动化设备有限公司、湘电集团有限公司、株洲变流技术国家工程研究中心有限公司、湖南工业大学

完成人员：王耀南、黄守道、李庆国、李孟秋、张昌凡、王辉、袁小芳、吴亮红、袁石良、李春林

6、J-221-2-04 高层混合结构体系的关键技术及应用

完成单位：湖南大学、清华大学、湖南省建筑设计院、中机国际工程设计研究院、湖南省建筑工程集团总公司、湖南省第六工程有限公司

完成人员：何益斌、沈蒲生、舒兴平、王元清、张友亮、周海兵、杨晓、吴方伯、唐昌辉、石永久

7、J-234-2-08 中药超微粉体关键技术的研究及产业化

完成单位：湖南省中医药研究院、湖南春光九汇现代中药有限公司、湖南中医药大学

完成人员：蔡光先、杨永华、张水寒、黄江波、杨瑛、唐正平、王实强、秦裕辉、王宇红、李跃辉

8、J-251-2-12 南方蔬菜生产清洁化关键技术研究与应用

完成单位：湖南省植物保护研究所、中国农业科学院蔬菜花卉研究所、中国农业科学院植物保护研究所、中国农业大学、山东农业大学、农业部农药检定所

完成人员：刘勇、张友军、张德咏、谢丙炎、罗礼智、彭德良、刘西莉、张修国、姜辉、张战泓

9、J-211-2-01 商品包装、储运安全关键技术研究与应用

完成单位：湖南出入境检验检疫局检验检疫技术中心、中国农业大学、天津市检验检疫科学技术研究院、浙江大学、天津市华明集团公司

完成人员：王利兵、罗云波、胥传来、李宁涛、陈健初、冯智劼、王晓兵、黄志强、于艳军、黄昆仑

10、J-233-2-09　人类辅助生殖和精子库的关键技术及其在生殖健康中的应用

完成单位：中南大学、北京大学

完成人员：卢光琇、乔杰、李蓉、范立青、林戈、王丽娜、肖红梅、郑晓瑛、谭跃球、刘平

11、J-230-2-02　中国优秀运动员运动训练的生理生化监控理论与方法

完成单位：国家体育总局体育科学研究所、北京体育大学、北京市体育科学研究所、江苏省体育科学研究所、湖南省体育科学研究所

完成人员：冯连世、冯美云、冯炜权、盛蕾、周志宏、张漓、洪平、邱俊强、武桂新、刘建红

12、J-211-2-02　粮食保质干燥与储运减损增效技术开发

完成单位：武汉工业学院、江苏牧羊集团有限公司、国家粮食储备局郑州科学研究设计院、国家粮食储备局成都粮食储藏科学研究所、中国农业大学、湖南金健米业股份有限公司

完成人员：刘启觉、王继焕、范天铭、张明学、高峰、王双林、李栋、周坚、李杰、肖勋伟

13、J-223-2-03　公路在用桥梁检测评定与维修加固成套技术

完成单位：交通部公路科学研究所、长沙理工大学、长安大学、东南大学、重庆交通大学、江西省公路管理局、广东省公路管理局

完成人员：张劲泉、李万恒、周建庭、徐岳、任红伟、何玉珊、叶见曙、张建仁、周志祥、宿健

14、J-201-2-09　中国农作物种质资源本底多样性和技术指标体系及应用

完成单位：中国农业科学院作物科学研究所、中国农业科学院茶叶研究所、中国农业科学院蔬菜花卉研究所、中国农业科学院草原研究所、中国农业科学院油料作物研究所、中国农业科学院麻类研究所、中国农业科学院果树研究所

完成人员：刘旭、曹永生、董玉琛、江用文、李锡香、王述民、郑殿生、朱德蔚、方嘉禾、卢新雄

15、J-251-2-08　南方红壤区旱地的肥力演变、调控技术及产品应用

完成单位：中国农业科学院农业环境与可持续发展研究所、湖南省土壤肥料研究所、中国农业科学院农业资源与农业区划研究所、江西省农业科学院土壤肥料与资源环境研究所、广西壮族自治区农业科学院、广东省农业科学院土壤肥料研究所

完成人员：曾希柏、罗尊长、徐明岗、刘光荣、杨少海、谭宏伟、高菊生、白玲玉、李菊梅、周志成

16、J-215-2-04　化学镀镍动态控制技术与应用

完成单位：上海交通大学、湖南科力远新能源股份有限公司

完成人员：胡文彬、钟发平、刘磊、汤义武、沈彬、仵亚婷、邓意达、甘雪萍、刘新宽、唐砾

17、J-239-2-01　含硫含碱废液过程减排新技术及在化工行业中应用

完成单位：华东理工大学、中国石化集团资产经营管理有限公司巴陵石化分公司、中国石油化工股份公司镇海炼化分公司、中国石油天然气股份有限公司克拉玛依石化分公司

完成人员：汪华林、黎树根、钱卓群、胡江青、白志山、杜海波、张明会、刘成军、唐新华、瞿滨

18、J-222-2-02　高坝工程泄洪消能新技术的开发与应用

完成单位：四川大学、中国水利水电科学研究院、中国水电顾问集团成都勘测设计研究院、河海大学、长江水利委员会长江科学院、二滩水电开发有限责任公司、中国水电顾问集团中南勘测设计研究院

完成人员：许唯临、刘之平、肖白云、吴建华、王仁坤、张东、陈五一、杨永全、杨文俊、槐文信

19、J-254-2-02　列车过桥动力相互作用理论、安全评估技术及工程应用

完成单位：西南交通大学、北京交通大学、中国铁道科学研究院、中南大学

完成人员：翟婉明、郑健、夏禾、高芒芒、蔡成标、李小珍、郭向荣、张楠、王开云、柯在田

20、J-212-2-01　凝胶纺高强高模聚乙烯纤维及其连续无纬布的制备技术、产业化及应用开发

完成单位：东华大学、宁波大成新材料股份有限公司、湖南中泰特种装备有限责任公司、中纺投资发展股份有限公司、中国人民解放军总后勤部军需装备研究所

完成人员：杨年慈、吴志泉、陈成泗、刘兆峰、黄献聪、冯向阳、周宏、胡祖明、高波、王依民

21、J-252-2-07　磷化工全废料自胶凝充填采矿技术

完成单位：贵州开磷(集团)有限责任公司、中南大学

完成人员：李夕兵、屈庆麟、赵国彦、姚金蕊、王新民、杜绍伦、刘志祥、李文成、周子龙、蹇明星

22、J-213-2-04　环己酮氨肟化路线己内酰胺生产工艺成套技术

完成单位：中国石油化工股份有限公司石油化工科学研究院、中国石油化工股份有限公司巴陵分公司、湖南百利工程科技有限公司、湘潭大学、中国石化工程建设公司

完成人员：朱泽华、吴巍、程立泉、孙斌、罗和安、张德明、刘小秦、付锦晖、瞿亚平、杨立新

23、J-221-2-07　钢管混凝土拱桥建设成套技术

完成单位：重庆交通大学、湖南省交通规划勘察设计院、四川省交通厅公路规划勘察设计研究院、福州大学、招商局重庆交通科研设计院有限公司、长沙理工大学、广西壮族自治区公路桥梁工程总公司

完成人员：陈明宪、顾安邦、胡建华、向中富、李瑜、蒋劲松、陈宝春、唐光武、颜东煌、张永水

(另由中国人民解放军国防科学技术大学获国家科学技术进步奖二等奖 1 项(参与)，属军口保密项目)

湖南省人民政府关于 2009 年度湖南省科学技术奖励的决定

湘政函[2009]254 号

为实施科教兴湘，建设创新型湖南战略，发展我省科学技术事业，促进经济社会发展，根据《湖南省科学技术奖励办法》规定，经省科学技术奖励评审委员会评审，省科学技术奖励委员会审定，省人民政府决定授予刘友梅院士、俞汝勤院士 2009 年度湖南省科学技术杰出贡献奖，授予肖岩(美国)、海顿·罗伯特(美国)2009 年度湖南省国际科学技术合作奖，授予"新一代内燃机车微机网络控制系统"等 13 项成果湖南省科技进步奖一等奖、"大吨位轮式起重机关键技术研究与应用"等 54 项成果湖南省科技进步奖二等奖、"新型三梁铝电解多功能机组研制" 等 104 项成果湖南省科技进步奖三等奖。

希望受到奖励的单位和个人戒骄戒躁，再创佳绩。全省广大干部群众尤其是科技工作者要向获奖者学习，以邓小平理论和"三个代表"重要思想为指导，深入贯彻落实科学发展观，坚持自主创新，加强研究开发，为建设创新型湖南、实现富民强省作出新的贡献。

湖南省人民政府

二〇〇九年十一月二十四日

2009年度湖南省自然科学奖获奖项目

一等奖(5项)

1、20092062 纳米尺度和分子水平上生物信息获取的新原理与新方法

完成单位:湖南大学

完成人员:王柯敏、何晓晓、羊小海、王　青、何春梅

2、20092033 面向高维非结构化数据的模式识别与机器智能

完成单位:国防科技大学机电工程与自动化学院、江南大学

完成人员:胡德文、王正志、王士同、徐　昕、高青斌

3、20092059 受限空间多相流动传热与传质机理研究

完成单位:湖南工业大学、湖南大学

完成人员:王汉青、赵福云、汤广发、刘　娣

4、20092026 人类心脏发育基因的鉴定及分子机理研究

完成单位:湖南师范大学

完成人员:吴秀山、王跃群、袁婺洲、李永青、刘明耀、邓　云

5、20092031 转录因子AP-2家族转录调控机理及在癌症和心血管病中的作用

完成单位:湖南师范大学

完成人员:张　健、周建林、韩　梅、丁小凤、胡　翔

二等奖(14项)

1、20092024 新型表达模式下的生物信息学方法研究

完成单位:湖南大学

完成人员:廖　波、骆嘉伟、朱　雯、曹　智、李仁发

2、20092030 雪峰矿集区钨锑金矿床成矿机理

完成单位:湖南师范大学

完成人员:彭　渤

3、20092011 金属爆炸复合技术相关基础问题研究

完成单位:中南大学、西北有色金属研究院

完成人员:杨　扬、李正华、汪冰峰、曾　毅、熊　俊

4、20092014　多变量仪器分析方法及其在中药质量控制等研究领域中的应用

完成单位：中南大学

完成人员：梁逸曾、许青松、龚　范、易伦朝、卢红梅、郭方遒

5、20092023　新化学生物传感介体及传感器、检测理论与分析方法

完成单位：湖南大学

完成人员：魏万之、罗胜联、杨丽霞、曾金祥、周海晖

6、20092027　过渡金属钯、铜催化构建 C-C 键和 C-N 键方法的研究

完成单位：湖南师范大学

完成人员：李金恒、尹笃林、梁　云、谢叶香、毛丽秋、邓辰亮

7、20092028　生物功能化磁性粒子的构建及其应用

完成单位：湖南师范大学

完成人员：邓　乐、彭智辉、李会东、陈伶利、王　卫

8、20092040　湖南耕地土壤对铵的矿物固定与固定态铵的释放规律

完成单位：湖南农业大学

完成人员：张杨珠、万大娟、黄顺红、邹应斌、黄运湘、颜　雄

9、20092042　作物耐旱基因克隆鉴定与分子机理研究

完成单位：湖南农业大学

完成人员：陈信波、刘雄伦、周小云、刘爱玲

10、20092053　碱性成纤维细胞生长因子心血管效应的研究

完成单位：南华大学、北京大学基础医学院

完成人员：姜志胜、文格波、唐朝枢、杨永宗、庞永政

11、20092052　脑梗死气虚血瘀证病理实质及益气活血法的治疗作用和作用机理研究

完成单位：湖南中医药大学

完成人员：葛金文、陈　懿、朱惠斌、谭　琥、贺运河、陈颂

12、20092019　偏微分不等式及其相关问题研究

完成单位：中南大学、湖南大学、湖南商学院

完成人员：刘振海、李庆国、李招文、桂长峰

13、20092035　分形与小波理论及在生物信息和地球物理问题中的应用

完成单位:湘潭大学

完成人员:喻祖国、高协平、周立前、杨建益、周　煜

14、20092044　非线性方程和优化的理论、高效算法及其应用研究

完成单位:长沙理工大学

完成人员:童小娇、刘仲云、杨洪明、罗　可、黄创霞、王晚生

三等奖(20 项)

1、20092045　高温超导脉冲功率应用基础研究

完成单位:长沙理工大学

完成人员:周羽生、戴陶珍、李晓松、宋　萌

2、20092046　机械系统中非线性动力学定量分析方法与应用

完成单位:湖南科技大学

完成人员:胡　辉、刘德顺、王修勇、熊之光、陈安华、汤继华

3、20092008　Web 服务工作流普适性组织方法研究

完成单位:湖南商学院、中南大学

完成人员:胡春华、吴　敏、刘安丰、王四春

4、20092001　3d/4f 金属－有机芳香羧酸多核配合物的设计与合成

完成单位:衡阳师范学院

完成人员:李　薇、李昶红、杨颖群

5、20092003　大位阻有机锡化合物的合成、结构及性能研究

完成单位:衡阳师范学院

完成人员:邝代治、张复兴、王剑秋、冯泳兰

6、20092006　手性溶剂萃取技术分离药物对映体研究

完成单位:湖南理工学院

完成人员:唐课文、易健民、阎建辉、刘永兵、周从山、潘　阳

7、20092036　有机小分子探针及药物与核酸反应的机理研究与应用

完成单位:湘潭大学

完成人员：陈小明、蔡昌群、罗和安、龙云飞

8、20092060　复合地基工作性状及设计方法研究

完成单位：湖南工业大学、长沙理工大学

完成人员：刘　杰、何　杰、杨庆光、周德泉、祝方才

9、20092041　土壤环境中表面活性剂的化学行为、生态毒性与微生物修复的研究

完成单位：湖南农业大学

完成人员：曾清如、于晓章、杨海君、张　永、廖柏寒、肖启明

10、20092047　稻田节肢动物群落结构功能与水稻害虫的综合治理

完成单位：湖南科技大学、福建农林大学

完成人员：刘雨芳、尤民生、李志胜

11、20092012　人类神经上皮肿瘤中脑肿瘤干细胞的分离、培养与鉴定

完成单位：中南大学湘雅医院

完成人员：方加胜、毕长龙、王延金、李茗初、陈风华、刘劲芳

12、20092054　恶性淋巴瘤发生发展模型的建立及病因发病学相关因素研究

完成单位：南华大学

完成人员：甘润良、唐运莲、尹志华、贺荣芳、张　杨、彭　娟

13、20092056　金粉蕨素防治心血管疾病作用及机制研究

完成单位：南华大学

完成人员：郑　兴、谢志忠、庹勤慧、廖端芳、朱炳阳

14、20092048　参麦注射液提高腹膜转运率的分子机理研究

完成单位：湖南中医药大学

完成人员：何泽云、尤昭玲、谭元生、屈　波

15、20092007　基于腔 QED 和囚禁离子的量子纠缠和量子计算研究

完成单位：湖南人文科技学院

完成人员：陈昌永、冯　芒、李韶华、杨万里

16、20092017　智能材料与结构的可靠性分析及无线供能机理研究

完成单位：中南大学

完成人员：李显方、郭少华、蒋树农

17、20092018　基于最小耗能原理的材料破坏理论、本构关系理论及变分原理

完成单位：中南大学、中南林业科技大学

完成人员：周筑宝、罗迎社、唐松花

18、20092022　控制动力学系统的偏微分方程的解法研究

完成单位：湖南大学

完成人员：唐驾时、钱长照、杨先林

19、20092034　矩阵降阶的保特征研究和某些代数系统中的矩阵方法

完成单位：湘潭大学、湖南科技大学

完成人员：刘建州、刘金旺、朱　砾

20、20092039　泛函微分方程和差分方程的振动性和非振动性研究

完成单位：湘潭大学

完成人员：周　勇、黄云清

2009 年度湖南省技术发明奖获奖项目

一等奖（2 项）

1、20093021　GPS 时差型电网故障高精度行波定位技术及应用

完成单位：长沙理工大学、华中科技大学、湖南湘能电气自动化有限公司

完成人员：曾祥君、尹项根、苏　盛、李泽文、马洪江、周延龄

2、20093020　水稻两用核不育系 C815S 的选育及应用基础研究

完成单位：湖南农业大学

完成人员：陈立云、唐文帮、肖应辉、刘国华、邓化冰、雷东阳

二等奖（6 项）

1、20093023　机械故障振动信号智能检测与诊断技术

完成单位：湖南科技大学、湘潭联创煤机有限公司、湘潭市仪器仪表成套制造有限公司

完成人员：李学军、陈安华、黄采伦、高永毅、尹喜云、黄良沛

2、20093016　大量程纳米级光栅位移传感器

完成单位：国防科技大学机电工程与自动化学院

完成人员：罗武胜、吕海宝、杜列波、叶湘滨、杨　俊、李　江

3、20093002　利用中锰渣和硅质还原剂生产低碳低磷高硅硅锰合金技术研发及应用

完成单位：五矿（湖南）铁合金有限责任公司

完成人员：彭灵芝、李　涛、宁结算、伍　建、张明鹏

4、20093013　超高效环境友好含氮杂环类旱地除草剂创制研究与应用

完成单位：湖南化工研究院、国家农药创制工程技术研究中心、湖南海利化工股份有限公司

完成人员：黄明智、王晓光、黄　路、雷满香、任叶果、聂思桥

5、20093009　加劲肋管技术集成及在现浇砼加劲肋楼盖中应用

完成单位：长沙巨星轻质建材股份有限公司、长沙理工大学、中南大学

完成人员：邱则有、胡　萍、杨伟军、蒋　棠、李敏慧、周朝阳

6、20093019　棉花水浮育苗技术及其物化产品的开发与应用

完成单位：湖南农业大学

完成人员：陈金湘、刘海荷、李瑞莲、刘爱玉、熊格生、杨海君

三等奖（6 项）

1、20093018　碱式碳酸锌纳米丝及其制备方法

完成单位：湘潭大学

完成人员：邓建成

2、20093005　生物质焦油催化裂解技术在复合气化炉中的应用

完成单位：张家界三木能源开发有限公司

完成人员：周松林、周海军、周家华、向良河、黄柏林

3、20093006　炼锑砷碱渣综合回收处理技术

完成单位：锡矿山闪星锑业有限责任公司

完成人员：康大平、戴永俊、张忠祖、廖佳乐、刘放云、刘鹊鸣

4、20093017　一种高效节能氮化锰生产工艺

完成单位：中南林业科技大学

完成人员：吴庆定、李新华、胡劲松、严永林、丁敬平

5、20093008　环己酮皂化废碱焚烧处理技术开发

完成单位:湖南理工学院、岳阳华远环保科技有限公司

完成人员:易健民、陈立新、阎建辉、李军冬、唐课文、易志国

6、20093011　高效节能清洁型苎麻生物脱胶技术

完成单位:中国农业科学院麻类研究所

完成人员:刘正初、彭源德、孙庆祥、冯湘沅、段盛文、郑　科

2009 年度湖南省科学技术进步奖获奖项目

一等奖(13 项)

1、20094043　新一代内燃机车微机网络控制系统

完成单位:株洲南车时代电气股份有限公司

完成人员:冯江华、姚晓阳、吴正平、刘智聪、何　良、班立权、雷满生、马文俊、周少云、任文毅

2、20094003　中央空调风管清洗消毒机器人成套设备技术研究

完成单位:长沙人人康空气净化技术有限公司

完成人员:雷学军、金银龙、雷强林、刘　凡、张流波、李亚栋、罗梅健、雷谨榕、陈晓东、王彩生、杨育林、孔凡玲

3、20094281　纳米精度高效光学抛光数字化装备与技术

完成单位:国防科学技术大学机电工程与自动化学院

完成人员:李圣怡、戴一帆、解旭辉、彭小强、周　林、石　峰、郑子文、陈善勇、宋　辞、胡　皓、陈浩锋、王贵林

4、20094282　基于虚拟化技术的高可用刀片服务器(T8000)系统

完成单位:国防科学技术大学计算机学院、华为技术有限公司、湖南麒麟信息工程技术有限公司

完成人员:吴庆波、戴华东、王少勇、张树杰、谭郁松、颜跃进、任　怡、张小平、全小飞、刘晓建、易晓东、张卫华

5、20094231　大型锌湿法电解生产综合优化控制技术与应用

完成单位:中南大学、株洲冶炼集团股份有限公司

完成人员：桂卫华、阳春华、王　辉、肖功明、李勇刚、申群太、张权度、朱红求、窦传龙、王雅琳、彭曙光、唐朝晖

6、20094283　用增强 RFI/RTM-VIMP 方法制备轨道交通车辆大尺寸复合材料部件

完成单位：国防科学技术大学航天与材料工程学院、株洲电力机车广缘科技有限责任公司

完成人员：肖加余、曾竟成、刘　钧、江大志、周　升、杜　刚、杨孚标、王春齐、谭　艳、邢素丽、彭超义、鞠　苏

7、20094267　废旧物资（铜、塑料）高质化利用关键技术研究与应用

完成单位：中南大学、汨罗市长江铜业有限公司、湖南平桂制塑科技实业有限公司

完成人员：柴立元、闫红杰、何德文、周　萍、余方然、许平桂、陈　卓、凌昌伟、王伟良、许梯平、湛妮燕、詹志宏

8、20094308　长株潭城市主干线道路沥青路面结构、材料与施工动态控制技术

完成单位：长沙理工大学、湘潭市湘江四大桥建设开发有限公司、株洲市城市道路建设开发有限公司、长沙市市政工程有限责任公司

完成人员：刘朝晖、谭荣鸣、李　垚、秦仁杰、周科峰、陈　青、彭　政、谢　军、李　盛、沙庆林、张建华、钱国平

9、20094018　高速铁路无碴轨道施工关键设备与技术

完成单位：三一重工股份有限公司、中国中铁二局股份有限公司、中国中铁六局有限公司

完成人员：易小刚、黄向阳、周建荣、徐宏胜、陈　叔、刘召安、刘林周、邵满元、黄深海、康　颖、闫炳雷、邵志强

10、20094029　水稻温敏核不育系株 1S 的选育与应用

完成单位：株洲市农业科学研究所、湖南亚华种业科学研究院、湖南亚华种子有限公司、株洲亚邦种业有限公司

完成人员：杨远柱、凌文彬、唐平徕、杨文才、陈良碧、王伟成、石天宝、陈运泉、符辰建、程建强、付高平、汤健良

11、20094296　柑橘优异种质创新及特色品种的选育与推广

完成单位：湖南农业大学、湖南省经济作物发展中心、麻阳苗族自治县柑橘产业化办公室、新宁县农业技术推广中心、湖南省柑橘无病毒良种繁育中心

完成人员：邓子牛、廖振坤、胡　成、刘尚泉、谭英彪、熊兴耀、李大志、龙桂友、丁伟平、谢玉明、张秋明、胡春华

12、20094300　水稻丰产高效技术集成研究与示范

完成单位：湖南农业大学、国家杂交水稻工程技术研究中心、湖南省水稻研究所、湖南省植物保护研究所、浏阳市农业局、赫山区农业局

完成人员：青先国、王学华、马国辉、张玉烛、艾治勇、曾　翔、屠乃美、黄　璜、李合松、刘见平、李应忠、李晓平

13、20094333　仔猪肠道健康及功能性饲料研究与应用

完成单位：中国科学院亚热带农业生态研究所、武汉工业学院、唐人神集团有限公司、湖南正虹科技发展股份有限公司、南昌大学、湖南广安生物技术股份有限公司、湖南农业大学

完成人员：印遇龙、李铁军、孔祥峰、黄瑞林、邓近平、侯永清、廖益平、谭支良、李俊波、唐志如、刘玉兰、李丽立

二等奖（54项）

1、20094188　大吨位轮式起重机关键技术研究与应用

完成单位：长沙中联重工科技发展股份有限公司

完成人员：詹纯新、刘　权、张建军、李英智、郭纪梅、银友国、彭友谊、王启涛、刘永赞

2、20094030　ST内齿圈一次成型大拉刀的研制

完成单位：株洲齿轮有限责任公司

完成人员：黄俊琼、罗乾元、易　蓉、李　芳、杨立葵、文贵华、杜学清

3、20094033　受控核聚变（人造太阳）HL-2A中性束电源系统研制及推广

完成单位：株洲变流技术国家工程研究中心有限公司、南车株洲电力机车研究所有限公司

完成人员：丁荣军、赵道德、李　军、张　斌、王小方、申向群、何多昌、徐永强、陈洁莲

4、20094199　中重冰区输变电工程抗冰设计参数优化及通用设计

完成单位：湖南省电力勘测设计院、中国电力科学研究院、西南电力设计院、浙江省电力设计院、四川电力设计咨询有限责任公司

完成人员：刘志斌、张　力、颜　勇、侯长健、陈跃辉、洪文国、李　林、何洪波、李　辉

5、20094219　智能型无局放调频谐振特高压试验装置研制

完成单位：湖南省电力公司超高压管理局、湖南湘超电力科技有限公司

完成人员：曹志煌、傅志扬、漆铭均、潘　华、李文利、刘卫东、雷文辉、张　寒、邓　维

6、20094113　财政（收支）数据库数据采集系统与审计分析模型开发

完成单位：湖南省审计科研培训所

完成人员：姚赤平、夏　刚、肖　伟、沈晓进、蔡德好、黄　衡、吴昌明、蒋　砺

7、20094285　北斗/GPS双模同步系统及应用

完成单位：国防科学技术大学机电工程与自动化学院

完成人员：杨　俊、单庆晓、罗武胜、陈建云、钟小鹏、潘孟春、明德祥、邢克飞、周永彬

8、20094337　基于语义工作流的企业集成关键技术研究与应用

完成单位：湖南科技大学、上海交通大学

完成人员：刘建勋、曹　健、王俊年、李章兵、覃事刚、叶俊杰、赵肄江、文一凭、刘　珍

9、20094111　紫色土山丘治理对位配置技术研究

完成单位：湖南省经济地理研究所、衡阳市农业局、衡南县林业局、长沙理工大学、贵州省山地资源研究所

完成人员：谢庭生、魏　晓、刘代理、黄剑波、谢树春、卢　兰、赵　玲、周武昌、田亚平

10、20094232　深部厚大破碎矿体盘区阶梯式无间柱连续充填采矿法

完成单位：中南大学、山东黄金矿业股份有限公司新城金矿

完成人员：王立君、赵国彦、李启月、张洪训、胡忠强、李夕兵、王卫华、范作鹏、沙　鸥

11、20094031　原位接枝改性橡胶减振材料及其产业化应用

完成单位：株洲时代新材料科技股份有限公司

完成人员：杨　军、唐先贺、王　进、王雪飞、黄良平、陈　平、刘　刚、周旭初、赵熙雍

12、20094042　难加工材料车削与高效铣削数控刀具研究与开发

完成单位：株洲钻石切削刀具股份有限公司、西安航空发动机集团有限公司

完成人员：王社权、李海宁、刘　敏、孙西明、张　京、李　屏、王海荣、刘　军、涂更生

13、20094046　柴油机高强度活塞材料的研发与应用

完成单位：湖南江滨机器(集团)有限责任公司

完成人员：金　铭、易绿林、喻本海、余志兵、刘鹏展、李世环、张文军、朱达旦、向南苗

14、20094234　硫酸渣资源化高效利用关键技术及应用

完成单位：中南大学、云浮硫铁矿集团有限公司、铜陵化学工业集团有限公司、云浮市金泰化工有限公司

完成人员：郑雅杰、朱德庆、李启厚、潘　建、黄国庆、刘兴渝、刘昭成、王　琦、龚新宇

15、20094195　GE580密炼机

完成单位：益阳橡胶塑料机械集团有限公司

完成人员：金进尧、彭志深、贺　刚、李春桃、李高锅、万翠珠、卜亚平、王志飞、刘雪云

16、20094268　基于复合冷凝与半导体热电转换的冷热源新技术及应用

完成单位：湖南大学、广东同益电器有限公司、湖南工业大学、珠海慧生能源技术发展有限公司、广州恒星冷冻机械制造有限公司

完成人员：龚光彩、汤广发、王汉青、唐璧奎、张　泠、杨昌智、曾　巍、李　涛、聂　民

17、20094278　高浓度氨氮废水处理技术及示范工程

完成单位：湖南大学

完成人员：李小明、曾光明、杨　麒、袁兴中、周克刚、王冬波、郑　伟、张小春、岳　秀

18、20094338　乳化炸药连续化自动化生产工艺与设备

完成单位：长沙矿冶研究院、湖南金能科技股份有限公司

完成人员：邱朝阳、贾进宝、周康波、成志强、肖钦平、刘正凯、金燕华、贾天鹏、吴泽尧

19、20094184　苎麻产业技术研究及高档产品产业化

完成单位：湖南华升洞庭麻业有限公司、湖南农业大学、长沙策源科技开发有限公司

完成人员：黄云晴、荣金莲、宋学军、袁曼红、袁力军、严桂香、杨瑞芳、柳　红、尹国强

20、20094302　魔芋葡甘聚糖酶法降解技术研究与开发

完成单位：湖南农业大学

完成人员：吴永尧、周海燕、卢向阳、方　俊、田　云、张学文、陈建红、向天勇、雷红灵

21、20094321　富含亚麻酸功能性植物油脂提取关键技术研究及应用

完成单位：吉首大学、湖南老爹农业科技开发股份有限公司、湘西自治州和益生物科技有限公司

完成人员：张永康、李加兴、姚茂君、陈功锡、麻成金、欧阳辉、欧阳玉祝、银永忠、胡江宇

22、20094017　SM2000路面铣刨机设备研究开发与应用

完成单位：三一重工股份有限公司

完成人员：易小刚、曹锦明、冉隆强、李述新、赵明辉、唐楚舒、张　超、朱　光

23、20094269　杆系钢结构高等分析设计计算的关键技术及其工程应用

完成单位：湖南大学、清华大学、湖南省建筑设计院、湖南麓谷工程技术有限公司

完成人员：舒兴平、沈蒲生、卢倍嵘、袁智深、王元清、石永久、施 刚、邹 浩、杨 晓

24、20094305 预拌混凝土工程裂缝及其控制技术

完成单位：长沙理工大学、长沙市散装水泥办公室

完成人员：杨伟军、周 达、左恒忠、张登祥、彭艺斌、梁建国、倪玉双、玉小冰、杨春侠

25、20094307 沥青路面阻燃技术研究

完成单位：长沙理工大学、深圳市建筑工务署

完成人员：郑健龙、吕 珍、袁剑波、王觉民、黄云涌、蔺 宏、刘大梁、刘春乐、刘冶球

26、20094037 120km/h 速度级 B 型地铁 ZMA120 型转向架

完成单位：南车株洲电力机车有限公司

完成人员：朱龙驹、彭奇彪、陈喜红、陶功安、罗彦云、曾艳梅、朱向阳、蔡 超、段华东

27、20094057 雪峰蜜黄无籽西瓜新品种选育及示范推广

完成单位：湖南省瓜类研究所、湖南农业大学

完成人员：邓大成、孙小武、莫小平、匡华夫、左蒲阳、罗伏清、严钦平、欧小球、唐社章

28、20094066 优质杂交晚籼水稻新组合“岳优 360”选育与应用

完成单位：湖南岳阳市农业科学研究所、湖南洞庭种业有限公司

完成人员：蒋逊平、张 胜、李 平、陈镇宏、李剑波、谢晓阳、彭高文

29、20094073 中华鳖规模生态养殖技术

完成单位：汉寿县特种水产研究所、湖南师大生命科学院

完成人员：周工健、李德爱、李后主、严 斌、符友保、彭道林、杨子健、刘元保、戴子健

30、20094297 双低油菜新型核不育系 15NA 及 6 个强优势杂种的选育和推广

完成单位：湖南农业大学

完成人员：陈社员、官春云、王国槐、刘忠松、官 梅、李 栒、张琼瑛、漆映雪、田森林

31、20094323 国家级茶树良种槠叶齐的选育与推广应用

完成单位：湖南省茶叶研究所

完成人员：王威廉、张曙光、王沅江、王 旭、谭正初、谢德华、张贻礼、李健权、李赛君

32、20094324 优质、高异交率三系不育系 T98A 的选育与应用研究

完成单位：湖南杂交水稻研究中心、湖南隆平种业有限公司

完成人员：袁定阳、邓小林、段美娟、廖翠猛、龙和平、李建红、左科生、宋春芳、邓林峰

33、20094327　优异籼型恢复系先恢207的创建与应用研究

完成单位：湖南杂交水稻研究中心、湖南隆平种业有限公司

完成人员：王三良、许　可、陈红怡、刘建兵、廖翠猛、龙和平、张克明、周承恕、彭从胜

34、20094330　超级杂交水稻主要病虫发生特点及防控关键技术研究

完成单位：湖南省植物保护研究所、湖南省水稻研究所

完成人员：刘见平、刘都才、唐　涛、张松柏、夏胜平、魏昌贵、黄艳红、徐志德、熊继东

35、20094332　基地专用型辣椒新品种的选育及推广

完成单位：湖南省蔬菜研究所、湖南湘研种业有限公司、农业部作物杂种优势利用重点开放实验室

完成人员：张竹青、刘荣云、陈文超、王利群、段晓铨、邹高峰、戴雄泽、李雪峰、周书栋

36、20094334　鲜食玉米品种"科湘甜玉1号"和"科湘糯玉1号"选育与推广

完成单位：中国科学院亚热带农业生态研究所

完成人员：贺喜全、盛良学、蔡义东、徐国祥、熊玉双、贺泽华、彭佩钦、何春林、廖江林

37、20094155　光皮树良种选育及其果实油脂资源利用技术

完成单位：湖南省林业科学院、湖南省生物柴油工程技术研究中心、中南林业科技大学、湘西自治州龙山县林业局

完成人员：李昌珠、蒋丽娟、李党训、李培旺、张良波、肖志红、向祖恒、张康明、李正茂

38、20094157　名优观赏树木组培及无土化栽培技术引进

完成单位：湖南省林业科学院

完成人员：王晓明、陈明皋、李永欣、易霭琴、宋庆安、余格非、刘帅成、曾慧杰、刘务山

39、20094162　耐寒桉树良种及丰产技术推广

完成单位：湖南省林业科技推广总站、湖南省森林植物园、郴州市林业科学研究所、湖南省永州市林业科学研究所

完成人员：林睦就、李柏海、邓献楠、杨正洪、柏劲松、曾国荣、彭信海、戴祥光、周亿良

40、20094130　铜湾水电站岩质高边坡稳定性评价与处治关键技术研究

完成单位：湖南省水利水电勘测设计研究总院、西安理工大学水利水电学院

完成人员：刘明寿、郑　洪、李　宁、姚显春、林海泉、夏月云、周晓信、李　勇、左重辉

41、20094136　700ZLQ型系列全调节立式轴流泵

完成单位：湖南省洞庭湖水利工程管理局、常德市南昏电排管理站、常德市宏图水利水电有限公司

完成人员：刘卡波、戴宏岸、侯国鑫、谢根军、戴其龙、谢约钧、唐涛泉、李建新、叶剑飞

42、20094225　重力坝深层抗滑稳定和处理措施研究

完成单位：中国水电顾问集团中南勘测设计研究院、中国水利水电科学研究院、武汉大学、河海大学、四川大学

完成人员：冯树荣、潘江洋、孙恭尧、陈　鹏、曾祥喜、陈祖煜、张永涛、陈　伟、钟辉亚

43、20094164　人工椎间盘置换的基础和临床应用研究

完成单位：中南大学湘雅医院

完成人员：李康华、雷光华、胡建中、胡懿郃、李　雄、林涨源、何洪波、王锡阳、高曙光

44、20094233　经尿道钬激光联合电切治疗复杂性后尿道疾病的研究

完成单位：中南大学湘雅医院

完成人员：唐正严、齐　琳、丁　见、刘　宇、陈志勇、程念珍、张晓波、李　杨、高　宁

45、20094244　颅底重要区域显微应用解剖及相关手术入路研究

完成单位：中南大学湘雅医院

完成人员：袁贤瑞、黄　军、刘　庆、李学军、潘亚文、赵　杰、沈沉浮、丁锡平、奚　健

46、20094247　神经生长因子启动哮喘肾上腺髓质细胞冗余性机制及其应用研究

完成单位：中南大学湘雅医院

完成人员：胡成平、冯俊涛、汪　俊、潘频华、李晓照、罗百灵、汤渝玲、朱锦琪、欧阳若芸

47、20094250　乙型病毒性肝炎免疫发病机制及抗病毒治疗的实验研究

完成单位：中南大学湘雅医院

完成人员：范学工、刘征波、李　宁、黄　燕、朱　才、应若素、全　俊

48、20094260　肝胰联合移植的临床及基础研究

完成单位：中南大学湘雅二医院

完成人员：齐海智、贺志军、司中洲、胡　伟、李一宁、李杰群、戴小明、尹邦良

49、20094261　儿童原发性肾病综合征糖皮质激素耐药的基础和临床研究

完成单位：中南大学湘雅二医院

完成人员：何庆南、易著文、张　磊、丁娟娟、周　频、党西强、吴小川、何小解、黄爱文

50、20094262　糖尿病视网膜微血管病变的基础及临床研究

完成单位：中南大学湘雅二医院

完成人员：陈百华、姜德咏、唐罗生、朱晓华、席兴华、罗　静、邓爱军、李才锐

51、20094181　骨碎补等湖南省地道药材超微饮片质量的现代评价方法研究

完成单位：湖南省中医药研究院、湖南中医药大学

完成人员：蔡光先、李顺祥、黄　丹、谢昭明、张　平、韦里俊、严建业、李　雅、张秋雁

52、20094182　年产 1000 万支抗癌中药“化癥回生口服液”高技术产业化示范工程

完成单位：哈药慈航制药股份有限公司、长沙慈航药物研究所有限公司

完成人员：段燕文、黄　英、段曲文、蒋欣欣、黄　勇

53、20094255　疏肝健脾和胃法抗消化性溃疡复发的临床疗效及其分子机理研究

完成单位：中南大学湘雅医院

完成人员：李家邦、戴幸平、李　瑛、陈　松、周　兵、张炜宁、蒋荣鑫、邢之华、黄国栋

54、20094107　我国中小企业发展支持系统研究

完成单位：湖南商学院

完成人员：欧阳峣、欧阳文和、李坚飞、高政利、杜　焱、生延超、徐　姝

三等奖（104 项）

1、20094035　新型三梁铝电解多功能机组研制

完成单位：株洲天桥起重机股份有限公司

完成人员：郑正国、何新华、李春贵、谭永新、熊庆锋、贺亦红、黄　继

2、20094004　电壁炉性能参数检测台的研制

完成单位：长沙学院、宁波高博科技有限公司

完成人员：庞佑霞、刘　辉、许　焰、唐　勇、梁　亮、朱宗铭、谢明华

3、20094015　GKT608 数控硬质合金卧式圆锯床

完成单位：湖南泰嘉新材料科技股份有限公司

完成人员：宋安祥、吴　劲、李惠斌、何青梅、黄凯煌

4、20094045　YQ-180 系列交流异步牵引电动机

完成单位：湘潭电机股份有限公司

完成人员：曹平安、江清波、粟　明、谭克凡、潘　佳、罗国城、朱　华

5、20094058　M7202-系列型高温高压气流染色机

完成单位：邵阳纺织机械有限责任公司

完成人员：肖坤后、刘江坚、黄坤民、王永红、丁沛文、刘志宏、刘雄叶

6、20094079　DS640-5A高精密研磨机设计研究

完成单位：湖南城市学院、长沙理工大学

完成人员：廖建勇、张海鹰、廖成勇、华熳煜

7、20094186　GW7C-252～800三柱水平翻转式系列隔离开关

完成单位：湖南长高高压开关集团股份公司

完成人员：廖俊德、张婵裕、邓文华、黄展先、马　晓

8、20094216　220kV输电线路直流融冰技术研究

完成单位：湖南省电力公司试验研究院

完成人员：陆佳政、李　波、林　峰、方　针、蒋正龙、曾建平、张红先

9、20094217　铝母线接头强度损失机理及焊接新工艺研究

完成单位：湖南省电力公司试验研究院

完成人员：李　光、杨湘伟、胡波涛、李建龙、万克洋

10、20094276　MKG1320超高速数控外圆磨床

完成单位：湖大海捷制造技术有限公司、湖南大学、国家高效磨削技术工程研究中心

完成人员：彭克立、黄险峰、王清标、刘运泉、易嘉健、陶剑波、石俊云

11、20094277　发电机原动系统动态仿真先进方法、技术装备及其应用

完成单位：湖南大学、湖南信息职业技术学院、株洲市凯瑞达变流电气有限公司、南京南瑞继保电气有限公司、中国电力科学研究院

完成人员：刘觉民、章　兢、谭立新、鲁文军、李欣然、姜武强、李建春

12、20094279　球体精密高效加工技术与装备

完成单位：湖南大学、浙江工业大学、宁波凯泰智邦机械有限公司、杭州智邦纳米技术有限公司、湖大海捷制造技术有限公司

完成人员：袁巨龙、吕冰海、王志伟、赵文宏、邓朝晖、熊万里、周兆忠

13、20094318　基于隐马尔可夫模型的切削颤振在线监测与控制

完成单位:南华大学

完成人员:张春良、林国湘、周为民、胡耀斌、谢洁飞、陈丽萍、陈从桂

14、20094022　神舟七号飞船国产液晶显示器研制与应用

完成单位:长沙湘计海盾科技有限公司

完成人员:夏显忠、夏利锋、李友如、彭宏程、梁骏驰、聂佳力、陶　令

15、20094104　QMLJXT 炼焦过程自动化管理控制系统

完成单位:湖南理工学院、岳阳千盟电子有限公司

完成人员:陈　进、陈　新、杨志和、周晓辉、龚曙波、陈勇波

16、20094284　高速互联网内容安全支撑系统

完成单位:国防科学技术大学计算机学院

完成人员:赵国鸿、苏金树、陈曙晖、陈一骄、钟求喜、张博锋、唐　勇

17、20094100　挥发熔炼锑铳渣金、锑综合回收工艺研究与应用

完成单位:湖南辰州矿业股份有限公司

完成人员:李茂强、周力强、梅现彬、杨志洪、曲立望、徐锦平、田志军

18、20094109　长株潭 GNSS 连续运行参考站系统(CZTCORS)

完成单位:长沙市勘测设计研究院

完成人员:刘颖炯、戴建清、谭立力、刘鹏程、傅文彬、谢　飞

19、20094230　平果铝土矿资源合理规划综合利用研究

完成单位:中南大学、中国铝业股份有限公司广西分公司、长沙有色冶金设计研究院

完成人员:程运材、陈建宏、杨海洋、曾向农、祝瑞勤、何　伟、周智勇

20、20094319　含硫煤层自燃预报方法及其预报模型校正技术

完成单位:湖南科技大学、萍乡矿业集团有限责任公司

完成人员:蔡康旭、岑代全、柴红保、袁　强、刘小春、欧阳冬华、刘爱华

21、20094336　高陡边坡矿体露天地下同时强化开采综合技术研究

完成单位:长沙矿山研究院、四川省会东铅锌矿

完成人员:周爱民、宋嘉栋、段恒建、王增平、褚洪涛、肖木恩、潘方杰

22、20094026　高性能超细晶(0.3μm)硬质合金

完成单位：湖南博云东方粉末冶金有限公司

完成人员：李詠侠、邹　丹、吴恩熙、李红英、陈东劲、刘艳军、谢述明

23、20094041　油田、矿山用高性能钻头硬质合金关键技术开发及产业化

完成单位：株洲硬质合金集团有限公司

完成人员：程秀兰、谢俊杰、张忠健、王茂青、徐　涛、张　颢、邱智海

24、20094055　耐腐蚀管线钢管的研制与开发

完成单位：衡阳华菱连轧管有限公司、衡阳华菱钢管有限公司

完成人员：谢凯意、李阳华、邹喜洋、李小兵、胡振洋、孙群保、周　勇

25、20094094　可控形态和粒径氧化亚高钴电池新材料

完成单位：娄底红太阳电源新材料有限公司

完成人员：周红阳、张春金、阳江波、梁巨元、吴扬杰

26、20094095　CSP 半工艺电工钢

完成单位：湖南华菱涟源钢铁有限公司

完成人员：吴光亮、焦国华、郑柏平、彭明耀、周　鉴、周　屿、王仕华

27、20094008　新型的头孢菌素类抗生素中间体——GCLE 生产新工艺

完成单位：湖南有色凯铂生物药业有限公司

完成人员：张世喜、刘新春、莫章桦、谢维礼、刘　超、李　涛、潘向东

28、20094044　工业用新型多功能节能环保空调成套技术与应用

完成单位：湖南喜尔环保科技有限公司

完成人员：刘伟中、王　林、刘果平、谢汉元、钟希卫、梅昌进、陈　军

29、20094047　规流塔脱硫工艺集成系统关键技术开发及应用

完成单位：湖南省碧绿环保产业发展有限公司、湖南科技大学

完成人员：方达辉、李大塘、康煜华、郭丽丽、杨　超、尹喜云、刘　迎

30、20094049　多功能超低温固化粉末涂料的研制与应用

完成单位：湖南至诚涂料有限公司、湘潭大学、湖南科技大学

完成人员：王行柱、赵延良、冯伟云、戴文利、李新洲、欧阳建兵、周少武

31、20094061　免球磨亚球形高性能荧光粉研制与开发

完成单位：湖南信多利新材料有限公司

完成人员：刘清玲、蒋葵明、刘兆辉

32、20094065　环保型高档文化印刷纸配用废纸脱墨浆技术研究及应用

完成单位：岳阳纸业股份有限公司

完成人员：潘桂华、杨傲林、刘曙光、尹　超、郭勇为、陈金山、谈　忠

33、20094067　烯烃加成法一步合成乙酸仲丁酯工业生产技术

完成单位：湖南中创化工股份有限公司

完成人员：胡先念、李　华、孙　广、王　伟、席平翔、刘郁东、韩　勇

34、20094080　冶炼废弃物无害化处理与综合回收利用技术

完成单位：湖南宏大锑锑铅有限公司

完成人员：龚奠平、龚海龙、李　婕、王勇坚、李承义、钟河清、匡冬生

35、20094099　高强维纶制备关键技术的研究

完成单位：湖南省湘维有限公司

完成人员：刘永杰、施楣梧、伍龙飞、叶光斗、龙子武、田仁主、张建平

36、20094189　湿式除尘吸扫式扫路车

完成单位：长沙中联重工科技发展股份有限公司

完成人员：肖庆麟、罗邵均、王　俊、龙　亮、刘伯祥、李　珍、辛绪早

37、20094190　合成氨节能减排综合技术开发与应用

完成单位：湖南宜化化工有限责任公司

完成人员：董　兵、张新民、胡　智、王金龙、尹向群、钟红常、彭威雄

38、20094192　沥青改性用 TPE 新品种开发

完成单位：中国石化集团资产经营管理有限公司巴陵石化分公司

完成人员：袁煜艳、张志斌、尹华清、朱永刚、贺卉昌、姚　琼、蒋遥明

39、20094194　混丁烯法合成邻仲丁基酚工程技术开发

完成单位：湖南海利化工股份有限公司、国家农药创制工程技术研究中心

完成人员：杨春华、王晓光、刘凌波、彭长春、刘晚荀、王小舟、赵建国

40、20094306　一种制备对异丙基甲苯（对伞花烃）的新方法

完成单位：长沙理工大学、湖南工业大学、湖南科技学院

完成人员：湛雪辉、湛含辉、姜红宇、肖国光、张云河、王少芬、湛新霞

41、20094040　肉制品反射红外线烘烤加工技术研究

完成单位：株洲市好棒美食品有限公司、湖南农业大学

完成人员：金爱国、聂乾忠、黄　颖

42、20094087　高温热压垫层纸技术开发

完成单位：永州湘江纸业有限责任公司

完成人员：王福纪、朱　杰、刘便初、桂来争、李西宝、梁好新、刘玉石

43、20094093　油茶籽油精炼深加工技术研究及产业开发

完成单位：湖南科技学院

完成人员：李治章、管天球、蒋廷松、何福林、张　敏、李常健

44、20094103　从斑点叉尾鮰鱼片下脚料中提炼精制鱼油技术

完成单位：湘西自治州金凤凰农业生物科技有限公司

完成人员：万志祥、张永康、胡江宇、李　辉、银永忠、李志平、丁德明

45、20094292　腊八豆系列产品的产业化关键技术研究与开发

完成单位：湖南农业大学、湖南派派食品有限公司

完成人员：蒋立文、周　娟、伍小松、周传云、刘素纯、黄　彬、沈　昱

46、20094328　优质食用稻米配方优化综合技术研究与应用

完成单位：湖南省水稻研究所、长沙大禾科技开发中心

完成人员：刘泽民、黎用朝、黄炜东、夏胜平、汪扩军、陈友德、黄志才

47、20094117　深埋隧道勘察技术研究

完成单位：湖南省交通规划勘察设计院、成都理工大学、中南大学

完成人员：刘义虎、王兰生、王跃飞、席振铢、李　军、龚道平、李天斌

48、20094118　服役石拱桥安全性评估与加固改造技术研究

完成单位：湖南省交通科学研究院、重庆交通大学、华东交通大学、湖南大学、湖南省公路管理局

完成人员：胡柏学、李跃军、周建庭、徐海燕、任成志、钟珍云、谢海秋

49、20094229 层状结构岩体路堑边坡设计优化研究

完成单位：中南大学、湖南省公路管理局

完成人员：陈明宪、曹　平、邓志斌、林　杭、叶　青、李江腾、祝方才

50、20094304 水泥混凝土路面板底脱空识别技术

完成单位：长沙理工大学、湖南省潭邵高速公路管理处、湖南省耒宜高速公路管理处

完成人员：曾　胜、曾江洪、刘志仁、龚先兵、甘先永、王才保、赵　健

51、20094310 钢桥面沥青铺装关键技术

完成单位：长沙理工大学、佛山市路桥建设有限公司、中国路桥（集团）总公司经营一部

完成人员：李宇峙、黄云涌、周爱国、黎　霞、赵锋军、周振华、张志宏

52、20094311 全寿命周期内高速公路沥青路面关键技术研究

完成单位：长沙理工大学

完成人员：魏建国、李　平、查旭东、秦志斌、王建海、刘增田、张松旺

53、20094039 汽车电动助力转向器（EPS）研制及产业化

完成单位：株洲易力达机电有限公司

完成人员：付　伟、姜友清、刘晟昱、周廷明、尹乐军、赵　斌、林联伟

54、20094274 轿车无级别自动变速器关键技术研究及其产业化

完成单位：湖南大学、江麓容大车辆传动股份有限公司

完成人员：周云山、薛殿伦、张飞铁、高　帅、张　军、蔡源春、曹成龙

55、20094309 道路网络可靠度研究及在交通规划中的应用

完成单位：长沙理工大学

完成人员：黄中祥、吴义虎、况爱武、王正武、龙科军、曹倩霞、吴立烜

56、20094012 多功能生物活性垫料养猪零排放及其配套技术

完成单位：浏阳市朝阳生物科技有限公司、湖南农业大学

完成人员：尹德明、孙志良、刘朝阳、曹典军、刘继清、谭武贵、郭　帅

57、20094050 新型高效安全环保消毒剂的研发及应用

完成单位：韶山大北农动物药业有限公司、北京大北农动物保健科技有限责任公司、北京大北农科技集团股份有限公司

完成人员：莫　云、刘　澜、陈启友、杨秀玉、宋维平、周德刚、秦玉明

58、20094054　衡杂2号、湘早优1号杂交苦瓜新品种选育及开发利用

完成单位：衡阳市蔬菜研究所

完成人员：肖昌华、旷碧峰、邓先朝、余席茂、欧阳丰、唐　锷、闵岳灵

59、20094074　超大型无核珍珠养殖技术研究与推广示范

完成单位：湖南文理学院、湖南省水产工程技术研究中心、湖南洞庭水殖股份有限公司、常德市畜牧水产局

完成人员：杨品红、李梦军、刘寅初、谢春华、王晓艳、张　倩、罗玉双

60、20094077　优质水稻示范与推广

完成单位：常德市农业局、鼎城区农业局

完成人员：邓正春、杨德健、吴仁明、杨　宇、肖轻云、伍志明、吴平安

61、20094081　杏鲍菇工厂化生产技术体系创新研究

完成单位：湘南学院、郴州市三湘菌业科技有限责任公司

完成人员：杨德俊、李　旭、冯纪南、邓　斌、田朝辉、卞杰松、魏得良

62、20094086　九疑山兔的品种选育与推广

完成单位：宁远县畜牧水产局

完成人员：李之平、李福珍、欧阳昌勇、刘向阳、郑林和、刘初成、骆辉东

63、20094110　"长浏二号"烤烟密集烤房研制与应用

完成单位：湖南中烟工业有限责任公司

完成人员：易建华、盛孝雄、杨亿军、蒲文宣、孙在军、袁仕豪、周东波

64、20094145　防治水稻稻曲病和纹枯病的拮抗细菌制剂的研制

完成单位：湖南省微生物研究所

完成人员：张德元、刘前刚、兰时乐、郭照辉、刘清术、刘惠知、陈海荣

65、20094146　猪群疫病流行与综合防控技术的研究

完成单位：湖南省动物疫病预防控制中心、湖南省兽医局、中国动物卫生与流行病学中心、湖南省动物卫生监督所

完成人员：刘道新、邱伯根、鲁杏华、吴发兴、何世成、谈志祥、郭成玲

66、20094147　β－受体激动剂多残留检验法研究与应用

完成单位：湖南省兽药饲料监察所、长沙安迪生物科技有限公司、长沙拜特生物科技研究所

完成人员：肖安东、周　坚、谭美英、邓日方、易建希、徐丽枚、胡保国

67、20094150　商品肉牛生产综合配套技术研究

完成单位：湖南省畜牧兽医研究所、湖南农业大学、新晃侗族自治县畜牧水产局、永兴县畜牧水产局、沅江市畜牧局

完成人员：肖兵南、薛立群、刘莹莹、李志才、燕海峰、张佰忠、李剑波

68、20094299　南方冬枣新品种选育及丰产优质栽培技术

完成单位：湖南农业大学、衡阳市玉泉生态农业发展有限公司

完成人员：王仁才、藏新民、钟晓红、黄春元、蒋廷杰、王开元、陈昌军

69、20094301　南方冬季亚麻产业化关键技术

完成单位：湖南农业大学、中国农业科学院衡阳红壤试验站、湖南省农业技术推广总站、湖南省祁阳县农业局

完成人员：孙焕良、周清明、徐明岗、李建国、蒋晓峰、王伯仁、李劲松

70、20094325　三个特优无籽西瓜新品种选育与推广

完成单位：湖南省园艺研究所

完成人员：刘建雄、李赛群、陶抵辉、王双伍、刘　兵、周正强、易　春

71、20094331　木霉菌对农作物防病促长作用机制及其产业化关键技术

完成单位：湖南省植物保护研究所、中国农业科学院植物保护研究所、湖南农业大学

完成人员：罗赫荣、梁志怀、魏　林、蒋细良、李　梅、魏宝阳、魏昌贵

72、20094156　台湾桤木无性系采穗圃建立与苗木快繁技术

完成单位：湖南省林业科学院、湖南省林业科技推广总站、湖南省汨罗市林业局、湖南省汨罗市白水苗圃

完成人员：吴际友、蒋胜铎、廖德志、程　勇、何秀伟、王旭军、许红艳

73、20094158　豪猪规模养殖关键技术研究与应用

完成单位：湖南省野生动物救护繁殖中心、湖南农业大学

完成人员：朱开明、黄兴国、姜卫星、刘进辉、李　伟、姚　艳、唐松元

74、20094161　萧氏松茎象发生与生态因子的关系和防控技术

完成单位：湖南省森林病虫害防治检疫总站、永州市林业局、衡阳市林业局、南岳区农林局

完成人员：戴立霞、王明旭、刘玉茂、曹敏慧、陈良昌、李　恂、范　辉

75、20094290　杉木高效利用关键技术研究与应用

完成单位：中南林业科技大学

完成人员：彭万喜、吴义强、邓和平、张仲凤、陈桂华、陈　洪、张　江

76、20094129　水利水电工程地质信息系统研究与应用

完成单位：湖南省水利水电勘测设计研究总院

完成人员：左重辉、王建国、王　琼、郑　洪、刘　辉、钟共清、彭鹏程

77、20094139　虹吸管式导流取水装置开发与应用研究

完成单位：华容县水利局

完成人员：刘　华

78、20094140　湖南省大型水库调度会商决策系统研究

完成单位：湖南省防汛抗旱指挥部办公室

完成人员：卢晓明、曾　扬、杨礼祥、江冬青、陈　欣、陈文平、潘志德

79、20094176　湖南省新一代天气雷达预警关键技术与业务系统研发

完成单位：湖南省气象台、国防科学技术大学理学院、湖南省防雷中心

完成人员：黄小玉、成礼智、潘志祥、毛紫阳、夏正龙、陈　媛、陈　波

80、20094011　手性外周镇咳新药左羟丙哌嗪及系列制剂产业化

完成单位：湖南九典制药有限公司

完成人员：朱志宏、梁毅恒、王晓春、陈盛盛、郑霞辉、梁胜华、雷文枚

81、20094163　食品中添加违禁化学品马吲哚、西布曲明、酚酞等检测方法的研究

完成单位：湖南省疾病预防控制中心

完成人员：潘振球、冯家力、曾　栋、李帮锐、袁春晖、丁　力、王一红

82、20094165　重症手足口病的早期识别及救治研究

完成单位：湖南省儿童医院

完成人员：祝益民、罗海燕、胥志跃、李双杰、肖政辉、罗如平、张新萍

83、20094235　经皮肾微造瘘钬激光腔内切开治疗肾盏狭窄及闭锁

完成单位：中南大学湘雅医院

完成人员：陈合群、高　宁、王桂林、范本祎、祖雄兵、张晓波、杨中青

84、20094236　三维有限元在骨科的应用

完成单位：中南大学

完成人员：卢　畅、李　晶、韩　珂、谭延林、沈　奕

85、20094240　老年期痴呆的病理机制和治疗研究

完成单位：中南大学湘雅三医院、中南大学湘雅二医院

完成人员：涂秋云、唐湘祁、赵玲玲、刘　军、雷立芳、胡治平

86、20094241　E1A 对宫颈癌放化疗增敏的实验研究

完成单位：中南大学湘雅医院

完成人员：申良方、申海菊、魏　瑞、申　竑、曾　珊、周蓉蓉

87、20094245　糖尿病慢性微血管并发症的研究

完成单位：中南大学湘雅医院

完成人员：雷闽湘、廖　岚、陈卓雄、郭丽娟、刘泽灏、吴　静、陈慧玲

88、20094246　糖尿病肾病肾纤维化发病机制探讨及药物干预实验研究

完成单位：中南大学湘雅医院

完成人员：周巧玲、陈立平、彭卫生、杨敬华、刘抗寒、王衍慧、肖湘成

89、20094249　低(小)潮气量机械通气的临床与基础研究

完成单位：中南大学湘雅医院、华中科技大学同济医学院附属同济医院

完成人员：蔡宏伟、龚　华、焦赫娜、谢咏秋、张丽娜、田玉科、任　飞

90、20094251　大蒜素对根尖周病影响的研究

完成单位：中南大学湘雅医院

完成人员：谢晓莉、刘斌杰、尹晓敏、吴颖芳、刘　虹、唐瞻贵、方厂云

91、20094252　应用蛋白质组学方法研究大肠癌转移相关蛋白

完成单位：中南大学湘雅医院

完成人员：裴海平、朱　红、曾　亮、李宜雄、申　竑、申良方、伍韶斌

92、20094253　脓毒症治疗的临床与基础研究

完成单位：中南大学湘雅医院
完成人员：艾宇航、张丽娜、龚 华、戴新贵、刘志勇、赵双平、徐道妙

93、20094256 湖南省护理人员对艾滋病知识、态度及护理意愿研究分析
完成单位：中南大学湘雅医院
完成人员：李映兰、李 丽、杨立凯、肖 佳、赖于兰、曾 蕾、高红梅

94、20094258 老年危重症病情评估和治疗优化方案的研究与推广应用
完成单位：中南大学湘雅二医院
完成人员：刘幼硕、蹇在金、黄 武、王艳姣、李艳群、张孟喜、王 翼

95、20094266 免疫性流产发病机制及其诊治
完成单位：中南大学湘雅二医院、中南大学湘雅医院、南方医科大学南方医院
完成人员：朱付凡、皮丕湘、黄 健、伍招娣、余艳红、杨元娟、熊 晶

96、20094180 健脾消癌方拮抗大肠癌术后复发转移的临床和实验研究
完成单位：湖南省中医药研究院
完成人员：蒋益兰、李勇敏、仇湘中、蔡 美、朱克俭、潘 博

97、20094239 清热利湿法调脂的机理研究
完成单位：中南大学湘雅医院、湖南中医药大学
完成人员：王东生、唐发清、郭志华、段朝军、陈方平、袁肇凯、田丽君

98、20094254 针刺肝胆经腧穴治疗偏头痛的临床机理研究
完成单位：中南大学湘雅医院
完成人员：李 炜、钟广伟、王素娥、李臻琰、黄素娟、邓干初、刘远珍

99、20094265 高纯度葛根总黄酮及其生物粘附性缓释片的研究
完成单位：中南大学湘雅二医院
完成人员：向大雄、张 杰、李焕德、朱运贵、张毕奎、王 峰、龚 莉

100、20094317 活血利水法抑制兔增生性玻璃体视网膜病变的效应及其分子机制研究
完成单位：湖南中医药大学
完成人员：彭清华、陈 吉、邢雁飞、付美林、李建超、魏 为、姚小磊

101、20094068《名家名作中的为什么》(自然科学卷)

完成单位:湖南理工学院

完成人员:隋国庆

102、20094091　欠发达地区高校与地方经济社会互动发展研究

完成单位:湖南科技学院

完成人员:管天球、佘国华、龚武生、李治章、宋振文、李国春

103、20094112　湖南省产学研结合的现状与对策研究

完成单位:湖南省科学技术信息研究所

完成人员:张小菁、王　辉、朱善定、刘　伟、曹再兴、肖正斌、彭敬东

104、20094320　武陵山区旅游业发展与小城镇建设互动研究

完成单位:吉首大学

完成人员:王兆峰、鲁明勇、白晋湘、张海燕

2009年度湖南省科学技术进步奖一等奖项目介绍

一、新一代内燃机车微机网络控制系统

新一代内燃机车微机网络控制系统主要由32位微机控制装置（LCS32）、逻辑控制单元（LCU）、彩色液晶显示器、通信总线等部件构成。LCS32担负机车级控制功能，对柴油机、主传动系统、辅助系统等进行各种功能控制和保护，实现了机车故障的分析、判断、处理及故障预警。LCS32采用了领先的32位核心处理器MC68332，在国产内燃机车控制领域属首次应用，填补了国内空白。32位处理系统资源丰富、拓展能力强，在运算速度、处理能力、存储容量等各方面都得到了飞跃。LCU担负机车各种开关量逻辑控制功能，取代原有机车的有触点电器，实现了无触点控制，简化了机车线路，降低了故障率，并实现了可视化图形编程。彩色液晶显示器做为人机界面，能显示机车的各种状态参数并完成控制功能的设定。系统配置了TCN、LonWorks、CAN、RS422/RS485/RS232串行通信口等多种通信总线接口，可以根据信息传输量、实时性、成本等各种具体情况灵活选择，具有良好的可选性和极宽的适应性。LCS32、LCU、通信网络均采用双机备份的冗余结构，极大的提高了系统的可靠性。软件上应用了实时多任务操作系统VATX RTOS，实现了软件现场下载，具有很好的模块化结构，实时性强，可靠性高、可移植性强。

该项目经鉴定，项目达到了国际先进水平，实现了我国内燃机车控制技术的飞跃。已成功用于DF8B、DF9、DF11、DF11G、DF12、DF8CJ、DF8DJ、出口柬埔寨车、出口土库曼斯坦车、出口哈萨克斯坦车、出口巴西车、出口印度车、出口加纳车、出口朝鲜车、出口蒙古车等车型，约450多台。累计实现销售额超过1亿元。未来三年可装车800多套，形成2亿元左右的销售收入，具有广阔的市场前景和巨大的经济、社会效益。

完成单位：株洲南车时代电气股份有限公司

完成人员：冯江华、姚晓阳、吴正平、刘智聪、何　良、班立权、雷满生、马文俊、周少云、任文毅

二、中央空调风管清洗消毒机器人成套设备技术研究

该项目根据我国中央空调通风系统的现状和清洗消毒实际需求，研制了中央空调风管清洗消毒机器人成套设备，包括定量采样机器人、多功能清洗机器人、多功能半软轴、多功能软杆清洗机、高频振动刷、气刷、长杆刷、捕尘器、气囊、升降工作平台等关键技术和设备。

该项目研制的成套设备具有设计合理、技术水平高、操作简单、低能耗、性能可靠、功能多、效率高等特点。RRK-SR-I型定量采样机器人，具有定理采样、照明、摄像、录像、硬盘存储等功能。行走平稳，越障能力强，适应多种空调管道的采样。RRK-WR-I型多功能清洗机器人，具有清洗、照明、吹气、鞭打、录像、硬盘存储等功能。行走平稳，越障能力强，适应多种方形和圆形空调管道的清洗。RRK-DC-I型捕尘器，体积小、风量大、吸尘力强；重量轻，操作安全，使用方便。在项目的研究过程中，共申请发明专利26项，属自主创新科技成果。

据统计，我国有2000多万台各式空调通风系统和600多万套电梯运行系统急需清洗消毒，每年有5000多亿元清洗消毒市场；本项目成果适用于方形、圆形、螺旋形、椭圆形等各种类型的中央空调的清洗消毒，通过本项目的实施，全国新增20-30万个就业岗位；对预防空气传染

病流行、扩大内需、缓解社会就业压力具有十分重大的意义。该项目技术开辟了我国中央空调清洗消毒新领域，截止 2008 年，本项目技术研制的成套设备销售产值达 3 个多亿。

完成单位：长沙人人康空气净化技术有限公司

完成人员：雷学军、金银龙、雷强林、刘　凡、张流波、李亚栋、罗梅健、雷谨榕、陈晓东、王彩生、杨育林、孔凡玲

三、纳米精度高效光学抛光数字化装备与技术

该项目突破传统手工和机械化光学加工的局限，利用磁流变和离子束抛光技术，实现了光学零件的高精度自动化加工，为发展我国现代光学制造技术奠定了理论、设备和工艺基础。

该项目基于现代光学制造理论，利用磁流变和离子束形成的小抛光头，对面形的局部误差高点进行确定性加工，加工过程可控，结果可重复，加工精度和效率高，可适应复杂面形光学零件制造，代表了先进光学制造的发展方向。项目研制了国内首台磁流变和离子束光学抛光设备，系统建立了磁流变和离子束抛光的基础理论，建立首先以磁流变抛光实现高精度和超光滑表面的光学零件加工，然后利用离子束抛光原子量级可控去除的特点，进一步提升光学零件精度的加工工艺流程。实现了高精度光学零件的数字化制造，形成了大口径、大相对口径光学零件纳米精度高效数字化制造能力，标志着我国已经具有高端光学零件制造的配套装备与技术。

项目主要成果概括如下：1、研究了利用磁流变和离子束技术进行确定性光学修形的理论，建立了磁流变和离子束抛光的稳定去除模型，为利用磁流变和离子束技术进行光学自动化加工奠定了理论基础；2、自主研制了国内首台可加工 1m 口径大型非球面光学零件的磁流变抛光机床和可加工 500mm 口径非球面光学零件的离子束抛光机床，二台设备均具有 6 轴 5 联动数控功能，满足复杂形状光学零件的制造需求；3、系统研究了磁流变、离子束抛光的工艺及方法，建立了由磁流变抛光完成高精度修形和超光滑表面加工，由离子束抛光进行超高精度提升的系统工艺流程，实现了高精度光学零件的数字化制造。4、利用磁流变和离子束抛光设备进行典型非球面光学零件自动化加工，200mm 口径面形精度可达到 RMS 6.3nm，500mm 口径面形精度可达到 RMS 12nm，表面粗糙度优于 RMS 1nm，实现了纳米精度的光学自动化加工。

完成单位：国防科学技术大学机电工程与自动化学院

完成人员：李圣怡、戴一帆、解旭辉、彭小强、周　林、石　峰、郑子文、陈善勇、宋　辞、胡　皓、陈浩锋、王贵林

四、基于虚拟化技术的高可用刀片服务器(T8000)系统

基于虚拟化技术的高可用刀片服务器(T8000) 系统是我国首台自主研制的基于 ATCA (Advanced Telecom Computing Architecture) 架构的高端服务器系统，符合电信标准要求，提供高性能的处理能力、高 I/O 带宽以及先进的监控管理机制。该系统由硬件系统、虚拟化管理器、操作系统及功能软件组成。其中，硬件系统分为处理子系统、交换子系统、I/O 子系统、监控管理子系统、机电子系统。虚拟化管理器分为设备虚拟、内存虚拟、动态迁移和域间通信。操作系统及功能软件分为故障管理、高速通信、高性能日志文件系统、内核级资源管理器、设备驱动、高可用电信功能软件六部分。

T8000 系统研制过程中，申请发明专利 24 项，申请实用新型专利 6 项，其中已授权发明专利 2 项，已授权实用新型专利 4 项，已获得软件著作权 5 项，发表论文 10 余篇，取得了多项技术进步：

1、在国内首次设计和实现了基于ATCA架构的高可用刀片服务器系统;

2、在国内首次设计和实现了支持5个冗余交换平面的互连子系统;

3、创新性地设计和实现了与业务平面完全独立的IPMI(Intelli-gent Platform Management Interface)监控管理系统;

4、综合运用虚拟机技术、刀片服务器设计技术,自主设计和实现了资源虚拟化管理器;

5、国内首次自主设计和实现了面向电信应用的不间断运行服务框架。

该项目在基于ATCA架构的刀片设计、高带宽多交换平面融合、基于虚拟机的服务器资源整合、高可靠不间断服务支持等多项技术上具有重大创新,达到国际同领域先进水平。目前,该系统已形成系列产品，广泛应用于百度、巨人、江苏电信、湖南移动等网络公司以及湖南省信息中心、省卫生厅等单位的信息化建设,直接销售额3.22亿元人民币。该成果已经实现产业化应用，标志着我国已掌握了高可用刀片服务器系统的核心技术，对促进我国高端应用具有重要的现实意义。

完成单位:国防科学技术大学计算机学院、华为技术有限公司、湖南麒麟信息工程技术有限公司

完成人员:吴庆波、戴华东、王少勇、张树杰、谭郁松、颜跃进、任　怡、张小平、全小飞、刘晓建、易晓东、张卫华

五、大型锌湿法电解生产综合优化控制技术与应用

锌电解生产包括电解沉积、电解液制备和整流供电过程。电解沉积过程中,电解液的酸锌浓度、温度、电流密度、杂质含量等工艺参数对能耗的影响复杂,且由于电解液制备流程长、滞后大、酸锌浓度无法实时检测,造成电解沉积过程能耗控制盲目;整流系统机组多、强耦合,造成整流供电系统电能损耗大。为此,该项目构建了大型锌湿法电解生产综合优化控制技术框架,研究开发了锌电解负荷优化调度及工艺条件优化技术、电解液制备与电解沉积过程优化控制技术、整流供电系统优化控制技术。

该项目主要技术包括:(1)提出了基于电化学平衡原理和数据驱动的锌电解过程建模技术,基于条件实验及工业运行数据,采用粒子群优化算法辨识能耗模型关键参数，建立了电解沉积过程能耗数学模型。(2)提出了面向电费最少和能耗最低的锌电解负荷优化调度技术,实现了电费分时计价政策下电解负荷的优化调度,降低了用电费用;提出了基于智能优化算法的电解工艺条件优化技术，获得了电解沉积过程最优的工艺条件。(3)提出了基于专家系统的电解液制备过程智能控制技术，实现了电解液温度与酸锌浓度的稳定控制，为电解沉积过程提供满足最优工艺条件的合适电解原液，保证电解生产过程的优化运行，降低了电解能耗。(4)提出了面向功率损耗最小的整流供电系统优化运行技术,实现了整流机组的优化运行,提高了整流效率；提出了基于模糊协调的高精度稳流控制技术，实现了调压变压器档位与整流机组触发角的协调控制,提高了稳流控制精度。(5)研发了基于三级实时控制网络的锌电解生产综合优化控制系统，实现了锌电解生产和整流供电过程的实时监视、优化控制、故障预警等功能,对稳定生产、提高生产效率和节能降耗发挥了重要作用。上述成果已应用于株洲冶炼集团股份有限公司锌电解生产过程,降低了电耗,确保了电解生产过程高效可靠稳定运行，经济社会效益显著,具有广阔的推广应用前景。

完成单位:中南大学、株洲冶炼集团股份有限公司

完成人员:桂卫华、阳春华、王　辉、肖功明、

李勇刚、申群太、张权度、朱红求、窦传龙、王雅琳、彭曙光、唐朝晖

六、用增强RFI/RTM-VIMP方法制备轨道交通车辆大尺寸复合材料部件

列车高速化，车辆须轻量化。复合材料与结构是满足列车轻量化要求最有优势的材料和结构。该项目改进RFI树脂膜并以其改进传统RTM和VIMP工艺，使RTM或VIMP制品的功能表面层和承力结构层一体化，用以整体制备轨道交通车辆车体；设计制备出抗撞性能优越的双层夹芯复合材料结构，用以制备地铁司机室头罩。

该项目主要内容包括：(1)各向异性多孔介质中的树脂流动行为。研究了液态树脂在不同纤维预成型体不同方向的渗透率和流动规律，为改进工艺提供了理论依据和基础。(2)改进RTM和VIMP工艺所需的树脂体系。采用基础树脂改性的方法，研制出了RFI树脂膜、改进RTM工艺和改进VIMP工艺所需树脂基体体系。(3)增强RFI树脂膜。在RFI树脂膜中加入功能助剂，同时适量加入增强体，在赋予膜以一定功能的同时，大幅提高膜的工艺操作强度。(4)用增强RFI改进RTM(增强RFI/RTM)工艺。用增强改性的RFI树脂膜预先构建功能表面层，用RTM工艺浸渍承力结构层，控制双层共固化，实现功能表面层与承力结构层的一体化成型。(5)用增强RFI改进VIMP(增强RFI/VIMP)工艺。用增强改性的RFI树脂膜预先构建功能表面层，用VIMP工艺浸渍承力结构层，控制双层共固化，实现大尺寸复合材料构件功能表面层与承力结构层的一体化成型。(6)双层夹芯复合材料结构设计与制备。通过单元材料选择、结构参数优化，采用面板与泡沫夹芯共浸渍共固化工艺，设计并制备出抗撞击性能优异的双层泡沫夹芯复合材料结构。(7)改进工艺的应用。用增强RFI/RTM工艺制备出旅游车复合材料车体和车顶；用增强RFI/VIMP工艺制备出高速列车机车车头罩；用共浸渍共固化工艺制备出双层夹芯复合材料地铁机车头罩。

该项目用增强RFI/RTM-VIMP技术整体成型轨道交通车辆大尺寸复杂形状复合材料薄壁构件，具有高品质、低成本优势，对推动高速动车组、城轨列车承力结构轻量化，具有重要意义。已应用于中华之星、蓝箭等高速机车，广州、深圳、上海地铁、出口伊朗机车和韶系列机车。

完成单位：国防科学技术大学航天与材料工程学院、株洲电力机车广缘科技有限责任公司

完成人员：肖加余、曾竟成、刘　钧、江大志、周　升、杜　刚、杨孚标、王春齐、谭　艳、邢素丽、彭超义、鞠　苏

七、废旧物资(铜、塑料)高质化利用关键技术研究与应用

该项目以提高再生铜和塑料产品品质及回收率为目标，通过对废铜和废塑料高值再生利用工艺与设备的系统研究与集成创新，突破了多项关键工程技术。①发明了煤转气净化的重力水除尘器及煤气螺旋式高速配风烧嘴，实现了煤转气反射炉炼铜的高效净化与燃烧；②提出并首次实现了废铜反射炉熔炼温度调控及低温扒渣技术，优化改进了熔炼工艺与设备；③优化集成了分选、破碎、清洗关键技术，率先为提高再生塑料制品品质和回收率提供了性质稳定的原料保障；④发明了提高再生素材色泽均匀度、表面光洁度的关键工艺技术，显著提高了再生塑料制品的各项性能。实现再生铜的回收率高达97%以上、铜的损耗降低2%，再生铜工艺煤耗降低16%，还原剂消耗减少60%，再生铜产品纯度大于99.9%，电阻率、延伸率、扭转率以及重金属含量等质量指标均优于国家标准；废塑

再生利用率达 95%以上，单位塑材制品每万元 GDP 能耗下降 8%；再生塑料产品杂质粒子数、挥发物含量、增塑剂吸收量、热稳定性等指标均优于国家标准。

该项目成果申请国家专利 9 项，其中发明专利 5 项(授权 2 项)，实用新型专利 4 项(授权 1 项)；出版专著 4 部；发表学术论文 17 篇；在汨罗长江铜业有限公司、湖南平桂制塑科技实业有限公司实施了产业化，使其分别成为全国唯一一家使用反射炉煤转气精炼铜制品质量优于国家标准的企业、国内利用废塑生产制品规模最大的企业。年利用废铜、废塑料生产优质铜制品 2 万吨、高质 PVC 制品 2.9 万吨，年新增产值 8 亿元、利税 1.3 亿元。

完成单位：中南大学、汨罗市长江铜业有限公司、湖南平桂制塑科技实业有限公司

完成人员：柴立元、闫红杰、何德文、周　萍、余方然、许平桂、陈　卓、凌昌伟、王伟良、许梯平、湛妮燕、詹志宏

八、长株潭城市主干线道路沥青路面结构、材料与施工动态控制技术

该项技术将高速公路(高等级公路)“强基优面”的路面结构设计理念，应用于城市主干线道路沥青路面结构设计中，结合长沙市重点建设项目-五一路改建工程，将高强、早强的水泥稳定粒料基层结构取代城市道路中传统的“三合土、四合土”基层结构，提高路面结构的承载能力，并对城市主干线沥青路面结构进行优化，同时应用于株洲市、湘潭市城市主干线及绕城公路建设中，效果明显。

项目根据城市道路交叉口、公共汽车停靠点多及易产生车辙和推移等沥青路面剪切破坏现象，结合长株潭地区夏季炎热的气候特点，将 SBS 改性沥青应用于城市主干线沥青路面中、上面层，较好的解决了城市道路沥青路面车辙、推移、拥包等剪切破坏问题。首次将热沥青封层技术应用于城市主干线半刚性基层沥青路面结构，加强半刚性基层与沥青面层的结合，改善路面结构层的受力特性，防止雨水损坏基层，延长路面使用寿命，解决了沥青路面开裂后基层唧浆等问题。根据长株潭地区的气候特点和城市主干线的交通特点，优化沥青混合料的级配，保证材料的高温性能和水稳定性，调整水泥稳定粒料半刚性基层材料的级配，提高了强度，减少收缩开裂，保证了路面结构的使用寿命。采用工厂化的施工质量动态管理模式，对沥青混合料的生产、运输、摊铺和碾压过程进行实时动态控制，确保施工过程质量指标在正常的波动范围内，确保工程质量稳定，并采用压实度和现场孔隙率双指标对现场沥青混合料碾压质量进行监控。

项目已广泛应用于长株潭城市主干线道路中，产生直接经费效益 1115 万元，发表论文 40 余篇。

完成单位：长沙理工大学、湘潭市湘江四大桥建设开发有限公司、株洲市城市道路建设开发有限公司、长沙市市政工程有限责任公司

完成人员：刘朝晖、谭荣鸣、李　垚、秦仁杰、周科峰、陈　青、彭　政、谢　军、李　盛、沙庆林、张建华、钱国平

九、高速铁路无碴轨道施工关键设备与技术

沥青水泥砂浆车是高速铁路无碴轨道施工必不可少的关键设备，目前国外仅德国和日本共试制了 7 台样车，且成套售价均在 1000 万元左右。然而，砂浆含气量、小剂量抗震计量等严重影响高铁砂浆质量的技术难题至今尚未得到有效解决。随着我国高速铁路施工步伐的加快，开发具有自主知识产权的高性能沥青水泥砂浆车和相关施工技术已迫在眉睫。

该项目综合运用机电液一体化技术，通过自主创新和大量工程实践，研制出集微泡砂浆生产技术、抗震计量技术、车辆快速调平技术等于一体的沥青水泥砂浆车，并形成了以沥青水泥砂浆车为中心的高速铁路无碴轨道施工技术。主要技术内容包括：1、高效能微泡砂浆生产技术。首创微泡砂浆生产工艺和沥青水泥砂浆专用对流式搅拌机，彻底解决了砂浆含气量稳定性和均匀性问题，攻克了影响高铁砂浆质量的世界性技术难题。2、高精度抗震计量技术。该技术由微量外加剂抗震计量技术和干粉骨料二次计量技术组成，彻底解决了振动环境下微量外加剂精确计量的技术难题和大口径螺旋输送的计量精度问题。3、车辆自动快速调平技术。发明了全新的车辆调平系统，并采用位置误差比例同步控制，实现了沥青水泥砂浆车在全工况下，纵向、横向同步自动快速调平。4、无碴轨道施工技术。依托自主创新和大量的工程实践，形成了轨道板精确定位技术及高效沥青水泥砂浆车施工技术，并建立了高铁砂浆设备施工相关技术规范。该项目申请专利 49 项，发明专利 10 项，其中已授权发明专利 3 项，已授权实用新型及外观专利共 32 项。产品批量投放市场，累计实现销售 171 台，国内外市场占有率 75%，产生经济效益 12.13 亿元，企业新增利润 2.78 亿元，新增税金 1.05 亿；经济社会效益显著。

完成单位：三一重工股份有限公司、中国中铁二局股份有限公司、中国中铁六局有限公司

完成人员：易小刚、黄向阳、周建荣、徐宏胜、陈　叔、刘召安、刘林周、邵满元、黄深海、康　颖、闫炳雷、邵志强

十、水稻温敏核不育系株 1S 的选育与应用

该项目针对三系杂交早稻早熟与高产矛盾突出，两用核不育系大多数不育起点温度较高、对短期低温敏感、制种安全性较差等问题进行研究，历经 15 年研究，取得如下主要创新性成果：

1、通过籼粳亚种间杂交，育成温敏核不育系株 1S，育性转换起点温度低于 22.6℃、对连续 6d 日平均 22℃左右低温不敏感，是国内不育起点温度最低、不育性最稳定的温敏不育系，适于制种的区域大，应用安全可靠，开花习性好，制种产量高；1998 年通过湖南省科技厅组织的技术鉴定，1999 年通过湖南省品种审定，其综合性状至今仍居国内同类研究领先水平。

2、首次提出“自然低温和人工低温双重压力胁迫选择法”。该方法的技术关键是将选择世代多次置于自然低温环境和人工低温环境双重压力下胁迫筛选。彻底淘汰了起点温度较高、对短期低温敏感的不育类型，育成的株 1S、陆 18S 等不育系的不育起点温度低，对短期低温钝感，制种安全可靠。该方法强化了育性敏感期的耐冷性锻炼，可繁性好，繁殖亩产 220kg 以上。

3、株 1S 细胞质为籼型，细胞核含有 10%广亲和粳稻血缘，亲和性广、配合力好，是国内选育杂交早稻和超级杂交早稻最多的不育系，已育成 32 个早稻组合通过审定，其中国审 5 个、省审 27 个，有 3 个组合被评为农业部或湖南省超级稻。

4、株 1S 早熟性遗传力强，首次育成了 5 个生育期短于 106 天的早熟高产组合，较好的解决了杂交早稻早熟与高产的矛盾，填补了长江流域早熟杂交早稻空白。株 1S 所配系列早稻组合的抗性和品质明显优于三系杂交早稻，5 个国审组合国家区试 6 个病圃鉴定：平均叶瘟 3.1 级，平均穗瘟发病率 3.5 级，平均穗瘟损失率 2.2 级，平均综合指数 2.7 级，抗稻瘟病。

该项目从 2002-2008 年在长江流域各省累积推广面积 4204.39 万亩，累计新增稻谷 9.15 亿公斤，新增社会经济效益 13.27 亿元。

完成单位：株洲市农业科学研究所、湖南亚华种业科学研究院、湖南亚华种子有限公司、株洲亚邦种业有限公司

完成人员：杨远柱、凌文彬、唐平徕、杨文才、陈良碧、王伟成、石天宝、陈运泉、符辰建、程建强、付高平、汤健良

十一、柑橘优异种质创新及特色品种的选育与推广

该项目从育种高效技术体系入手，极力提高育种效率，获得了一大批柑橘缺乏的优异新种质，选育出具有鲜明特色的、有自主知识产权的新品种。

该项目主要创新如下：

1、建立了柑橘高效转基因技术体系及优异种质的创新

建立了我国多个主要品种和砧木的节间茎段离体再生体系和遗传高效转化体系；建立了冰糖橙、纽荷尔脐橙、糖橙、椪柑和柠檬成年态高效离体再生及遗传转化技术，为柑橘转基因育种的实用化构建了必备的技术平台；建立了转基因枳橙的快速繁殖技术。将 9 个功能基因分别导入到 9 个柑橘种类品种中，获得了具有矮化、高光效、抗病等优异性状的转基因株系 107 个。

2、抗柑橘溃疡病基因的构建与抗病种质的获得

利用病原诱导型抗病机理和植物抗体技术，构建了 2 种抗溃疡病基因的植物表达载体，并成功将其导入柑橘商用品种中，获得了抗溃疡病甜橙种质，为抗溃疡病育种开创了新途径；同时，所转化的为甜橙主栽品种，获得的抗病新种质可望直接选育出抗病新品种。

3、特色品种的选育和推广

选育出崀丰脐橙、安化红、锦红和锦玉 4 个具有特色品种，崀丰脐橙适宜在湿热柑橘产区栽培，早结、丰产稳产、耐贮藏、抗逆性强；安化红果皮红色光亮，结果早、丰产稳定；锦红果皮橙红、果较大、风味浓甜、丰产稳产、耐贮藏；锦玉果大、大小均匀、早结丰产、风味浓甜、脆嫩化渣、耐贮藏。这 4 个品种均具有鲜明特色，综合性状优良，具有很强的市场竞争力。

该项目发表学术论文 38 篇；申请国家发明专利 4 项，其中 2 项已授权登记选育新品种 4 个：崀丰脐橙(XPD021-2004)、安化红(XPD009-2005)、锦红 (XPD017-2007) 和锦玉 (XPD016-2007)。已在全国推广面积 90.2 万亩，种苗和产品直接经济效益 6.8 亿元，产生明显的经济社会效益。

完成单位：湖南农业大学、湖南省经济作物发展中心、麻阳苗族自治县柑橘产业化办公室、新宁县农业技术推广中心、湖南省柑橘无病毒良种繁育中心

完成人员：邓子牛、廖振坤、胡　成、刘尚泉、谭英彪、熊兴耀、李大志、龙桂友、丁伟平、谢玉明、张秋明、胡春华

十二、水稻丰产高效技术集成研究与示范

该项目通过一系列试验研究，研创出超级杂交中稻改良型强化栽培技术体系、水稻无公害丰产技术体系、水稻“双抛”轻简高效栽培技术体系等 3 大技术体系，其关键技术主要有：以“软盘旱育秧”为特点的改良型强化栽培乳苗培育技术、“适龄早栽合理稀植”的改良型强化栽培群体调控技术、旱育及带肥育秧技术、农药减量病虫无害化控制技术、三级肥效配比缓释肥一次性施用技术、稻米重金属镉污染控制技术、“减氮增苗”丰产高效栽培技术模式、超级杂交稻改良型强化栽培技术体系的技术规程、双季抛秧轻简高效栽培技术体系的技术规程、水稻无公害丰产技术体系的技术规程；筛选出湘晚籼 13 号、湘晚籼 17 号、湘早籼 24 号、湘早籼 29 号、创丰一号、湘早籼 33 号、88S/0293、准两优

527、陆两优 996、培矮 64S/Y992、Y 两优一号等优质食用稻、高蛋白饲料稻、米粉型专用稻和超级杂交稻品种 20 个；研制了移栽型种衣剂、直播包衣型种衣剂、丸化型种衣剂和无土抛秧型壮秧剂等 4 种物化栽培产品和水稻点播直播机、强化栽培精量播种器、强化栽培除草起垄护蔸器等小型配套农机具 3 个。

该成果在湘乡、浏阳、赫山等 3 个重点县市建立了 1.06 万亩核心试验区，在汉寿、涟源等 12 个县市建立了 123 万亩技术示范区，在 35 个商品粮基地县市建立了 540 万亩技术辐射区，2006~2008 年，"三区"累计增产稻谷 7.59 亿 kg，增产增效、节本增效和优质增效的经济效益达 15.4 亿元。

完成单位：湖南农业大学、国家杂交水稻工程技术研究中心、湖南省水稻研究所、湖南省植物保护研究所、浏阳市农业局、赫山区农业局

完成人员：青先国、王学华、马国辉、张玉烛、艾治勇、曾　翔、屠乃美、黄　璜、李合松、刘见平、李应忠、李晓平

十三、仔猪肠道健康及功能性饲料研究与应用

该项目应用组学技术，研究了仔猪发育及断奶前后仔猪肠道形态学、微生物及功能性基因等变化规律，建立了以精氨酸家族及其代谢物等促进肠道发育与改善肠道功能、提高免疫力、缓解断奶应激等为基础的关键调控技术，同时开发出具有促进仔猪肠道健康的功能性系列饲料新产品。

该项目主要技术成果如下：1、采用基因组学、蛋白质组学和代谢组学技术，发现与仔猪发育不良及与断奶相关的氧化应激和免疫激活的上调基因及与营养代谢和细胞增殖相关的下调基因，揭示了仔猪断奶应激造成肠道结构与功能变化的分子机制。率先克隆了猪肠道碱性氨基酸转运载体 B0,+AT、小肽转运载体 PepT1 的 cDNA 编码区以及其他相关蛋白基因。2、发现精氨酸家族通过 NO-HSP70 和 PPARγ 信号途径调控肠道的抗氧化和粘膜免疫功能，缓解断奶仔猪肠道损伤，有效维持断奶仔猪肠道粘膜结构的完整性，通过 mTOR 信号通路和肠道血管内皮生长因子，促进肠黏膜蛋白合成和血管生长，建立了精氨酸家族调控仔猪肠道发育、肠黏膜抗氧化和免疫功能的技术。3、成功实现了牛乳铁蛋白活性肽在发光杆菌中的高效表达，同时将来源于猪肠道微生物寄生线虫的天蚕素肽 1 应用于断奶仔猪研究，并发现该类生物活性肽可以改善仔猪肠道微生物区系，促进肠道有益菌生长，抑制或控制肠道有害菌繁殖，在一定程度上提高断奶仔猪生长性能，有效控制腹泻，帮助仔猪更快的恢复健康，缓解断奶应激，从而建立了生物活性肽改善仔猪肠道微生物区系的调控技术。4、研发了藤茶黄酮、精氨酸生素、牛乳铁蛋白肽和乳猪教槽料等一系列调控仔猪肠道健康的新型饲料添加剂和饲料产品，使用该功能性饲料后，日增重提高 12%-20%，饲料利用率提高 10%-15%，腹泻率下降 25%-35%。已在全国 11 个省、市、区 31 家企业推广应用，累计新增产值 261.50 亿元，新增利润 31.49 亿元，新增税收 6.31 亿元。

完成单位：中国科学院亚热带农业生态研究所、武汉工业学院、唐人神集团有限公司、湖南正虹科技发展股份有限公司、南昌大学、湖南广安生物技术股份有限公司、湖南农业大学

完成人员：印遇龙、李铁军、孔祥峰、黄瑞林、邓近平、侯永清、廖益平、谭支良、李俊波、唐志如、刘玉兰、李丽立

2009年度湖南省科学技术杰出贡献奖获奖人介绍

一、刘友梅（南车株洲电力机车有限公司）

刘友梅，男，1938年出生，1961年毕业于上海交通大学电力机车专业，教授级高级工程师，中国工程院院士。现任中国南车集团技术专家委员会主席，南车株洲电力机车有限公司专家委员会主任。

刘友梅院士是我国轨道电力牵引技术领域设计理论与方法的奠基人之一，长期致力于设计变革与方法创新，推动了轨道电力牵引设计理论的技术进步，成为我国电力牵引技术转型、产品升级的重要基础，实现了以理论为先导，技术为依托，产品为归宿的技术创新方法的科学发展之路。

他是我国电力机车事业的开拓者之一。先后担任过我国第一、二代电力机车的总体设计师，实现了第一代电力机车的批量生产，第二代电力机车的技术升级与更新换代，1985年SS3型电力机车获国家科技进步二等奖。主持第三代电力机车的研制开发。其中“六五”国家重点科技攻关项目SS4型8轴重载货运电力机车双机重联在大秦线成功地索引万吨列车，1989年获国家科技进步一等奖；“八五”国家重点科技攻关项目SS8型4轴快速客运电力机车填补了我国160km/h快速客运电力机车的空白，1999年获国家科技进步二等奖。第三代电力机车标志着我国晶闸管相控调压电力机车技术进入了国际先进行列，并实现了电力机车多机种、多功能的系列化、模块化，形成了重载货运、客货两运、快速客运电力机车的8、6、4轴列配置的系列型谱。

他是我国电力机车“高速”、“交流传动”技术探索的先行者。主持第四代电力机车“九五”国家重点科技攻关项目“AC4000型交流传动电力机车原型车”和270km/h交流传动高速列车的研发，为电力机车交流传动技术“零”的突破做出了先导性贡献，为高速列车的自主研发与科学实践做出了探索性贡献。

他是我国电力牵引技术的学术领军人之一。在始终追踪世界电力牵引动力先进水平的同时，致力于中国轨道电力牵引“自主创新、自主研发、自主品牌”事业。使我国电力牵引技术装备实现了由普载到重载、常速到高速、交直传动到交流传动、进口到出口的历史性转折。刘友梅院士以他在铁路电力牵引技术装备领域的突出贡献，先后被授予“国家有突出贡献中青年专家”、“全国优秀科技工作者”、“湖南省劳动模范”、“全国劳动模范”等荣誉称号，并荣获“詹天佑科技成就奖”、“湖南光召科技奖”、“詹天佑科技大奖”、“光华工程科技奖”、“何梁何利科技进步奖”。

二、俞汝勤（湖南大学）

俞汝勤，男，1935年出生，1959年毕业于圣彼得堡大学，湖南大学教授，1991年当选中国科学院学部委员（院士）。

俞汝勤院士是我国化学计量学与传感器等新兴研究方向的奠基与开拓者之一。开展引领分析化学信息化的化学计量学基础理论与应用方法研究，为解决生命、环境、材料等学科向分析化学提出的各种难题，通过解析高阶数据进行复杂体系成份分析、通过定量构效关系研究预报新研制药物活性、环境毒性、新设计材料特性等。创建化学信息形态分析、混沌遗传算法及空间导向凝聚多变量图像分割等系列原创性化学计量学方法。建立中草药成份分析新方法，开展抗癌药物与核酸相互作用机理及叶绿素降解反应动力学解析等研究。构建交替三线性分解、耦合向量分辨等多种新型二阶校正方法，其中 5 种被国际上公认的化学计量学经典著作作为这类方法的优秀代表收引；基于这些二阶方法建立起毋须化学分离的“绿色”分析技术，被国内外同行用于食品安全检测与生化代谢产物分析，影响远及西欧及南美洲。这方面研究为设计智能分析仪器奠定了基础。

他带领的课题组被国际同行列为全球最活跃的 8 个化学计量学研究组之一。国际化学计量学学会理论刊物《化学计量学杂志》由他负责亚太、中东及东欧地区论文的终审。化学计量学研究成果获国家自然科学二等奖，居于全国分析化学界迄今获得的最高级别国家自然科学奖之列。系统研究各类化学生物传感器，合成系列新载体，研制多种药物及难测试离子的电化学、光化学传感器，发展化学生物传感界面的分子组装、生物分子定向固定修饰、复合纳米结构界面的直接电子传导、核酸适体传感、核壳结构近红外荧光与表面增强拉曼探针，提出基因突变与全血分子免疫分析的纳米探针，构建癌症、传染病、遗传病等重大疾病早期诊断以及环境与食品安全检验的高灵敏、高特异性传感器件。他研制血吸虫病抗原抗体检测传感器，为我省血防工作提供新检验手段并培养技术骨干，建立基于界面磁组装的白血病免疫分型全新传感系统。在我省实现重要的新型化学传感器的国产化生产，供化工、环保、卫生、地震预报等部门使用，为我省在高水平化学传感器研究基础上建立新型产业打下了基础。传感器研究成果先后获全国科学大会奖、国家自然科学三等奖及教育部自然科学一等奖。早年开展稀有金属有机分析试剂研究，建立铌的灵敏分析方法为冶金及地质部门采用，并实现试剂批量生产。

几十年来，俞汝勤院士发表著作 5 本，SCI 收录论文 584 篇，引用达 5451 次。培养了 77 名博士及 100 多名硕士。

他曾任湖南大学校长，第六、八、九、十届全国政协委员。获机械部优秀教师、人事部中青年有突出贡献专家、湖南省优秀科技工作者称号，获机械部高校科技突出贡献奖及湖南光召科技奖。

2009 年度湖南省国际科学技术合作奖获奖人介绍

一、肖岩（美国）

肖岩，男，1961 年出生，美国籍，工学博士。现任美国南加州大学工学院终身正教授，湖南大学土木工程学院“长江学者”特聘教授、博士生导师、湖南大学土木工程学院院长。

他在国际结构工程领域有广泛的学术影响，所从事的学科专业领域及主要研究方向包括：建筑与桥梁结构的抗震抗爆设计方法研究；高性能结构材料的应用研究；结构实验方法研究；新型钢、木、竹组合结构和现代竹结构的开发研究等。负责设计建造的湖南耒阳导子乡行车现代竹桥被美国《Popular Science》杂志评为 2008 年最佳工程创新，并被评为四个“年度发明家”之一。

他在国内外多个学术研究机构和协会作为重要成员参与工作，在国际上具有很高的知名度。他是美国土木工程师学会 ASCE《结构工程学报 Journal of Structural Engineering》副主编；国际组合结构学会ASCCS理事；美国混凝土学会ACI会士；美国土木工程师学会ASCE及美国混凝土学会ACI联合委员会335,441委员会委员；《自然灾害学报》编委会副主任委员；《土木工程学报》和《建筑结构学报》编委等。

他长期关心和致力于与中国结构工程领域的研究合作，自2001年任教育部“长江学者”特聘教授以来，积极开展国际合作交流，邀请国际著名学者来湘讲学、在湘召开国际会议、引入国际高层次人才来湖南大学工作的方式推动了湖南省土木工程学科建设，为湖南省的经济建设和国际知名度提升作出了重要贡献。肖岩博士还积极推动湖南大学建设“建筑安全与节能”重点实验室，开展建筑安全防护与监测、建筑环境与节能、新型建筑材料等相关领域的研究，为保障我国国民经济的可持续发展提供理论与技术支持。他所开发的现代竹结构在国际上引起了巨大的反响，使得湖南省成为了现代竹结构的世界研究中心，提升了湖南在国际上的知名度，同时将极大推动湖南的竹产业经济，为湖南省经济和社会发展作出贡献。

他担任湖南大学土木工程院长以来，致力建立一支结构合理、创新能力强的学术队伍，为湖南大学土木工程学科培养了一批优秀的中青年科研人才。同时亲自参与指导培养博士和硕士研究生30多人，并推荐多名研究生到国际著名大学交流访问，构建了研究生教育的国际化桥梁。此外，引进国外先进的高等教育管理方法，积极推进湖南大学的教学改革，为人才的培养作出了突出贡献。

二、海顿·罗伯特（美国）

海顿·罗伯特，男，1939年出生，美国籍，美国著名专家，金属材料学博士/管理学硕士。1979–2007年期间，美国摩斯公司、美国雷诺锯业公司分别从事过技术研发经理，技术顾问，高级研发工程师等工作，担任过多年的生产与技术管理职位，具备丰富的行业内经验。该专家在美国、欧洲及日本等三个地区拥有关于双金属带锯条的专利超过十多项。目前国际顶级最优质带锯条产品中的两种形式的硬质合金锯条均以他的发明专利为蓝本发展而来。而其中Bahco的triple set在市场上最为成功，深得欧美以及日本等国客户的喜爱。

海顿·罗伯特先生是湖南泰嘉新材料公司聘请的美国高级带锯研发专家和技术顾问。2008年10月，海顿·罗伯特先生突破原有的设计模式，向泰嘉公司提供了一种全新的硬质合金带锯条研发技术，使泰嘉公司成功开发了主要用于切割高硬度材料（如军工企业及航空航天使用较多的钛合金等）硬质合金带锯条。该产品的成功研制，提升了泰嘉公司的技术创新能力，彻底打破了该产品在国内100%依赖进口的局面，使中国迈入国际先进行列。

他作为泰嘉公司聘请的技术咨询顾问，特别注重对泰嘉公司技术团队的素质培养。他结合泰嘉公司特点有针对性对技术骨干进行专题培训，他坚持技术人员不能只停留在“Know how”上，必须深入到“Know why”的层次。通过他的指导，泰嘉公司建立了热处理和铣齿工艺标准；通过他的指导，泰嘉公司技术人员和普通操作工更加注重如何控制锯条打齿、切削不光滑或切斜等小的细节；通过他的指导，泰嘉公司技术人员对于新产品开发和市场有了更深刻的理解，整体素质得到显著提升，产品的工艺控制实现了质的飞跃。为泰嘉公司拓展国际市场，扩大产品的出口规模，成为中国锯切行业的领先企业和国际金属锯切行业的知名企业奠定了坚实基础。

第五篇

行业科技

教育科技

【高校科研发展】

2009 年，湖南省高校新增科技经费总额 26.33 亿元,承担各类科研项目 12824 项。全省高校科研人员发表学术论文、取得专利、版权、动植物新品种等科技成果数量提高，共发表学术论文 28300 篇，较 2008 年增长 7.78%；申请专利 1090 项，专利授权 667 项，较 2008 年分别增长 17%和 60.7%。湖南省教育厅支持高校教师开展科学研究工作，共投入科研专项经费 2171 万元，资助科研项目共计 1639 项。其中重点科研项目 107 项、青年项目 115 项、一般项目 1310 项，创新平台开放基金项目 107 项。

2009 年，湖南省高校新增国家自然科学基金项目 555 项、国家杰出青年科学基金项目 5 项、国家社会科学基金项目 94 项，分别占全省新增总量的 98.05%、100%和 94.9%。分别比上年增加 21.54%、40%和 10.58%。在应用研究方面，湘潭大学罗和安教授主持的“湘江水环境重金属污染整治关键技术研究与综合示范”课题（简称湘江水专项）“清水塘工业区入江废水中重金属减排和综合整治技术”子课题正式列入国家中长期规划科技重大专项。在基础研究方面，湖南师范大学梁宋平教授作为首席科学家牵头组织实施的国家 973 计划项目——我国特有产毒动物多肽毒素基础与应用基础研究，标志着湖南省基础研究工作迈上新台阶。在湖南省新立项的 12 个重大专项中，由高校为牵头单位的有 4 个(其中省属高校 2 个)。

【重点学科建设】

2009 年，中南大学、湖南大学、国防科技大学“985 工程”建设和中南大学、湖南大学、国防科技大学、湖南师范大学“211 工程”三期建设均按计划顺利实施。湖南省教育厅全年投入重点学科专项建设经费 3632 万元，比 2008 年增加 20.7%，学校配套建设资金 7909 万元。各学科承担国家级科研项目共计 664 项，拥有省部级实验室、工程中心、基地 287 个；培养博士研究生 992 名，硕士研究生 5523 名。

【科研奖励】

2009 年，湖南省高校获得国家级科技奖励 14 项（其中发明奖 2 项、科技进步奖 12 项），占全省获奖总数的 51.85%。其中主持项目 9 项，占全省主持获奖项目的 69.23%。长沙理工大学主持的科研项目“膨胀土地区公路建设成套技术”获得 2009 年国家科技进步一等奖，是省属高校中第一个国家科技进步一等奖。全省高校主持项目共获得湖南省科技进步一等奖 15 项，占全省一等奖总数的 75%。

【创新平台与创新队伍建设】

创新平台建设。2009 年，湖南省高校新增国家工程技术研究中心 1 个、教育部工程研究中心 4 个、教育部重点实验室 2 个和湖南省重点实验室 6 个。其中湖南农业大学“国家植物功能成分利用工程技术研究中心”实现省属高校国家工程技术研究中心“零”的突破。截至 2009 年底，全省高校建有国家级重点实验室 12 个（其中国家重点实验室 5 个、国防重点实验室 5 个、国家工程实验室 2 个)，国家工程研究（技术）中心 4 个、教育部重点实验室 24 个、教育部工程研究中心 16 个、湖南省重点实验室 47 个、教育部人文社科重点研究基地 2 个。

湖南省教育厅制定《湖南省普通高等学校重点实验室管理办法》和《湖南省普通高等学校哲

学社会科学重点研究基地管理办法》，对建设期满的“湖南省普通高校哲学社会科学重点研究基地”建设任务情况进行验收，并于9月份在湖南师范大学组织召开全省高校创新平台建设与管理研讨会。面向在建的“湖南省普通高等学校重点实验室”和“湖南省普通高校哲学社会科学重点研究基地”设立创新平台开放基金项目107个。湖南师范大学“多倍体鱼繁殖与育种技术教育部工程研究中心”和湖南中医药大学“中药超微技术教育部工程研究中心”通过国家教育部验收。

创新队伍建设。中南大学商学院陈晓红教授领衔的“复杂环境下不确定性决策的理论与应用研究”研究群体获管理学科国家自然科学基金创新群体，是2009年国家自然科学基金管理学部唯一的1个创新群体。有6个团队入选“教育部高校科技创新团队”，有53名青年学术骨干入选教育部2009年度“新世纪优秀人才支持计划”。湘潭大学罗和安教授、湖南大学罗安教授、湖南师范大学夏立秋教授、湖南科技大学黄采伦教授荣获第二届“湖南省优秀专利发明人”称号(全省共14名，高校占28.57%)。

【产学研合作与科技成果转化】

2009年，湖南省教育厅加强“湖南省高校产学研合作示范基地”建设。下发《湖南省高校产学研合作示范基地管理办法》，面向第一批“湖南省高校产学研合作示范基地”重点支持21个高校科技成果产业化培育项目，遴选16个第二批“湖南省高校产学研合作示范基地”。6月，湖南农业大学与岳阳巴陵油脂、株洲高科奶业经营有限公司等企业建立校企合作关系，帮助企业加快技术创新；7月，湖南大学、国防科技大学、中南大学、湖南农业大学等9所高校的负责人与湘潭市签订合作协议；8月，湖南工程学院与湖南华菱湘潭钢铁有限公司、湘电集团有限公司等23家大中型企业签订全面推进产学研合作协议。中南大学、湖南大学、湖南师范大学等8所高校2009年与湘西自治州的企业签署合作项目81项中有65项已顺利实施，投入资金6.7亿元。12月，《湖南日报》专版宣传湖南省高校产学研的成绩与经验。

大力推进高校科技成果转化。湖南省教育厅参与合作承办“2009中国(长沙)科技成果转化交易会”，组织10所高校共签约科研项目84项，占签约项目总数的37.67%；项目经费10.29亿元。省教育厅与省科技厅联合开展“科技人员服务企业行动”，共组织100个科技服务小分队，占总数的60%。

（供稿人：湖南省教育厅科技处 左清 潘峰）

卫生科技

【科技立项与管理】

2009年，湖南省卫生厅共受理申报项目207项，经组织专家会议评审，确立计划项目158项，其中一般项目137项，指导项目21项，投入研究经费118万元。组织完成2009年度湖南省医药卫生科研项目的申报评审工作。

获湖南省科技厅项目49项，科研经费100余万元。获国家传染病重大专项3项，分别是湖南大学朱海珍主持的“核酸识体在丙型病毒性肝炎的早期诊断和靶向治疗中的应用基础研究”，获资助经费768万元；湖南省血吸虫防治所贺宏斌主持的“洞庭湖区防治血吸虫病综合示范区建设”，获资助经费1368万元；长沙市中心医院刘艳科主持的“中医药治疗肺结核临床基地建设”，获资助经费 360 万元。对 7 家重大疾病研究中心进行中期评估，签定组建合同，并下拨第二批组建经费 70 万元。

【科技成果与奖励】

2009 年，医药卫生系统共有 40 项科技成果通过鉴定，其中中南大学湘雅医院完成的“翼腭窝及邻近结构肿瘤治疗新术式及应用研究”居国际领先水平，“麻醉深度监测指标的应用评价及麻醉深度监测下麻醉方案的优化”等 7 项成果达到国际先进水平，“乙型肝炎相关性肝细胞癌基因治疗细胞凋亡分子靶位研究”等 19 项成果达到国内领先水平，另有 13 项达到国内先进水平。指导完成第六届“湖南医学科技奖”的评审工作，评出一等奖 6 项，二等奖 17 项，三等奖 20 项。

全年有 39 项科技成果获 2009 年度湖南科学技术进步奖，其中一等奖 1 项，二等奖 13 项，三等奖 25 项。由湖南省中医药研究院、湖南春光九汇现代中药有限公司和湖南中医药大学共同完成的“中药超微粉体关键技术的研究及产业化”获国家科技进步二等奖。由中南大学完成的“HSF1 及 HSP70 对全身炎症反应综合症的保护作用及其机制研究”获中华医学科技三等奖。

【人类辅助生殖技术管理】

2009 年，按照行政审批程序，对申请正式运行的 5 家医疗机构进行复审验收，其中 4 家获得正式运行，1 家继续试运行。在长沙召开湖南省医学会生殖医学专业委员会成立大会暨第一届学术交流会，来自北京、广东、河南、山东、重庆和全省各地的代表共计 100 余人参加会议。

【实验室生物安全管理】

2009 年，全面贯彻落实国务院颁布的《病原微生物实验室生物安全管理条例》，强化全省医药卫生行业微生物实验室生物安全管理。加强培训。3 月，举办湖南省医药卫生行业实验动物室生物安全培训班 1 期；12 月，举办湖南省县级疾控中心培训班 1 期，共计培训 200 多人。针对湖南省病原微生物实验室生物安全管理现状，组织编印《生物安全法律法规和相关标准汇编》，免费发放给相关人员学习使用。根据甲型 H1N1 流感防控工作的需要，组织相关专家，对湖南省疾控中心、长沙市疾控中心、株洲市疾控中心和郴州市疾控中心等 4 家单位的 6 个病原微生物实验室进行现场评估，确认其 BSL-2 实验室资格和实验活动资格。

【技术推广】

2009 年，举办市、县级师资班 2 期，培训骨干医师 200 余人；免费发放适宜技术推广手册 8 万册，培训医务人员 6.2 万余名。制作适宜技术推广视频 32 个和甲型 H1N1 流感防治技术视频 1 个，供湖南省医务人员免费学习。组织中南大学湘雅医院的知名专家远赴古丈县，向该县乡村三级医生送有效、安全、价廉的适宜技术。

【卫生科普】

2009 年，根据湖南省科普领导小组的统一安排和湖南省科技厅等 4 部门《关于组织举办 2009 年湖南科技活动周的通知》精神，5 月 16 日，中南大学湘雅医院、湖南省马王堆医院和湖南省劳卫所的专家 20 人参加在长沙市植物园举行的开幕式。赠送《健康来自一分钟的好习惯》一书，得到湖南省委副书记梅克保、副省长郭开朗的高度评价。省直各医疗卫生单位均在各自工作场所举办卫生科普系列活动。湖南省肿瘤医院组织内科、外科、神经外科、骨科、头颈科、妇瘤科、宁养院等 7 个科室的肿瘤专家放弃休息日，在长沙岳麓区咸嘉新村广场举行科普宣传和义诊活动。

湖南省卫生厅与医学会举办全省医学科普

写作骨干培训班，共有98名临床一线的医护人员参加培训；制作科教片“生命杀手-艾滋病”。组织编著《从内到外说疾病》、《从内到外说养生》两书，均由中国言实出版社出版。

（供稿人：省卫生厅科技教育处 李钢强）

国土资源科技

【科技计划项目与经费】

2009年，湖南省国土资源厅承担的国家科技部“地质灾害低空遥感应急监测方法研究与示范应用”科研项目获得经费355万元。该研究利用无人飞行器，从突发性地质灾害的初步确定、应急预案的制定、应急决策到无人飞行器实地飞行、影像快速处理、受灾相关信息提取，再到信息反馈、指导救灾等构建快速反应机制，以湖南省为示范，建设地质灾害遥感应急监测示范站网，在全国范围内推广应用，全面提高应对突发性地质灾害的能力，保护人民群众的生命和财产。承担的国土资源部“地质灾害遥感调查技术规定研制”科研项目获得经费50万元。该研究是在充分收集整理、调研和总结国内地质灾害遥感调查经验的基础上，研究确定地质灾害遥感调查的任务、内容、方法和相关技术要求，编制《地质灾害遥感调查技术规定》，规范并指导全国地质灾害遥感调查工作。

湖南省国土资源厅安排19个科研项目，安排研究经费350万元。其中：

“湖南省中小矿山资源整合与保护方法研究”主要研究内容是：调查湖南省中小型矿山近几年矿产资源开采现状，建立资源开发数据库，从采矿技术角度细化分析损失矿量的损失原因和类型；找出目前中小型矿山技术条件下的开采技术难点，并从资源开发角度提出采矿技术开发的突破口，提出中短期采矿技术研究计划；分析各矿种、各矿山类型的资源管理缺陷，分析矿产资源利用的管理误区，提出促进资源开发利用的管理改进意见；引进国内外现代管理理念，采用系统论技术协调技术管理和矿政管理，提出适合湖南省矿产资源条件的资源整合与保护方法。

“低品位碳酸锰矿浮选新技术研究”主要采用混合矿浆调整剂拉大碳酸锰矿粒与脉石可浮性差异；改变传统捕收剂的结构，使其理化性质改变，提高捕收选择性；对浮选设备进行结构改进，促进药剂、气泡与矿粒的充分接触，提高选别指标，最终将含锰7%左右的低贫碳酸锰原矿经浮选获得含锰18%-21%的锰粉产品。

“湖南省新时期水工环地质工作战略研究”主要是在全面收集湖南省经济社会发展规划和已有水工环成果资料基础上，系统总结湖南省水文地质、环境地质调查工作程度和现状，现阶段存在的主要水文地质、环境地质问题。以经济社会发展的需求为导向，探讨今后水工环地质工作靶区、工作方向和战略部署，提出适合湖南省实际的水工环地质工作项目库，为建设小康社会和国土资源管理服务。

“重大建设项目用地审批信访稳定风险评估制度研究”主要是对近几年以来重大的建设项目及产生的信访问题进行梳理，找准存在的突出问题和新出现的呈发展态势的问题；针对存在的突出问题，通过面上分析和解剖典型，从法律政策不完善、不依法行政、初信初访处理不力等方面，找出重大建设用地项目导致信访问题产生的原因；在深入分析原因的基础上，提出重大建设用地审批信访稳定风险评估制度建立的对策建议。

“土地开发整理之土壤质量遥感评价研究”主要是借助遥感反演技术，建立土壤质量各评价指标遥感定量评价模型，通过对土地开发整理区域整理后遥感图像反演分析、融合处理，提取土壤有机质、含碳量、地表温度、蒸散量等变化信息，实现土地整理后土壤质量评价。

“基于两型社会建设的农村闲置土地利用研究”主要研究湖南省农村闲置土地的数量、类型和分布特征，分析其成因；系统划分农村闲置土地类型，建立指标体系，科学界定农村闲置土地；主要针对农用地的闲置类型，构建评价指标体系和评价方法，建立评价信息系统，实现其利用潜力和适宜性评价；从政策、法律、制度、经济、技术等角度，探讨基于两型社会建设目标的农村闲置土地利用与管理对策与措施。

“两型社会建设背景下湖南省土地流转机制研究”主要是通过湖南省土地流转的背景和现状进行分析，提炼出全省土地流转产生的原因和阻碍土地流转的因素；从两型社会建设角度提出全省土地流转机制设计的要求，综合运用委托代理理论、产权理论、资产定价理论和“循环经济”理论等提出全省土地流转机制的内容和模式，评价全省土地流转机制的实施。

“极细粒低品位红铁矿高效半工业化选矿系统工程技术研究”在2007、2008年对江口铁矿高磁、低磁类型铁矿做了多种选矿工艺流程的实验室试验、扩大连续试验，取得铁精矿品位59-63%、回收率65-73%的较好选别指标的基础上，开展半工业化试验，进行各类型原矿的工艺矿物学研究和合理工艺流程开发研究；高效大型选择性细磨与精确分级技术研究；复合力场强磁选设备研制；新型高效-絮凝、浮选捕收剂研制；引入闪速磁化焙烧技术，解决部分复杂极细粒低磁-赤混合矿的回收利用；引入柱式浮选技术，开展柱式浮选短流程工艺技术设备开发应用研究，实现半工业化试验阶段铁精矿品位60-62%、回收率≥65%的选矿技术指标，为湖南省大规模开发利用这类铁矿资源奠定技术基础。

【成果管理与奖励】

2009年，湖南省国土资源厅主持验收、鉴定和评审“大厂矿田地质矿产数据库与隐伏矿体立体定量预测研究”、“东安锑矿探采新技术研究”、“利用航空正射影像图进行土地利用现状库更新与规划整体修编研究”、“无人机遥感技术在集约用地监测评价中的应用与研究”等12项科技成果，其中大厂矿田地质矿产数据库与隐伏矿体立体定量预测研究被鉴定为国际先进水平，另外6项为国内领先水平，4项为国内先进水平。

湖南省国土资源厅直属单位湖南省地质环境监测总站承担的“湖南省地下水资源评价”项目成果获国土资源部2009年国土资源科学技术奖一等奖。

【科技基础建设和人才培养】

2009年，湖南省国土资源厅投入近1.5亿元的湖南省地质博物馆新馆完成建设工作，进入布展阶段。湖南省地质博物馆被国土资源部授予全国首批“国土资源科普基地”称号。

湖南省国土资源厅结合国土资源部“我国典型金属矿科学基地研究”项目的实施，新成立两个国家级金属矿野外科学基地——湖南省柿竹园矽卡岩云英岩钨锡钼铋矿科学基地和湖南省锡矿山低温热液型锑矿科学基地。两个基地建设对湖南省在矿产领域长期独立开展野外关键数据和地学现象等要素的监测提供场所，对提高湖南省国土资源科技创新能力和培养野外一线科技创新人才具有重要意义。

8月，湖南省国土资源厅和国土资源部科技与国际合作司签订《国土资源部科技与国际合作司与湖南省国土资源厅共同推进湖南省国土资源科技创新与对外合作意向书》，该意向书在“土地监管季度‘一张图’技术研究与示范”、“污染土地综合整治新技术示范研究”、“耕地后备资源评价与基本农田综合整治新标准研制”、“尾矿开发利用与综合治理新技术研究”、“地下水资源勘查开发新技术示范研究”、“地质灾害应急监测技术示范研究”、“基于国产卫星的区域地质环境调查与监测示范研究”、“推进国土资源科技创新和对外合作新机制建设”、“建立合作工作制度”等9个方面达成合作意向，构建合作新机制。

【科技活动与学术交流】

2009年，湖南省国土资源厅承办2009年海峡两岸土地学术研讨会。来自中国人民大学、中国农业大学、南京农业大学等高校，各省市土地学会以及台湾土地问题研究专家200余人参加研讨会。湖南省委副书记、省长周强亲自接待台湾地政研究所所长林英彦等近100名台湾学术界精英代表。两岸学者围绕“节约集约用地及城乡统筹发展”的主题展开深入研讨和学术演讲。双方与会代表达成关于进一步开展两岸土地科技合作与交流共识。会议期间，在中国土地学会的倡议下，与会大陆代表和湖南省国土资源系统向台湾“莫拉克”台风受灾同胞进行募捐。

湖南省国土资源厅结合“4•22”世界地球日、“6•25”全国土地日、“5•12”全国防灾减灾日、“8•29”全国测绘日及科技活动周，开展一系列丰富多彩的国土资源科普活动，先后组织开展“八个一”(即群发一组短信，布置宣传一条街，分发一万份宣传资料，制作一套高规格展板，举办一系列专题讲座，在省人民广播电台、湖南日报等媒体开辟一个专题栏目，组织一次优秀论文评选，开放一个展馆)的宣传活动，得到湖南省委副书记梅克保的充分肯定。湖南省国土资源厅连续第五年被省科普领导小组评为科技活动周先进单位。

湖南省国土资源厅先后组织80人赴欧洲、日、韩、澳、新、南非进行地政、矿政考察培训，先后考察21个国家和地区依法行政、土地矿产管理、测绘技术、资源的储量与分布、采探冶技术、循环经济和生态保护等方面的情况，并为26家在境外的矿山企业提供资源储量、矿产品价格、资金信息和采探冶等方面信息。

(供稿人：湖南省国土资源厅科技与对外合作处 朱辉)

信息产业科技

【光伏产业】

2009年，湖南省实施“湖南1000MW晶体硅太阳能光伏垂直一体化产业链行动计划”，基本拉通产业链各环节，基本完成产业布局，475MW太阳能电池产能形成，规模进入全国四强。48所的“500MW光伏产业链和太阳能装备”、湖南省华磊光电股份有限公司的“LED外延片/芯片制造”、益阳晶鑫新能源科技实业有限公司的“高纯硅材料”以及湖南三升光电有限公司、湖南华源线缆电器有限公司、湖南玉丰真空科学技术有限公司等项目加快建设。全省光伏产业企业从2007年7家发展到2009年底65家，产值从2007年2亿元发展到2009年83亿元，具备千亿产业潜质。48所最新研发的丝网印刷机、自动检测分选设备填补国内空白，其光伏装备占据国内市场份额的85%，并实现整线“交钥匙”工程，成为支撑国家光伏产业快速发展的龙头企业。株洲南车时代电气股份有限公司依托强大的变流技术优势，开发出250KW和500KW大功率逆变器，并通过“金太阳认证”，湖南神州光电能源有限公司与台湾清华大学合作研制的高效彩色太阳能电池，成功进入上海世博会中国馆采用。

【软件产业】

2009年，湖南省实现软件产业主营业务收入221亿元，同比增长33%。其中软件业务收入140.8亿元（包括软件产品收入69.57亿元），系统集成及支持服务收入18.93亿元，软件技术服务收入18.15亿元，嵌入式系统软件收入34.14亿元，IC设计收入0.014亿元。2009年新认定软件企业74家，登记软件产品226项，全省通过2008年年审和2009年新认定的软件企业合计为436家。2009年，湖南省软件产业从业人员规模达3.9万人，其中研究开发人员比重近60%，大专及以上学历人员比重85%。全省共有22家企业销售收入过亿元，其中有10家企业软件业务收入过亿元。株洲南车时代电气股份有限公司、长城信息产业股份有限公司公司成为中国软件业务收入百强企业，株洲南车时代电气股份有限公司以8.49亿元的软件业务收入位列第37位。湖南拓维信息系统股份有限公司、湖南华芯时代微电子有限公司、衡阳镭目科技有限责任公司3家公司入围国家规划布局内重点软件企业。通过CMM/CMMI3级以上认证的软件企业增至7家。获得国家工业和信息化部计算机信息系统资质证书的软件企业有123家，其中一级资质6家，二级资质12家，三级资质83家，四级资质22家。全省有上市软件企业6家。软件企业的综合竞争能力显著提高。2009年，湖南省服务外包合同金额5.58亿美元，同比增长2.46倍；服务外包合同执行金额3.32亿美元，同比增长1.8倍；新增服务外包企业48家、新增培训机构20家，分别同比增长72%和150%。服务外包承接地由长沙向湖南“3+5”城市群拓展。服务外包业务由2007年仅日本等少数国家，扩展到美国、新加坡、韩国、日本、香港、加拿大、德国等10多个国家和地区。9月25日，长沙软件及服务外包人才培训联盟和长沙高新区服务外包产业联盟相继成立。筹资1000多万元建设的长沙（国家）服务外包基地公共服务平台，于12月正式运营,成为中部六省首个专业服务于外包企业综合性运营平台，为企业提供服务外包项目承接、发包、转包、接包、分包、信息发布、信息搜索等专业化综合信息服务。长沙软件园荣获“中国软件和服务外包杰出园区”称号，是中部地区首个软件和服务外包杰出园区。

【消费类电子整机产业】

2009年7月，长城信息股份有限公司引进“长城电脑”品牌整机正式下线，年底产销量突破1万台，计划3年内达到50万台整机产能。湖南益阳汇盛科技有限公司笔记本电脑正式投产，将形成年产30万台笔记本产能，结束湖南省没有电脑整机的历史。总投资20亿元、占地1200亩的湖南汇盛科技工业园7月14日在益阳奠基，计划建设一座现代化、多功能消费类电子信息产业核心基地，容纳3万人就业。湖南良田高科发展有限公司的高拍仪、讲课仪、智能电子教鞭、摄像头、点读机、读书笔，以及湖南天几数码科技有限公司的多功能数字学习笔、扫描智能手机开始投放市场。总投资5.6亿元的湖南纽曼数码电子产业基地项目3月底正式在长沙经开区开工，计划2010年上半年投产，纽曼总部将迁入湖南。郴州高斯贝尔数码科技产业园二期扩建项目开始建设，华录数码的移动液晶电视出口突破20万台，欧信品牌手机销售突破60万台。湖南国科广电科技有限公司成为直播卫星信道解调(安全模式)标准制定者。

【新型显示器件产业】

2009年,总投资22亿元的蓝思科技(湖南)有限公司电子防爆特种玻璃已经完成9亿元投资,一期投产,新增员工6000多人;二期完成厂房建设,三期开始规划;计划工程全部投产后,年销售收入45亿元,可解决约2万人就业,成为全球最大的电子防爆特种玻璃生产基地。湖南汇盛科技有限公司引进全球最先进的生产线,年产264万片薄膜晶体管液晶显示器项目已经正式量产。总投资1.9亿元的湖南大成科技有限公司彩色液晶显示器产业化生产基地正式投产。湖南恒信公司、恒维公司等显示器件产品在金融危机下保持良好销售势头。湖南普照爱伯乐公司的"TFT-LCD/CSTN-LCD用2.5代彩色滤光片项目"、匀胶铬板开始达产,并在此基础上开发出手机触摸屏投放市场。11月,香港达福鑫控股有限公司计划投资总10亿元、占地400亩的TN/STN液晶显示器和导电玻璃项目落户永州,开始厂房建设。12月,骏峰企业(香港)有限公司投资5200万美元的CSTN-LED(彩色超扭曲液晶显示器)、TFT-LCD(薄膜晶体管液晶显示器)项目落户郴州出口加工区。

【电子商务】

2009年,湖南省基于电视传媒的电子商务继续保持全国领先。湖南卫视"快乐购"市场范围已涵盖13个省及天津、上海、重庆等直辖市,覆盖61个区域市场、3300万户家庭,进一步打开乡镇物流,实现真正意义上的"渠道下乡"、"家电下乡"。湖南移动电子商务相关应用技术研究取得重大突破,全国唯一移动电子商务服务平台建成上线,移动电子商务业务和技术规范、标准逐步建立,湖南移动电子商务已在全国形成先发优势。出台《湖南省人民政府关于加快移动电子商务发展的意见》和《湖南省移动电子商务发展规划》。先后召开湖南省推进移动电子商务发展工作会议和移动电子商务领导小组会议,总结试点以来成效和经验,确立移动电子商务发展方向。在深圳举办移动电子商务推介暨长沙移动电子商务产业园专题招商会,合同引资额达7亿多元。成立湖南省手机产业联盟,为湖南生产的手机进入中国移动定制库架设桥梁,推动湖南手机产业的发展。湖南省政府与中国移动通信集团公司签署战略合作框架协议,就推进移动电子商务工程等六大领域开展全面战略合作,计划5年内中国移动在湖南投资将超过200亿元,全力推动湖南移动电子商务发展。9月,湖南移动举行中国移动手机钱包湖南试商用启动仪式,标志着中国移动手机钱包业务在湖南正式进入试商用阶段。2009年四季度,湖南移动在湖南省投入超过5000万元资金用于业务受理环境建设及用户推广,在湖南省内发展超过30万手机钱包用户和2000个商家。全国唯一的全网手机支付平台在湖南建成上线,其产业拉动效应明显。湖南省内商业零售龙头友阿集团、步步高集团、通程集团、万达国际影院等100余家传统商户加入移动电子商务产业链。湖南省发展中国移动手机钱包用户22万余户,更换中国移动手机钱包卡近3万张。全省移动电子商务用户规模从120万达到350万人,月交易金额超过2亿元。中国移动电子商务产品创新基地,长沙移动电子商务产业园开始建设。湖南移动累计投入超过1亿元的资金用于基地机房建设、设备采购、平台建设及业务拓展,并专门开辟1500平米的办公场地及1000平米移动电子商务专用机房。基地的征地、报建工作取得阶段性进展,正式签署146亩用地协议。产业园已培育形成20余家国内外优势企业。

(供稿人:湖南省信息产业厅 刘也能)

农业科技

【科技计划项目】

2009年，湖南省农业厅遴选“强健优质斑纹全限性桑蚕品种选育”等15个科技项目列入科技计划，组织“优质瘦肉猪配套系选育与规模化健康养殖技术研究与示范”等21个项目申报湖南省科技计划。“国外茶树优异种质资源引进与创新”等5个项目申报国家农业部948计划项目。

【现代农业技术体系】

2009年，按照农业部、财政部《关于地方开展现代农业产业技术体系建设工作的指导意见》精神，湖南省农业厅制订湖南省级现代农业产业技术体系方案及规划。在水稻、油菜、柑橘、生猪等15个领域，湖南省已有18名专家岗位和23个综合试验站进入国家现代农业产业技术体系，农业部支持专家研发推广经费1950万。特别是每个试验站还辐射带动5个主产县，直接和推广队伍连接，指导产业发展，为产业发展提供支撑。

【基层农技推广】

2009年，湖南省长沙县等31个县市区组织实施“基层农业技术推广体系改革与建设示范县”项目，国家农业部共安排项目经费3100万元，取得阶段性成效。制定《湖南省2009年基层农技推广体系改革与建设示范县基层农技人员培训实施方案》。认定岳阳市职业技术学院等11个湖南省现代农业技术培训基地。遴选出湖南农业大学、湖南生物机电职业学院申报农业部现代农业技术培训基地。集中举办培训班49个，顺利完成3100名农技人员的培训工作。各示范县围绕产业发展需要，以乡镇农技站为主，每县建设10个“规模不大、相对稳定”的农业科技试验示范基地，开展新品种、新技术的引进示范。

【超级杂交水稻研究与推广】

2009年，湖南省示范推广超级稻1255.2万亩。其中农业部认定的品种推广面积989.55万亩，湖南省认定的品种推广面积265.65万亩，平均产量达到528.9公斤，与一般水稻相比，每亩增产67.1公斤，全面完成推广超过1200万亩的目标任务。

湖南省选育一批广适、高产、优质的苗头品种，其中“陵两优268”、“Y两优302”组合分别通过由农业部指定专家组的现场测产。早稻组合“陵两优268”亩产达620.01公斤；中稻组合“Y两优302”亩产达865.5公斤。由湖南省超级稻研究协作组栽培研究小组完成的超级杂交稻“三定”栽培技术，通过由湖南省科技厅组织的专家鉴定，已在湖南、江西、安徽等省推广。

湖南省桃源县等20个县市组织实施“超级稻万亩连片高产样板创建工程”，醴陵县等10个县组织实施农业部超级稻示范推广项目。全省共创建超级稻百亩示范片401个，千亩示范片900个，万亩示范片600个。

【阳光工程培训】

2009年，按照《农业部办公厅关于印发农村劳动力转移培训阳光工程分类培训规范的通知》精神，湖南省制定《湖南省2009年农民创业培训实施方案》，各级农业部门进一步拓宽工作思路，创新工作方式。全年，国家农业部安排培训经费6120万元，湖南省财政配套安排经费1900万元，市财政投入765万元，县财政投入949万元。截止2009年底，已全部完成国家分配的17万人、湖南省4万人的阳光工程示范性培训任务，其中农村从业人员培训6.87万人，农民行业技能培训14.13万人。湖南省湘乡市培养创业农民的做法在全国推介。

湖南省农业厅审核认定符合条件的477个培训机构为“湖南省2009年农村劳动力转移培训阳光工程基地”，其中教育部门160个，占33.54%；农业部门137个，占28.72%；劳动部门99个，占20.75%；建设部门10个，占2.09%；其他部门71个，占14.88%。

【农业科技执法】

2009年，湖南省下发《湖南省农业厅关于进一步加强和规范农业转基因生物研究与试验监管工作的通知》等文件，召开全省农业转基因生物安全监管工作会议，督促各研究单位按照条例要求进行安全自查，有关单位对已发现的安全隐患进行整改。重点对农业部批复的9个转基因试验进行三轮检查。对发现的违规试验情况及安全管理措施不到位现象，责成相关单位整改。对承担转基因生物育种的五个重大专项加强监管，对杂优中心及隆平高科的转基因生物试验基地进行安全措施等方面的检查。

全年审批转基因标识产品64个，换发生产许可证1个；湖南省植物新品种保护申请量已达243件，获得品种权有115件；在品种权执法方面，行政执法总队等单位共受理6起品种权侵权案件，已全部处理结案，确保全省农业科技工作的顺利开展。

【科教兴村】

2009年，湖南省农业厅在认真总结前两轮科教兴村计划实施经验的基础上，经过充分论证，决定实施第三轮科教兴村试点示范。各项目单位已完成项目村示范整体规划制订，结合主导产业，开展农民科技培训5264人次，推广农业新技术、新品种32项，带动各级各部门对示范村的投入达800多万元，达成招商引资意向1000多万元。科教兴村从提高农民学科学用科学的能力入手，以科技培训为手段，农业科技成果转化为平台，以促进产业发展为重点，取得良好效果。

【科技下乡与科普活动】

2009年，湖南省农业厅和农业部科技教育司、中国农学会、农民日报社、湘西州等单位共同组织永顺县“2009年农业科技下乡暨湘西州五下乡活动”。来自农业部和湖南省、州、县的50多名农业专家分成三个组，分别深入永顺县勺哈乡勺哈村、浦口村、鹭鸶村等地科技示范户的柑橘园和蔬菜大棚进行现场实训和入户指导，传授柑橘防冻及春枝修剪技术，还向当地赠送多功能DVD机、农业科普资料、农技光盘、机动喷雾器等总价值30余万元的物资。科技下乡活动激发了广大农民学科技、用科技兴农的热情。据不完全统计，全省农业系统共开展较大规模的科技下乡活动695次，参加活动的科技人员14万多人次，赠送科技图书技术资料5508万册，赠送技术光盘9200张，赠送种子、肥料等农业生产资料价值4700多万元，推广农作物新品种216个，新技术158项，生物农药新品种15个。

（供稿人：湖南省农业厅科教处 谢国和）

林业科技

【科技计划】

2009年,湖南省林业系统共组织申报各级各类科技项目200多项,立项82项,落实科技经费4000多万元；各级林业部门及企业投入科技经费共7000多万元。建立试验示范基地100多处,试验示范面积达30多万亩,获得新品种、新技术30多项(个),实施推广项目100多项,推广新品种、新技术100多项(个)。

【科研成果与奖励】

2009年,湖南省共鉴定与验收林业科技成果16项;湖南省林业系统组织申报2009年度湖南省科技进步奖12项,获得二等奖3项,三等奖4项。湖南省林科院和浏阳市林业局、浏阳市沙市镇林业管理服务站等单位完成的"油茶雄性不育杂交新品种选育及高效栽培技术和示范"成果获2009年国家科技进步二等奖。该项目首次发现油茶"雄性不育"株并系统研究其生物学特性和生长规律,填补"林木雄性不育系领域"空白,丰富了油茶育种种质资源,为油茶育种研究和生产应用开拓新的途径;创制10个高产杂交新品种,比对照优良无性系增产30%以上;首次营建"两系"杂交种子园,创建了油茶"两系"杂交育种理论与应用技术体系;将油茶育种研究、良种繁育和应用推上一个新台阶;通过创新集成多项关键技术,创建油茶优良新品种高效栽培技术体系,包括配方施肥技术、树体调控技术以及果实油脂转化调控技术等,使杂交良种的产果量达1162.0kg/hm2,为集约经营提供了技术储备。

【标准与技术监督工作】

2009年,湖南省林业行业共组织申报国家、湖南省地方标准制(修)定、标准化示范项目27项,获准立项20项,完成7项。浏阳市获国家标准化管理委员批准建立首个"国家油茶标准化示范区",湖南省林业科学院为主要技术支撑单位。2009年,湖南省政府还批准设立"湖南省林产品质量检验检测中心"。湖南省十一届人大常委会第十一次会议通过省林业厅组织起草《湖南省林产品质量安全条例》。国家林业局林产品质量检验检测中心(长沙)建设得到加强,全年共完成60台套检测仪器计量检定和320批次产品检测。

【林业科技推广】

2009年,湖南省林业科技推广项目争取中央财政资金1200万元,《油茶高产新品种区试示范及丰产栽培技术推广》等10个项目获国家立项。争取国家重点县林业科技推广站建设资金80万元。国家林业局正式批准湖南省桃源、祁阳、汨罗三县为国家级科技示范县。积极开展林业科技进村入户工程,在桃源等20个县确定科技示范村80个,示范户700户,共建立推广示范点16000多亩。推广马尾松、杉木、油茶、名优花卉等先进适用林业技术成果30多项。制定下发《湖南省林业科技进村入户示范行动绩效考核指标》(试行),对先期试点示范县桃源、中方县的科技示范户进行考核,湖南省林业厅授予余孟忠等23户为省林业科技示范户。

湖南省15个县、市开展台湾桤木、桉树示范,营造示范林2600亩;推广椿叶花椒、油茶优良品种、杨树转基因品种、优良乡土树种等项目实施。全年推广新技术、新成果60多项,营建推广示范林2.1万多亩,辐射面积30多万亩。

【林业测土配方工作】

2009年，湖南省林业厅建立"湖南省林木测土配方专家咨询信息系统"，该系统覆盖全省各类林地470万个小班，输入林木测土配方有直接关联的土壤、气候因子5000多万个，以及每个小班适宜种植的主要造林树种和简单易操作的栽培技术，挑选一批专家作为湖南省林木测土配方专家咨询信息系统首批网上咨询专家。通过专家评审和试运行，情况良好，超额完成湖南省政府对该项工作进行绩效评估规定的指标任务。

（供稿人：湖南省林业厅科外处　姚贤清）

环境保护科技

【概况】

2009年，湖南省环境保护工作深入贯彻落实科学发展观，坚持保增长与保环境相结合、优化服务与强化监管相结合、综合治理与制度创新相结合，主动服务，依法履职，努力推动建设资源节约型、环境友好型社会，较好完成各项工作任务。

全省环境质量总体上稳中有升，96个地表水省控监测断面达到或优于Ⅲ类水质标准84个，较上年提高1%；饮用水安全得到有效保障；全省城市环境空气中污染物的浓度均有所下降，12个地级城市空气质量达到国家空气质量二级标准；酸雨频率较2008年下降8.4%，但酸雨污染依然较为严重。全省大部分城市道路交通和区域声环境质量处于较好水平。

【科研项目管理】

2009年，全省环保系统争取湖南省财政厅、科技厅、质监局等部门支持安排环保科研项目。湖南省科技厅2009年安排的12个重大专项中有4个是环保项目；省质监局共安排地方标准制、修订项目12项，下达资金40万元；省级环保科研专项资金资助环境科技发展项目共35个，安排资金280万元，资助项目和安排资金数量均创新高。湘江水专项即湘江水环境重金属污染整治关键技术研究与综合示范课题于2009年初正式启动，中央财政已确定对该课题"十一五"期间投入研究资金3561.85万元。为确保课题顺利实施，湖南省环保厅多次组织召开湘江水专项参与单位与支撑单位的衔接会议，就示范工程、配套依托工程内容、资金安排、实施进度与地方政府和有关部门进行对接，为课题实施方案与地方需求的衔接做好铺垫，为加强课题参与单位与地方示范工程建设实施单位间的配合打下基础。同时，定期对课题进展情况进行检查。该专项"十一五"期间的研究任务均按实施方案的进度有序开展，2009年度任务顺利完成，10个示范工程中已有4个建设完成。通过水专项的研究取得部分阶段性研究成果，其中"霞湾港水体色相污染治理技术"、"铅锌联合冶炼清洁生产关键技术"、"含重金属废水的电絮凝处理技术"等已在示范工程中得以应用。

通过环保科研项目的开展，提高环境管理的科学水平，一些污染治理的实用技术已得到应用和推广，环保科研单位通过承担科研项目培养人才、锻炼队伍，为进一步做好环保科技工作打好基础。

【成果管理与奖励】

2009年，湖南省环保厅推荐湖南省环境保护科学研究院的"含砷物料处理与资源综合利用新技术"、湖南万容科技有限公司的"废印制电路板环保处理及资源回收自动化生产线”和中南林业科技大学的“景观型组合人工湿地污水处理系统设计与工程技术”等三个项目参加国家环保科技进步奖申报，前两项获得2009年国家环境保护科学技术二等奖，后一项获得三等奖，其中湖南省环境保护科学研究院获奖项目是湖南省级环保科研专项资金资助环境科技发展项目，实现全省环保系统近十年来所获国家环境保护科学技术奖的新突破。

【对外合作与交流】

2009年4月，湖南省环保厅组织湖南永清环保集团、长沙凯天环保公司等企业参加“2009澳门国际环保合作发展论坛及展览”，在活动期间力推“两型”社会建设中的环保新理念；11月，湖南省环保厅组织长沙凯天环保科技有限公司、湖南九方科技有限公司、长沙华时捷环保科技发展有限公司等环保企业赴日本参加“2009年日本琵琶湖环保产业展览会”，在湖南省人民政府在日本滋贺县主办的“湖南省建设‘两型’社会推介会”上作《湖南省环境保护制度与环保产业发展动态》发言，许多日本环保企业表达对湖南环保产业发展的兴趣，有多家日本环保公司与湖南省环保企业联系，探讨在环保科技和环保产业等领域开展合作的具体细节。

（供稿人：湖南省环境保护局科技标准处 汪理科）

知识产权

【概况】

2009年，湖南省知识产权工作坚持以科学发展观为指导，按照“围绕一条主线、实施六大工程、落实九项举措、建设三个中心”思路，全面加强知识产权的创造、运用、保护和管理，全省知识产权事业快速发展。

【知识产权战略制定工作】

2009年，湖南省颁布实施《湖南省知识产权战略实施纲要》，成为全国第十个颁布知识产权战略的省份。该《纲要》明确全省知识产权事业发展方向。湖南省知识产权局组织起草《知识产权战略专项工程推进计划》。岳阳、永州、株洲、湘西、长沙5个市州知识产权战略实施方案相继出台，衡阳市委市政府在《关于促进产学研结合增强自主创新能力的意见》中提出“大力实施知识产权战略”，设立专项资金，对专利申请、转化实施进行资助。常德市将企业专利授权量增长率纳入县市区新型工业化的考核指标。郴州市出台《加强知识产权工作的意见》和《专利资助资金管理办法》，提高资助额度，扩大资助范围。邵阳市出台《企业知识产权管理试行办法》。益阳市建立科技与知识产权工作联动机制，出台《自主知识产权成果奖励》政策。中冶长天国际工程有限责任公司制定《中冶长天知识产权战略》，明确2010-2015年公司知识产权发展目标及重点，提出四项知识产权专项工程和八项主要措施。三一重工制定未来5-10年集团知识产权工作纲领性文件《‘1234’知识产权战略》。

【软科学研究】

2009年，湖南省知识产权软科学研究工作围绕知识产权战略实施及相关理论与实践问题开展研究，验收结题2008年软课题12个，2009年立项课题14个。完成国家知识产权局2008年专利战略推进工程课题3个，2009年立项课题 2 个。

【专利申请量和授权量】

2009 年，湖南省自主知识产权数量和质量大幅提升。全省共申请专利 15948 件，同比增长 13.78%；专利授权量 8309 件，增长 35.48%，继续保持较快增长。发明专利授权 1752 件，增长 46.49%，居中西部地区第一位。企业申请专利 7053 件，增长 47.12%；专利授权 3696 件，增长 66.11%。9 个市州的专利申请增长率超过全省平均增长水平，其中增长率超过 50% 的 2 个、30%-50%的 5 个。湖南省拥有"中国驰名商标"62 件，居中西部地区之首；注册商标、计算机软件著作权、植物新品种等其它知识产权数量大幅增加。湖南省知识产权局将专利申请资助资金增加到 340 万元，向国家财政争取到国外专利申请资助 71 万元，加大对国内外专利申请的资助力度。开展"湖南省第二届优秀专利发明人"评选活动，对优秀专利发明人给予奖励。

【知识产权试点示范】

2009 年，株洲市顺利通过"国家知识产权示范创建城市"验收，至此，长株潭三市全部进入"国家知识产权工作示范城市"行列。为配合长株潭城市群"两型社会"综合改革试验区建设，湖南省知识产权局与长株潭三市签署共建知识产权示范城市群合作协议，启动长株潭城市群知识产权示范工程。常德、娄底、岳阳通过国家试点城市考核验收。郴州、邵阳获批"国家知识产权试点城市"，湘潭市知识产权局被列为国家知识产权质押融资试点单位，湘潭高新区成功申报国家试点园区。韶山、汨罗等 6 个县市通过示范创建验收，晋级为湖南省级知识产权工作示范县市；望城等 17 个县市区被列为湖南省第五批知识产权工作试点县市区。截至 2009 年底，全省知识产权工作试点示范县市区达 64 个，其中示范县市 10 个，6 个县市进入"国家知识产权强县工程"。

【知识产权优势企业培育】

2009 年，湖南省知识产权局对第一、二批培育企业进行年度工作检查，启动第三批 26 家企业的培育工作。截至 2009 年底，全省共有 73 家企业进入培育工程，第四批申报企业的考察工作正在进行。全年培育企业专利申请量大幅提高，平均比上年增长 65.4%。其中第一批增长 78%，第二批增长 46.7%，第三批增长 59%。三一重工股份有限公司、湘电集团有限公司、株洲千金药业股份有限公司等企业的专利申请、授权量同比增长 50%以上，具有专利的产品占到销售收入和出口创汇的 70%以上。湘潭电机控股子公司湘电风能有限公司，通过竞拍以 1000 万欧元的价格，收购欧洲知名风机设计制造商——荷兰达尔文公司的 5 兆瓦级直驱式海上风机专利技术和相关知识产权，通过对其专利技术的应用和再创新，有力地促进湘电风能直驱式风机的改进、完善，拓宽国际国内市场。华菱湘钢参与国家及行业技术标准的制订和修改，近年来起草国家、行业标准 16 项。三一与奔驰商标之战在英国取得胜利，是中国企业海外商标维权胜诉的第一案。

湖南省优势企业培育工程立项 73 个，各项目已经取得阶段性成果。湘电集团有限公司、株洲千金药业股份有限公司等企业建立专利数据库。株洲、衡阳两市知识产权局建立企业联络员制度和分片包干、申请量目标考核等管理制度，帮助企业开展培训和挖掘专利。郴州市知识产权局组织企业召开座谈会、开办培训班，帮助企业建立完善知识产权管理制度，提高企业运用知识产权的能力和水平。长沙市知识产权局深入调查研究，开展企业专利申请"扫零"工程。湘潭、永州、娄底市知识产权局积极开展市县两级优势企业培育。三一重工股份有限公司成为湖南省唯一一家入选全国企事业单位知识产权示范单位。

【知识产权保护】

2009年，结合新修订《专利法》的实施，湖南省知识产权系统开展“雷雨、天网”专项执法行动，重点在食品药品、医疗器械、建材和家用电器等领域加强专利产品检查。全年共立案处理各类专利案件173件、结案165件，其中专利侵权纠纷立案49件，结案41件；查处假冒冒充案件124件，其他纠纷案件7件，全部结案。出动执法人员1264人次，检查商业场所419次、各类商品46908件。

【知识产权宣传】

2009年是湖南省知识产权战略颁布实施年，组织召开湖南省知识产权战略实施纲要新闻发布会，开展企业运用知识产权应对金融危机电视专题报道、报纸评论员文章、优秀发明人事迹专刊，网站嘉宾访谈、知识产权进高校“三个一”等一系列颇有影响的宣传活动。首次发布《2008年湖南省知识产权保护状况》中英文版白皮书，现场开展知识产权进校园“三个一”活动。长沙、怀化、张家界、湘西等市州知识产权局开展知识产权进社区、进企业、进展会等各具特色的宣传活动。长沙市知识产权局组织企业举办知识产权与资本对接研讨沙龙。2009年省市主流媒体中播出专题采访60次、动态新闻158条。

出刊《湖南知识产权工作动态》12期，及时为企事业单位和各级领导提供最新信息和决策参考。国家知识产权局首次采用益阳安化知识产权局撰写的《安化贫困县致力专利事业发展的几点做法》，湖南省知识产权局撰写的《国外企业在华专利布局，影响我省主导产业发展》被湖南省政协《社情民意》和国家知识产权局《专利工作动态》采用。湖南省知识产权局撰写《总理的关爱，我们的动力》刊登在《中国知识产权报》上。首次召开全省知识产权局办公室主任及政务信息工作会议，邀请中国知识产权报记者来湖南省采访并发表《芙蓉国里尽朝晖》、《万类霜天竞自由》和《一路风雨一路歌》等系列文章。2009年全省政务信息共组稿1360余篇，向各新闻媒体选送稿件920篇。省局和国家局网站录用900篇，国家级报刊采用190篇，省级报刊采用290篇，市级报刊采用360篇。

【人才队伍建设】

2009年，全国知识产权培训工作会议在湖南省召开，湖南省知识产权局做典型发言，国家知识产权局局长田力普为“国家知识产权培训（湖南）基地”授牌，标志首个国家级培训基地在湖南落户。湖南省知识产权局举办“试点示范县市区知识产权局长培训班”等多期专题培训班，并联合中国知识产权培训中心，湖南省委党校、省人事厅、省农业科学院、省食品药品监督管理局等部门和单位，开展专项培训。针对企业不同对象和层次，举办“知识产权与对外贸易高级研讨班”等3期培训班。在湖南大学、湘潭大学组织知识产权高校巡讲会。全年省、市、县共举办各类培训班50多期，参加培训的各级党政领导干部、企事业单位负责人、科技人员和知识产权管理工作者、中介机构从业人员等达15000余人次。

组织境外学习培训共5批20多人，参加国内学习培训共16批130多人次，开展人员交流和挂职5人次。12月，湖南省知识产权局接待法国工业产权局驻华联络员来湘考察，双方建立合作关系。

湖南省知识产权局被批准设立全国专利代理人资格考试考点，出台相应的奖励政策，各市县也相应制定配套政策措施，全省知识产权系统干部职工、中介服务机构和企业相关人员800

多人报名，有617人符合报考条件，报考人数居全国第五，500多人次参加三期培训班，参考率达50%，9人一次性通过考试并取得代理人资格，另外，36人法律单科考试合格，6人实务单科考试合格，取得历史最好成绩。湖南省知识产权局与省人事厅组织开展知识产权系统先进集体和个人的评选活动，表彰和奖励10个先进单位和35名先进个人。

【公共服务机构建设】

2009年，湖南省专利信息服务平台基本建设完成，专利智能检索公共服务平台开通，数据与国家局公开文献实现同步更新，申请检索平台专用域名，开通10兆光纤专线，检索速度大为提高。以培育优势企业为重点，逐步推进检索平台和分析软件在全省企业的推广应用，中联重科、巴陵石化等一批重点企业已将该系统作为企业专利分析的重要数据来源，反映良好。湖南省知识产权局利用各类专利信息资源，为社会公众提供专利信息检索服务200多人次，为70多家企事业单位提供专利查新服务，为新疆吐鲁番知识产权局援建葡萄栽培、加工技术专利数据库。代办处开通电子申请系统，完成专利实施许可合同备案275项，同比增长3倍，涉及许可使用费4564.2万元。成功举办第三届“中国专利周”湖南地区展示交易活动，全省推荐展示项目1220项，成功对接22项，签约金额29275万元。推荐6个项目参加“第十一届中国专利奖”评审，3个发明专利项目获得“第十一届中国专利奖优秀奖”。湘知司法鉴定所共接受鉴定咨询60余起，出具鉴定报告10份，所有鉴定报告均被行政机关或法院采信。

（供稿人：湖南省知识产权局办公室 杨海遐）

气象科技

【科技计划项目与经费】

2009年，湖南省气象局组织各直属业务单位申报湖南省科技计划项目7项，申报国家自然科学基金1项。全年气象行业项目库业务项目申报工作共向中国气象局申报业务项目14项（其中申报公共气象服务类项目7项，气象预报预测类项目5项，申报雷电防御管理类项目2项），申报华中区域基金项目3项并组织申报科技部国际合作项目和农业成果转化项目。申报科技部国际合作项目首次获得成功，由省气象科研所与印度热带气象研究所承担的“关于印度季风对中国南方冰冻灾害的影响研究”项目落实经费100万元。中国气象局部门预算项目“精细化农业气候区划”、“科技文献和图书资料的电子共享平台建设”落实经费205万元，向国家气象中心和区域中心落实项目研究经费37万元。加强横向课题争取力度，由湖南省气象台和电力部门合作的“水库调度研究项目”落实经费100万元，由湖南省气候中心和中广核合作的“核电观测气象站建设项目”落实经费120万元。

【科研成果与奖励】

2009年，湖南省气象局及时督促科研课题按期完成，对已完成鉴定的科研成果及时办理成果登记，在湖南省科技厅登记成果8项。认真做好科研成果的评选和推荐工作，于3月份召开“2009年度湖南省气象局科技委员会”会议，评选出一批2009年度湖南省气象科学技术开发奖项目，其中个人贡献奖1个、集体奖8个。向湖南省科技厅推荐8项成果参加省科技进步奖的评选，其中“湖南省新一代天气雷达预警关键技术与业务系统研发”获得2009年湖南省科技进步三等奖，该项目为国内首次将漂移克里金方法用于融合雷达和雨量计数据的定量估测降水研究中，并将膨胀腐蚀算法应用到雷电、冰雹、雷雨大风等强对流天气自动识别中，大幅提高湖南省定量预算降水精度和短时预警产品的准确度。

【科技管理】

2009年，湖南省气象局制定《湖南省气象局科学技术成果管理办法》，强化气象科技成果转化能力评估，将科技成果能否转化为业务服务能力，能否产生效益作为科技成果验收和评奖的标准。

【科技创新体系建设】

2009年，湖南省气象局制定《湖南省气象科技创新体系建设2009年度执行计划》，确定增强气象预测预报能力、气象防灾减灾能力、应对气候变化和开发利用气候资源能力为年度主要任务，并组织各责任单位贯彻落实各项任务，加强自主创新能力建设，为湖南省气象业务发展提供科技支撑。

【科技创新与成果转化】

2009年，湖南省气象局在科研课题中新增设科技成果推广应用专项5个，同时落实2010年成果推广应用项目2项。依托中国气象局气象数学共享项目，建成湖南省气象科学数据共享服务网，建成不同时间尺度基本气象要素、降水、风、自动站、高温、暴雨、地温等15个数据集，网站能为用户提供注册、数据检索、统计、用户管理等服务。

针对DAB接收机在实际使用中操作复杂、稳定性不够、效果不理想的情况，湖南省气象局组织相关技术人员与厂家合作，研制出集DAB、GPRS、短信、手机呼叫、电话呼叫、现场喊话等多种功能于一体的气象预警信息发布机，既可直接将预警文字转为语音播报，也可直接喊话现场指挥，并开发出集多种预警信息发布功能于一体的控制平台，实现省市县三级管理和远程控制。

开展湖南省精细化农业气候区划工作，完成精细化农业气候区划业务系统，正在河北、吉林试点省份试用；研发完成“雷电监测预警综合业务平台”，并向西藏、青海、广西及湖南省常德、株洲、郴州、湘潭、湘西自治州等地推广，反馈效果良好。“湖南人影三级作业指挥系统”已在全省投入业务试运行，进一步完善人影作业条件预报技术方法和应用观测资料改进效果评估技术，完善的手持车载终端子系统已向全省推广。

【科技服务】

2009年，湖南省气象局共提供《决策气象服务》材料183期，发布暴雨、寒潮、雷电、冰雹、大风等预警信号192次(557县次)，并第一时间呈送湖南省委省政府及有关部门，被省内部门引用达102次，为防御重大气象灾害提供气象保障。

与保险公司合作，开展水稻、棉花、油菜生产期气象灾害趋势分析预测，为政策性农业保险在湖南省顺利实施提供保障。与隆平高科合作，开展杂交稻制种育性敏感期低温与收获期阴雨害农用天气预报专业化服务，取得显著社会经济效益。与湖南省林业厅签署《湖南省林业生物灾害气象预警预报合作协议》，联合开展林业有害生物灾害气象预警预报，及时向社会公众发布重大林业有害生物气象预警信息，有效减少林业有害生物灾害损失。9月2日，全运会火炬在长沙传递，省气象台制定详细的气象保障实施方案，火炬传递期间发布《专题预报》16期，为全运会火炬在长沙的顺利传递保驾护航。全省有12个市州、60个县市区相继开展增雨防雹作业，共开展增雨作业330次，防雹作业90次，效果显著。人影作业区影响面积累计达1.3万平方公里，增加降水3.51亿立方米，郴州、湘西自治州、张家界、常德共4市州10县30多个人工防雹炮点影响面积区内保护烟叶种植面积约为20万亩。2009年，全省共发生8次大范围雷电天气过程，雷电预警中心及时发布雷电预警，其中发布雷电短时预警产品111期、雷电潜势预报产品25期，47期雷电监测产品，发布8次雷电监测公报(月、季报)，发布1期《雷电天气消息》，同时对石化油库、危险品储存、花炮生产基地等行业部门开展针对性的雷电预警服务，产生明显的预警服务效果和良好的社会反响。

【科技活动与学术交流】

2009年5月16日，湖南科技活动周启动仪式在湖南省森林植物园举行，湖南省气象局在植物园广场显要位置布置科普展台和科技咨询服务台，摆放气象灾害科普展板20余块和十几种气象仪器，发送宣传资料近万册(份)。5月22日，省局及岳阳市局、平江县局16名科技干部代表，积极参加“科技下乡暨返乡农民工实用技术培训活动启动仪式”，设置气象科普宣传展台，形成科技咨询长廊，赠送1万册气象科普图书，气象专家作气象防灾减灾与农业气象应用技术专题讲座，200多名村干部和村民到班听课。5月12日，举办“防灾减灾科普宣传益阳沅江行”，组织防灾减灾科普大蓬车下乡，展出流动气象科普展板20余块，发放气象防灾减灾科普资料4000余册，气象专家为沅江市机关干部和乡村干部作气象防灾减灾科普讲座，500余人聆听报告。9月19日，由湖南省科协主办，省气象学会等6家单位共同协办的“2009湖南长沙‘全国科普日’启动式暨科普进社区活动”在长沙市东屯渡社区举行，活动的主题是“节约能源资源、保护生态环境、保障安全健康”，湖南省政协、省科协专家领导和社区居民、学校师生2000余人参加。5位气象专家现场讲解气象科普知识，湖南省气象科普示范学校——长沙市21中学气象科普兴趣小组20多名学生参加此次活动。

（供稿人：湖南省气象局科技减灾处 曹思沁）

机械工业科技

【科技管理】

2009年，湖南省机械行业管理办公室组织相关部门研究、编制，并报湖南省政府正式发布《湖南省装备制造业振兴实施规划（2009-2011年)》，该规划提出产业技术调整的重点和方向。首次组织“长株潭地区装备产业配套博览会”和“湖南省装备产业高峰论坛”，引导湖南省机械装备产业的技术创新和产品结构调整优化升级。组织“第三代核电技术交流配套座谈会”及核电产品配套技术培训班，为战略性新兴产业新能源装备产业的发展奠定基础。

【重大技术装备】

2009年，湖南湘电风能有限公司研制的“2MW直驱式风电机组”，中国南车集团株洲电力机车有限公司的“9600KW大功率机车”，亚新科南岳(衡阳)有限公司的“电控燃油系统”，特变电工衡阳变压器有限公司的“1000KV电抗器”，中联重工科技发展股份有限公司的“1000吨履带吊”等重大装备的研制成功，标志着湖南机械先进装备研制开发能力有了重要提升。

【科技成果与奖励】

2009年，湖南省机械行业管理办累计组织新产品鉴定23项，其中达到国内领先水平项目3项、国际先进水平项目5项，全年全行业新产品产值率达到28.3%。长沙威胜能源产业技术有限公司研制的“配网连续动态无功发生器”、湖南机油泵股份有限公司研制开发的“ET3”和“Cursor9”机油泵等产品达到国内领先水平，湖南山河智能机械股份有限公司研制的“SWDW(S)系列航道钻机”等产品填补国内空白。

湖南省机械行业科学技术进步奖共评出一等奖3项，分别是“SF33900型220T电动轮自卸车”、“高性能旋挖钻机关键技术及产业化”、“2MW及以上风力发电机组和关键部件研制及产业化”；二等奖8项，分别是“BG2100路面冷铣刨机”、“DFL01R汽车电动助力转向器”、“CNC/CBN高效高精度数控双端面磨床”、“风力发电设备弹性元件研发及产业化”、“挖泥船泵系列”、“BJ3062工程自卸车(瑞琪II)”、“基于剩磁重建技术的大容量变压器涌流抑制装置研制及产业化”；“Y355-630 6KV少胶绝缘系列高压交流异步电动机”；三等奖8项，分别是“SQ450H折臂式随车起重机”、“JBY-1152/6.6-Z-II液压驱动式拖泵”、“CFA2031分段式车架及其前后独立悬臂的研发”、“新型悬架用汽车推力杆的研发及产业化”、“400SDK230多级水平中开泵”、“电气化铁路27.5KV(U0)单相交流交联聚乙烯电缆附件”、“高速锯切用双金属带锯条淬、回火一体化生产线”、“机械装备制造业循环经济研究”。

湖南省机械行业办公室推荐并通过湖南省科技厅评审项目，获得湖南省科技进步奖项目一等奖4项、二等奖7项、三等奖9项；科技发明奖一等奖1项、二等奖1项。

【企业技术中心】

2009年，湖南省机械行业新增2家国家级企业技术中心，即湖南山河智能机械股份有限公司和湖南天雁机械有限责任公司；5家省级企业技术中心，即株洲天桥起重机股份有限公司、中铁轨道系统集团重型装备公司、衡阳恒飞电缆有限责任公司、邵阳维克液压有限责任公司、湖南中大创远数控装备有限公司。我国工程机械行业第一个国家级工程技术研究中心——国家混凝土机械工程技术研究中心年内正式落户长沙中联重工科技股份有限公司。

（供稿人：湖南省机械行业管理办公室 何建国）

防震减灾科技

【科研课题与成果】

2009年，共评定湖南省防震减灾优秀成果二等奖2项，三等奖1项，立项资助地震系统科研课题4项。以周友华为主承担的国家自然科学基金课题《双向应变结构与地震的实验应用研究》取得积极进展，编写的《地壳运动、地震、地震预报的新探索》交由地震出版社正式出版。肖和平承担的湖南省科技厅社会发展科技项目《湖南省地震构造研究》课题完成预定任务。

【震情监测与研究】

2009年，宁乡煤炭坝矿区、常德石门地区小震活动频度与往年相比明显增加，湖南省地震局加强全省地震监测，派出流动地震仪到宁乡震区加密观测，并组织专家赴现场考察，调查研究震情成因和趋势。长沙市地震局、常德市地震局分别组织当地政府有关部门进行综合分析研讨，提出对策措施和趋势意见。省地震局组织召开全省年中和年度地震趋势会商会并举办分析预报人员培训班，积极开展震分析和预测研究。

【学术交流与科普宣传】

5月12日，湖南省地震局、省地震学会组织召开汶川地震一周年学术交流会，邀请中国地震局地球物理研究所高孟潭研究员、地质研究所周本刚研究员、省建筑设计院刘冬柏教授做专题学术讲座，省地震局有关同志结合汶川地震总结与反思开展学术交流。9月，省地震局承办“中国地震学会流体专业委员会2009年年会暨学术交流会”，来自全国地震地下流体学科专家学者在长沙就地下流体观测技术和地震预测预报理论与应用等内容开展交流。

结合“5•12防灾减灾日”、“科技活动周”、“应急管理宣传月”、“7•28唐山大地震纪念日”等活动，湖南省各地借助广播电视、电台、报纸、网络等媒体，通过现场发放宣传资料、专家咨询、专题报告等形式多样的地震应急知识宣传活动，将防震减灾科普知识和应急常识送进社区、进学校、进农村，有效地提高全省公民防震减灾综合素质。各级政府和有关部门结合应急预案和本部门实际，开展不同层次、不同规模的地震应急演练，有效地提高政府应对地震灾害的经验和民众的防震避险、自救互救能力。

【科技服务】

2009年，湖南省地震台网中心全力维护全省地震监测台网的正常运行，负责全省及周边地震监测和震情灾情信息发布和承担东江水库诱发地震监测任务，湖南省地震局组织各市县地震部门扩大农村民居防震保安工程试点范围，新增示范点72个、示范户1410户，地震部门联合建设部门为农民建房提供设计图纸和技术支持，积极参与全省中小学校舍安全工程的实施，努力提高全省建设工程灾害防御能力。

湖南省防震减灾工程研究中心共完成省内102项重大建设工程地震安全性评价工作，其中包括长沙市地铁1、2号线，长株潭城际轨道交通，郴州、衡阳核电站场址等重大工程。该中心通过组织力量开展野外地质调查、工程勘探、分析计算和地震危险性预测研究，为重大工程地震安全提供优质服务。

（供稿人：湖南省地震局科技发展处 洪迅）

出入境检验检疫科技

【科研计划】

2009年，湖南出入境检验检疫局承担国家质量监督检验检疫总局下达6项科研任务，下拨科研经费126万元（其中38万元为国家科技部下达的“十一五”国家科技支撑计划“食品安全关键技术——残留表标示物高通量表证关键技术研究”的配套经费）。国家标准化管理委员会下达国家标准制订任务“乳及乳制品兽药残留量检测方法”。国家认证认可监督管理委员会下达32项出入境检验检疫行业标准制（修）订任务，其中6项为科研输出项目，5项为复审修订项目，21项为普通项目（含4项自筹经费项目）。湖南出入境检验检疫局承担国家科技部下达国家软科学项目“我国有机食品消费的经济学分析与实证”的研究，国家财政直接拨付项目经费8万元；下达2009年度公益性行业科研专项2项，分别是“食品包装中有害物质迁移高通量检测技术研究与关键技术装备的研发”和“危险化学品及包装重要技术标准研究”，国家财政直接拨付项目经费498万元，其中拨付给项目牵头单位湖南出入境检验检疫局为191万元。

【科研成果与奖励】

2009年，完成“十一五”国家科技支撑计划项目成果鉴定和验收5项，完成国家质量监督检验检疫总局科研项目成果鉴定3项，完成国家标准草案报批危险货物包装检验31项和同类国家标准草案审定41项。申请专利保护的科研项目10项，其中“商品包装、储运安全关键技术研究与应用”获2009年度国家科技进步奖二等奖。该项研究对建立商品包装制造、安全性评价与检测提供一系列新技术和新方法，对提高国家包装质量和产品国际竞争力，推动包装行业科学技术进步，具有显著的经济社会效益，对提高质检科研整体水平，具有重大影响力。“十一五”国家科技支撑计划“食品及食品接触材料有害残留的高通量表征与安全性评价技术”、“危险化学品与包装安全因子高通量检测及特征模式识别技术研究”和“应对日本肯定列表制度研究（二期工程）——食品中有毒有害物质残留检测方法及标准体系的研究和制订”3项科研项目获2009年国家质量监督检验检疫总局“科技兴检奖”一等奖，另有3项二等奖、4项三等奖获奖项目，获奖数量和等次在出入境检验检疫全系统位列第一。

湖南出入境检验检疫局科技管理部门修订印发《湖南出入境检验检疫局科学技术奖励办法》评选出“科技兴检奖”10项，其中一等奖5项，三等奖5项。

【科技管理】

2009年，湖南省出入境检验检疫局电子图书馆正式启用，拥有全文型中文期刊6200种和中文标准9.5万多份，以及1.9万种外文文献等。全年点击率超过7800多次，日平均点击率200次。

8月，经湖南省科技厅批准，成立湖南省检验检疫科学技术研究院。10月，组建湖南省烟花爆竹安全工程技术研究中心（该研究中心为全国质检系统首家省部级工程研究中心）。与中南林业科技大学和湖南农业大学签定科技与人才培养合作协议，与湖南省质量技术监督局签订共建国家烟花爆竹产品质量监督检验中心协议。

【标准化工作】

2009年，“出入境检验检疫危险品专业标准化技术委员和出入境检验检疫轻工专业标准化技术委员会”成立大会在湘召开，湖南出入境检验检疫局一名专家担任危险品专业主任委员，两名专家分别担任轻工专业主任委员和秘书长，标志着出入境检验检疫全系统11个专业标准化技术委员会中，有2个落户湖南出入境检验检疫局。

在湖南出入境检验检疫局有关专家精心策划和积极推动下，国家标准化管理委员会成立烟花爆竹国际标准推进工作组（下设技术、国际程序、国际公关和保障4个任务组），湖南出入境检验检疫局有6名专家分别担任工作组副组长和工作组成员，并于12月在湘召开第一次工作会议，研讨湖南出入境检验检疫局专家起草的拟向ISO国际标准化组织提交的《新技术领域活动提案——烟花爆竹》（讨论稿）。2009年，湖南出入境检验检疫局向国家认监委提交本局承担起草的16项出入境检验检疫行业标准草案报批材料，13项出入境检验检疫行业标准《复审初评表》（年份分别为1993年、1997年、2001年和2005

年）和1.46万份出入境检验检疫行业标准《后评估调查表》，完成进度在系统内排名第四。

【实验室建设】

2009年，湖南省出入境检验检疫局按照国家质量监督检验检疫总局《关于报送国家质检中心、国家级重点实验室建设规划方案的通知》要求，研究制定筹建第二批国家级重点实验室建设规划方案，决定在原有4个国家级重点实验室的基础上，再建"国家级食品安全检测重点实验室"和"国家级猪传染病检测重点实验室"。全局系统所有10家实验室全部接受计量认证和实验室认可"二合一"性质的监督或换证复评审。湖南出入境检验检疫局实验室管理部门组织专家到常德、郴州等地，对所在地检验检疫分支局综合实验室开展帮扶活动，确保其质量管理水平和人员技术能力满足有关要求，使其顺利通过监督评审。局技术中心经过换证复评审后，被认定、认可的检测技术能力范围增至1577个检测项、108类产品和25名授权签字人。10月底，湖南出入境检验检疫局实验室管理部门与技术中心联合举办为期两天的全局系统"2009年度实验室内审员培训班"，共培训近50名新进人员，较好满足了有关单位对实验室内审员资质的要求。期间，湖南出入境检验检疫局实验室管理部门采用自行编写的《我国实验室基本管理制度简介（讲义）》举办专门讲座，讲解我国实验室资质认定制度法律法规来源、管理机构和职责、管理对象、管理文件、工作事项及流程等，阐述实验室资质认定制度和实验室认可制度的相互关系，以及如何有效落实实验室资质认定制度。

【信息化建设】

2009年，湖南出入境检验检疫局在原计算机科的基础上成立局信息中心（副处级），加强对全局计算机信息化建设的管理。信息中心完成系统网络的升级改造工作，方便日常维护，提升网络信息安全。2009年，湖南出入境检验检疫局对外网网站进行改进，解决原网站没有完善的权限管理等问题，并在外网网站上举办"3.15"宣传及咨询等活动，配合国务院和国家质量监督检验检疫总局开展的"质量和安全年"活动。此外，湖南出入境检验检疫局设备管理部门完成了长沙黄花国际机场、张家界荷花机场所需红外测温等仪器设备采购并安装，向湖南省计量检测研究院申请并组织厂家技术人员配合开展计量检定，有效保证两个机场4台红外测温仪迅速投入运行，为复查甲型H1N1流感病毒工作提供追溯性影像资料。

组织开发"出口烟花集中监装视频监控系统"，在国内首次应用现代视频监控技术，对出口烟花实施集中监装，防止未经检验甚至是检验不合格的烟花混装出口，同时解决对出口烟花监装工作需要和检验人员不足之间矛盾，加强对出口烟花执法检验与监管以及危险风险控制。该系统已在湖南省浏阳和醴陵四家监装场推广应用，对促进当地外向型经济持续发展发挥重要作用。

【设备管理】

2009年国家质量监督检验检疫总局批复给湖南出入境检验检疫局仪器设备预算为1140万元。全年共签定仪器设备采购合同35份，总金额1100多万元。安装调试到货大型仪器设备50台套。根据国家质量监督检验检疫总局文件要求，局设备管理部门经组织论证，确定并报送防控甲型H1N1流感病毒实验室仪器设备需求。全年共维修设备20多台套，设备原值近700多万元，节约维修经费近5万多元。

（供稿人：湖南出入境检验检疫局科技处 何湘利）

纺织工业科技

【概况】

2009年，湖南省纺织国有企业及规模以上非国有企业488家，其中亏损企业66家，亏损面13.52%，低于全国行业平均水平4个百分点。全年实现工业总产值457亿元，全国排名第14位，同比增长15.73 %；实现主营业务收入431亿元，同比增长16.36%。

【企业技术创新】

2009年，湖南省纺织行业有2家企业技中心被认定为省级企业技术中心，即常德云锦集团企业技中心和沅江市明星麻业有限公司企业技中心。通过省级和国家行业协会鉴定的新产品、新技术有20项，分别是湖南忘不了服饰有限公司开发的“金属纤维服装产品”、“多功能夹克”，华升株洲雪松公司开发的“300N×500N超高支细薄苎麻织物”、“250N×72N高支细薄真丝与苎麻交织面料”、“高支苎麻与不锈钢微丝交织皱织物”、“纯苎麻高密度弹性织物”，湖南华升洞庭麻业有限公司完成的“72NR×60NR/S/N高档复合麻面料”、“36Nm R×(36Nm R强+36Nm L/C/N)多组份麻面料”、“麻类大提花凉席布”、“粗支苎麻汉麻混纺布”、“高档超高支苎麻面料加工关键技术”，湖南云锦集团有限公司开发的“赛络纺精梳棉竹节本色纱”、“天丝与精细化苎麻混纺本色纱”、“天丝与精细化混纺印染布”，湖南金丝鸟麻业有限公司完成的“黄麻高支本色纱”、“黄麻、棉混纺本色纱线”、“黄麻棉装饰布”，湖南东方时装有限公司完成的“抗静电西服”、“防水抗污环保牛仔裤”、“保型抗缩弹力休闲裤”。全行业1-11月企业新产品产值23.33亿元，同比增长143.74%，增幅在全国同行业中排名第一，新产品产值率5.7%。

【科研成果与奖励】

2009年全行业有5项技术(产品)通过科技成果鉴定。其中中国纺织行业协会组织鉴定1项，项目名称是“十一五国家科技支撑计划‘高档功能性纺织材料加工关键技术”项目中子项目“高档超高支苎麻面料加工关键技术”，该项目由湖南华升洞庭麻业有限公司与东华大学共同承担，达到国际领先水平。湖南省科技厅组织鉴定的有3项，其中华升株洲雪松公司承担的“300N×500N超高支细薄苎麻织物技术研究”成果，居国际先进水平；沅江明星麻业研究的“苎麻牵切纺技术研究”成果，首次攻克困扰苎麻行业几十年的技术难题，技术达国际领先水平。汉寿鑫源纺织印染公司完成的“苎麻生物酶脱胶技术及产业化”和湖南多喜爱纺织科技有限公司完成的“无机纳米银抗菌织物的研究”通过市级科技成果鉴定。

由中泰特种装备有限公司与东华大学联合研发的“凝胶纺高强高模聚乙烯纤维及其连续无纬布的制备技术产业化及应用开发”项目获2009年国家科技进步二等奖；湖南华升洞庭麻业有限公司与东华大学联合研发的“舒适性超薄苎麻面料系列关键技术研发及其产业化”获2009年中国纺织协会科技进步一等奖；沅江明星麻业、株洲雪松与东华大学联合研发的“苎麻高支面料关键技术研发及产业化”获2009年上海市科技进步一等奖；洞庭麻业与湖南农大联合研发的“苎麻产业技术及高档产品产业化”项目获2009年湖南省科技进步二等奖；中国农科院麻科所与沅江明星麻业联合完成的”高效节能清洁型苎麻生物脱胶技术“获2009年湖南省技术发明三等奖。

【品牌建设】

2009年，湖南省纺织企业创湖南省名牌14个，分别是湖南华升工贸有限公司的“苎麻布(5-500Nm、苎麻服装)”，湖南华升洞庭麻业有限公司的“麻纺织品(苎麻纱、苎麻布)”，湖南华升株洲雪松有限公司的“苎麻纱、苎麻布”，湖南沅江明星麻业有限公司的“苎麻纱、苎麻布”，湖南广源麻业有限公司的“苎麻本色纱36公支”，湖南中泰特种装备有限责任公司的“高强高模聚乙烯长丝”，湖南省湘维有限公司的“水溶性聚乙烯醇纤维”，益阳龙源纺织有限公司的“毛巾类系列产品”，岳阳宝丽纺织品有限公司的“毛巾类系列产品”，湖南云锦集团有限公司的“精梳涤棉混纺布”，湖南东信集团有限公司的“棉本色布、涤棉混纺本色布”，湖南派意特服饰有限公司的“衬衫”，湖南省益阳市莎丽袜业有限公司的“环保型保健袜、男袜、女袜”，永州市梦都家纺有限公司的“踏花被14105”。湖南华升工贸有限公司和其所属的湖南华升洞庭麻业有限公司、湖南华升株洲雪松有限公司近几年来，实施品牌战略，在市场疲软情况下，产品推陈出新，生产的500-600公支高支产品创世界之最，居国际领先水平；湖南中泰特种装备有限责任公司是目前世界上能生产“高强高模聚乙烯长丝”的三个企业之一，其纤维强力为钢丝的10倍，达国际先进水平，主要用于制作防弹衣与防弹头盔等国防用品；湖南云锦集团有限公司的“精梳涤棉混纺布”、湖南东信集团有限公司的“棉本色布、涤棉混纺本色布”均为国内知名品牌。

（供稿人：湖南省纺织行业管理办公室 贺伯和）

石油化学工业科技

【科技计划与立项】

2009年，湖南省化工企业共争取各级各类科技计划项目61项，其中湖南省经委下达的技术创新计划37项，包括湖南海利化工股份有限公司“对叔丁基邻苯二酚开发”、湖南宜化化工有限责任公司“合成氨弛放气中氨低温分离回收工艺”、益阳橡胶塑料机械集团有限公司“高应力密炼机的研制”、湖南湘东化工机械有限公司“低压饱和蒸汽汽轮机组系列化开发”、湖南金环颜料有限公司“新型包裹颜料研究”、湖南永利化工股份有限公司“化工含铁酸性废水深度处理与回用”、湖南智成化工有限公司“10万吨/年氧净工程项目”等。湖南省科技厅下达科技计划17项，包括湖南化工研究院“防治水稻害虫新型杂环化合物研究”、“高纯、无臭甲基嘧啶磷产业化”等；其它部门计划7项。2009年全省石化企业共争取到国家和地方各类科技开发经费约6000万元，其中中央在湘企业4500万元，地方企业近1500万元。益阳橡胶塑料机械集团有限公司作为湖南省化工唯一一家拥有国家技术中心资质的企业，2009年争取国家发改委技术创新建设资金500万元。

【科技成果与奖励】

2009年，组织鉴定化工科技成果项目共计16项，其中中国石化集团巴陵石油化工有限责任公司的“80m3SBS加氢釜技术开发”，益阳橡胶塑料机械集团有限公司的“超大型钢丝绳输送带生产线硫化机组”，湖南化工研究院的“对叔丁基邻苯二酚中试”、“乐果合成新工艺工业性试验”，邵阳科瑞化学品有限公司的“二烯甾酮新工艺技术研究”，湖南师范大学与湖南化工研究院共同完成的“新型絮凝剂的合成及重金属废水处理”、“高效脱磷絮凝剂的制备及废水净化技术”等7个项目达到国际领先水平。其中中国石化集团巴陵石油化工有限责任公司开发的“80m3加氢釜”是目前世界上体积最大的加氢釜，搅拌桨叶形式以及不同搅拌桨叶的组合是”80m3加氢釜技术开发”关键技术，该技术打破国外SEBS生产技术的垄断地位，为国家SEBS的工业化生产提供充分保证。该釜设计合理，单釜实际生产能力高，既能满足各牌号SEBS工业化生产需要，又能满足1.2万吨/年SEBS工业装置设计要求，所生产的SEBS力学性能控制平稳、加氢度符合要求、产品合格率高。益阳橡胶塑料机械集团有限公司开发的”超大型钢丝绳输送带生产线硫化机组”在制造中解决了主机横梁及热板的设计制造加工、大型薄壁框架类构件的焊接工艺等居多技术难点，系自主创新，属国家目前最大规格的输送带生产线，为目前世界先进机型之一，填补国内空白，可替代进口，满足国内外市场需求。产品已被日本普利司通公司采购。

湖南化工研究院的“混丁烯法合成邻仲丁基酚工程技术开发”、湖南省海洋生物工程有限公司的“无抗性农用青霉素钠抗生素可溶性粉剂”等11个项目居国内领先水平。2009年，湖南省化工企业共有4项重大技术创新项目经湖南省经委组织专家评审，获湖南省优秀技术创新项目称号，包括湖南化工研究院“2000吨/年高效环保型水处理剂复合型聚铁”、湖南以翔化工有限公司“新型交联剂BIPB工业化技术开发”等。

湖南省石油化工行业管理办推荐的5项重大化工成果获湖南省科技进步奖，其中湖南化工研究院、国家农药创制工程技术研究中心的“超高效环境友好含氮杂环类旱地除草剂创制”，益阳橡胶塑料机械集团有限公司的“GE580密炼机”获二等奖，湖南宜化化工有限责任公司“合成氨节能减排综合技术开发与应用”、中国石化集团巴陵石油化工有限责任公司“沥青改性用TPE新品种开发”、湖南海利化工股份有限公司“混丁烯法合成邻仲丁基酚工程技术开发”获三等奖。同时，“超高效环境友好含氮杂环类旱地除草剂”、“混丁烯法合成邻仲丁基酚”两个项目分别获得中石化协会技术发明一等奖、科技进步二等奖。

2009年，湖南省政府授予中国石化集团巴陵石油化工有限责任公司张德明“湖南省新型工业化十大领军人物”称号，授予湖南永利化工股份有限公司陆振荣“2009年湖南省优秀创新企业家”称号。

【重大项目建设】

2009年，湖南省石化系统共有20多个项目分别列入湖南省发展和改革委员会技术改造计划、湖南省经济和信息化委员会技术改造计划、省政府新型工业化引导资金计划，获得各类财政资金支持约6500万元。全行业共完成固定资产投资约140亿元，占比29.6%。

总投资148亿元的岳阳地区“炼油化工一体化”项目正按施工进度进行，其中中国石化集团有限公司巴陵石化分公司完成投资7.1亿元，“苯乙烯”、“丁辛醇”、“一炉一机”项目开工建设，标志着该项目正式步入实施阶段；长岭炼化岳阳工程设计有限公司“1000万吨炼油”项目建设进展顺利，2009年完成固定投资9.5亿元，正在进行前期基础工程等建设。益阳橡胶塑料机械集团有限公司自主创新研发制造国内最大规格的2.7×16.4米钢丝绳芯输送带平板硫化机组通过日本用户的验收并交付使用，该设备单台价格达3000万元以上。中盐株化顺达有限公司年产“4×6万吨电石工程”项目建设进展顺利；湖南海利化工股份有限公司“万吨级氨基甲酸酯类农药环保”技改项目完成投资2000万元，该项目安评、环评、施工图设计、消防、防雷等完成审核，正进行该项目主体工程土建施工。3月，株洲化工集团PVC扩改二期工程底建成投产，配套4万吨/年离子膜烧碱和干法乙炔于2009年5月建成投运。整个工程总投资6.2亿元，包括20万吨/年PVC、14万吨/年离子膜烧碱等配套内容。湖南宜化化工有限责任公司、湖南智成化工有限公司、株洲兴隆化工实业有限公司、中盐湖南株洲化工集团有限公司等一批企业积极向国家申请节能减排、资源综合利用项目，共获奖励拨款约1亿元。株化集团能量系统优化节能改造工程项目，总投资2亿元，工程包括热电站锅炉改造、氯气厂HCl合成炉改造、硫酸厂制酸系统改造及余热利用。

（供稿：湖南省石油化工行业管理办 蒋加新）

湖南烟草

【科技管理与项目申报】

2009年，湖南省烟草专卖局制定印发《科技项目检查考核办法》，将烟草农业类项目分三个阶段、非农业类项目分两个阶段进行督促检查和量化考核；制定《专家库动态管理办法》；印发《关于进一步增强全省系统自主创新能力的意见》，明确工作重点和主要工作措施。中南站制订《中南站科技项目管理办法》、《试验基地考核管理办法》、《本部基地科技试验管理办法》等一系列规章制度。

年初，湖南省烟草局编制2009年度第一批科技项目申报指南，共征集申请省局立项项目70项；从科技咨询专家库中遴选专家召开农业类和非农业类两个项目评审会。年中，收集、整理市州公司自主开展的151个科技项目，召开评审会，将其中28个项目纳入省局第二批科技项目计划管理。全省烟草科技立项项目达到45项，加上6个在研项目，开展项目总数达到51项，涵盖烟叶生产、卷烟营销、专卖管理、信息化和企业管理各领域，投入科研经费4100多万元。以项目为纽带，与湖南农大、农科院、湖南中烟、农机管理局、青州所等多家单位开展合作。积极组织申报国家局项目，共申报科技项目10项，其中3项已通过科技司获准立项，特色优质烟叶研究与开发等3个项目作为参与单位立项，加上已在国家局立项的7个项目，全省烟草系统承担国家烟草专卖局项目达到13项。

【科技项目考核】

2009年，项目总体进展较为顺利，部分项目取得阶段性进展。如农业类科技项目育种方面：新引进种质资源160份，编目20份，繁种更新560份，品质鉴定120份；选育育种高代材料70份、优势杂交组合60个，筛选出3个综合性状优良的新品系；推荐2个优良品系参加湖南省品种生产示范，2个品系参加全国品种区域试验，2个品系参加全国品种生产示范；湘烟2号通过全国烟草品种审定委员会审定，HY-9-7通过湖南省作物种子管理局审定并登记备案，育种工作取得突破性进展。土肥方面：筛选出饼肥发酵菌群，研发出产业化发酵工艺，设计出生产工艺流程；基本烟田适宜性评价和可持续利用研究项目已顺利结题，待国家局验收与鉴定。植保方面：组织 9 个烟草病虫测报站点对烟草主要病虫害进行系统调查与测报，发布情报共 52 期，准确的预报为指导全省烟草病虫害提供技术支撑；承担 100 多种农药双盲评价试验，为农药招标提供科学依据；配制出 001、011、2-Q-9 等对烟草青枯病有较好防效的功能型生防有机肥。烘烤方面：探明湖南不同部位烟叶的烘烤特性及其在烘烤变黄期颜色和状态变化的诊断指标，为制定密集式烤房的配套烘烤工艺提供了重要依据。

【科技成果与奖励】

2009 年，组织项目成果验收与鉴定工作，规范科技成果管理。共参与省部级成果鉴定会 3 个，组织鉴定会 15 个。“湖南烟草种植区划研究”、“湖南烟草商业服务中心管理平台研究及实现”、“XM-2A 密集烤房研究与推广应用”三个项目已分别通过国家烟草专卖局、湖南省科技厅组织的成果鉴定，“绩效管理信息系统”等 15 个项目已通过省烟草专卖局组织的验收和成果鉴定。

参与完成的中国烟草种植区划研究项目获得 2009 年国家局科技进步一等奖，自主完成的湖南烟草种植区划研究项目获得国家局科技进步三等奖，“烟田稻草覆盖及配套栽培技术研究与应用”、“湘西密集式智能化烤房研究与推广”2 个项目分别获得市州科技进步一等奖和二等奖；邵阳市公司开发的《绩效管理信息系统》已获得软件著作权登记；长沙市公司“寸三皮”（晒黄烟）获得国家商标局商标注册；《涉烟犯罪研究》一书取得专著版权；申报并获受理国家专利 17 项，其中发明专利 4 项，便携式剪叶机、密集型烤房、一种密封型烤烟炉炉门装置已获实用新型专利授权；申报省局（公司）科技进步奖项目 23 项，经专家组初评，推荐科技进步特等奖 1 项、一等奖 2 项、二等奖 4 项、三等奖 7 项、知识产权奖 2 项、专著奖 1 项。组织各单位将获得的科技成果、授权专利及实施的科技项目统一录入”国家局科技业务管理系统”，借助信息化手段提升项目管理水平。

【烟草标准化】

2009 年，企业标准化工作有序推进，共引用国家标准 86 项、行业标准 107 项，制定并发布地方标准 2 项、企业标准 247 项，对湖南省烟草标准化工作进行系统总结，得到国家烟草专卖局的充分肯定。印发专题文件对年度全省烟草标准化重点工作做专门安排部署，促进标准化工作的有效开展。组织召开省烟草专卖局机关标准化专题会议，邀请中国烟草标准化中心专家对行业参与国际标准制订和行业标准制修订情况进行专题讲座。向国家局组织申报”湖南烟草催芽包衣丸化种子”、“湖南烟草商业系统物流配送中心运行作业规范” 等 6 个标准制修订项目。指导邵阳、常德、怀化、株洲四市将烟叶标准化工作在市公司或科技局专题立项，与中国烟草标准化中心、质量技术监督局等单位开展技术合作；研究制订烟叶标准化生产工作考核评价标准，为年度烟草标准化考核提供科学依据。11 月份召开市州烤烟生产标准体系评议会，组织有关人员对 10 个市州的烤烟生产标准体系逐一进行审核评议。烟草催芽包衣丸化种子、秸秆还田、浅水育苗、气化炉烘烤、烟叶原收原调、烟叶生产社会责任执行规范等一批拥有自主知识产权的技术，已及时转化为标准并在生产中应用。会同湖南省标准化研究院等单位联合编制全省烤烟生产标准化工作指南和综合标准体系指导框架。全省 25 个重点产烟县已基本实现烟叶的标准化生产。省局（公司）作为唯一一家省直单位，被湖南省人民政府授予“湖南省标准化工作先进集体”荣誉称号。

【中南站平台建设】

2009年，中南站与湖南中烟、湖南农大合作项目达20余项，涉及科研经费1000多万元。尤其是在烟草品种方面，积极与湖南中烟开展新品种选育、配套品种筛选等项目合作，专门组织召开湖南省烟草品种审评会议，湖南烟草工商两家的领导和专家共同研究商讨烟草品种工作，围绕湘南、湘中、湘西北区域烟叶风格特色定位，就建立新品种展示园、良种良法配套、品种种植结构调整等方面提出明确任务。

（供稿人：湖南省烟草专卖局科技处 胡日生）

第六篇

高等院校

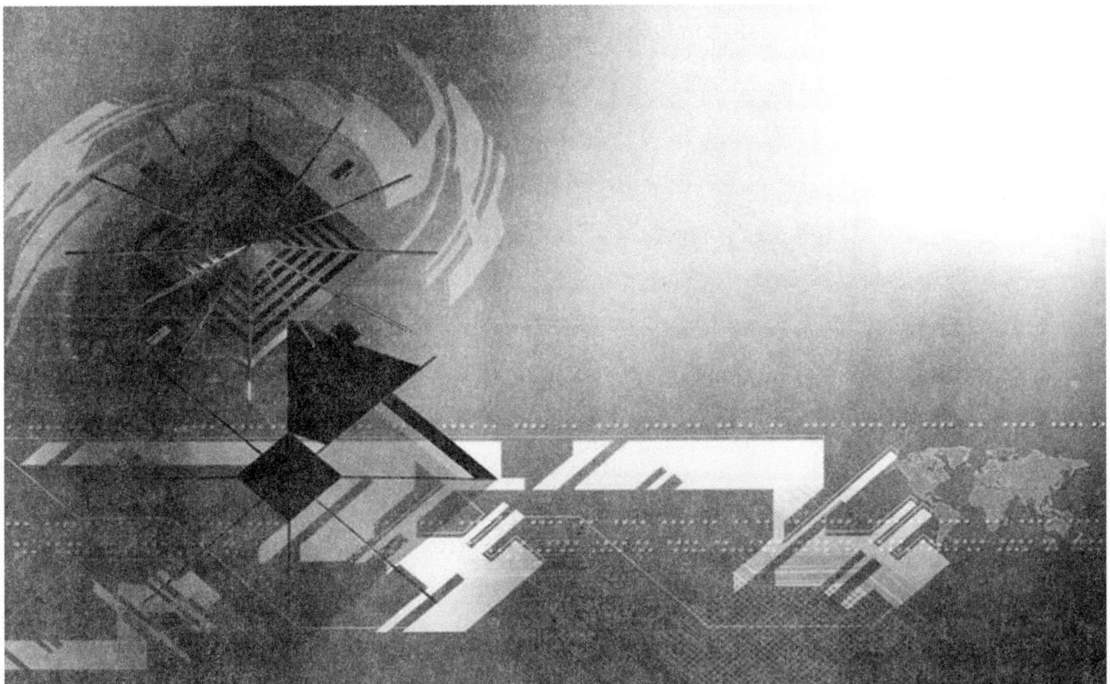

中南大学

2009年，中南大学科技工作保持良好发展态势，项目经费稳步增长、重大科研项目立项又有新突破、条件平台建设再上新台阶、科技产出快速提高、成果转化步伐加快、服务社会成效显著增强。学校荣获“湖南省科技管理工作先进集体”、“湖南省自然科学基金管理工作先进集体”、“湖南省科技奖励管理工作先进集体”；中南大学技术转移中心荣获“第四届中国技术市场金桥奖先进集体奖”，这是中南大学继2003年第一届和2008年第三届获奖之后，第三次获此殊荣。

【科研项目与经费】

2009年，中南大学获各类国家自然科学基金项目165项，资助金额达5599万元，其中3项为国家自然科学基金重点项目。新增国家创新研究群体1项，杰出青年基金2项。由陈晓红教授为学术带头人的“复杂环境下不确定性决策的理论与应用研究”研究团队喜获国家自然科学基金创新群体资助，获经费350万元，学校创新研究群体总数达到3个；粉冶院范景莲教授和冶金院柴立元教授双双喜获国家杰出青年科学基金200万元资助。在冶金材料领域，学校有5位国家杰出青年科学基金获得者，获得数名列全国前茅。获博士点基金项目68项，获资助经费336万元，创学校历史最高好成绩；湖南省自然科学基金项目55个，其中创新群体2项、杰出青年基金3项、重点项目14项、一般项目24项、青年基金12项，共获经费402万元。

学校共组织申报各类研究计划项目近2000项，获准立项657项，获立项资助经费超过4.6亿元。新增973计划首席单位项目2项，分别以邱冠周教授为首席科学家“微生物冶金的基础研究”和机电院李晓谦教授为首席科学家“航空航天用高性能轻合金大型复杂结构件制造”基础研究，总经费5800万元。此外，作为课题负责单位立项5项，总经费1011.5万元。截止2009年底，中南大学共承担973计划首席科学家项目8项，位居全国高校前列。

学校参与启动国家中长期规划16项国家重大科技专项中的8项。与重大新药创制重大科技专项管理办公室签订3项任务书，合同经费1006.77万元，联合参与合作项目5项，合同经费1530万元；在“艾滋病和病毒性肝炎等重大传染病防治”重大专项中，联合复旦大学、浙江大学共承担两项该专项的课题；在“高档数控机床与基础制造装备科技”重大专项中，承担了8项课题。

新增863计划项目21项，项目总经费7000多万元，其中由中南大学牵头的专题项目10项，重点项目1项，合作项目10项。新增“国家科技支撑”计划12项，项目总经费1925万元。生物医药显优势学科特色，获国家科技支撑计划主持项目3项：分别是肖水源教授主持的“我国人群情绪问题（焦虑、抑郁、自杀倾向）的评估、预警与干预示范研究”、姚树桥“我国青少年危险行为的评估、预警与干预示范研究”和张亚林“十种心理咨询与心理治疗技术的规范与示范研究”，总经费770万元，此外，学校联合承担9项国家科技支撑计划项目，总经费1155万元。

新增各类军工项目95项，项目经费1.25亿元。其中国防科技重大专项项目28项、军品配套项目10项、总参总装及各军兵种项目9项。本年度国防科技项目经费5036万元，高性能铝材工程化研究与创新能力建设项目进校经费9130万元。与中国商飞公司、中铝公司组建大型客机产学研合作战略联盟，加快推进“高性能铝材工程化研究与创新能力建设项目”；联合中铝公司承担大飞机高性能铝材研制项目7项，承担大飞机工程C919专项项目8项。成为“0901”工程材料与结构热防护研究的优势单位之一，是“0901”工程“十二五”规划（材料部分）的编制单位之一，并为教育部先进飞行器联合研究中心材料分中心主任单位，承担了“0901”工程第一批研制项目12个材料研究项目和1个部件制备项目，项目数和经费数在参与的民口单位中均名列前茅。

2009年，中南大学获其他各类省部级课题162项，项目总经费1.3亿元。

【科研成果与奖励】

2009年，中南大学申报国家奖5项，获奖4项，其中国家技术发明二等奖1项，国家科技进步二等奖3项；获省部奖74项（人次），其中一等奖19项。由张学庄教授主持的“精度优于±5的自动陀螺定向与亚毫米级精度机器人位移监测技术”获国家技术发明二等奖，该项目属大地测量领域，申请发明专利6项，授权4项，获软件著作权3项。19年来，116套光电测距仪频率校准仪已装备国家90%以上测绘仪器质检与计量检测站，为军方列装选用；有7套高精度自动陀螺经纬仪在地铁、香港理工大学与矿山无故障工作，最长的已7年多；机器人监测系统5年多来保障了张家界一次提升326米世界最高旅游观光电梯和多座大桥、大坝的安全运行；高精度激光钢板平直度自动测量系统用于宝钢，创经济效益3.53亿元。由卢光琇教授主持的“人类辅助生殖和精子库的关键技术及其在生殖健康中的应用”获国家科技进步二等奖，该项目最早在国内开设生殖工程与遗传门诊，目前治疗周期数超过5000周期/年，诞生的试管婴儿超过5000例；人类精子库成为卫生部批准的国家级精子库技术指导中心和培训基地，累计冻存精液10万份，向全国21省市29个生殖中心供精。发表学术论文135篇，出版专著2部，举办“亚太地区生殖内分泌学会成立大会”等多次国内外学术会议。该项目已获得教育部高校科技进步奖一等奖。研究成果为决策部门制定相关政策法规提供了借鉴，为在国家实现人人享有生殖健康的目标奠定了基础，对国家的计划生育工作有着深远的现实意义。

学校共申请专利420件，获得授权的专利160件。根据2009年中国科学技术信息研究所统计公报，2008年度学校被SCI收录论文1120篇，居全国高校第16位；EI收录论文1300篇，居全国高校第11位；ISTP收录论文532篇，居全国高校第27位，论文被MEDLIN（美国医学索引）收录704篇，名列全国第10名；被SSCI（社会科学引文索引）收录20篇，位于全国第10位（并列）；中国科技论文与引文数据库(CSTPCD)收录国内论文5528篇，居全国高校第3位。

【平台建设】

2009年，中南大学共有2个国家级科研平台终审，分别是“国家现代交通工具制动系统技术支撑平台”和“国家药物基因应用技术创新服务平台”；在“千人计划”海外人才引进方面，粉末冶金国家重点实验室成功引进赵继成。矿冶有色金属国家工程实验室建设工作正式启动，国家第一笔拨款资金700万元到位；高速铁路建造技术国家工程实验室年底完成基建项目，大型设备陆续到位；粉末冶金国家重点实验室和医学遗传学国家重点实验室共获得国家拨款2600多万元用于实验室开放运行、基本科研和设备购置，有效支撑实验室的发展。

【产学研合作】

2009年，中南大学围绕国家产业振兴计划十大领域中高新材料、资源与环境、装备制造和生物医药等四个领域成立具有产学研合作基础的 16 个科技小分队，在提高企业自主创新能力、增强产业核心竞争力方面发挥了重要作用。有 7 支小分队与企业联合，通过产学研合作承担湖南省重大科技专项 7 项。在湖南省积极推进军民融合产业发展，有 4 个项目入选湖南省军民融合产业“十二五”规划重点建设项目，包括高性能铝材、炭/炭航空制动材料和大飞机起落系统等。中南大学与巴西和澳大利亚的产学研合作合同金额已达到 1500 万元左右。举行中澳矿冶研究战略联盟第一、二次工作会议，实现了人员交流互访，双方还同意以中澳矿冶研究战略联盟为基础，吸收国内主要钢铁企业及海外铁矿石供应商加盟，成立国际铁矿石资源高效利用产业技术战略联盟，为破解困扰国家钢铁行业的资源瓶颈难题寻求出路。中南大学先后参与发起组建“矿产及再生资源综合利用产学研创新联盟”、“中国铅锌产业技术创新战略联盟”、“海外有色金属资源开发利用技术创新战略联盟”、“中国（长沙）数控装备产业技术联盟”、“湖南省特种陶瓷产业技术创新战略联盟”、“娄底市煤机产业技术创新战略联盟”等产业技术创新联盟；“中南大学映鸿新材料产学研基地”（娄底）、“中南大学-江滨公司活塞材料研究中心”（湘潭）、“湘投金天集团钛材料产学研基地”（长沙）和“中南大学云浮研究院”（广东云浮）等产学研合作基地。集成联盟成员的优势和特色，发挥大兵团作战优势，协同攻克企业、行业技术瓶颈。

【大学科技园】

2009 年，建立中南大学国家技术转移中心宁乡金州新区孵化基地，为中南大学成果产业化提供了一个很好的孵化平台。注册成立长沙哈量凯帅精密机械有限公司、湖南宏灏基因生物科技有限公司、张家界中南绿色矿业股份有限责任公司、长沙格林机械公司等四家学科性公司。10 月，由中南大学的中南升华科技发展有限公司和新加坡 360ip 公司联合出资的 360ip——中南大学私人有限公司（360ip-CSU Pte Ltd）在新加坡注册成立。

【学术交流】

2009 年，中南大学组织各类国际国内会议约 59 场次，与会代表 1.2 万人次，其内容涵盖工、理、文、医等各学科。其中由中南大学信息科学与工程学院主办的“第六届国际计算模型理论与应用会议（TAMC 2009）”，出席会议的有来自美国、加拿大、英国、德国、法国、意大利、荷兰、日本、中国台湾等国家或地区的 80 多名专家、学者，三位世界著名计算机科学家在大会作主题报告；由中国有色金属学会、国家自然科学基金委主办，中南大学承办的“第五届国际湿法冶金会议”于 7 月 6 日至 8 日在湖南张家界隆重举行，来自国内外湿法冶金领域的著名专家在大会上就湿法冶金的进展和成就、未来发展方向以及所面临的机遇和挑战，做了精彩的报告；中国贵金属再生国际论坛在长沙金源酒店隆重举行；2009 年中国博士后材料科学前沿论坛在神农大酒店隆重举行，56 所高校、科研院所和企事业单位的负责人、专家学者和博士后代表 400 余人参会。第七届中国·海峡项目成果交易会获得“高校服务海西产学研优秀合作项目奖”。

（供稿人：中南大学科技处 刘芳）

湖南大学

【科研项目与经费】

2009 年，湖南大学科技项目到账经费共计 3.26 亿元，同比增长 21%。新增各级各类科技项目 822 项，其中资助经费 1000 万元以上的项目 1 项，100 万元以上的项目 42 项。

学校获国家 973 计划“微网及含微网配电系统电能质量分析与控制”项目 1 项；获科技部“水稻 PLK 功能基因组学研究”国际合作计划重大项目 1 项，重点项目 4 项。获国家重大专项“艾滋病和病毒性肝炎等重大传染病防治”、“核心电子器件、高端通用芯片及基础软件产品”、“高档数控机床与基础制造装备”等专项 4 项。获湖南省科技厅计划项目资助 80 余项。获长沙市科技局计划项目资助 20 项。组织实施“中央高校基本科研业务费能力培养类项目”申报、评审、立项。承担政府相关部门、企事业单位等科研项目(含产学研合作项目)共 290 项。

学校申请国家自然科学基金 428 项，获批 91 项，其中杰出青年基金项目 2 项，重点项目 1 项，面上项目(含青年基金)88 项。申请湖南省自然科学基金项目 162 项，获批 40 项，其中创新研究群体 1 项，杰青 2 项，重点项目 5 项，面上项目 32 项。申请教育部博士点基金 77 项，获批博导类 13 项，新教师基金 11 项。

学校与 2 个国家军口重大专项中的牵头单位签订项目承担任务书，获国家国防科工局组织的军品配套项目 2 项。组织申报总装备部武器装备探索项目、武器装备预研基金重点项目和发改委军民两用技术项目；组织策划 6 个军品配套项目列入 2010 年指南。我校牵头的国家安全重大基础研究(国防 973)项目 2009 年启动。通过专家组对学校 GJB9001A-2001 质量管理体系的第二次监督审核以及武器装备科研生产许可证的检查。

【科技成果与奖励】

2009 年，湖南大学共获得各级各类科技成果奖励 34 项，11 人获科技人物奖励。其中湖南大学获得国家技术发明奖 1 项，国家科技进步二等奖 2 项，获国家科技奖数在全省排名第一，全国高校排前 15 名；获湖南省科学技术奖励 13 项，其中自然科学奖一等奖 2 项，二等奖 3 项，科技进步奖二等奖 4 项；获浙江省科技进步奖二等奖 1 项；获高等学校科学研究优秀成果奖科技进步二等奖 2 项；获中国机械工业科学技术奖一等奖 2 项，二等奖 3 项，第一次实现学校申报推荐与获奖的大满贯；获中国商业联合会科学技术奖、中国石油和化学工业协会科技进步奖等其他社会力量奖 7 项；同时学校获第四届中国技术市场协会金桥奖优秀项目奖，获国家专利优秀奖 2 项，连续三年获得长沙产学研合作奖称号单位。俞汝勤院士获湖南省科学技术杰出贡献奖；肖岩获湖南省国际科技合作奖；万青获第十一届中国青年科技奖；孙炜、熊万里、涂春鸣、杨旭静等四人获湖南省第七届青年科技奖；熊万里获中国机械工程学会青年科技成就奖；罗安获第五届“发明创业奖当代发明奖”称号。

学校科技成果鉴定评审共 14 项，其中作为第一完成单位的 12 项，鉴定委员会专家评价国际领先水平的 1 项，国际先进水平的 12 项，国内领先水平的 1 项。申请专利 214 项，获专利授权 137 项，其中发明专利 85 项；软件著作权登记 32 项；指导申报 2 项国际 PCT 优先权保护。共发表刊物论文 2078 篇，会议论文 297 篇，其中，SCIE 收录 591 篇，排名全国 31 名，EI 收录 964

篇，排名全国 23 名，ISTP 收录 302 篇，排名全国 47 名，SCI 引用 2124 次/681 篇，排名全国 25 名。

【科研管理】

2009 年，湖南大学开始试点实施高校科研运行机制改革，组建专职科研队伍和实施相应的考核办法，实行研究机构负责人负责制的团队工作和管理模式，实施科研成本回收制度。其中学校对机械与运载工程学院的研究机构和部分跨学科研究机构进行团队考核、专职人员聘用与管理、科研成本回收等方面进行试点。同时并对校内组建科研机构进行规范，将原有的科技处、基金办、研究院、军工研究院合并成新的科学技术研究院机构，下设综合处、科研能力建设处、重大专项处、高新技术处、科技开发处和军工处等六个处，分工及职责更加明确。

【科研平台建设】

2009 年，湖南大学新增“视觉控制技术及应用教育部工程中心”教育部工程中心 1 个，“可信计算与网络湖南省重点实验室”湖南省重点实验室 1 个；完成国家科技部组织的化学生物传感与计量学国家重点实验室评估，评估结果良好；组织完成环境生物与控制教育部重点实验室建设验收；组织完成化学生物传感与计量学国家重点实验室主任换届工作。向教育部申报创新团队 2 个并获批，新增湖南省教育厅创新团队项目 4 项。湖南大学在 2008 年获湖南省重点科普基地的基础上，向中国科协申报国家级科普基地一个。

【重点学科建设】

2009 年，湖南大学积极加强重点学科建设，车辆工程学科围绕汽车设计制造关键技术研究与开发，承担国家 973 计划项目、863 计划项目、国家创新工程项目、国际合作项目及企业委托项目等，新增科研经费 3272 万元。凝聚态物理学科在超低压氧化物薄膜晶体管领域、一维半导体纳米结构光子学材料和器件研究上取得重大突破。应用化学学科在功能高分子应用、特种高分子合成与应用、腐蚀电化学与材料表面电化学处理、纳米材料催化剂的应用、天然药物结构改造及构效关系研究等方向进一步加强研究，合成火箭推进剂、化工乳化剂及金属表面吸附材料等相关高分子材料，其中水性环氧树脂已进入中试，并可望在新型水性涂料工艺和环境感应型智能涂料方面取得突破。电工理论与新技术学科紧密跟踪国际学科前沿，不断开拓新的研究方向，在电工新技术方面提出混合型大功率有源电力滤波器 HLAPF 统一电气模型，形成一套具有重大指导和借鉴意义的电能质量先进控制理论和方法。环境科学与工程学科曾光明教授获“长江学者成就奖”，国际贸易学科赖明勇教授入选“长江学者”奖励计划，国际贸易学科赖明勇教授、电工理论与新技术学科何怡刚教授获国家杰出青年基金资助。管理科学与工程学科引进全国劳动模范、中国工程院院士、三峡工程质量检查专家组副组长罗绍基教授；土木工程学院何益斌教授和工商管理学院马超群教授分别牵头成功申报 2009 年度教育部创新团队。马超群团队获得湖南省 2009 年度自然科学基金创新群体资助。向教育部申报新世纪优秀人才支持计划 15 人，获批 12 人。2009 年，学校有 2 人当选为“芙蓉学者计划”讲座教授，1 人当选“芙蓉学者计划”特聘教授。

【学术交流与合作】

2009 年，湖南大学共举办国际国内学术会议 30 余场次，其中国际会议 12 次，举办学术性讲座 220 场。中国工程院和美国工程院联合主办、湖南大学承办的“中美工程国际前沿研讨会”，邀请 40 多位美国在工程界各领域知名专家到会作报告，全国政协副主席、中国工程院院长徐匡迪，湖南省委书记张春贤，省委副书记、省长周强等出席会议并发表讲话。

学校先后组织参加"宁波市镇海区"一府十校十所科技合作会"、"首届中国昆明大院名校科技成果展示交易会"、"第四届百名专家教授与千名企业家科技对接会"、"第十一届浙江投资贸易洽谈会"、"中国海峡项目成果交易会"、"浙江玉环科技成果对接会"、"娄底市市校科技合作大会"、"第十四届中国五金博览会技术交易会"、"2009 中国（合肥）自主创新要素对接会"、"2009 中国宁波高新技术成果交易会"、" 第十一届中国·金华工业科技合作洽谈会"及"2009 中国（长沙）科技成果转化交易会"等产学研合作方面的活动。全年共接待外单位来人来函 1800 人次，对外提供科技信息 2450 余条，组织对外洽谈、对接项目活动 68 项次。

学校与湖南省、长沙市、娄底市、长沙市雨花区等地方政府，湖南福湘木业有限责任公司、湖南金海钢结构集团有限公司、湖南湘联科技有限公司等大中型企业建立全面（紧密）合作关系；积极组织上百名专家教授到湖南省内各地为政府部门、企业、人民群众解决生产生活问题，如土木学院肖岩教授与湘潭市湖南金海钢结构集团有限公司合作，生产经济实用的钢结构建筑；化学化工学院徐伟箭教授到岳阳湖南福湘木业有限责任公司，利用研发的先进环保型涂料为企业解决生产中遇到的技术问题，联合成立"湖南大学福湘木业环保型涂料研发中心"；电气与信息工程学院罗安等教授采用"谐波抑制、动态无功补偿、工业流程自动化技术与设备"与湖南华菱集团开展科技合作，合同金额达 400 多万元；机械与运载工程学院韩旭教授、材料科学与工程学院肖汉宁教授到娄底市进行技术交流，与湘源科技集团等 6 家企业达成多项合作意向。在 2009 中国（长沙）科技成果转化交易会上，湖南大学与长沙市的有关企业完成"具有自主知识产权的中高档轿车开发"、"专用数控磨床产业化关键技术研究与应用"、"汽车安全自动保护系统新技术研究与产业化"、" 基于互联网的手机动漫制作平台"、"智能遮阳节能卷帘产业化"、"高效节能电热涂料及电热板材研究开发"、"湘楚文化旅游工艺产品开发研究"等 10 个项目的签约，合同金额达 99556 万元。

学校组织科研人员与省内对口企业组成 20 个科技小分队，定向帮扶 20 个企业。另外派出 45 名教师作为特派员进驻深圳、佛山、东莞、中山市的 45 家企业。以湖南高等院校和科研院所等科技创新基地为依托，协助部分企业完成高新技术企业认证和申请国家创新基金等工作。

（供稿人：湖南大学科研院 周克刚）

湖南师范大学

【科研项目与经费】

2009 年，湖南师范大学新增各级各类科技项目 389 项，科技项目到帐经费 4706 万元。其中，国家级项目 67 项，省部级项目 138 项。资助经费 1000 万元以上项目 1 项，国家自然科学基金重点项目 3 项，教育部创新团队 1 个，教育部新世纪优秀人才支持计划 2 项，全国高校优秀博士论文专项 1 项。

学校以第一承担单位的"我国特有产毒动物多肽毒素的基础与应用基础研究" 课题获国家

973 计划立项资助，项目总经费 2700 万元。该项目由生命科学学院梁宋平担任首席科学家，联合武汉大学、同济大学、华中科技大学和上海交通大学等多家全国先进多肽毒素研究技术平台开展联合攻关，标志着该校在基础研究工作迈上新台阶，在承担国家重大项目上取得历史性突破。生命科学学院曾雄智主持的“钠通道亚型 Nav1.8 抑制毒素的结构与功能关系和药效学研究”课题获得 973 计划项目前期研究专项的立项资助，获资助经费 55 万元。物理与信息科学学院吴普训完成的“关于加速膨胀宇宙的相关研究“获全国高校优秀博士论文专项资金立项资助，获资助经费 60 万元。此外该校获国家农业部、科技部其它项目 6 项，教育部重点项目 2 项，博士点基金 6 项；获国家发改委地区经济司项目 2 项。

学校获国家自然科学基金重点项目 3 项，分别是生命科学学院刘少军（187 万元），吴秀山（175 万元）和化学化工学院陈波（140 万元），其中首次获得科学仪器基础研究重点项目资助。获湖南省自然科学基金立项 20 项，资助经费 105.5 万元。其中化学化工学院南延青获杰出青年基金（30 万元）。获批湖南省科技计划项目 52 项，其中重大专项子项 1 项，重点项目 4 项。获批湖南省教育厅项目 66 项，其中重点项目 7 项，优秀青年项目 6 项，产业化培育项目 2 项，创新平台开放基金项目 7 项。获批长沙市科技计划项目 18 项，经费 194 万元，其中重点专项 1 项，重点项目 6 项。

【科技成果与奖励】

2009 年，湖南师范大学共获授权专利 12 项，其中发明专利 9 项、实用新型 3 项。该校作为第一完成单位有 5 项科技成果获得湖南省自然科学奖，其中一等奖 2 项，二等奖 3 项，这是该校连续三年每年有 2 项成果获得湖南省科学技术奖励一等奖。一等奖获得者分别是生命科学学院吴秀山课题组完成的“人类心脏发育基因的鉴定及分子机理研究”和张健课题组完成的“转录因子 AP-2 家族转录调控机理及在癌症和心血管病中的作用”。

生命科学学院的夏立秋、王贤纯分别主持的 2 个 863 计划专题项目，陈平、肖玉成分别主持的 2 个 973 前期研究专项均按计划完成研究任务，顺利通过科技部验收，研究成果获得验收专家组好评。由梁宋平、刘少军分别主持的国家自然科学基金重点项目经国家基金委生命科学部组织专家验收，均被评为优秀。由丁学知、马铭和李建中分别主持的湖南省自然科学基金重点项目，经湖南省基金委组织专家验收后，全部被评为优秀。

该校在 SCI 论文发表上出现重大突破，物理与信息科学学院欧阳钢撰写的《Surface Energy of Nanostructural Materialswith Negative Curvatureand Related Size Effects》一文在美国《Chemical Reviews》发表，这是学校首次以第一作者与第一单位在国际高影响因子刊物上发表的论文。

【科研管理】

2009 年，湖南师范大学在全面开展学习科学实践活动中，不断研究科技管理的新情况，总结新经验，开拓新局面。批准成立科技成果转化与开发办公室，促使广大科技人员将科研与经济建设紧密结合，积极为发展地方经济建设进行科技开发。加大科技成果转化力度，增强学校服务社会的功能。

进一步改革科技管理机制，推进科技管理创新。在组织各学院申报各级各类项目、成果奖、平台建设、人才及团队计划中狠抓申报书质量，提高命中率和成功率。学校科技管理设立奖励机制，充分调动各部门科技管理的积极性，工作质量和效率大大提高。

学校在教育部科技委的换届选举中，匡乐满当选为第六届教育部科技委委员和数理学部学部委员，夏立秋当选为农林学部学部委员。该校科技处获得湖南省自然科学基金管理工作先进集体、湖南省高校科研管理先进集体及湖南科技活动周先进集体等荣誉。

【科研平台建设】

2009 年，湖南师范大学遵循"有所为，有所不为"的原则，积极提升创新平台的层次，新增国家重点实验室培育基地 1 个，即夏立秋教授领衔的湖南省"微生物分子生物学"省部共建国家重点实验室培育基地，由湖南师范大学与湖南省疾病预防控制中心联合组成，这是湖南师范大学获科技部批准建设的第二个国家重点实验室培育基地。新增省部共建教育部重点实验室 1 个，即数学与计算机科学学院谢资清教授领衔的"高性能计算与随机信息处理"实验室，全国该批立项建设的省部共建重点实验室共 21 个，湖南省仅获批一个。截至 2009 年底，湖南师范大学共有省部级科技创新平台 17 个。同时，借鉴国内"985"大学的平台建设经验，湖南师范大学组织部分学院院长、省部级重点实验室负责人和教授代表考察和调研复旦大学、华东师范大学等国内知名高校，借鉴它们在杰出人才团队引进、实验室楼群建设等方面的成功经验。

【人才培养与团队建设】

2009 年，湖南师范大学获批教育部长江学者创新团队 1 个，即以物理与信息科学学院余洪伟教授、匡乐满教授为带头人的"量子效应及其应用"创新团队，这是该校获得的第二个教育部创新团队，也是湖南省地方高校获得的三个教育部创新团队之一，标志着该校在创新团队群体建设上迈出新步伐，彰显该校在湖南省属高校中的领头地位。有 2 位教授入选教育部"新世纪优秀人才支持计划"，1 人获得全国高校优秀博士论文专项资金资助。

学校继续实施博士科研启动基金、校青年科学基金及校青年优秀人才培养计划等资助办法，激励青年教师从事科学研究。学校自然科学领域共有 33 位教师获得校博士启动基金资助，28 位教师获得校青年科学基金资助，8 位教师获得校青年优秀人才培养计划资助，资助经费 80 万元。全年该校在自然科学领域引进人才 13 人，资助经费 385 万元。

【科技服务与科技成果转化】

2009 年，湖南师范大学贯彻科技部、教育部等七部委联合下发的《关于动员广大科技人员服务企业的意见》和湖南省科技厅、教育厅等五厅局联合出台的《关于动员广大科技人员深入基层服务企业的意见》文件精神，组织与企业结合紧密的院部成立 10 多支科技小分队，其中 3 个小分队的开发项目被列入科技部科技人员服务企业行动项目(湖南省共 50 项)。

资源与环境科学学院朱翔教授为湘西自治州作多次专场报告，对其经济发展和旅游开发提出了具体的指导性建议，并同贺清云对古丈县矿产资源开发进行规划；生命科学学院梁满中课题组的"株两优 21 新品种"以 35 万元转让给北京未名凯拓作物设计中心有限公司；资源与环境科学学院周宏伟主持实施的国家支撑计划项目"历史文化村镇保护规划标准模式示范研究"，对历史文化村镇的功能类型进行分类，首次对中国历史文化村镇景观进行了群系划分，完成了张谷英村、里耶镇、黄丝桥古城部分示范工程，为地方社会经济建设作出一定贡献；与湘西自治州进行"州校合作"，引导湖南师范大学科技人员为地方经济发展进行技术服务。

湖南师范大学积极参与湖南省科技厅在革命老区平江县主办的 2009 湖南科技下乡暨返乡

农民工实用技术培训活动，购买湘云鲫2号20000尾捐赠给平江县三市镇、龙门镇等养鱼专业户，以示范养殖加速学校成果转化，推动农业经济发展。学校水产专家周工健教授作湘云鲫2号养殖技术的专门讲座，引起水产养殖专业户的极大兴趣，大家争相领取资料并详细咨询。同时，湖南师范大学组织30余名拥有科研开发前景项目的科研人员先后到湖南博云新材料股份有限公司、继善科技股份有限公司和长沙市岳麓科技工业园(含浦科教产业园)进行实地考察调研。

【重点学科建设】

2009年，湖南师范大学对7个自然科学类"十一五"湖南省重点学科建设进行中期检查，从研究方向、学术队伍建设、人才培养、科学研究、工作条件等五个方面对学校"十一五"13个自然科学类校级重点学科进行全面检查，物信院天体物理学科被评为一类优秀重点学科。各学科根据发展需要，添置一批大型仪器和设备，改善了实验条件。理论物理学科投资350万元新建的科研大楼建成并投入使用。基础数学学科购置价值160万元的曙光5000A大型并行计算机，并配置35万元的Matlab并行计算软件。发育生物学学科添置了氨基酸分析仪、水质净化系统和蛋白质双向电泳仪等设备，生物化学与分子生物学学科添置了德国Bruker公司生产的TOF-Q高精度质谱仪、美国Waters公司生产的E2695以及1525高效液相色谱仪等先进的仪器设备，微生物学学科新购了LTQ-XL液质联用质谱仪等设备。

【学术交流】

2009年，湖南师范大学邀请国际数学大师菲尔兹奖获得者、哈佛大学丘成桐来校讲学，反响强烈。9月17~24日，数学与计算机科学学院主办全国性学术会议"概率论及及其应用学术研讨会"，来自中国科学院和全国各高校的相关专家学者50余人参会；12月19~21日，物理与信息科学学院主办"2009宇宙尘埃学术研讨会"，40余名国内外该领域知名专家、教授和青年学者参加。10月18~22日，承办2009年中国微生物学会学术年会，来自全国相关科研院所和高校的602名微生物科学专家学者和技术研究人员参加大会。资源与环境科学学院主办"湖南省地学与环境科学创新论坛"和"湖南省地理学2009年学术年会"。10月18~24日，第三届海峡两岸"鱼类生理与养殖"研讨会在台湾海洋大学召开，刘少军等四位专家作为大陆代表团成员应邀出席。

(供稿人：湖南师范大学科技处　何志霞)

湘潭大学

【科研项目与经费】

2009年，湘潭大学共承担各类纵向科研立项项目245项，经费4626.9万元。其中国家重大科技专项1项，经费2118万元；国家自然科学基金等其他国家级项目42项，经费984.9万元；湖南省科技重大专项1项，经费500万元；其他省部级项目73项，经费566.5万元；地市级项目100项，经费441万元；校级项目28项，经费16.5万元。同时湘潭大学对国家级、省部级项目共投入配套经费98万元，与企事业单位签订横向合作协议65项，协议经费2230万元，实现到账经费1553万元。其中"清水塘工业区入江废水中重金属减排和综合整治技术”被列为国家中长期规划科技重大专项，该项目在申报过程中，湘潭大学和化工学院组织专人专组撰写课题实施方案、组织专家反复论证修改完善申报材料，积极与政府职能部门和相关合作单位进行协调，最终湘潭大学在众多竞争单位一举中标。

【产学研合作】

2009年，湘潭大学与湘潭电机股份有限公司联合成立“风电技术研究所”，与江麓机电科技有限公司“风电偏航与变浆减速器”项目开展多项合作，与湖南华菱湘潭钢铁有限公司、株洲冶炼集团股份有限公司等企业在烧结机头电除尘灰中有价金属回收、清洁生产等环保领域开展合作，取得较好的社会、经济效益。

【科研成果与奖励】

2009年，湘潭大学共申请专利及软件登记69项(其中发明专利60项、实用新型专利7项，软件登记2项)；专利授权及软件登记共21项(其中发明专利17项，实用新型1项，软件登记3项)。学校发表CSCD核心论文275篇，被SCI、SCIE、EI、ISTP收录的分别为192、241、227、71篇。获得2009年度国家科技进步二等奖1项，教育部高等学校科学技术奖科技进步二等奖1项，湖南省科学技术奖6项(其中自然科学二等奖1项，三等奖3项，技术发明三等奖1项，科技进步三等奖1项)。还获得湖南省国防科技进步一等奖1项，湖南省第二届优秀发明人奖1项，中国烟草工业总公司科学技术进步奖1项。

【科研平台建设】

2009年，湘潭大学先后组织湖南省重点实验室、湖南省工程实验室、湖南省教育厅产学研合作示范基地、省部共建教育部重点实验室及省部共建国家重点实验室培育基地的申报，受理3个批次校级研究机构的申请。新增“环境友好化工过程集成技术”湖南省重点实验室、“重金属污染控制”湖南省普通高等学校重点实验室、“锂离子动力电池”湖南省高校产学研合作示范基地等3个科研平台。新增“纳米物理与稀土发光研究所”、“清洁生产研究中心”、“风电技术研究所”、“重金属污染控制研究中心”等4个机构为校级研究中心。在重点研究基地经费投入方面，对省部级重点研究基地共投入建设经费92万元、开放课题经费92万元。

至2009年底，湘潭大学拥有5个教育部重点实验室和工程研究中心、4个湖南省重点实验室、5个湖南省高校重点实验室、3个湖南省高校产学研合作示范基地。科研平台在各学院之间分布也较均衡，其中数学学院1.5个、物理学院3个、化学学院4个、化工学院5个、机械学院2个、信工学院1.5个。

【重点学科建设】

2009年，湘潭大学进一步规范重点学科建设经费购置大型仪器设备的管理，实行购置设备集中论证制度，论证会邀请有关专家教授及职能部门(纪检监察处、实验室与设备管理处、财务处等)领导参与设备的论证。全年共组织4次集中论证，论证设备13台，所涉经费达1000万元。按湖南省教育厅的要求，学校在12月组织国家和省级重点学科的年度检查。在重点学科建设经费投入方面，湖南省教育厅对该校8个“十一五”省重点学科共投入325万元。

【科研管理】

2009年12月，湘潭大学规范科研管理工作，采取学院自查的方式，对全校在研的各类纵、横向课题进行全面检查，学校科技处到理工各院实地检查项目执行情况，并对申报2010年国家自然科学基金进行摸底和发动。同时，做好学校科技处网站的维护和更新工作，保证科研信息的内容丰富和更新快捷。

学校重新修订《湘潭大学科研经费管理办法》、《湘潭大学技术贸易管理办法》、《湘潭大学推进产学研结合实施方案》等一系列管理文件，有效促进了该校的科研工作。通过政策引导，鼓励多方向争取课题，促进学校科研工作的发展。对于授权的职务发明专利，学校除承担申请过程的所有费用外，并在授权后，给予技术发明人6000元奖励；对于政府的各级奖励，学校也按照不同奖励级别，给予配套奖励。

【科研队伍建设】

2009年，湘潭大学着重抓好教育部创新团队和教育部新世纪优秀人才资助计划的申报，推荐申报"低维材料及其器件力学"教育部创新团队。全年新增1位长江学者特聘教授，1位入选"新世纪百千万人才工程"国家级人选名单，1位入选教育部新世纪优秀人才资助计划。另外，经湖南省"芙蓉学者计划"专家评审委员会评审通过，湖南省教育厅确认，湘潭大学1位教授入选湖南省"芙蓉学者计划"第六批特聘教授，1位教授入选湖南省"芙蓉学者计划"首批讲座教授。

【科技合作与交流】

2009年，湘潭大学重点资助教师参加国际性学术交流活动或访问学习，邀请国内外知名专家学者来学校进行合作研究及讲学。全年湘潭大学理工科学院共举办各类学术讲座、学术报告会70余场，邀请国内外学者专家100多位，其中包括多位中科院及工程院院士。同时，湘潭大学教师出席国际学术会议87人次(其中境外10人次)，进行国际学术会议论文交流及特邀报告106人次(其中境外20人次)，成功主办5次国际学术会议(其中境外2次)。

(供稿人：湘潭大学科技处　许斌)

湖南农业大学

【科研项目与经费】

2009年，湖南农业大学承担的各类科技项目数量与质量不断提升，科技创新整体实力持续增强，到位科技经费达到1.5亿元，多个领域、多个方面取得重要突破。共承担国家973前期研究专项、国家自然科学基金、国家社会科学基金项目、教育部创新团队计划、新世纪人才支持计划等项目47项，到位经费725.3万元。承担的国家自然科学基金项目数量连续三年翻番，全年立项数达29项，合同经费734万元，居全国农业院校第八位，首次超过东北农业大学、四川农业大学、沈阳农业大学，与山东农业大学、福建农林大学接近，在湖南省属高校中位居第三，研究领域拓展到生命科学、地球科学、管理科学、工程与材料学四个学部，涉及作物遗传育种、作物栽培、植物保护、植物学、遗传学、畜牧兽医学、在园艺学、植物营养学、林学、生态学、生物化学与发育生物学、土壤学、环境工程、农业经济学、社会学等多个学科，覆盖面大幅度提高。承担湖南省自然科学基金项目17项、省社会科学基金项目29项、省科技计划应用基础类项目14项、省科技人才专项计划项目7项、省教育厅项目68项，到位经费553.6万元。其中"全球化下的跨国高等教育：视点、问题与中国的应对"

和“国际反倾销的政治经济学研究”获得教育部人文社会科学研究项目立项。

学校共承担国家科技支撑计划、863计划、星火计划、农业科技成果转化资金、农业部948计划等各类计划项目90余项，到位经费3245万元。承担湖南省重大项目、科技重大专项、应用研究类重点项目18项，一般项目34项，到位经费1093万元；承担湖南省农开办、省财政厅、省中烟公司等其它厅局级科研项目60余项，到位经费4652万元。其中“高产优质新型基因抗虫棉花新品种（系）的培育”和“利用OsSINTA5和OsWAX2等基因培育转基因抗旱水稻新品种”获得国家十六个重大专项之一的“转基因生物新品种培育”专项立项资助，合同经费750余万元；“低风险籼型两用不育系的创制与应用”获得国家863计划项目立项，合同经费达500万元，刷新湖南农业大学单项863计划资助经费记录；官春云主持的“油菜产业发展关键技术研究及示范”项目获得湖南省重大科技专项立项资助，合同经费达600万元；刘仲华牵头的茶叶产业技术创新战略联盟，获得“湖南省产学研结合技术创新工程”150万经费支持。先后与攸县、永兴县、沅陵县、湘乡市、安乡县等5个县级政府达成校县科技合作协议，签订各类科技横向合同178件，到位经费4942.22万元。

【科研成果与奖励】

2009年，湖南农业大学科技奖励创历史最好成绩，获国家科技进步奖1项，湖南省科技进步奖14项、省自然科学奖3项、省技术发明奖2项，获教育部社科中心出版资助成果1项、第14届湖南省优秀社会科学学术著作出版资助立项资助2项。其中“油菜化学杀雄强优势杂种选育与推广”项目获国家科技进步二等奖，“水稻两用核不育系C815S的选育及应用基础研究”获湖南省技术发明一等奖，“柑橘优异种质创新及特色品种的选育与推广”和“水稻丰产高效技术集成研究与示范”2个项目获得湖南省科技进步一等奖。

“低剂量农药对稻田蜘蛛控虫能力的影响及其作用机理研究与应用”等9个项目通过省级科技成果鉴定，其中“超级杂交稻‘三定’栽培技术研究与应用”入选2009湖南十大科技新闻，“湘南梯冲田双季晚稻梯式灌溉抗逆丰产栽培研究与示范”、“湘南丘岗区双迟品种搭配抗逆丰产栽培技术研究与示范”、“植物性和微生物农药新产品开发及应用技术研究”和“污染水体矩阵生态修复技术项目”等4个项目通过专家现场评议。18个农作物新品种通过省级以上审定（登记），其中2个水稻新品种通过国家农作物品种审定委员会审定。新增公开专利34项，授权专利23项，其中发明专利12项；制定湖南省地方标准3项；三大检索收录学术论文135篇，比上年增长125%，其中任春梅等发表的3篇学术论文影响因子达6.0以上。

【科研平台建设】

2009年，湖南农业大学“植物功能成分利用国家工程技术研究中心”获科技部批准建设，是湖南省农业领域继国家杂交水稻工程技术研究中心之后的第二个国家工程技术研究中心，是目前省属高校中唯一获得科技部资助建设的国家工程技术研究中心，主要是以丰富的植物资源为对象，采用现代分离纯化工程、发酵工程、细胞工程、基因工程领域的高新技术，开展植物功能成分的高效提制与利用技术研究，将廉价的农林植物资源转化为高附加值的天然产物，并将其应用于天然药物、保健食品、功能饮料、天然日化用品及植物源农药、天然兽药与动物保健品开发中，促使传统农业依托高新技术向现代大健康产业延伸。新增“饲料安全与高效利用教育部工程研究中心”、“农田污染控制与农业资源利用湖南省重点实验室”、“湖南省发酵食品工程技术研究中心”、“生物质醇类燃料湖南工程实验室”和“国家中医药局亚健康干预技术实验室”等5个省部级创新平台。湖南农业大学被湖南省发改委列入第一批湖南省高技术发展研究院建设行列。与山东农业大学联合申报国家发改委土肥资源高效利用国家工程实验室，与湖南省杂交水稻研究中心联合申报水稻国家工程实验室和杂交水稻国家重点实验室，已分别获得国家发改委和科技部立项支持。截至2009年底，湖南农业大学省部级以上科技创新平台达到32个。

2009年，湖南农业大学开展科技创新平台用房规划布局和调整，省(厅)级以上科研平台使用面积达17000平方米，同比增加45%，基本满足学校平台建设与发展需要。按照《湖南农业大学中长期科技创新平台建设规划》提出的“集中力量、整合优势、突出特色”建设原则，完成校级研究所的调整规划和布局，原有的43个校级科研机构调整为32个，其中在新成立的学院以及实力较强的学科和研究领域新设立科研机构9个，初步形成合理的平台布局。积极推进平台管理体制创新，继续在作物基因工程湖南省重点实验室和植物资源利用实验室实施和完善课题组制，成效显著；完成第二批畜禽遗传改良湖南省重点实验室、湖南省兽药工程技术研究中心、湖南省三农问题研究基地等8个省部级平台的主任竞聘工作。作物生理与分子生物学教育部重点实验室顺利通过教育部组织的验收评估。

【“双百”工程建设】

2009年，湖南农业大学组织专家带领科技服务小组和科研团队等继续深入双百工程基地加强对接建设，共推广新技术、新品种50多项，与企业共同开发新产品10多个，获得自主知识产权成果近10项，争取横向经费2000多万元。提出围绕湖南省农业优势和特色产业发展，建设“双百”工程重点产业技术联盟基地的新思路，制定水稻、油菜、茶叶、马铃薯、柑橘、葡萄、生猪、烟草等8个“双百”工程重点产业技术联盟基地建设方案。通过进一步调整和优化基地布局，促使产业技术链上的相关学科协调发展和产业技术创新团队集群的形成，带动和支撑农业产业持续快速发展。同时，结合学校承担的新型农村科技信息化服务体系建设项目，加强“双百”科技富民工程与省科技厅牵头实施的科技信息“户联网”(12396)以及湖南省委组织部牵头实施的农村党员现代远程教育、科技特派员工作的对接与集成，初步完成以学校为依托，快捷、高效满足农民诉求和产业发展需求的新型农村信息化综合服务体系建设方案的设计。牵头的“新型农村科技信息化服务体系建设”项目已获得湖南省科技厅重点项目支持。

【科研管理】

2009年，湖南农业大学进一步推进科技管理信息化建设，结合校院两级管理体制改革和科研工作量测算等相关工作，基本完成近四年科研数据的录入与审核工作。出台《湖南农业大学科研工作奖励办法》、《湖南农业大学农业转基因生物安全管理实施细则》、《湖南农业大学科技工作督导团章程》；进一步修订完善《湖南农业大学科研工作量计算与分配办法》、《湖南农业大学科技经费管理办法》、《湖南农业大学科研项目合同制管理办法》等管理文件。

【科研队伍建设】

2009年，制定“湖南农业大学‘1515’人才计划”等战略指导性文件，为创造有利于创新型人才脱颖而出的制度和政策环境、营造有利于科技创新人才平等竞争的良好氛围打下坚实基础。分层次、分类型开展中青年科技人员摸底工作，发掘一批作为中青年科技骨干重点培养的对象，设立科学研究快速反应基金，支持暂无科技经费的科技人才，特别是中青年人才，开展前瞻性、探索性的科学研究。大力加强以领军人才、学术带头人为核心的创新团队建设，刘仲华领衔的“园艺植物功能成分优异资源高效利用”项目获得教育部创新团队项目资助，实现湖南农业大学国家级高水平创新团队“零”突破。积极探索和完善科技项目合同制等多种形式的团队建设机制，促进领军人才、学术带头人与团队成员之间实现真正的紧密结合。

【科技合作与交流】

2009 年，湖南农业大学校科协积极组织各类学术活动，共举办国际学术会议 1 次，邀请国内外知名专家来校作学术报告 200 余次，参加师生近 1.5 万人次。组织学校师生积极参与湖南省科技活动周、“科技人员服务企业行动”等科普活动，举办“湖南省农业基层技术人员”培训班，围绕现代农业新技术、现代农业推广服务等主题为来自全省 25 个县农业局的 128 名农业技术骨干进行培训，取得较好效果。

（供稿人：湖南农业大学科技处　谭洁）

长沙理工大学

【科研项目与经费】

2009 年，长沙理工大学新增省部级科研项目 138 项，科研进校经费 1.3 亿余元，首次突破亿元大关。其中国家级项目 36 项，王耀中主持的“开放经济下我国现代服务业发展战略研究”获 2009 年度国家社科基金重点项目、肖伏良主持的“径向扩散与波-粒相互作用对辐射带高能粒子的共同加速效应”获 2009 年度国家杰出青年科学基金项目、刘其城主持的“烟花爆竹安全生产线装备研究与示范工程”获“十一五”国家科技支撑计划项目课题，实现长沙理工大学主持国家社科基金重点项目、国家杰出青年科学基金项目和国家科技支撑计划项目“零”的突破。

【科研成果与奖励】

2009 年，长沙理工大学获国家级奖励成果 5 项，其中主持项目获国家科技进步一等奖 1 项，参与项目获国家科技进步二等奖 3 项、国家技术发明奖 1 项。获得省部级科技成果奖 31 项，其中主持获得一等奖 4 项、二等奖 4 项、三等奖 8 项。主持获奖数同比增长 113%。校长郑健龙主持的“膨胀土地区公路修筑成套技术研究”获得 2009 年度国家科学技术进步奖一等奖。膨胀土地质灾害被称之为“工程中的癌症”，为破解这一世界性技术难题，长沙理工大学等多家单位进行了长达 15 年的联合攻关，通过自主创新和集成创新，在公路膨胀土边坡的滑坍治理、膨胀土弃方的合理利用、膨胀土的判别分类、构造物地基基础设计及环境保护等关键技术方面取得重大突破，首次开发出以一个平台、两个理论、四项技术、五种方法为核心的，集理论、方法及勘察、设计、施工技术于一体的膨胀土地区公路建设成套技术，获得 4 项发明专利、8 项实用新型专利，1 项软件著作权，发表论文 140 多篇，在 10 省区 23 条高速公路和南水北调等重大工程中得到广泛应用，造价降低 60%，工期缩短 70%，膨胀土利用率提高 50%，植被覆盖率提高 80%以上，节约了大量土地和能源，减少了废气污染，取得了重大社会、经济和环保效益，使国家公路膨胀土处治技术跃居国际领先水平。美国土木工程师协会专门约稿，对该技术进行了重点推介。全年，共获得专利 51 项，同比增长 127%。被国际三大检索收录论文 1037 篇，同比增长 38%，其中被 SCI 收录 171 篇、被 EI 收录 494 篇、被 ISTP 收录 372 篇。

【创新平台与科研基地建设】

2009 年，长沙理工大学获批“电力与交通安全监控及节能技术”教育部工程中心，“可再生能源电力技术”湖南省重点实验室，“名贵药用植物资源开发与利用”湖南省高校产学研合作示范基地。“公路工程”教育部重点实验室顺利通过教育部验收；湖南省高校哲学社会科学研究基地“现代企业管理研究中心”顺利通过湖南省教育厅验收，均获得较好评价。

“电力与交通安全监控及节能技术”工程中心成立于 2009 年。该中心依托多个二级学科，主要包括交通信息工程及控制、交通运输规划与管理、电力系统及其自动化、高电压与绝缘技术。参与建设的单位有湖南交通科学研究院、湖南紫光测控有限公司和长沙华源电力自动化设备有限公司。目前拥有实验研究场地近 3000 平方米，设备原值 2400 万元。研究梯队有教师 40 人和工程技术人员 30 人，其中教授 17 人、副教授或高级实验师 14 人、讲师或实验师 19 人，博士 17 人、列入教育部优秀人才计划 2 人、列入湖南省“121”人才工程 4 人、湖南省学科带头人 3 人、湖南省中青年骨干教师 5 人、工程师 19 人。承担国家自然科学基金项目 15 项，合作承担 863 计划项目 2 项，年均科研经费 300 余万元；年均发表科技论文 150 余篇，其中 SCI/EI 收录 50 余篇；已获专利 31 项，国家科技进步二等奖 1 项，省部级奖励 21 项。计划在输配电系统保护控制装置、交通信号分布式供电、公路隧道及城市轨道交通供电自动化系统、电网故障行波定位、配电网中性点接地阻抗最优控制、电力设备状态监控、输电线路防灾、冷凝器在线清洗、电能高效变换补偿装置、交通设备防雷、交通节能灯等领域形成一定的产业化规模，以提升整个华南、西南地区交通和电力建设水平。

“可再生能源电力技术”湖南省重点实验室于 2009 年经湖南省科技厅同意依托长沙理工大学组建。该实验室以可再生能源转换技术与设备、系统安全分析、并网与系统优化为切入点，在可再生能源电力技术方面进行前瞻性和原创性探索研究，在不同学科方向研究领域内有一定影响的前沿基础理论，开发具有国际先进水平的新技术、新工艺和新产品，建立科学的、全面的、系统的能源战略和能源系统的评价体系，为可再生能源转化利用中出现的技术难题和重大问题提供理论依据和技术支持。现有教授 18 人，副教授 13 人，讲师 11 人，其中博士（后）29 人，硕士 9 人，中国工程院院士 1 人，湖湘学者 1 人，享受国务院特殊津贴专家 1 人，教育部新世纪人才 1 人，湖南省新世纪 121 人才 3 名，省部级学科带头人培养对象 3 名。在承担国家自然科学基金、省部级重大科研项目和面向工程解决实际技术问题的研究中，实验室逐渐形成生物质能源的利用、风力发电设备与系统安全性、可再生能源发电的运行与控制、可再生能源发电的系统优化与稳定等 4 个主要研究方向。

“名贵药用植物资源开发与利用”湖南省高校产学研合作示范基地由长沙理工大学牵头成立，合作单位是长沙田木生物科技有限公司。基地从 2005 年开始筹建，2006 年签定项目合作协议，2007 年定为长沙市政府产学研合作重点跟踪和扶植项目，2009 年定为湖南省高校产学研合作示范基地。基地以长沙理工大学获得的专利为依托，企业提供开发平台，开展实质性的产学研合作，并产生显著成效。基地组建以来，开发出2个新产品，均已上市，其中"富硒冬鱼茶"已与紫光古汉集团签定协议，产品全由紫光古汉集团包销，产生经济效益3000多万元；开发的"富硒鱼腥草茶"，年产值达200万元。该基地获省科技厅、长沙市科技局重点项目2项，长沙市知识产权局重点专利研发专项1项，获研发经费50万元。

【科技管理】

2009年，长沙理工大学科技处认真落实《长沙理工大学校务公开工作规范》等文件精神，做到办事透明、公开、公正、公平，不搞暗箱操作，对科研项目和科技成果申报等工作的布置都在科技处网页上发布通知，在科技处网页新增"办事指南"栏目，方便教职工了解项目和成果申报等办事流程，增加工作透明度，提高工作效率。制定《科技处工作人员行为规范》、《科技处关于进一步加强机关作风建设的有关规定》等文件，明确行为规范，强化制度建设。认真完成项目和成果申报、结题鉴定、合同管理、经费管理、成果管理等日常工作以及规章制度的"废、改、立"工作。被评为"2009年度湖南省高校科研管理先进集体"和"2009年度湖南省自然科学基金管理工作先进集体"。

（供稿人：长沙理工大学科技处　谢树芳）

湖南中医药大学

【科研项目与经费】

2009年，湖南中医药大学共受理各级科研项目450项，上报364项。其中国家级课题91项，上报91项(973计划中医理论专项7项、国家自然科学基金78项、国家社会科学基金6项)；部级课题30项，上报21项(教育部博士学科点基金11项、教育部人文社会科学一般项目6项、霍英东教育基金2项、中国博士后科研基金2项)；省级课题60项，上报60项(湖南省科技计划项目58项，含科技计划、软计划、博士后基金；湖南省自然科学基金项目30项，湖南省哲学社会科学基金项目9项)；湖南省厅级课题165项，上报141项(湖南省教育厅科技计划项目58项、湖南省中医药科研计划重点项目建议书23项、一般项目37项；高校思想政治教育研究课题3项、社科院湖南省情与决策咨询研究课题3项、长沙市科技计划项目28项)。

学校共获得科研项目立项147项，纵向科研经费1221.7万元。其中973计划中医理论专项3项(含协作1项、子课题1项)、国家"十一五"科技重大专项1项、863计划（子课题)1项、国家自然科学基金14项、教育部博士学科点基金4项、中国博士后科研基金1项、国家中医药管理局中医药科学技术项目1项、中医诊疗设备项目1项，湖南省科技计划项目34项、省自然科学基金11项、省教育厅科技计划项目49项、省中医药科研计划31项、长沙市科技计划项目5项，省哲学社科基金1项，省发改委产业研发项目1项。

【科技成果与奖励】

2009年，湖南中医药大学组织推荐教育部2009年度高等学校科学研究优秀成果奖（科学技术)5项、湖南省科学技术奖7项，湖南省自然科学奖2项(二等奖1项、三等奖1项)，湖南省科学技术进步奖1项(三等奖1项)。组织推荐湖南省中医药科技奖 11 项、中国中西医结合学会科学技术奖 3 项、中华中医药学会科学技术奖 2 项、霍英东青年教师奖 1 项，获湖南省中医药科技奖 11 项（一等奖 2 项、二等奖 6 项、三等奖 3 项）。蔡光先主持的“中药超微粉体关键技术的研究及产业化”获得国家科技进步奖二等奖。全年共发表论文 608 篇，其中 SCI 收录论文 5 篇，EI 收录论文 2 篇，核心期刊发表论文 389 篇，出版专著 44 部。

学校获“湖南省高校科技管理工作先进单位”、“湖南省自然科学基金工作管理先进单位”称号，王实强、李顺祥、温俊达三人获科教兴州先进个人称号，易亚乔、余佳分别获得“湖南省高校科技管理工作先进个人”、“湖南省自然科学基金工作管理先进个人”称号。

【科研平台建设】

截止 2009 年底，湖南中医药大学建设有实验动物中心 1 个，教育部工程研究中心 1 个、教育部省部共建重点实验室 1 个、国家中医药管理局重点研究室 2 个，国家中医药管理局三级中医药科研实验室 11 个，省级重点实验室 3 个、省普通高等学校重点实验室 4 个。

学校组织开展“湖南高校大型仪器设备共用网”2006-2008 年期间购买的仪器设备补录入网工作，各学院组织所辖重点学科共计录入仪器 48 台件。5 月，学校组织 4 个湖南省高校重点实验室申报“湖南省高校创新平台开放基金项目”，向湖南省教育厅申报“湖南省高校产业化培育项目”2 项、“湖南省高校重点实验室开放基金项目”11 项，其中获湖南省高校创新平台开放基金项目批准 9 项，湖南省高校产业化培育项目批准 1 项。学校中医内科学重点实验室申报国家教育部省部共建重点实验室，通过专家评审获得立项。做好国家中医药管理局科研实验室（三级）的新申报、换证工作，申请换证的血管生物学实验室、病理生理学实验室及中医药研究院中药药理实验室、4 个中药制剂实验室，针灸生物信息分析实验室、分子病理与药理实验室、中药药性与药效实验室、中药质量与资源实验室、肝脏病理与细胞免疫实验室（附属第一医院）、中药药理与药效组分筛选（心血管病）实验室（附属第一医院）、皮肤免疫病理学实验室（附属第二医院）均获批准。8 月，“医药粉体技术”教育部工程研究中心通过教育部组织建设项目验收。

【重点学科建设】

2009 年，湖南中医药大学组织校级重点学科 2009 年度建设情况检查，各校级重点学科均按照年度计划完成建设任务，部分指标超额完成。组织申报“国家中医药管理局中医药优势学科继续教育基地”1 项。10 月，国家中医药管理局启动新一轮中医药重点学科建设工作，该校申报中医肿瘤病学、中医妇科学、中医肝胆病学、方剂学、针灸学、中西医结合临床（心脑疾病）、中药药剂学、药用植物学等 8 个学科，包括原有中医诊断学、中医眼科学、中医皮肤科学 3 个国家中医药管理局重点学科，全部获得批准建设立项，其中 7 个临床学科获 2070 万元经费建设。以湖南中医药大学为申报单位申报 2010 年度国家级、省级中医药继续教育项目共 5 项，其中国家级教育项目 3 项，省级教育项目 2 项。

【科研管理】

2009 年，湖南中医药大学对 172 项在研课题（国家级课题 31 项，省部级课题 50 项，厅级课题 91 项）及 177 项应结题课题（其中 87 项为延期结题课题）执行情况进行检查。完成国家自然科学基金中期检查 10 项、结题 6 项；完成湖南省卫生厅中医药科研基金计划课题（2004、2006 年度）中期检查 4 项、结题 70 项；完成 2004~2005、2006~2007 年度国家中医药管理局科学技术研究专项计划课题中期检查 2 项、结题 4 项；完成 2008 年度湖南省卫生厅中医药科研基金计划 30 项课题执行情况检查工作；完成湖南省自然科学基金重点项目中期检查 1 项、结题 3 项，湖南省自然基金一般项目结题 7 项；完成湖南省科技厅 2006、2007 年度科研项目的结题工作；完成湖南省教育厅课题的中期检查 47 项、结题 66 项及成果发布工作。

【产学研合作与科技开发】

2009 年，湖南中医药大学签定产学研合同经费共计 600 万元。其中与万福生科（湖南）农业开发股份有限公司签订“碎米酶解成葡萄糖产品质量与纯化精制成注射用葡萄糖原料的前期工艺研究”合同金额 150 万元，与湖南九芝堂股份有限公司签订“益龄精的药理毒理研究”合同金额 22 万元，与湘潭市房产局卫生所签订“喉风散的药理研究”合同金额 30 万元，与湖南福湘生物技术有限公司签订“智清胶囊药学研究”合同金额 15 万元，与河南正骨研究所签订“股骨头坏死愈”新药研究合同金额 75 万元，以及其他 8 项产业化合作项目等。2009 年，湖南中医药大学接受临床新药研究机构委托项目包括新驴胶补血颗粒、百合固金片等新药的临床观察费用共计 527.33 万元。10 月，湖南中医药大学组织参加传统医药国际科技大会暨（广东）博览会，与甘肃省部分中药材原产地中药材原料深加工产业化合作达成初步意向。

2009 年，研发的妇科千金片、乙肝宁、肝纤灵、结肠宁、古汉养生精、驴胶补血冲剂、天麻首乌片、四磨汤口服液、虎耳草素片、代温灸膏、龟鹿驴三服冲剂、甲亢灵、肝复乐、正清风痛灵、安君宁、九气拈痛胶囊、厚朴排气合剂等产品均已成为湖南省甚至全国知名中药企业拳头产品。

【学术交流】

2009 年，学校共举办学术会议 30 次，举办各类学术讲座 97 场。协助举办“首届中国长沙中医药标准化国际论坛”国际性学术会议。成功主办全校科研（重点学科）管理研讨班。开展各学科的网络管理员学科网站网站制作培训。组织专家参加国家教育部博士点科研基金、霍英东基金项目的网络评审工作。与香港中文大学中医学院优势互补，互派学者进行讲学；与贵阳中医学院附属医院消化科实验临床结合，互派研究生进行交流。同时，校党委书记蔡光先教授接受香港大公报及湖南日报社采访，通过学术带头人事迹的宣传，扩大实验室影响，取得好的社会效益。

（供稿人：湖南中医药大学科技处 葛云鹏）

湖南商学院

【科技项目与经费】

2009 年，湖南商学院加大科研工作力度，及时通报课题申报信息，召集二级学院分管科研负责人、学科负责人以及科研骨干工作会议，进行广泛动员、发动工作和申报指导，邀请国家社会科学基金项目评审专家、湖南省科技厅领导等院外专家来学院指导课题申报工作，组织科研骨干教师参加有关部门组织的课题申报指导会，认真组织各级各类课题的申报，全年共申报各级各类纵向课题 429 项，立项 120 项，其中国家社会科学基金项目获准立项取得重大突破，欧阳峣 2008 年申报的国家社科基金重大招标项目于2009年3月成功立项，实现学校在这类项目上“零”的突破，这也是湖南省一般本科院校唯一获得的重大项目；国家社科基金一般项目获得立项6项，同比增长100%，教育部人文社科规划项目7项，同比增长600%。2009年学校与企事业单位签订横向项目19项，科研到帐经费201.4万元。

全年共有52项课题通过鉴定，其中国家社会科学基金3项、国家自然科学基金1项、湖南省社会科学基金16项、湖南省自然科学基金3项、湖南省软科学5项、其它22项，保持课题研究工作较高完成率。

【科研成果与奖励】

2009年，湖南商学院公开出版专著近31部；公开发表论文747篇，其中国家权威刊物发表论文29篇。积极组织湖南省第四届优秀社科专家、第十届优秀社科成果奖、2009年度湖南省科学技术奖和2009年度高等学校科学研究（人文社会科学）优秀成果奖、2009年教育部新世纪人才支持计划的申报工作，其中有1人申报湖南省优秀社会科学专家，13人申报湖南省第十届优秀社科成果奖，3人申报湖南省自然科学技术奖，20人申报教育部人文社科奖，2人申报教育部新世纪人才支持计划。1人获湖南省科技进步二等奖，1人获湖南省自然科学三等奖，实现湖南商学院在这类奖项上“零”的突破。

欧阳峣的《加快发展湖南汽车产业的建议》被收入第九次党代会献计献策专报，得到湖南省委书记张春贤的批示。他主持的湖南省重大项目《湖南完善中小企业发展政策支持体系研究》社会反响很高，湖南省委书记张春贤批示：“报告中反映的问题具有普遍性，是篇好报告”，湖南省委副书记、省长周强也作了批示。湖南省经委对研究报告中提出的建议给予肯定性答复，认为建议的针对性很强，抓住了湖南省中小企业和非公经济发展的核心问题，并采纳了其中部分建议。他主持的国家社科基金重大项目《全国资源节约型和环境友好型社会建设综合配套改革实验区体制机制创新研究》的相关成果被国家环保部、湖南省人大、省政协等部门采纳，主持的《地方性商科院校国际经济与贸易专业开放式教育教学研究》获湖南省高等教育教学成果一等奖。

柳思维承担的《统筹城乡发展问题研究》（项目编号：05BJY057）、蔡四平承担的国家社会科学基金项目《改革和完善我国农村金融组织体系研究》（项目批准号：07CJY062）、李陈华承担的国家社会科学基金项目《提高流通企业规模效率研究》（项目编号：06CJY029）三项国家社会科学基金项目均经过全国哲学社会科学规划办的审核鉴定，被评为优秀。柳思维主持的《长株潭“两型社会”改革建设中的城乡统筹体制创新研究》和夏飞主持的《长株潭城市群综合交通运输体系研究》两项社科基金重大项目都获得优秀。龙兴海主持的湖南省社科基金重大项目《富强、民主、文明、和谐社会主义核心价值体系的现实目标研究》通过结项。湖南省委常委、宣传部长路建平在《成果要报》第四期对该项成果做了批示，认为这一阶段性成果，修改后“可报中宣部供决策参考”。该项目的成果之一《社会主义核心价值体系的基本价值理念》一文发表在2009年8月28日《人民日报》理论版上。

【科研平台建设】

2009年，湖南商学院高度重视基地建设工作，基地实行校长负责制度，并分别由湖南商学院经济与贸易发展研究院院长柳思维、校党委书记欧阳峣、校长唐未兵担任首席专家，基地建设纳入学校党委的议事日程。湖南省现代流通理论研究基地、湖南省区域战略与规划研究基地、湖南经济改革与发展研究中心三个基地挂靠在湖南商学院。湖南商学院除从财力和物力上给予支持外，还对基地中长期学术研究计划和年度计划进行监督和检查。对研究基地持续加大制度建设力度，立足于研究基地长远发展，修订《湖南商学院省级重点社科研究基地管理办法》，为研究基地的持续发展提供良好的制度环境。研究基地根据自身的建设情况和发展趋势，完善原有的管理文件，包括研究基地管理办法、考核体系、考核办法和奖惩机制等方面具体规定，鼓励成员进行科研工作。制订《研究基地中长期学术研究计划和分年度的实施计划》，保证基地科研工作稳步推进。根据学校发展实际和申硕需要，基地成员实行专职研究人员与兼职研究人员相结合，以学科建设为纽带，使基地建设与学科建设有机结合，形成一种相互促进、相互支持的运行体制。基地每年到位建设经费10万元，学校保证配套经费按时足额到位。

学校为基地配备专职研究人员1名，基地常务管理人员1名，全面负责基地日常运作；配备基地秘书1名，协助基地管理人员工作。4月，湖南省哲学社会科学规划基金办公室对湖南省社会科学研究基地的工作情况进行督查，对欧阳峣为首席专家的区域战略与规划研究基地和柳思维为首席专家的现代流通理论研究基地给予较高肯定，认为这两个研究基地在管理规范、研究特色、科研成果、团队优势等方面取得较好成绩，区域战略与规划研究基地被评为成绩突出的基地，现代流通理论研究基地被评为工作良好的基地。以唐未兵为首席专家的湖南经济改革与发展研究中心正大力推进建设。

学校新增、调整一批科研机构，不断加强科研机构为科研、为教学、为地方经济社会建设的功能不断加强，对学校科学研究、人才培养、队伍建设、学术交流、信息资料、咨询服务等方面起到重要促进作用。作为4个湖南省级学会（省商业经济学会、省管理学会、省市场学会、湖南商学院社科联）的挂靠单位，湖南商学院每年给予4个学会2万元建设经费，并对学会举办国内外学术研讨会给予大力支持，使学会更好发挥行业管理、咨询、协调等方面的作用。

【重点学科建设】

截止2009年底，湖南商学院已构建由1个省级重点学科、2个省级重点学科、13个校级重点学科组成的较完备的学科体系，同时，结合申硕立项建设工作，学校形成"3+2"的申硕一级学科群体系。在构建学科体系的基础上，学校加强对各类学科的管理与监督，通过实行学科负责人、学科方向负责人制度，明确学科负责人、学科方向负责人的责任、权利、考核内容等。以柳思维负责的"企业管理"省级重点学科、以欧阳峣负责的"国际贸易学"省级重点建设学科和唐未兵负责的"政治经济学"省级重点建设学科，在湖南省教育厅组织的年度实地检查中均获得好评。湖南省教育厅重点学科评估组专家一致认为湖南商学院省级重点学科建设思路清晰、目标明确、措施得力、成效显著。13个校级重点学科从学科方向凝练、学科队伍、科学研究、学科条件以及学术交流等方面加强管理，校级重点学科建设质量不断提高。

【科研管理】

2009年，湖南商学院加强科研制度建设，制定《关于调整、撤销和增补校级科研机构的通知》、《湖南商学院科研工作管理实施办法》、《湖南商学院科研津贴制度》、《湖南商学院校级科研课题管理办法》、《湖南商学院横向课题管理办法》、《湖南商学院科研成果确认与登记管理办法》、《湖南商学院社会科学重点研究基地管理办法》、《湖南商学院科技创新团队建设管理办法》、《湖南商学院学术交流管理办法》等一系列科研管理制度文件。建设科研管理的综合网页，构建各个学科的建设网页以及研究机构网页，明确科研网页更新维护责任。加强科研日常工作管理，坚持召开科研工作大会，总结科研工作成绩与经验教训，理顺科研工作思路；加强科研处的制度管理、文档管理，编写《湖南商学院科研成果汇编》(每2年一集)；加强日常工作的管理监督。

【科技队伍建设】

2009年，湖南商学院大力推进"博士工程"、"教授工程"，已涌现"新世纪百千万人才工程国家级人选"、"教育部新世纪优秀人才支持计划人选"，还有一批享受国务院政府特殊津贴的专家。人才队伍梯队日趋合理，既有一批学术造诣很深的老教授、老专家，也拥有一批优秀的中青年专家和老师，一批年轻的博士迅速成长，取得一系列高水平的科研成果。

【科技合作与交流】

2009年，湖南商学院成功主办6场"经济与管理名师讲座"，2场60周年校庆校友讲座，20场学术讲座，进一步搭建与国内外知名专家、教授联系的平台，用新研究思路、新研究方法开阔学校师生视野。主办或承办"2009年湖南商学院大国经济国际学术论坛"、第三届中国中部地区商业经济论坛、首届全国财经类院校经济学院院长联席会议等有影响的学术活动。共组织3次国家社科基金重大项目和湖南省社科基金重大项目开题和结题报告会。积极参加2009中国(长沙)科技成果转化交易会。

(供稿人：湖南省商学院科技处 张丽华)

湖南文理学院

【科研项目与经费】

2009年，湖南文理学院共获得各级各类纵向与横向科研项目共147项，进校经费433.5万元。其中国家自然科学基金项目1项、国家社科基金项目1项，国家科技部、国家农业部、国家教育部项目各1项，各类省级项目23项，厅局级项目38项，校内项目78项，横向联合项目3项。

【科研成果与奖励】

2009年，湖南文理学院共获得各类政府奖项11项，其中生命科学学院杨品红领衔的团队科研成果"超大型无核珍珠养殖技术研究与推广示范"获得湖南省科技进步三等奖。音乐学院陈君凡副创作的歌曲《天子山的红月亮》获湖南省委宣传部第十届精神文明建设"五个一"工程奖。此外，学院还获得2项国家发明专利授权，累计近5年共获得授权发明专利9项，数量在同类院校中位居前列。

学校共发表论文1039篇，其中在A类学术核心刊物上发表论文25篇，中文核心期刊发表393篇。自然科学和工程技术论文被三大检索刊物收录118篇，其中SCIE收录39篇，EI收录78篇，ISTP收录11篇，同比增加71%。社科论文有5篇论文被新华文摘和高等学校文科学术等重要机构摘登或者转载。

【科研平台建设】

2009年，湖南文理学院全面建设"国家大学生文化素质教育基地"、"国家Linux技术培训与推广中心"、"水生生物资源开发与利用湖南省高校产学研示范基地”、“动物学省高校重点实验室”等学科基地和平台，“环洞庭湖社会发展研究基地”与“湖南省城市文化研究基地”顺利通过2007~2009年度湖南省社会科学研究基地评估。成功申报“光电信息与光学制造技术”湖南省重点实验室。依托“动物学湖南省高校重点实验室”、“水生物资源综合开发与利用”湖南省高校产学研合作示范基地成功申报第二批湖南省高校科技创新团队。

【重点学科建设】

2009年，湖南文理学院通过修订学科规划和整合学科资源，使学校“文艺学”、“光学”、“动物学”、“机械设计及理论”等4个湖南省“十一五”重点建设学科的学科发展方向更加明确，学科队伍结构更加合理，高职称、高学历人数明显增加。如光学学科在加强量子光学与量子信息、光电信息技术、微波与微电子学、原子与分子光谱等基础研究的同时，结合“光电信息与光学制造技术”湖南省重点实验室建设需要，逐步向光学制造技术延伸；动物学学科结合地方农业产业化发展需要，积极开展湘西北、环洞庭湖动物资源研究；机械设计及理论学科围绕产学研发展需要，从基础理论研究向机械应用研究转变。

【科研管理】

2009年，湖南文理学院出台关于科研、成果、学科和产学研等一系列管理文件和办法，尤其是加强对科研项目的结题管理和验收，加大高层次科研成果的奖励力度，加强学科的年度检查和评估，实施奖惩政策，有力的促进学科建设和发展。

【科研队伍建设】

截止2009年底，湖南文理学院共有820名专任教师，其中教授105人、副教授367人，硕、博士477人，省级学科带头人及培养对象5人，省级青年骨干教师52人，湖南省121人才工程人选6人。学校制定《高层次人才引进办法》，大力加强科研高层次人才队伍的引进和培养工作。

【科技合作与交流】

2009年，湖南文理学院聘请国家社科规划办原主任张国祚先后两次来校指导工作。联合常德市相关部门，开展“科学与中国”院士常德行活动，邀请国家自科基金委原副主任、中科院院士朱作言，国家自然科学基金委员会化学部主任、中科院院士林国强和院士戎嘉余、郭光灿、王鼎盛、陈运泰、陈祖煜等来常德开展学术活动和指导学科建设。校团委等部门积极组织开展青年教师学术沙龙，文史学院、宣传部和科技处联合组织开展白马湖学术讲座，湖南经济电视台等多家媒体先后进行报道，在湖南省内外产生较大影响。

（供稿人:湖南文理学院科技处　曾伯平）

长沙医学院

【科研项目与经费】

2009年,长沙医学院共获部、省、市各类科研课题立项88项，其中部、省级65项，市级23项，国家教师基金“十一五”规划课题2个、中华医学会医学教育分会医学教育科研课题3个、全国教育科学“十一五”规划课题1个、湖南省教改课题12个、湖南省教育科学“十一五”规划课题3个、湖南省教育厅科研基金课题56项、湖南省科技厅科学计划项目 5 项。

学校获各类成果奖（含论文）共 20 项，其中教育教学改革成果奖 9 项，一等奖 2 项、二等奖 5 项、三等奖 1 项、优秀奖 1 项。发表各类学术论文 119 篇，其中 SCI 3 篇，EI 2 篇，CSCD 11 篇。公开出版教材 18 部，国家"十二五"教材 1 部，规划教材 5 部。投入 500 万元作为科研专项启动基金，用于启动院级课题，对省级和国家级立项课题给予 1~1.5 倍的配套资助。

【特色优势学科和重点学科建设】

2009 年，长沙医学院科研特色更加突出，把困扰基层群众的常见病、多发病、地方病、职业病和生态环境改善作为研究重点，形成以"全科医学"和"社区护理"为特色，产学研相结合的科研模式，其中"全科医学本科教学研究"、"临床医学（全科医学方向）教学改革与城乡社区医疗服务体系改革的对接互动研究"、"全科医学本科教育人才培养模式研究"等 30 余个科研项目均列入湖南省科技厅和湖南省教育厅"十一五"规划课题和重点课题，出版《社区预防医学》、《社区健康教育与健康促进》等普及读物，初步彰显以"全科医学研究"和"社区护理研究"为特色的科研优势。在 2009 年全省本科教学评估中取得"50 项省级科研项目达标"和"50 项教学成果获奖"成绩。

学校通过调整专业，优化专业结构，制定较为完备的专业建设和发展规划，把加强重点学科建设和精品课程建设摆在首要位置，学院现拥有湖南省级重点建设学科 1 个，省级示范实验室 1 个，4 个基础课程实验室全部通过湖南省教育厅合格评估。截至 2009 年底，院级重点建设学科有 4 个，并确立建设 15 门院级精品课程计划与目标。学校加强重点学科研究室与中心研究室建设，为科研工作搭建院级资源共享研究平台。设立多功能组织学技术实验室、分子生物与遗传学实验室、功能基因组学实验室、细胞培养实验室、动物饲养室等；建立图书期刊资料室；开展网络建设，建立学科网站。同时学院加紧建设学校中心实验室，为全院科研开展提供公共研究平台。正在建设中的学院实验动物中心，已投入 1500 万元购置科研仪器设备，建立较为完善的科研管理信息系统。

【科研基地建设】

截止 2009 年底，长沙医学院共拥有附属医院 8 所，分别是湖南省儿童医院、湘潭市二医院、株洲市人民医院、石门县人民医院及望城县人民医院、宁乡县人民医院、岳阳市岳化医院、湘潭市二医院。其中三级甲等医院 2 所，二级甲等医院 6 所，共有床位 2500 张，教学医院 8 所，实习医院 70 所。同时学院在长沙市征地 150 余亩，规划投资 10 亿元兴建一所 1000 张床位的三级甲等综合性医院。校区内的长沙医学院第一附属医院已挂牌，所有软硬设施均按三级甲等医院进行配置，为学院科研工作奠定系统的研究基地，进一步推进学院科研体系建设。

【科研队伍建设】

2009 年，长沙医学院按照"稳定、引进、培养、使用"的方针，把建设一支结构合理、素质高、相对稳定、业务能力强"双师型"教学科研相结合的队伍作为战略目标。采取四条行之有效的方法：一是聘请一批刚刚退休的知名教授来校担任学科专业建设带头人和青年教师"辅导员"；二是聘请一大批中青年专家来校担任教学和科研骨干，成为学校教学科研和管理岗位的主力军；三是全力打造 40 岁以下青年教师"硕士化"工程，采用先培养后上岗的办法，让他们充当学校教学、科研和管理队伍的后备军；四是采用科学化、人性化的管理机制，在竞争中锤炼教师队伍，让民办院校用人机制"灵活高效"的优势得到充分发挥。截至2009年底，长沙医学院拥有一支1186人的专兼职教师队伍，其中专职教师735人，正、副教授共439人。2009年从全国引进各类医学拔尖人才35人，充实学校科研实力。同时，通过竞聘从科研队伍中选拔科研管理干部，使处室队伍结构更加合理，素质更加优良。

【科研制度和平台建设】

2009年，长沙医学院结合学科建设需要，出台《长沙医学院重点学科建设管理办法》、《长沙医学院学科建设经费管理办法》、《长沙医学院学科带头人、学术带头人、学术骨干管理办法》、《长沙医学院学科带头人、学术带头人、学术骨干选拔办法》及《长沙医学院学科带头人、学术带头人、学术骨干选拔与重点建设实施方案》等相关文件，为长沙医学院开展科研管理提供有效制度保证。根据科研工作目标考核工作布署，科学分解科研工作指标，进一步完善学院科研考核机制和考核方案，实施有效的定量化考核，充分调动和发挥科研人员积极性、创造性，不断提高学院科研能力，形成一套严格、规范、高效的科研管理系统。

【基础设施建设】

2009年，长沙医学院科研基础设施建设实施“五大工程”：一是产学研相结合的科研基地建设工程，以临床教学基地建设为中心内容，将8所附属医院、8所教学医院和70所实习医院作为一个有机整体，将教学与科研有机结合起来，加大科研成果转化力度。二是重点学科建设工程，加强基础医学和“全科医学”、“社区护理”为特色的重点学科建设，努力培养一批高水平“双师型”教师队伍。三是重点实验室建设工程，以全科医学和社区护理学为重点，加大对重点实验室建设投入，加快建好“两室”，即加快实验动物室和中心实验室建设,为科研提供强有力支持条件。四是科技下乡、科技扶贫工程，大力开展以农村和社区医疗卫生建设为重点的科技下乡、科技扶贫活动，在把握社区医疗特点的基础上，提高对农村和社区医疗卫生改革的研究水平。五是科技成果转化工程，抓科技成果转化及产业化工程,将取得的科研成果转化为生产力。

【学术交流】

2009年度共举办大型科研学术讲座6场，邀请湖南省教育厅科技处处长左青做《科研项目的组织与管理》学术报告；邀请湖南中医药大学校长、教授尤昭玲做《国家自然科学基金项目的申报与点评》学术讲座。

（供稿人：长沙医学院 曾昭伟）

湖南涉外经济学院

【科研项目与经费】

2009年，湖南涉外经济学院各类课题立项数达60项，其中全国教育科学“十一五”重点课题1项，湖南省省级科技计划项目1项，湖南省自然科学基金1项，湖南省软科学研究计划项目5项，思想政治项目课题列入湖南省社科基金项目1项，湖南省普通高校教学改革研究项目9项，湖南省情与决策咨询研究项目4项，长沙市科协学术项目1项，湖南省高等学校科学研究项目34项（其中重点项目1项，青年项目1

项)，湖南省体育科学学会课题 2 项，长沙市岳麓区委统战部理论研究课题 1 项。共拨经费 22.74 万元，学校配套 27.46 万元，合计 50.2 万元。支出 23 万元。

首次获得湖南省自科基金项目立项、全国教育规划项目获重点立项和湖南省教育厅科学研究项目重点、优秀青年项目。湖南省普通高校教学改革研究项目、省科技厅软科学项目、省教育厅科学研究项目、省情决策咨询项目等立项数均为历年之最。

【科研成果】

2009 年，湖南涉外经济学院在省级及以上刊物共发表论文 731 篇。《关于高等设计艺术专业设置的思考》发表在国家级刊物上，《理性看待美元贬值对中国经济的影响》等 42 篇论文被 CSSCI 收录，《偏序集的代数完备》等 15 篇论文被 CSCD 收录，《论房地产开发环节常见的十大税务问题》被全国人大复印资料全文复印，《中国保障措施制度的发展对策研究》等 42 篇论文在中文核心期刊上发表，《信用证欺诈例外疑难问题探析》等 2 篇论文在“211”大学刊物上发表。

全年，学校共发表作品 21 件，其中在国家级专业刊物上发表 13 件，在省级专业刊物上发表 6 件，在省级非专业刊物上发表 1 件，公开出版个人创作作品集 1 件。出版专著 12 本、教材 5 本。《以能力培养为导向的国际贸易实务课程改革与实践》获湖南省高等教育省级教学成果三等奖。《智斓通用介绍信打印系统》获国家计算机软件著作权。

【重点学科与课程建设】

2009 年，湖南涉外经济学院重点学科“国际贸易学”现有成员 23 人，全部由具有博士、硕士学位的教师组成，其中博士 8 人，占 34.78%，分别来自复旦、南开、华科大、中南财大、中南大学和湖南大学等六所大学。有教授 5 人，副教授 6 人。年龄结构上，46~60 岁 5 人、35~45 岁 6 人、35 岁以下 12 人，初步形成以教授和博士为龙头，学历、年龄、职称和学缘等结构合理、具有创新精神和探索能力的学术梯队和“国际贸易发展与国际竞争优势”、“跨国经营与投资”和“WTO 规则与竞争政策”三个主攻方向。全年出版著作 1 部；发表论文 36 篇，其中，EI 收录 1 篇，A 类期刊 1 篇，CSSCI 源刊 5 篇，核心期刊 6 篇；获省级高校教学优秀成果三等奖 1 项。校级重点学科“国际贸易学”在经济科学出版社出版专著 1 部，实现了该学科在国家级出版社出版专著零的突破。获湖南省高校教学优秀成果三等奖 1 项，发表论文首次被 EI 收录，获省教育厅科学研究重点项目 1 项。

【学术交流】

2009 年，湖南涉外经济学院共邀请校外专家、学者来校讲学 27 场，校内专家讲学 10 场。举办“校庆学术报告月”活动，共安排各类讲座 76 场，其中请校外专家如徐从才(人大博导、国家社科基金评委)、湖南商学院商业经济研究院院长柳思维(中南大学博导、国家社科基金评委)、沈阳体育学院常波(博士后，博导)等来校讲学 16 场，活跃该校的学术氛围。

(供稿人：湖南涉外经济学院科研处　尹　莹)

湖南人文科技学院

【科研项目与经费】

2009 年，湖南人文科技学院科研项目立项取得历史性突破，共获得各级各类纵向项目资助 111 项。其中国家自然科学基金项目 3 项，国家社会科学基金项目 3 项，教育部人文社科项目 2 项；湖南省自然科学基金项目 3 项，省社会科学基金项目 9 项，省科技计划项目 9 项，市厅级科研项目 48 项，校级青年基金项目 34 项。共获资助经费 202.6 万元，学校配套经费 277.1 万元。其中《前胡诱导水稻抗稻瘟病活性成分作用机理及结构优化》、《临界电流防止架空导线覆冰的机理研究》、《Li 原子和 Li+离子极化率和超极化率的理论研究》3 个项目获国家自然科学基金项目立项资助，《建设社会主义核心价值体系与思想政治工作创新研究》、《富厚堂藏书楼的文化功能及社会影响研究》、《我国普通高校体育课程流变的历史审视及有效配置研究》3 个项目获国家社会科学基金项目立项资助，《湘玉竹产业化关键技术集成与应用》获国家科技部科技人员服务企业行动项目立项资助，杨小军《建国 60 年来统筹兼顾方法的传承与发展研究》获国家社会科学基金项目立项资助，肖华茂中国博士后科学基金项目二等资助。

【科研成果与奖励】

2009 年，湖南人文科技学院共出版学术专著 12 部，主参编教材 2 部；在省部级以上刊物发表学术论文 728 篇，其中 CSCD、CSSCI、中文核心期刊论文 167 篇，被《光明日报》和人大报刊复印资料全文转载的论文 4 篇，被 SCI、EI、ISTP 三大检索系统收录的论文 23 篇；申请国家发明专利 4 项；获湖南省自然科学奖三等奖 1 项，娄底市科技进步奖一等奖 1 项，娄底市第七届哲学社会科学优秀成果奖一等奖 2 项、二等奖 5 项、三等奖 7 项。其中“基于腔 QED 和囚禁离子的量子纠缠和量子计算研究”获得湖南省 2009 年度自然科学奖三等奖，“实时 H264 关键编码算法研究”获得娄底市 2009 年度科技进步奖一等奖。《妇女权益保护法律制度研究》、《当代大学生国防教育》等 2 部专著成果获得娄底市第七届哲学社会科学优秀成果奖一等奖，《制度与德育的关系研究》等 5 项成果获得二等奖，《现代中国英语教育环境引论》等 7 项成果获得三等奖。

【学科建设】

2009 年，湖南人文科技学院“计算机应用技术”和“思想政治教育”2 个省“十一五”重点建设学科获得湖南省教育厅建设经费 22 万元资助，学校配套 50 万元。“思想政治教育”重点建设学科被评出湖南省教学名师 1 人，湖南省级教学团队 1 个。《中国近代史纲要》和《微机原理及应用》获批为湖南省级精品课程，教材《大学计算机基础》评为 2009 年度湖南省高等学校优秀教材。“体育教育训练学”、“现当代文学”、“数学与应用数学”3 个校级重点建设学科新增科研项目 22 项；发表学术论文 114 篇；出版专著 4 部；获得市级社科成果奖 1 项，湖南省教学成果奖二等奖 2 项；体育教育专业被确认为国家“第一类”特色专业；《徒步定向运动教学理论与方法》被评为湖南省高校优秀教材。

【产学研合作】

2009 年，湖南人文科技学院致力于服务地方经济社会发展，加强校地、校企对接，积极搭建合作平台。一是新建一批产学研合作示范基地。学校与湖南振农科技发展有限公司、湖南百雄堂高科技农业有限公司和湖南年发样样红果业有限公司等企业合作建立产学研合作示范基地，其中与湖南振农科技发展有限公司合作共建的“复合(配)农药新制剂的研制与开发基地”获批为“湖南省高校产学研合作示范基地”。二是积极开展横向合作。2009年共获得横向项目10余项，经费180余万元，特别是计算机应用技术团队获得横向项目6项，经费120余万元。三是成立一批对口服务企业的科技小分队，积极帮扶企业应对金融危机、攻克技术难关。四是成功加盟湖南省特种陶瓷、湖南娄底煤矿机电、湖南娄底农业机械等三大产业技术创新战略联盟，分别成立服务各产业联盟的科研创新团队。五是学校派出的2名农业科技特派员，1人获“湖南省优秀特派员”称号并记二等功，1人获“娄底市优秀科技特派员”称号。

【人才培养与团队建设】

2009年，湖南人文科技学院大力实施人才强校战略，全力推进师资队伍建设和科研创新团队建设。全年新引进博士3人、硕士48人，送培博士4人，新增正高职称7人，副高职称11人。柏连阳入选“国家新世纪百千万人才工程人选”，填补该校国家级人才工程人选的空白。姜正国被评为“湖南省教学名师”。思想政治理论课教学团队被评为“湖南省级教学团队”。陈杰、谢四莲分别获“湖南省优秀教师”和“娄底市优秀教师”称号。肖华茂和胡传跃成为湖南省级青年骨干教师培养对象。

【创新平台与基地建设】

2009年，湖南人文科技学院结合自身特色，通过政策引领，推动创新要素向基地集聚。一是依托农科所和生命科学系的优势，着力打造农业科研特色基地。截至2009年底，已建立农业科研产学研合作示范基地5个，其中省级2个。二是着力创建地方文化研究品牌，加大曾国藩及湘中文化研究基地的建设。该基地已有研究人员23人，其中教授12人，副教授7人。

【学术交流与科技活动】

2009年，湖南人文科技学院积极组织各类学术交流和科技活动，学校学术氛围进一步浓厚。全年人文科技大讲坛共举办学术讲座29场次，如湖南省委党校常务副校长、徐晨光应邀作“深入学习实践科学发展观专题辅导”报告；韩国庆熙大学教授陆昌洙、崔湖荣与东国大学校教授李济炫就玉竹产学研基地建设传经送宝；在第39期“三湘论坛”上，中共湖南省委党校副校长邓微作题为《加快社会保障建设促进社会和谐》的学术报告。同时，承办、协办一批层次高、影响大的全省性、全国性乃至国际性学术会议。如中国第五届梅山文化研讨会、湖南省管理科学学会2009年年会、湖南自动化学会2009年学术年会，湖南省计算机学会五届四次理事会暨院长(系主任)论坛，湖南省高校R&D资源清查及2009年度科技、社科统计工作会议等。

【科技环境建设】

随着湖南人文科技学院科研水平的不断提高，学校与时俱进，修订《科技成果奖励办法》和《科研项目管理办法》，出台《教授教学科研业绩考核办法》，进一步规范和加强科研管理。鼓励年轻教师申报项目，以培养和储备后备人才，激励教授、博士带头申报国家基金项目，以产出数量更多、水平更高的优秀科研成果，进一步优化学校科研环境。

（供稿人：湖南人文科技学院科研处 陈勇）

总经理：陈剑

株洲时代电子技术有限公司创建于1992年，是株洲南车时代电气股份有限公司的全资子公司。公司坐落在湖南省株洲市高新技术开发区（国家级）内，占地面积近100亩，注册资金8000万元。

公司主要从事控制用计算机产品及软件、养路机械电气控制系统、中小功率变流技术及产品、检测技术产品、传感器产品及其他机电一体化技术、自动化技术产品的研发、销售。公司坚持“人才是源、创新是魂、顾客至上、诚信为本”的经营理念，经营规模和效益不断迈上新台阶。2009年，公司销售收入5.6亿元，上缴税金6300多万元。

公司是湖南省高新技术企业、国家规划布局内重点软件企业、国家火炬计划重点高新技术企业。公司2007年荣获“2006年届湖南省文明单位”称号，多次被评为省、市“重合同守信用”单位，连续多年被株洲市委、市政府授予“纳税红旗单位”、“双文明建设先进单位”等光荣称号。

公司肩负“以科技成就股东、社会、顾客和员工”的使命，立志成为：行业技术的领导者，轨道交通装备业发展的推动者，用户心目中的首选供应商，员工发展的平台和成长的沃土。

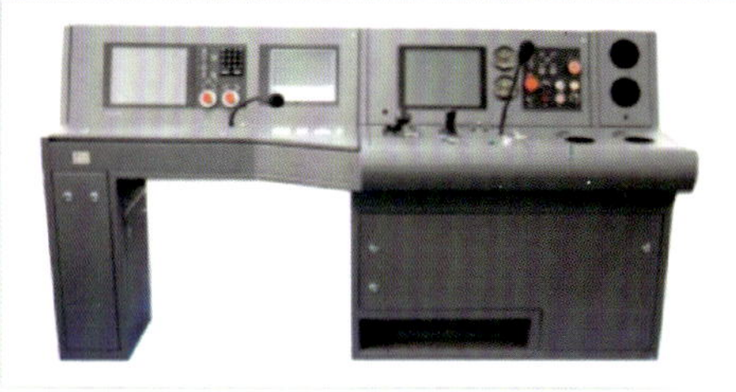
D08-32捣固车网络控制系统司机室控制台

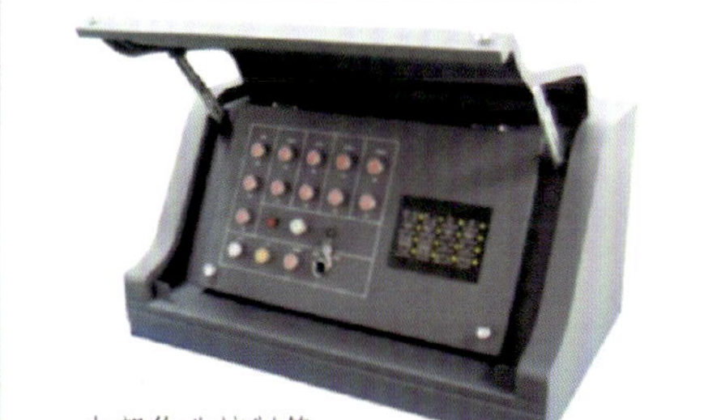
中部作业控制箱

DWL-48 捣稳车电气系统

TGCS 轨道几何参数计算机

株洲时代电子技术有限公司
ZHUZHOU TIMES ELECTRONIC TECHNOLOGY CO., LTD.

地址：株洲市天元区黄河南路199号/邮编：412007/电话：0731-22837200/传真：0731-28835159

湖南中铁五新钢模有限责任公司

WUXIN CHINA RAILWAY WUXIN STEEL MOULD CO.,LTD

公司董事长兼总经理：王祥军先生

公司简介：

湖南中铁五新钢模有限责任公司成立于2005年10月，主要从事铁路专用施工设备、工程机械的研发、生产，是国家高新技术企业、中国模板行业一级资质企业、3A诚信企业，拥有国家技术监督总局颁发的起重设备生产资质。2009年12月，公司的铁路液压箱梁模板获评“湖南省名牌”。目前，公司拥有长沙桥隧机械厂、怀化桥隧机械厂、长春中铁五新钢模有限公司、甘肃酒泉分厂四个全资企业和湖南中铁五新重工有限公司、四川五新路桥设备有限公司两个控股企业，以及工程施工模板技术和重工制造两个研究设计院，有员工近2000名，其中专业技术人员近400人，博士、硕士以上学历科研人员50多人。

公司已经研发出自动液压模板设备、无砟轨道施工设备、隧道衬砌设备、桩工设备、起重设备、地铁施工设备等40多种专用施工机械，并立志成为铁路施工专用施工机械领域的优秀制造企业，目前产品广泛用于铁路公路建设、城际轻轨、城市地铁、路桥隧道、水电开发建设工程。自2005年以来，我国先后开工建设的哈大、郑西、京沪、沪杭、石武、厦深、武广、南广、湘桂、沪昆、长吉、达成、海南东环、广珠城际、昌九城际和成绵乐城际等近30多条客运专线和城际轨道都大量使用了公司的相关设备，并出口到赞比亚、塔吉克斯坦及吉日利亚等国。

公司工艺精湛、设备先进、技术力量雄厚，现已拥有各项专利技术26项。公司针对高速铁路客运专线自主研发的全液压自动箱梁内模，设计和制造工艺已达到了国内领先水平，已广泛应用于国内高铁、城市轻轨的建设施工，市场占有率60%以上。公司开发的桩工设备、隧道衬砌设备、起重设备、无砟轨道设备、地铁施工设备等，以可靠性高、施工效率高和优质的售后服务得到了客户的高度信任与评价。

网址：www.wuxinjt.com
邮箱：wxgm163@163.com

公司部分资历与荣誉：

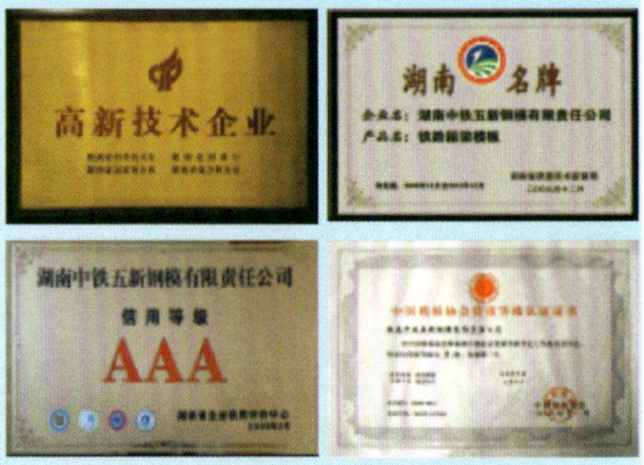

公司部分专利

公司主要产品 PRODUCTS SHOW

变频机车设备

液压静力压桩机

隧道衬砌台车

自动液压箱梁模板

无砟轨道模板

夏源

湘潭华夏特种变压器有限公司

ZHSFPT-38000-110整流变压器

湘潭华夏特种变压器有限公司创建于2002年，位于湘潭市九华工业园大众西路10号，环境优雅，交通便利。公司现有职工200余人，其中大、中专生135名。公司占地7万余平方米，建筑面积4万余平方米，注册资本3000万元，固定资产10497万元，是生产整流变压器、电炉变压器的专业厂家。公司主要生产各类整流、电炉等特种变压器及电力、干式变压器等共300余个规格。公司生产的结构性能先进的低损耗同相逆并联整流变压器，广泛用于电碳、离子膜烧碱、氯碱、电解锌、锰、铜、铝等化工电解工业企业；生产的低损耗、高功率因数的电炉变压器广泛应用于各种电弧炉、矿热炉、电渣炉、精炼炉等冶炼、机械工业。公司产品性能指标优于国家标准，完全符合IEC国际标准，而且可根据用户的要求，提供各类非标产品。

公司按照现代企业制度运行，2003年8月通过了ISO9001：2000标准质量体系认证。公司现已成为集科研、制造为一体的科技型企业，不断研制开发新产品、新技术：公司研制开发的ZHSSPT系列整流变压器，被湖南省经济委员会经专家评审认定为“2005年度湖南省新产品”，“2006年度湖南省高新技术产品”；2006年6月获“国家火炬计划项目书”等。公司自主研制的“新型填沟式低压出线端子”、“新型多层堆叠端圈工艺技术”和“一种主调共箱分离组装石墨化炉整流变压器”已被授予国家实用新型专利技术证书。为保护自主知识产权，已申请“夏源”牌注册商标。

强大的技术力量，完美的工艺装备，新技术的开发应用，先进的管理水平，使公司生产的各类变压器的技术经济性能指标和运行可靠性都处于国内同行业领先地位，为广大用户降低生产成本，创造良好的经济效益做出了应有的贡献，得到了用户的信赖与赞誉。

公司秉承保质量、重信誉、用户至上的宗旨，竭诚为广大用户提供最佳的服务，热忱欢迎各界朋友来公司参观、洽谈，咨询订货。

公司地址：湖南省湘潭市九华工业园大众西路10号/电话：0731-58532800/传真：0731-58526503
公司网址：www.hxtzbyq.com/公司邮箱：hxtzbyq@163.com

湖南神斧集团向红机械化工有限责任公司

执行董事兼总经理朱智辉

党委书记叶振球

湖南神斧集团向红机械化工有限责任公司，原名湖南向红机械化工有限责任公司、湖南向红机械厂（军工代号：国营9634厂），是国家定点生产军用火工品、民用爆炸物品、军用气囊装置、火化工专用设备、汽车安全气囊用气体发生器及涂料的骨干企业。公司系湖南省创新型企业、湖南省高新技术企业。公司1966年始建于湖南省新化县，2003年1月整体搬迁至岳阳县。2004年9月通过国防科工委“九五”三线调迁整体竣工验收。公司现址占地937.86亩，资产总额2.62亿元，现有在职职工1561人，其中各类专业技术人员285人，各类生产科研设备（仪器）1100多台（套）。公司技术力量雄厚，获多项国家和省部级科技进步奖、发明专利及优质、名牌产品奖。1996年以来，通过了ISO9001质量体系认证和ISO9001-2000版质量体系换版认证，获得了机电产品自营出口权、军工二级保密资格认证、武器装备科研生产许可证、装备承制单位资格。建厂40多年来，公司先后获得“国家质量管理奖”、“全国工业交通商业系统经济效益先进单位”、“全国模范职工之家”、“湖南省经济活力百强工业企业”、“湖南省文明建设先进单位”等省、部、国家级荣誉126项，连续多年被评为“湖南省重合同守信用企业”、“AA级信用单位”。

公司经营范围涵盖军用气囊（涉及海防、航空、航天、二炮等高科技领域，已获得发明专利，并列入武器装备科研生产配套厂家名录）、军用火工品（点火传火类、起爆传爆类、动力源类三大系列40余个品种）、民用爆炸物品（工业电雷管、导爆管雷管两大系列30多个品种）、涂料（光固化和粉沫两大系列）、火化工专用设备、汽车安全气囊用气体发生器。其中工业雷管年生产能力为1.6亿发。产品在全国26个省、市、自治区拥有固定客户群，并远销欧美、日本、南非、朝鲜、巴基斯坦、越南等国家和地区。

公司位于风景秀丽的洞庭湖畔，厂区规划整齐、布局合理，分生产区、总库区、销毁场和生活区四大区域。东临京广、武广铁路、京珠高速公路、107国道，西接鹿角码头，南与长沙相距100余公里，北与以“天下名楼”岳阳楼闻名于世的沿江开放城市岳阳市有高等级公路相连，相距20多公里，与爱情岛君山岛相距不到40公里，东距“天下第一村”张谷英民俗文化村50公里。公司附近还有省级名胜铁山水库、大云山，游玩揽胜、修身养性之处不一而足。热忱欢迎海内外各界朋友莅临指导、洽谈业务、开展合作。

工业电雷管
产品用途：用于一般工程爆破，能直接起爆各种猛炸药、乳胶炸药和导爆管、导爆索等爆破器材。
产品品种：瞬发电雷管，秒(半秒、1/4秒、毫秒)延期电雷管。
管壳材质：纸、金属壳(铝、覆铜钢、发蓝钢)。
外形尺寸：纸Φ8.65 x 45(70)mm　金属壳Φ7.1 x 45(58，61，70)mm
产品性能：符合GB8031标准要求。

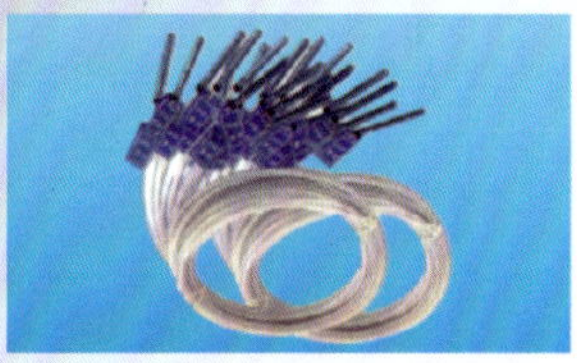

塑料导爆管雷管（耐水型、普通型、高强度型）
产品用途：用于各种工程爆破。禁止在有瓦斯、煤尘和矿尘爆炸危险的场合使用；能起爆猛炸药、乳胶炸药、导爆管、导爆索等爆破器材。
产品品种：瞬发导爆管雷管，毫秒、1/4秒、半秒、秒导爆管雷管，毫秒、半秒、秒高强度导爆管雷管，高精度毫秒导爆管雷管
管壳材质：铝、覆铜钢、发蓝钢
外形尺寸：雷管Φ7 1×45(58，61，71)mm导爆管配线长≥3m(根据用户要求配长)
产品性能：符合GB19417标准要求

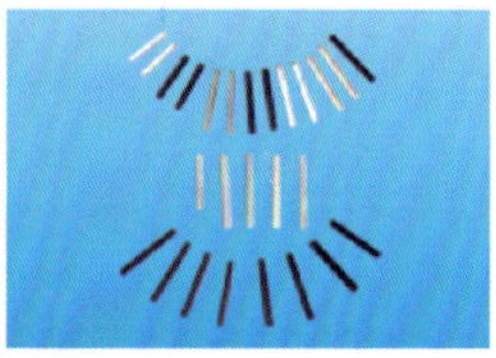

延期雷管
产品用途：主要用于装配各类电雷管、导爆管雷管。
产品品种：电(毫秒、1/4秒、半秒、秒)延期雷管导爆管(毫秒、1/4秒、半秒、秒)、延期雷管
管壳材质：铝、覆铜钢、发蓝钢
外形尺寸：Φ7.1×45(58，61，70)mm
产品性能：符合GB8031和GB19417标准要求

CS-16 五联冲　CS-28七联冲
本系列机床适用于各种金属管的连续多次延伸、冲底、退出等多道工序一次完成。采用自动送料、自动定位、自动冲压，是一种理想的五合一、七合一高效率冲床。此机操作简单、维修方便，使用寿命长。
主要技术规格：工作压力：16T、20T
滑块行程：1 60m m　220m m
滑块冲程每分钟次数：6 1次　46次
电机功率：5.5kw　7.5 kw
机床外形尺寸(长×宽×高m m)：
1850 x 1120 x 1150　2350 x 1200 x 1150
机床总重量(kg)：1500 \ 1900

公司地址：湖南省岳阳县东方路288号　邮编：414100
联系电话：0730-7755986　传真：0730-7755916　E-mail：9634xhhg@163.com

湖南胜景山河生物科技股份有限公司

科技创新是企业腾飞的翅膀

湖南胜景山河生物科技股份有限公司，2003年10月注册成立，短短的七年时间，企业迅速由民营合资企业发展成拟上市股份制公司，股本金5100万元，总资产3.89亿元，年产黄酒1.6万吨，年缴税2600万元，成为我国中西部地区20多个省市中规模最大、设备最现代化的黄酒生产企业，成为湖南省政府确定的黄酒研发生产基地，湖南省酒协常务副会长、全国黄酒协会副会长单位。

公司董事长姚胜提出："不是第一就做唯一"的创业理念，在创业初期就大打以"产学研"为中心的科技创新牌。2003年公司成立了以董事长、生产技术总监为首的科技研发中心，与长沙理工大学、湖南省酒协合作，主攻生物酶酿酒。2005年自主研发成功了"四酶二曲一酵母"多种生物酶酿造黄酒的方法，获国家知识产权局颁发的技术创新专利，在全国首开生物酶酿酒之先河。被国家科技部定为国家火炬计划项目，湖南省科技厅、省财政厅、省国税局、省地税局联合确认为高新技术企业，"胜景山河"、"古越楼台"黄酒被省科技厅认定为"高新技术产品"，中国食品科学技术学会评为"科技创新奖"。

"多种生物酶酿造黄酒"的专利研发成功，使企业尝到了科技创新的甜头，之后又与被称为"发酵技术国家研究中心"和"国家食品与科学重点研究室"的无锡江南大学联合组建了"生物黄酒新技术研发中心"；与全国黄酒协会组建了"黄酒新产品研发基地"；企业还聘请全国黄酒协会、黄酒学会、江南大学的顶尖级发酵酿造专家、教授为企业顾问和担任公司独立董事。顽强攻坚又获得可喜成果，联合研发的"多肽黄酒技术"又获技术发明专利。肽是现代人的前沿功能营养，相对于蛋白质、氨基酸有独特优势。它由氨基酸合成，但它合成蛋白质率比氨基酸高26%，人体蛋白质中的氨基酸只20种，而肽却可以达上百种。因此，研究和发明"多肽黄酒"，将对人类的身体健康产生极其重要的意义。

地址：岳阳经济技术开发区通海路（414000）

际华三五一七橡胶制品有限公司
JIHUA 3517 RUBBER PRODUCTS CO.,LTD

际华三五一七橡胶制品有限公司（原中国人民解放军第三五一七工厂），创建于1951年，位于著名的岳阳楼对面，占地1平方公里，拥有职工6000余人，企业总资产5.5亿元人民币，2009年实现销售收入9亿元。

公司现有橡胶制品，印染产品，物业管理和房产租赁三大主业及胶布鞋靴，胶布制品，橡胶配件和印染色布四大板块。能年产各类胶布鞋靴5000万双，印染色布3500万米，各式雨衣160万件套，桑拿桶100万个，充气床垫60万条，瓦楞纸箱500万平米，大直径橡胶密封圈150万条，在行业中占据领军地位。

公司研发实力雄厚，坚持以人为本，科技兴司之路，进一步加大研发投入，坚持不懈的进行产品技术创新工作，抓大抓好新产品开发力度。公司拥有各类专业技术人员100人以上，先后研发出了300多个新产品投放市场，其开发水平和速度达到了国内先进水平，拥有专利50余项，2008年公司技术中心被认定为“湖南省级技术中心”。2009年，公司被湖南省认定为“高新技术企业”。公司是全军首家通过ISO9001国际质量体系认证和ISO14001国际环境管理体系认证的企业。

3517品牌是军工品质的代表。“3517”商标被国家商标总局认定为驰名商标，曾两次荣获国家银质产品奖、全国用户满意产品奖、全国用户满意企业奖，32次荣获部优、省优、军优产品奖，多次荣获军队名牌产品，公司部分产品还被指定为驻港部队专业产品。

公司经过半个多世纪的建设和发展，形成了军品，民品，内贸，外贸并举的多元化经营格局，民品销售网络遍布全国31省市区。销售每年以两位数递增，在橡胶密封圈生产方面，公司还是国内唯一一家通过英国WRAS检测中心BS6920卫生性能检测产品无毒认证的企业。公司有自营进出口权后，凭其良好的市场信誉和对顾客的忠诚度，产品畅销全国各地，并远销欧、美、非等60多个国家和地区。

公司立志打造百年企业，百亿企业，始终坚持质量第一，用户满意的宗旨，始终秉承合作双赢的准则，和广大客户一道，在学习中成长，在创新中发展，共同把3517公司打造成，中国最大的胶布鞋靴生产研发基地，中国最大的橡胶配件生产基地，中国最大的橡胶薄膜生产基地，永铸第一双解放胶鞋辉煌，谱写更加美好的明天。

地址：湖南岳阳市洞庭北路71号

网址：http://www.3517.cn 客服电话：4008883517

第七篇

科研院所

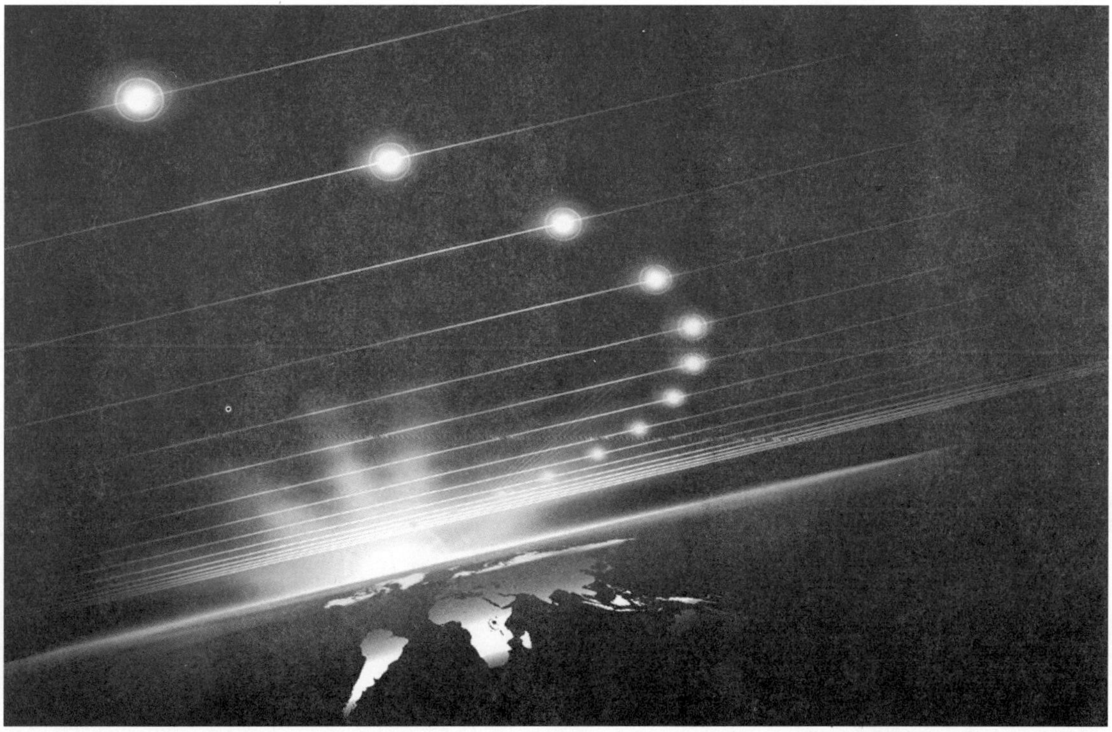

湖南省科学技术信息研究所

湖南省科技信息研究所（以下简称信息所）成立于1959年，是湖南省科技厅直属的省级公益类科研机构，全省唯一的国家一级查新单位。承担着科技信息收集、整理、加工、存储、分析、研究、传播；科技情报产品生产与提供；科技决策参考咨询；科技信息（情报）服务；科技情报人才培养等重要职能。

2009年是信息所创建50周年。信息所坚持以中国特色社会主义理论为指导，认真贯彻党的“十七”大精神，按照年初制定的“构建核心竞争力，实践科学发展观”的工作思路，以打造情报服务品牌为目标，以基础条件平台建设为契机，以加强竞争情报工作、提升科技服务能力为重点，在经济效益、科研成果与科研服务方面取得新的成绩、新的进展。

【科研项目】

2009年，共承担各类科研项目31项，其中获得国家软科学研究计划项目1项，获得湖南省重点软科学课题3项。

【科研成果与奖励】

2009年，公开出版《湖南省科学技术情报事业志（1959-2009)》、《产业集群竞争情报》、《制造企业信息管理》、《湖南科技年鉴》4部著作；编印《湖南省科技信息研究所建所50周年纪念文集》、《建所50周年纪念画册》等一批反映湖南科技情报事业发展历程的资料文献；公开发表论文46篇。承担的省软科学计划重点课题“湖南省产学研结合的现状与对策研究”获得湖南省科技进步三等奖，该研究针对湖南省产学研结合实际，通过实地调研考察和理论分析，从现状、机制、模式、政策等方面进行深入分析，提出有针对性、可操作的对策建议。部分研究成果在《中共湖南省委 湖南省人民政府关于促进产学研结合增强自主创新能力的意见》（湘发[2008]14号）上有所体现，也在市州产学研结合大会及市州出台的有关意见中得以采纳应用。

【软科学研究】

2009年，信息所中标湖南省发改委“十二五”前期重大问题研究之《湖南省“十二五”科技发展前期重大问题研究》课题，在湖南省第二次经济普查招标课题中标“湖南工业企业科技资源分布及优化配置研究”。“创新型湖南建设研究”、“中部地区创新型城市群研究——以湖南长株潭为例”、“中部地区创新型城市群支撑体系建设研究”、“湖南省产学研结合的现状与对策研究”、“湖南高层次创新型科技人才现状与对策研究”等省部级重点软科学研究课题顺利结题。其中“湖南高层次创新型科技人才现状与对策研究”成果被“湖南省中长期人才发展规划纲要”采纳应用；在第二届湖南省科技情报科学技术奖评中，由信息所完成的《湖南高层次创新型科技型科技人才队伍建设专题研究报告》获研究咨询类一等奖，《中部地区创新型城市群支撑体系建设研究-以长株潭“3+5”创新型城市群为例》获研究咨询类二等奖，《“泛珠三角”区域科技合作模式与机制》、《湖南企业加强产学研结合需求的实证研究》获论文类二等奖，《非农就业、农地流转与规模经营》、《产学研结合的绩效评价研究》、《关于湖南省高校产学研合作情况的调研报告》获论文类三等奖。由湖南省政策法规处主办、信息所承办的《决策研究》内参编辑发行12期。

【竞争情报服务与研究】

2009年，信息所“湖南省竞争情报省级中心”(本条目以下简称中心)探索运行新模式，完善各种管理制度4类19项，组建产业竞争情报中心3个，企业竞争情报示范中心4个。全年举办竞争情报培训34次、培训1412人，其中培训信息员1234人次，分析师158人次，高级分析师20人次，外聘高级分析师12名。全年共派出13人次参加全国各地的相关学习和培训。

中心加大情报“新产品”的开发力度，推出情报产品细分类别已达20余种，全年共推出各类产品1.72万件。中心对门户网站“湖南省竞争情报网”进行改版，新增栏目24个，全年共更新发布信息6.25万篇。湖南科技文献资源网作为竞争情报平台的子系统，开通国家科技图书文献中心(NSTL)长沙服务站，资源总量已近11T，访问量达到11.64万人次。

中心加大对外交流力度。5月，受法国工商联合会邀请，由湖南省科技厅委派，湖南省竞争情报考察团一行8人成功赴法国与法国工商联合会共同举办了第一届中法竞争情报高级研讨会，并与法国工商联合会签署长期合作协议。10月，中心承办的中国食品产业竞争情报国际高峰论坛在长沙成功举行。国内外嘉宾及食品企业代表200余人参加盛会。光明日报、湖南日报、湖南电视台，新浪网等媒体均对本次活动进行了报道。

中心正式运作一年来，竞争情报工作得到了省委省政府领导的高度重视和充分肯定。湖南省委书记张春贤于2009年10月12日在省科技厅王柯敏厅长提交的汇报信中批示:“重视竞争情报，工作开展的卓有成效。效果已经显现，望加强人才培养，提高服务质量，加强对外交流，取得更大成绩”。经过一年的努力，竞争情报中心的社会服务能力得到较大提升，在全国范围内产生较大影响。

【国际科技合作与节能减排】

2009年，信息所国际科技合作服务中心(本条目以下简称中心)积极拓展海外业务。9月，中心随美国低碳经济考察团在纽约参加中美低碳经济会议。12月，中心派人前往丹麦根本哈根参加“联合国气候大会第15次缔约国会议”，与比利时政府签署关于CDM项目及可持续发展的合作协议,比利时将资助湖南省可持续发展的能力建设项目,并购买中心开发的8个项目约每年45万吨二氧化碳当量的减排量。还与印度尼西亚、泰国、越南的CDM中心进行合作，帮助他们开发项目。

中心继续加强制度建设，规范科室管理，制定《项目管理流程表》，工作人员全程跟踪项目开发进度，确保各个项目开发稳步进行。同时中心加大项目征集力度，至11月已征集21个项目，超额完成年20个项目的计划目标。中心有8个项目通过国家发改委，5个项目提交EB(联合国CDM执行理事会)注册，17个项目在EB注册成功。中心13次陪同碳买家到现场进行项目核证，其中6个项目已经获得签发，铜湾项目已经获得400多万元的售碳款(减排期为3个月)。中心继续承担湖南省科技厅相关任务，成功筹办“节能减排与企业责任”分论坛，启动科技节能服务进军营活动，协办在益阳举行的“湖南省军区部队资源节约工作成果及节能技术展”，得到省军区各级领导、柯敏厅长、机关事务局伍晓芹副局长、益阳市市委书记、市长等领导的高度赞赏。在资本运作方面，与北京环境交易所达成项目挂牌交易合作协议促进碳交易，与北京国际信托有限公司达成债权融资合作协议，与比利时政府达成预付购碳款协议。

【科技统计与分析】

2009年，信息所完成湖南省2008年度科技统计年报工作，开展湖南省1200家相关单位新型工业化考核统计工作和工业企业创新调查工作，组织全省市州科技局、科研院所有关人员参加科技部的统计培训；完善湖南省科技统计网站，累计更新各类文章、资料20篇，各类数据200条；出版《湖南省科技统计年鉴》(2008)，累计核实数据50000条；组织参加第二次全国R&D资源清查工作布置会议和第二次全国R&D资源清查工作培训，组织全省394家非常规调查单位进行第二次全国R&D资源清查摸底调查，共催收、填报、审核、提交4000条数据到国家科技部。由湖南省科技厅计划处主办、信息所承办的《湖南科技统计分析》内参编辑发行2期。

【科技咨询服务】

2009年，信息所指导企业编写各类项目可行性研究报告、项目申报材料62项；帮助62家企业申报创新基金、农业成果转化资金、富民强县、高新技术认定等项目。帮助企业申报的2008年国家科技部创新基金项目成功立项16项，获得资助金额1030万元；省级立项5项，获得资助金额60万元；2009年申报的创新基金项目立项的5项，获得资助金额415万元；共计帮助企业获得国家、省级资助经费1675万元，相比增长50%。

【科技信息服务】

1、农业科技信息服务。2009年，信息所制定12396服务管理制度体系，14个市州全部建立市级中心，推进12396与远程教育、科技特派员等农村科技服务模式结合。建立水稻、柑橘、生猪、烟草等系列交流互动群30个，申请106289612396作为湖南省科技厅的专用手机短信接入号，编制12396热线升位技术调整方案，实现长沙、株洲、湘潭三市通信一体化并网技术改造。信息所和国家科技部农村中心在全国各地12396中心及各地市服务中心视频对接。2009年共受理全省12396热线咨询电话3.18万次，专家上门服务1244次，开展农业科技培训86次，培训1.4万人，12396网站访问量57.27万人次。配合湖南省科技厅科技特派员工作，完成“春节五下乡”、科技活动周筹办、平江科技下乡等农村科普活动，发放杂志4000份。国家科技部信息中心国家基础条件平台项目“全国科技信息服务网湖南节点建设”申报成功，获得滚动支持经费50万元，并组织实施；开发资源信息20万条，建立10个湖南特色产业专业服务站。

2、科技新闻服务。信息所共采写并发布在湖南科技网站上的科技快讯556条、市州动态2015条。拍摄新闻图片12115张，拍摄新闻视频素材2000分钟，制作新闻视频55部,共1362分钟，完成网络咨询摘要80期。完成向湖南省人大、省政府和国家科技部报送《科技快讯》106期，被国家科技部网站“地方科技”栏目采纳46期,被湖南省政府办公室《省情要报》采纳11期，其中《湖南省动员科技人员深入基层服务企业活动正式启动》被国务院办公厅全文采纳。各类新闻媒体对湖南省科技厅的报道累计152条。在湖南科普网站发布动态科普信息1200条。

【科技查新与文献服务】

1、科技查新服务。信息所共完成科技查新、检索项目1033项，其中国际查新170项，国内查新790项，检索项目73项，高校委托查新检索208项，创收92万元。

2、文献服务。按照传统纸质文献与网络电子文献相互补充、协调发展的原则，全年完成1107种中外文期刊，43册图书和11份报纸的文献采购工作；完成中外文期刊分类、编号、登录、上架3.51万册；2008-2009年过刊下架整理共计2000册。阅览室接待读者2578人，借阅资料1424册。电子阅览检索部为读者提供各类文献原文 262 篇。重点做好湖南省文献信息共建共享协作网工作，在线服务 416 小时，咨询服务人数 685 人次，网上提供原文服务 3752 篇。

【科技期刊】

信息所拥有《企业技术开发》、《农家致富顾问》、《发明与创新》三大期刊媒体。2009 年，《企业技术开发》由月刊改为半月刊，出版上半月刊 12 期，下半月刊 9 期。上半月刊收稿 1400 篇，发表论文 914 篇，平均每期发表论文 76 篇；下半月刊收稿 1300 篇，发表论文 950 篇，平均每期发表论文 100 篇。《农家致富顾问》编辑稿件 800 篇。杂志被湖南省委宣传部、湖南省新闻出版局评为全省"十佳科技期刊"，实现湖南省科技厅主管期刊"十佳"称号零的突破，正式纳入农家书屋指定读物。筹建"农家致富顾问杂志指导委员会"，新增科技特派员风采、科技 12396 两个专栏。《发明与创新》编辑出版 24 期，其中《发明与创新·学生版》期发行量创新高，已超过 6 万份。100 多篇文章被《新华文摘》、《科技日报》、《科学时报》、"中国创新网" 等媒体全文或摘要转载，20 多名院士亲自为本刊撰写文章。刊物由半月刊改为旬刊，现有 10 家企业成为本刊特别协办单位。

【科技网络建设】

2009 年，信息所承担"湖南科技网"、"湖南科普网"、"湖南国际科技合作网"、"湖南实验动物信息网"、"湖南星火计划网"、"湖南星火科技 12396 网"、"湖南省自然科学基金网"、"湖南省科学技术奖励网"、"湖南成果与技术市场网"、"湖南省大型科学仪器协作网"、"湖南省科技厅机关党建网"、"湖南科技统计网"、"湖南创新基金网"、"湖南软科学网"、"湖南省常设技术市场网"、"湖南省技术产权交易网"、"湖南省竞争情报网"、"湖南文献资源网"、"全国科技信息服务网–湖南节点" 等 19 个网站的技术维护及部分网站的信息更新。全年新增和修改网站页面共计 1300 个、图片 650 张，更新信息总量 14910 余条。2009 年 5 月，升级改版"湖南科技网"网站。

【科技政务服务】

1、科技计划项目受理工作。2009 年，信息所科技政务服务机构之一湖南省科技厅科技项目受理中心共受理各类省级科技计划项目 3238 项。配合湖南省科技厅各处室组织召开 21 次项目评审会，共评审项目 2553 项，邀请专家 238 人次。承担 2008 年度科技计划项目的年度检查工作，2009 年度科技计划项目的立项评审、工程技术研究中心技术评审和其他评审工作。全年信息所累计受理、评审初创期小企业创新项目 78 项，创新基金重点项目 29 项，中小企业创业投资引导基金、中小企业公共技术服务机构补助资金项目 30 项，完成全省 84 家企业 2009 年第一批创新基金立项项目合同的签订上报工作，完成 53 家自然科学基金依托单位注册工作，受理 2009 年度自然科学创新群体项目 67 项、市州联合基金项目 237 项，完成形式审查和通讯评审项目派发工作。

2、科技类民办非企业工作。信息所科技政务服务机构之二湖南省科技厅政务服务中心全年共受理科技类民办非企业行政许可审批 22 项，其中受理申报 5 项，变更 2 项，年检 15 项；受理实验动物行政许可 16 项，共接受各种咨询 50 次。

（供稿人：湖南省科学技术信息研究所 谢华）

湖南省农业科学院

【科研项目与经费】

2009年，湖南省农业科学院(以下简称农科院)共承担各级各类项目379项，争取合同经费1.4亿元，到位经费6700万元，其中新上省级以上项目148项。杂优中心、加工所、植保所、土肥所、水稻所、茶叶所、蔬菜所、作物所、园艺所等单位新上一批科技支撑计划、“863计划”、农业科技成果转化资金、星火计划、行业专项、产业技术体系、转基因专项、“948计划”、农业综合开发、财政专项、科技攻关计划、示范推广计划、自然科学基金等国家和省级重大科研项目，杂优中心争取院外到位科研经费超过1000万元，争取经费500万元以上的单位有加工所、植保所、土肥所、水稻所，200万元以上的有茶叶所、蔬菜所、作物所、园艺所。农科院自身投入900万元，比上年翻番。

【科技成果与奖励】

2009年，农科院完成成果鉴(审)定35项，水稻、油菜、玉米、甘薯、茶叶、辣椒、丝瓜、冬瓜、南瓜、西瓜、棉花等32个农作物新品种、新不育系通过审定或登记，其中杂优中心的“丰原优227”、作物所的“沣油520”、“沣油737”、“沣油5130”等4个新品种通过国家审定。水稻所的“湘晚籼17号”、“玉针香”等香稻品种是湖南省首批通过审定的国标一等优质稻品种。

共获院外科技奖励15项。其中，国家科技进步奖3项，湖南省科技进步奖9项，湖南省优秀工程咨询服务成果奖、中国科协金桥奖、中国烟草总公司科技进步奖各1项。水稻所的“籼米系列优质香稻品种选育及应用”、植保所的“南方蔬菜生产清洁化关键技术研究与应用”、土肥所的“南方红壤区旱地的肥力演变、调控技术及产品应用”等3项成果获2009年国家科技进步二等奖；杂优中心的“水稻丰产高效技术集成研究与示范”项目获2009年湖南省科技进步一等奖，杂优中心的“优质、高异交率三系不育系T98A的选育与应用研究”、“优异籼型恢复系先恢207的创建与应用研究”、茶叶所的“国家级茶树良种槠叶齐的选育与推广应用”、蔬菜所的“基地专用型辣椒新品种的选育及推广”、植保所的“超级杂交水稻主要病虫发生特点及防控关键技术研究”等5个项目获2009年湖南省科技进步二等奖，水稻所的“优质食用稻米配方优化综合技术研究与应用”、园艺所的“三个特优无籽西瓜新品种选育与推广”、植保所的“木霉菌对农作物防病促长作用机制及其产业化关键技术”等3个项目获2009年湖南省科技进步三等奖；区划所的“长沙国家生物产业基地生物农业试验推广中心”项目获2009年湖南省优秀工程咨询服务成果一等奖；植保所的“农用光合细菌菌剂的研制与应用”项目获2009年中国科技协金桥奖；土肥所的“湖南烟草种植区划研究”项目获2009年中国烟草总公司科技进步三等奖。全院获专利和植物新品种授权11项，发表论文292篇，其中发表在刊物影响因子1.0以上的论文20篇，出版专著5部。

袁隆平院士获得“新中国成立60周年湖南最具影响劳模”、“新中国成立60周年‘三农’模范人物”、“时代领跑者——新中国成立以来最具影响的劳动模范”、“100位新中国成立以来感动中国人物”等荣誉称号，集中反映了袁隆平及其杂交水稻事业对新中国建设和发展所做出的巨大贡献。

【科技创新平台建设】

2009年，农科院到位创新平台建设项目经费3000万元。新上湖南省食品加工产业竞争情报中心、国家农业信息化工程技术研究中心湖南工作站、柑桔产学研结合技术创新联盟、长沙市新型肥料工程技术研究中心等一批科研平台。长江流域（长沙）水稻区域技术创新中心、国家柑桔质量安全监督检验中心（湘南、赣南、桂北）、湖南水稻种质资源平台第三期建设、湖南省蔬菜工程技术研究中心、长沙市蔬菜工程技术研究中心、长沙市农产品-食品质量安全工程技术研究中心等项目通过验收或中期检查，水稻改良分中心二期、国家柑桔加工技术研发专业中心（湖南）、湖南省油菜原原种扩繁基地、湖南省农产品质量安全监（检）测技术共享平台等项目建设全面展开，农业部有害生物防治重点野外科学观测安仁试验站和红壤水稻土生态环境重点野外观测望城试验站运行良好。另外，各研究所（中心）建设和改造了一批检测中心、科研基地、实验室和软科学平台。

【科研团队与人才建设】

2009年，农科院组织实施人才培养“双百”工程。院党委选派15名同志赴科技部、农业部、中国农科院跟班学习，接受单位评价很好，希望农科院延长外派人员的工作期限，同时加大外派力度，并主动提出与农科院开展进一步的对接与合作。完成院学术委员会改选，成立新一届院学委会，年龄结构进一步优化。召开第八次湖南省农学会会员代表大会，选举产生新一届理事会。2名专家进入国家新世纪百千万人才工程第一、二层次人选推荐程序，1名专家荣获“第三届湖南省优秀专家”奖，2名专家获国务院特殊津贴，2名专家被批准为中南大学博导，2名专家被批准为硕导。全院共引进硕士21名，获研究员任职资格4人，获副高专业技术职务任职资格18人，新聘研究员19人，副高32人。部分研究所（中心）聘请了一批国内知名学者为客座研究员。隆平研究生分院发挥人才培养作用，全年新招博士生2名、硕士生12名。

2009年，农科院被湖南省推荐为全省参评全国专业技术人员队伍建设工作的唯一单位。

【科技服务】

据不完全统计，2009年农科院为湖南省内外农业生产自身繁育提供超级稻、优质稻、油料、旱粮、蔬菜、瓜类等良种40多个，种子2000多吨，茶树、果树等良种10多个，种苗7000多万株，推广优质、高产、高效栽培新技术50多项，提供生物肥料、生物农药等新产品4000多吨，生产应用面积达6000多万亩，普遍增产10%以上。超级杂交稻“种三产四”丰产工程实施县（市）由上年的20个增至32个，增产显著，起到了良好的示范样板作用。其中，13个早稻示范基地，验收核心示范面积2.7万亩，平均亩产558公斤，总计示范面积77.6万亩，平均亩产512.8公斤；11个中稻示范基地有10个达到“种三产四”增产标准，4个一季晚稻示范基地有3个达到“种三产四”增产标准，4个晚稻和7个双季稻示范基地面积均在1万亩以上。2009年，“种三产四”丰产工程引领全国共示范推广超级稻9100万亩，平均每亩增产57.6公斤，节本增效133元。

2009年，农科院通过集中授课、现场示范、开通“专家在线咨询”和农科短信业务、广播电台等方式，在湖南省50多个县（市、区）开展水稻、旱粮、茶叶、柑桔、蔬菜、植保、土肥、加工等农业新技术培训，培训农民近2万人，发放技术资料6万多份。为龙头企业提供技术支撑，在原有40多家合作企业基础上，全院又新增合作企业16家，新签科技服务合同40多个。组织专家深入一线，服务基层，服务农民。开展送科技下乡、科技活动周等活动100余次，派出专家200

多名。

2009 年，农科院被评为全国和湖南省科技特派员工作先进单位，13 名科技特派员中有 3 人被评为全国优秀特派员，9 人被评为湖南省优秀特派员。

【科技合作与交流】

2009 年，农科院与美国农业部农科院签订协议，双方在农产品食品安全技术研究、共建中心、人才培养、访问交流等方面开展合作，与巴西、智利、日本、新西兰、文莱等国合作的 20 多个国际科技项目进展良好。特别是援建马达加斯加杂交水稻技术示范中心项目得到了商务部和受援国的高度评价，新品种示范比马达加斯加当地对照品种增产 30%以上。与国际水稻所、美国康奈尔大学、香港中文大学、美国水稻技术公司等的杂交水稻合作研发成效显著，与广西农业厅联合组建国家杂交水稻工程技术研究中心东盟分中心。杂优中心被评为“湖南省优秀涉外参观点”。与中国农科院、湖南省 14 个市（州）农科所的科技合作进一步深化。与中国热作院以及 9 省（区）农业科研院校共同发起成立“9+1”全国热带农业科技协作网。以农科院为组长单位的湖南柑桔加工产业技术创新战略联盟已升格为国家级产业联盟。

2009 年，农科院共主办学术活动 40 多次，派员参加学术活动 120 多次，初步实现了学术活动常态化。成功举办全国农业知识产权国际保护强化培训班，协助国家商务部和湖南省政府在长沙成功举办中国杂交水稻技术对外合作部长级论坛，协办院士专家长沙行活动；水稻所举办杂交水稻技术国际培训班；园艺所举办第四届国际瓜类作物学术大会；蔬菜所举办中国园艺学会园艺高峰论坛；植保所承办了农业部南方辣椒安全生产综合技术现场展示会和技术培训班；土肥所举办中日项目土壤监测技术培训。

（供稿人：湖南省农业科学院科研管理处 黄力士）

湖南省社会科学院

【科研项目与经费】

2009 年，湖南省社会科学院（以下简称社科院）获得国家社科基金重大项目立项 2 项，立项比例分别占到当年全国地方社科院系统的一半和湖南省的三分之二，突破了社科院没有承担国家社科基金重大项目的历史。获得国家社科基金一般项目立项 2 项，湖南省社科基金重大项目 3 项，一般项目立项 17 项，获得的重大项目占湖南省 2009 年度的 33.3%，创造了社科院有史以来的最好成绩。同时获得湖南省软科学研究计划项目立项 6 项，亦突破往年水平。

2009 年，社科院共承担国家、湖南省各级党委政府委托的重大对策性课题 30 项，同比增长 87.5%。主要有：中组部重点委托课题 3 项，湖南省委省政府领导直接委托课题 5 项，香港地区合作项目 1 项，相关职能部门、地方政府以及横向联系委托课题 21 项。

【科研成果与奖励】

2009 年，社科院共发表论文 266 篇。其中在该院规定的权威和 A 类报刊文章发表 39 篇（含 5 篇书评），同比增长 290%，几乎是 2006、2007、2008 年三年的总和，其中在权威期刊《哲学研究》、《政治学研究》、《人民日报》等发表 4 篇，在

《光明日报》、《中国人口科学》等A类刊物发表29篇，在《人民日报》、《光明日报》等发表书评、综述6篇。论文转载7篇次，其中《中国社会科学文摘》全文转载1篇，《新华文摘》观点摘登1篇，人大复印资料全文转载3篇，观点摘登2篇。著作被《人民日报》、《光明日报》评介7篇次。

全年出版学术专著、编著27部，超过上年的出版数量。《湖湘文库》部分著作陆续出版，该著作是由湖南省委省政府主导并组织实施的一项大型文化工程，被列为湖南省和全国“十一五”出版规划重点出版项目。社科院历史所、文学所、哲学所共承担26种计40卷的写作任务。其中《湖南历代女杰传略》、《周敦颐研究著作述要》等已出版，《湖南近现代实业家传》、《湖南人物词典》、《湖南省烈士英名录》等已经交付出版社即将出版，《湖南经济通史》等编撰进展较快。此外，还有《当代湖南作家评传》、《当代中国共产党人的忧患意识》、《虞舜大典古文献卷》、《焚书译注》、《使俄草》等多部基础学科研究著作出版。

《西部人才政策措施实施效果的调查与评估研究》获人力资源与社会保障部2009年全国人事科研成果一等奖，中组部重点委托课题成果《完善地方党委领导农村工作体制机制问题研究》和《努力培养造就高素质的县委书记队伍》被中组部党建研究所分别评为二等奖和三等奖，《促进湖南制造业与生产性服务业融合发展》获湖南省科技论坛优秀论文一等奖。课题成果获得领导肯定性批示也越来越多，2009年共获得湖南省领导肯定性批示12篇次。其中《“弯道超车”——湖南跨越发展的机遇与挑战》获得湖南省委书记张春贤，省委常委、省委宣传部长路建平，省政协副主席石玉珍等领导的肯定性批示。该成果还被新华社、中央电视台经济频道、湖南经济电视台、《湖南日报》、《兴湘评论》及30多家网站等50余家媒体广泛宣传，产生很好的社会反响。

【科研队伍建设】

2009年，社科院扎实推进“引进10个博士、派出10个访问学者、派出10人挂职锻炼”的“三个十”举措，按照“公开、平等、竞争、择优”原则，经过严格面试、笔试，从全国高校386名报名者中择优录取，共引进19名应届毕业生，其中博士6人、硕士12人、学士1人。7人外派到中国社科院、中国人民大学等科研机构和名牌大学访学。派出7人到省直有关部门挂职锻炼。此外，全年共举办青年论坛、科研方法培训班、新进人员培训班、行政管理论坛、知识讲座等各类培训班10余期，累计参学人数300余人次；参加湖南省委组织部、宣传部及其他部门的各类学习班10余期，累计参学20余人次。

【科研管理】

2009年，社科院从研究人员、研究室、研究所三个层级入手，进一步完善学科结构。引进人才时严格按照学科需要，限定新进人员的专业学科，使科研人员之间学科结构日趋合理；重新调整研究室设置，重新配备研究室主任，使研究所内部的学科结构更为健全；根据形势需要，新成立城市发展研究所，使研究所数量增加至13个，进一步健全研究所设置。

各项制度进一步制定与完善，如制定实施《湖南省社会科学院考勤管理办法》、《湖南省社会科学院人才培训工作总体方案》、《新办公楼管理暂行办法》、《科研考核三项制度》、《社科系列职称评审打分标准》、《社科系列职称任职能力资格条件》等政策文件。

【科研基础建设】

2009年，社科院物质条件进一步改善，争取到湖南省财政厅、湖南省宣传部各类资金支持100余万元，争取到湖南省发改委建设资金30多万元。与湖南省财政厅反复沟通，最终成为该厅16个厅局单位中2个增加2010年预算经费的单位之一；向长沙市政府、湖南省财政厅争取到大楼费用减免补助170万元左右。办公楼正式搬迁，购置空调180台，电脑32台。沿湖路提级改造完成，环境条件大大改善。东向路顺利开通，东大门正式开启，全院基础条件从整体上得到极大改善。

【科研宣传】

2009年，社科院继续加强在原有报刊、网站建设基础上，新创办《科研动态》，新开通湖南社会科学党建网。《省情要报》全年共编发文稿20篇，是历年平均数的2.8倍，有6篇次获得湖南省副省级领导以上领导批示，2篇被相关部门转报党中央、国务院，批示与转载数为历年之和的1.5倍。《湖南社会科学报》全年共编发20期，扩大了信息量，增强了可读性。此外，社科院专家全年接受电视台、电台、报纸杂志等媒体采访累计406次，其中国家级媒体47次，湖南卫视新闻联播栏目34次，一般栏目325次；院网全年登载新闻共213篇；全年其他媒体登载社科院工作新闻共54篇，其中国家级媒体登载10篇，湖南省级媒体登载44篇。湖南省委经济工作务虚会（“731”会议）材料受到与会领导广泛好评；图书馆成功申报“全国古籍重点保护单位”，获得国务院授牌，是国务院授牌给地方社科院系统的唯一一家单位，3种古籍善本成功入选“国家珍贵古籍名录”；《求索》杂志在全国CSSCI角逐中再次胜出，《企业家天地》正致力打造湖南本土第一财经大刊；离退办张萍同志当选为全国离退休干部先进个人，代表湖南参加在北京举行表彰会，得到习近平副主席的亲切会见并合影留念；行政处党支部被评为湖南省直工委先进基层党组织、政治所妇女团队为湖南省妇联评为全省“巾帼建功文明岗”、机关党委被湖南省直工委评为优秀机关党委等等。

【学术交流】

2009年，社科院与中国社科院外事局建立友好关系；在巩固与俄罗斯学术关系的基础上，又与东南亚三国越南、马来西亚、泰国签订正式学术交流的协议；拓展与美国学者的交流面，除国内学术会议外，全年邀请美国专家4人次来社科院做学术报告；开辟了与非洲国家联系的渠道，邀请马拉维官方代表团30人来院开展学术交流。全年与港澳台地区和国外的互动交流达10余次，全年累计13人次出境或出国开展学术交流与考察，开创了普通群众出国学习考察的新记录。

全年组织高层次学术会议共30余次。其中“金融危机背景下的中美经济关系研讨会”、“日中经济协会：中国扩大内需政策座谈会”、“第二届湘澳合作高层论坛”、第六届长株潭城市群“两型社会”建设与发展低碳经济论坛、《虞舜大典·古文献卷》首发式暨舜文化研究座谈会、“两型”农村与生态农业发展国际学术研讨会、纪念王船山诞辰390周年暨学术研讨会等学术会议产生广泛的社会影响，受到各界好评。

（供稿人：湖南省社会科学院科研处　杨畅）

湖南化工研究院

2009年,湖南化工研究院(以下简称化工院)科研总收入2293.8万元,同比增长10.4%。其中纵向创收933.3万元,横向创收1278.3万元,同比增长48.1%;水处理剂产业化销售收入82.16万元,实现化工院非海利主营产品产业化零的突破。

【科研成果与奖励】

2009年,化工院共申报各类科技计划项目57项,立项27项;共承担各类科技计划课题101项(其中纵向课题26项,横向课题75项),完成鉴定验收课题42项,其中省级以上鉴定验收18项;"甲硫嘧磺隆等超高效环境友好旱地除草剂的创制研究与应用"获中国石油和化学工业协会技术发明一等奖,"超高效环境友好含氮杂环类旱地除草剂创制研究与应用"获湖南省技术发明二等奖、"混丁烯法合成邻仲丁基酚工程技术开发"获湖南学技术进步三等奖、中国石油化学工业协会科学技术进步二等奖,"湖南省石油化工竞争态势分析"项目获湖南省情报科学技术一等奖,"岳阳1000万吨炼化一体化湖南地方化工配套发展规划"项目获湖南省情报科学技术二等奖;新申请中国发明专利17件,获得中国发明专利授权5件;发表论文40篇,组织参加各种学术讲座260人次。王晓光荣获"建国60周年中国农药工业突出贡献奖"、"湖南省第二届优秀专利发明人";刘卫东获"湖南省优秀专家";柳爱平获"第二届中国农药创新贡献奖"、"第四届新世纪巾帼发明家"、"国务院特殊津贴";黄明智获"长沙高新区优秀科技人才"荣誉称号;成四喜被湖南省科技厅授予湖南省科技信息系统先进个人;学院知识产权办公室获"湖南省知识产权(专利)系统先进集体";湖南省化工信息中心被湖南省科技厅授予"湖南省科技信息系统先进集体";化工院被湖南省科技厅授予湖南省石油化工竞争情报中心。

【科研服务】

2009年,化工院定为海利公司服务年,与海利股份科技签署合作框架协议和备忘录。为海利服务项目45项次,获得海利技术服务转让费444.8万元(其中:信息咨询16.7万元、技术服务82万元、技术开发转让225.7万元、技术转让提成120.3万元)。一是针对海利常德公司甲基嘧啶磷生产过程中存在原油收率低、含量不稳定、颜色深、臭味大及原油质量对原料甲基氯化物质量的依赖性过强等问题,化工院农药所联合该公司进行技术攻关,完成甲嘧原油合成工段的技术改进,原药含量可达95%以上,原药合成工段收率由原来的80%提高到90%,原材料成本较2008年下降3985元/吨,下降率约9%。另外,对该公司库存的25吨平均含量85.2%的黑色甲嘧原油进行脱色及提高含量的处理,处理后平均含量达到93.8%,并已全部售出,为常德公司挽回经济损失100多万元。二是针对该公司乐果生产过程中气味大、收率低、溶剂回收率低、产品质量不高等问题,化工院农药所开发尾气除臭剂,目前车间的气味得到较好的控制;进行硫化物合成工段降低甲醇配比、中性油及混合溶剂真空脱水及循环套用、铵盐密闭离心除渣、甲醇精馏回收、氯乙酸甲酯精馏提纯、硫磷酯二级降膜脱溶等工序的技术改造,生产装置运转正常,硫磷酯含量在保证原材料质量的情况下可达91%以上,甲醇、氯乙酸、五硫化二磷的消耗明显降低,收率达69.9%(2009年5、6月平均数据)。三是针对海利贵溪公司甲基硫菌灵生产过程中存在原药含量稳定性差、原药气味、颜色差异较大、催化剂用量大、反应体系对水份要求苛刻等问题，农药所开发甲基硫菌灵新工艺，在生产装置上进行中试，取得较好的结果。新工艺解决了对水份要求苛刻（≤0.3%）的问题、简化工艺、降低了能耗；减少催化剂 N,N－二甲基苯胺用量用量（消耗由原来的 65kg／吨减至 20kg／吨），降低产品的气味和原材料消耗。在白色甲托生产方面，完成白甲托的小试工作，小试白甲托产品的白度在 90%以上，含量在 98.5%以上，收率在 97%以上（以邻苯二胺计），并且原材料成本还稍低于目前贵溪公司生产灰甲托的原材料成本。四是针对试验工场丁硫克百威现有工业装置存在原油含量低、三乙胺水分不能达标、废水量很大等一系列问题，农药所开发新工艺，完成小试研究，收率为 97.2 %（原来工厂收率为 86%），丁硫克百威的平均含量为 95.4%（原来工厂含量为 90 左右%），主要杂质克百威的含量小于 0.3%，废水量减少近 2/3。五是甲基异氰酸酯生产四氯化碳溶剂替换项目进展顺利，该项目由精细所承担，是海利公司重点产业化技改项目。根据《蒙特利尔议定书》国际公约，国家将在 2010 年全面禁止和淘汰四氯化碳生产，精细所在时间紧，原材料及装置准备困难的情况下，按时完成任务，还对湖南国发，山东华阳，沙隆达等企业进行前期技术服务工作。六是化工院精细所完成灭多威合成工艺改进，在实现室可以实现收率 95%；对生产灭多威废水中中的灭多威进行回收研究，该成果已经应用于工业生产，每年可回收灭多威 135 吨，创造经济效益 600 多万元（按年产 3000 吨计算），基本实现节能减排和清洁生产。七是化工院剂型所承担海利公司农药制剂产品技术服务工作。配合进出口公司提供 20%甲基嘧啶磷水乳剂、20%仲丁威乳油等样品；现场指导 35%好安威水乳剂出口产品的生产；进行乐果乳油国产乳化剂代替进口乳化剂，国产单体调配替代购买混合乳化剂的研究，为降低乐果乳油成本奠定了坚实的基础。进行 50%甲基嘧啶磷乳油（农用）配方改进工作，用乳化剂单体替代专用乳化剂，取得较好的效果，每吨节约成本 250 元。

【新产品开发】

2009 年，化工院功能材料所以承担的国家科技部国家“十一五”科技支撑计划项目“造纸废水深度处理关键技术与工程示范”以及湖南省节能减排重大科技专项“化工、造纸废水深度处理关键技术与示范”项目为契机，建设 1 万吨/年水处理剂清洁生产示范装置，于 2009 年 5 月中旬进行生产装置的调试和试运行，试生产取得一次性成功，产品合格、生产设备运转正常、产能达到设计规模。该装置已连续运行 7 个月，累计生产出 750 吨产品，已销售 678.5 吨产品，资金全部回笼，实现销售收入 82 万元，利税近 50 万元，为研究院实施新产品产业化取得很好的经验。研究所的水处理剂在用户中建立一定的信誉度，在化工、槟榔、皮革、印染、农药、城市污水等行业有一定量的客户。功能材料所承担的国家 863 课题“动力电池用化学二氧化锰”取得实质性突破，化学二氧化锰振实密度已达2.4g/l 以上，已与湖南汇通科技有限公司签订中试和产业化开发合同。

【新农药创制】

2009 年，化工院新农药创制通过承担国家自然科学基金“具虫、螨活性新型芳基吡咯化合物的设计、合成、生物活性与构效关系”，国家 973 项目“作物病害防治的基础研究”，湖南省科技计划重点项目“防治水稻害虫新型吡唑杂环化合物的设计与合成研究”，新农药创制水平得到稳步提升。根据生物活性情况，设计并合成螺酯类、芳氧苯氧羧酸类、对苯二酚衍生物、含氮杂环(吡唑/嘧啶/喹啉/吡啶/吡咯)、酰胺类等各类型化合物201个(送生测样品183个),并对所合成化合物进行必要的物化常数测定和结构确认,完成筛选的样品虫185个,菌和草165个。完成183个创制新化合物活性筛选,发现86个新化合物具有A级杀虫、除草或杀菌活性;完成133个新化合物的初筛试验,40个创制新化合物进行复筛试验,2个新化合物进入田间小区试验。根据初步的筛选结果,发现高除草活性化合物HNPC-A8169、A9092,高杀虫活性化合物HNPC-A8178、A9012、A9133,较高杀菌活性化合物HNPC-A9045。根据筛选结果及生测部的工作计划和与Bayer公司的合作合同,对A8008、A8009、A7053、A3061、A7035、A2005、A9908、B2055、B5077、B4022等共10个化合物分别进行0.25-100克样品的赶制,并送样到Bayer公司进行生物活性评价,其中完成A8008和A8009田间防治螟虫和环境生物毒性评价工作。

【科研成果转化】

2009年,化工院在横向创收与技术合作方面取得较大成绩,技术服务和推广应用至湖南、山东、湖北、江苏等的15家农药企业,来自其他企业的横向收入833.5万元(不计水处理剂净销售额82万元)。其中农药所全年对海利公司外的委托技术开发、技术转让和技术服务共计17项,获得技术转让费199万元,同比增长21.4%,涉及海利公司外的企业15家。精细所进行江苏华达邻氯甲苯、硝基萘技术开发,江苏宝灵公司进行1000吨/2,6-二甲基苯胺生产装置的改扩建技术服务及中烟湖南公司薄荷酯研究等项目开发,共获横向创收约62.4万元。剂型所完成江苏蓝丰公司的丁噻隆悬浮剂和螺螨酯制剂的开发项目、70.5%脱叶磷乳油制剂研究项目、吡蚜酮复配制剂研究以及农药混剂筛选技术研究项目。

【科技创新平台建设】

2009年,化工院国家农药创制工程技术研究中心按科技部验收要求顺利进行,完成工程中心工程技术开发、仪器设备添置和综合楼主体工程建设、多功能中试车间设计建设,并对照计划任务合同书开展相关项目资料清理,验收材料准备和财务核算审计等工作,力争在2010年圆满完成国家工程中心的验收。完善农药技术创新服务平台、农用化学品公共检测大型科学仪器共建共享平台和农业部农药登记试验中心平台的建设,完成农业部农药登记试验全组分分析实验室的三年期现场考核、农药登记试验中心计量认证复审工作;接受和完成农业部药检所组织的农药残留实验能力的比对考核,同时完成农业部药检所农药登记田间药效试验资质和农药登记残留试验资质的续展申请工作,目前尚在审批中。9月,研究院联合具有长期产学研合作基础的湘谭大学、湖南海利化工股份有限公司和湖南海利工程咨询设计有限公司,实行资源共享、强强联合,共同组建"绿色化工过程湖南省工程实验室"并报省发改委审查。

【科技合作与交流】

2009年,化工院先后有260人次参加"第十届中国国际农用化学品及植保展览会"、"第九届全国农药交流会暨农化产品展览会","知识产权培训班"、"标准培训班"、"第十七届全国色谱学术报告会及仪器展览会"、"实验室资质认定和实验室认可辅导内审员培训"、"第八届全国新农药创制学术交流会"、"农药残留田间试验培训班"、"第十六届农药残留年会"等会议及学术交流。

协助农业部农药检定所、省药检所主办"2008年全国农药登记原药全组分分析试验工作总结会"。邀请湖南省知识产权局龚世益局长做《新型工业化与知识产权》的专题讲座;邀请国务院工业节能减排专家组组长、清华大学教授段占庭到试验工场参观指导。成四喜同志赴法国考察法国的竞争情报工作；杨慧同志赴瑞士参加为期 21 天的“TRIPS 协议与企业出口贸易培训班”。

【科研队伍建设】

2009 年 10 月，在化工院范围内全面提高科研一线人员工资水平，使科研人员人均月收入增加 960 元，增幅达 51%。在长沙市政府搭建的“进重点大学，揽万名英才”平台活动中，引进 211 工程院校硕士以上优秀毕业生 5 名。

2009 年，化工院成为湖南省首批“湖南省研究生培养创新基地”、湖南省教育厅高校产学研合作示范基地——“农用精细化学品产学研合作示范基地”，在院进行论文研究的研究生有 30 名，已有 11 名研究生顺利毕业，其中 2 人考取博士研究生。

（供稿人：湖南化工研究院办公室 李勇飞）

湖南省科学技术研究开发院

2009 年，湖南省科学技术研究开发院（以下简称开发院）科技工作以提升科技创新能力、加强科研平台建设、促进科技成果转化、提高科技服务水平为主要目标，深入贯彻落实科学发展观，以推进科技体制改革、整合科技资源、构建科研创新体系为工作重点，积极推进各项科研工作的开展，科研与技术服务工作取得新进展。

【科研项目与经费】

2009 年，开发院申报各类科研项目 40 多项，获得各类科研项目立项 30 项，科研经费 425 万元。其中湖南省科技计划重大专项 1 项，经费 80 万元；长沙市科技计划重点项目 2 项，经费 53 万元；湖南省发改委、省国土资源厅、省经委、省商务厅、省外专局等厅局立项 10 项，经费 248 万元。

【科技成果与奖励】

2009 年，开发院共组织各类项目验收 7 项，其中《紫色土山丘治理对位配置技术研究》达到国际先进水平，获 2009 年湖南省科技进步二等奖。《基于货币识别的自助交易智能服务处理系统》达到国内领先水平。完成国家中小企业技术创新基金项目验收 2 项，湖南省科技计划重点项目评估验收 3 项。组织完成湖南省科技计划项目的结题验收 24 项，获得一批实用性强、能够推广应用的共性技术成果。发表各类国家和省级核心期刊学术论文 35 篇，在全国性各类学术年会上交流学术论文 15 篇。

【科技成果转化与科技产业】

2009 年，开发院的科技成果转化与科技产业发展工作取得良好效果。一是组织一批实用型科技成果参加 2009 中国（长沙）科技成果转化交易会，并在专场对接会上进行发布。二是科技成果转化取得实质性进展，产业基地建设取得明显成效。《大功率镍氢混合动力电池》获得国家发改委产业化项目立项，确定项目经费 2000 万元，已到位经费 1000 万元。进一步完善电池产品生产工艺，生产线的建设稳步推进，为电动汽车厂家完成了 6Ah、40Ah 电池的配套生产，生产的电池稳定性进一步改善，2009 年大功率镍氢混合动力电池完成900多万元的销售收入。《多国货币识别技术》的应用开发不断深入，对已建立的自助服务设备体系不断进行完善和新功能开发，并与中国移动建立合作开发手机支付系统的意向协议，积极推进中小学牛奶工程项目和德国快餐项目的开发，生产基地建设已正式投入使用。《新型混凝土保湿养护膜》生产基地建设进一步完善，在原有基础上，开发立面保湿养护膜，被指定为"南水北调"工程和高速铁路工程的混凝土保湿养护专用产品。在新材料的应用开发上，完成新型铜粉催化剂的开发，高品质金属油墨的开发及生产，实现产值达4700万元。在废旧物质循环利用的开发方面，以废退锡水的回收利用、废旧电路板的综合回收、蚀刻液的循环利用为重点，进行深入的研究与开发，对回收的贵重金属进行深加工开发，取得较好的经济效益与社会效益。

【科研创新平台建设】

2009年，开发院先后投入100多万元为动力化学电源工程技术研究中心、热交换技术及设备实验室、经济地理信息平台、分析测试中心、能源产品检测中心购置一批先进设备，科研与技术服务的研究开发平台进一步完善。对热管技术实验室、太阳能薄膜电池研究实验室等科研实验室进行改造与整合，以科研设备的高效利用和社会共享为目标，重新构建一个以新能源研究为主的科研创新平台，进一步提升了科研平台的研究开发能力。

【科技服务】

2009年，开发院的科技服务工作以面向市场、服务社会、促进共性技术的推广应用为出发点，科技服务工作取得可喜成绩。一是由经济地理所承担的土地利用规划修编工作取得实质进展，完成湖南省汨罗市、绥宁县等县市的土地利用总体规划修编项目前期研究、规划大纲和规划成果编制，进行土地资源二次普查，通过县、市、省三级评审验收。二是检验测试服务成效明显。省分析测试中心和省燃气、燃气具及能源产品质量监督检测站，面向社会，完成食品、农产品、能源产品等各类授权检测任务600多批次，提交真实可靠检测数据达25000多条，为科研任务的完成提供可靠的检测保障。三是开展科技小分队服务基层活动。组织三个科技小分队派出30多名科技人员分别到相关企业开展调研和技术服务，帮助企业破解技术难题，与企业建立有效的合作机制。

【科技交流与合作】

2009年，开发院加强科技交流与合作，特邀美籍专家来院作《无机太阳能电池的生产、研究及发展》专题报告，介绍国内外太阳能利用研究开发最新动态、先进成果和发展趋势；组织召开"科技创新与科研效率"主题研讨会，就如何提高科研效率、促进科技创新进行交流探讨；组织召开"湖南省自然资源学会"年会，对自然资源综合利用与有限开发进行专题交流；与一批企业建立更加有效、更具针对性的长期合作机制，与长沙贝尔节能环保科技有限公司签订热管技术的应用开发合作协议、与长沙北极熊节能环保技术有限公司签订热泵性能检测与评估的合作协议。

（供稿人：湖南省科学技术研究开发院科研开发处　李新堂）

湖南省林业科学院

湖南省林业科学院（以下简称林科院）是湖南省专门从事林业研究的公益性事业单位。全院设置7个管理处室，9个科研所室（中心），4个开发公司，1个试验林场（省林业科技示范园）。1978年以来，共取得248项科研成果，获国家、部省级科技进步奖190多项，国家专利20项。为湖南省现代林业建设和产业的发展以及生态体系建设发挥了强大的科技支撑与引领作用。

【科研团队与人才建设】

2009年，林科院共有在职职工266人，有各类专业技术人员197人，其中研究员27人，副研究员和高级工程师41人。具有本科以上学历的160人，其中博士（含在读）18人，硕士（含在读）38人；有林木遗传育种博士点1个（与中南林业科技大学共建）、有博士生导师4人，硕士生导师7人，18位专家享受国务院政府特殊津贴。

【科研成果与奖励】

2009年，林科院共获7项国家和省部级奖励。其中"油茶雄性不育杂交新品种选育及高效栽培技术和示范"获得2009年国家科学技术进步二等奖。该成果选育出1个油茶雄性不育无性系，解决去雄难、种子纯度低、杂交制种难等关键技术瓶颈，填补油茶育种领域空白；培育出比对照增产30%以上的高产杂交组合10个，其中5个通过良种审定；提出"两系"杂交种子园亲本配置技术，营建国内第一个油茶"两系"杂交种子园；制定油茶良种选育技术规程，并已颁布实施；创建比对照增产1.5倍以上的高效栽培技术体系，为油茶集约化经营奠定基础。"光皮树良种选育及果实油脂资源利用技术"获2009年湖南省科技进步二等奖；该成果历时18年，对光皮树的种质资源和遗传性状进行调查，建立选育评价体系，选育出高产、全果含油率高的优良种源和无性系，制定光皮树培育技术规程和光皮树果实制油技术规程，营建良种采穗圃和良种繁育基地，对光皮树果实油制取、精炼和转化生物柴油新工艺进行深入研究，开发出符合国标的产品，建立中试生产线，为光皮树良种化、产业化奠定坚实基础。"名优观赏树木组培及无土化栽培技术引进"科研成果获2009年湖南省科技进步二等奖，该项目从美国引进名优观赏树木新品种及组培和无土栽培技术，筛选出观赏价值高，适应性强的红果腺肋花楸等新品种，研究出5个品种高效组培快繁、瓶外生根、以苗繁苗和"试管苗塑料单杯单株一步移栽"等技术，相关苗木示范并辐射推广达1900公顷，实现产值达1亿元以上，增强了湖南省木本观赏花卉发展的活力。"台湾桤木无性系采穗圃建立与苗木快繁技术"成果获2009年湖南省科技进步三等奖。"油茶高产新品种推广与高效栽培技术示范"、"油料树种光皮树遗传改良及其资源利用技术"以及参与协作完成的"翅荚木遗传多样性及引种培育研究"分别获国家林业局第三届梁希林业科学技术二等奖和三等奖；李昌珠等撰写的专著《生物柴油-绿色能源》，由化学工业出版社出版，是国家第一部关于生物柴油系统论述的专著，获得2009年度石油化工科学技术进步三等奖；《蓖麻油制备生物柴油关键技术研究与示范》成果获长沙市科技进步三等奖。

【创新平台与科研基础建设】

2009年，林科院经国家林业局批准，在湖南省岳阳市建立"洞庭湖湿地生态定位研究站"，并以该站为核心平台，继续开展长期湿地生态定位监测和相关研究工作，积极打造国内一流、国际知名的野外生态定位研究平台。同时，经国家科技部国际合作司批准，依托林科院建立“亚欧水资源-洞庭湖流域水资源管理国际科技合作基地”，积极参与国际水资源管理合作与交流。林科院经国家林业局批复，在位于长沙市南郊的杜家冲试验林场建立“湖南省油茶种质资源收集保存库”，总面积20.4公顷，其中种质资源保存区14公顷，测定林4公顷，扩繁圃2公顷，管理区0.4公顷，计划收集油茶种质资源1010份。中国林科院依托湖南省林科院在洞庭湖区成立了“中国林业科学研究院兴林抑螺工程技术中心湖南分中心”及“湖南省林业血防工程建设效益监测站”。2009年经湖南省科技厅相关领导进行深入调研、专家技术评审和综合评审后，同意依托林科院组建“湖南省油茶工程技术中心”，使湖南省的油茶科研平台建设再上新台阶。

林科院通过整合科研资源，将原办公楼改建成“湖南省林业科学院实验中心”，中心面积达4800平方米，并配备有各类大中型科研仪器设备520余台套；具备林木分子生物育种、诱变育种、抗性育种、组织培养、生物柴油清洁转化、林产品质量检测和菌根性食用真菌培养等现代林业科研所需的主要试验设备与条件，承担并完成多项国家、部省级重大科研项目的实验任务；对外提供植物生理生化、植物油脂、森林土壤、木材材性、生物柴油，森林有害生物以及林产品等试验分析、检测与检验服务。林科院3900多亩试验林场，充分结合省科技示范园、生态文化教育示范基地等建设项目和重大科研项目，加强林场科研示范基地和基础配套设施建设，现已基本形成集科研试验示范、种质资源收集与保存、良种苗木繁育及森林生态功能于一体大型田间试验基地。

【科技活动与学术交流】

2009年，林科院在流域水资源管理与保护方面承担与欧盟的国际科技合作亚欧水资源管理项目，并协助湖南省科技厅协办“2009亚欧水资源管理国际论坛暨项目结题会”，与来自欧盟及亚洲地区13个国家的58位代表专家就水资源管理进行深入交流和探讨，充分展示国家对水资源保护与管理的高度关注以及湖南省在相关研究领域取得的显著成绩。在南宁举行的第二届中国林业学术大会上，林科院共组织20多余专家和科技人员携最新撰写的学术论文参与交流，其中陈永忠、汤玉喜等撰写的6篇论文获优秀论文奖。同时，林科院组织科技人员参与湖南省科技活动周和科技“五下乡”活动，赴平江、益阳、株洲等地就进行林业科技宣传、现场指导与培训，发放相关技术资料及良种苗木5000余份，林业专用肥500份，培训相关人员300人。

【科技成果转化】

2009年，林科院与美国能源部橡树岭国家重点实验室（OAK RIDGE NATIONAL LABORATORY）以及美国缅因州大学（THE UNIVERSITY OF MAINE）签署科技合作协议，就生物质能源、洞庭湖湿地生态、气候变化、碳循环与碳汇、人才培养等多个方面展开深入合作与交流。组建湖南省昊林科技发展公司，合作进行油茶、光皮树、湿地松、马尾松和楠竹等树种专用肥的研发与推广应用，森林有害生物防治技术推广以及金银花优良新品种推广，并与隆回县政府签订100万株金银花优良新品种无病毒苗木培育合同。组建湖南林之神生物科技有限公司，合作从事油茶资源培育、种苗繁育、加工等油茶产业化技术转化等。全力推动与北京北大未名生物工程集团有限公司合作，双方在“2009中国（长沙）科技成果转化交易会”签订《生物油脂产业化基地建设合作框架协议书》，合作领域为油脂植物良种选育、资源定向培育、资源高效利用产业化开发和市场营销，实现科研和企业对接，打造国际一流的油脂和木本药材产业。

（供稿人：湖南省林业科学院办公室　黄忠良）

湖南省中医药研究院

【科研项目与经费】

2009 年，湖南省中医药研究院（以下简称中医药研究院）组织申报各级各类课题 53 项，中标 27 项，其中湖南省自然基金项目 1 项，湖南省科技计划项目 13 项，湖南省中医药科研基金项目 10 项，院士带培、创新团队及省级引智项目各 1 项，共获得科研经费 274 万元。中医药研究院现有院以上纵向在研项目 86 项，其中国家级课题 5 项，省部级课题 30 项，厅级课题 51 项。其中院重大科技项目"中药超微饮片"在产业化方面顺利完成融资及资本置换工作；湖南春光九汇现代中药有限公司与湖南省兴湘投资控股有限公司合作成功实现国有资本控股；国家财政部公益类行业专项"赤芍、马钱子等 40 种中药粉体行业的标准"研究进展良好，100 种内科常见疾病国际诊疗标准已定稿。启动参加 973 国家基础研究重大项目"四磨汤治疗运动功能障碍性胃肠疾病的多中心临床实验研究"。此外，中医药研究院获省级引智专项经费资助，院士带培及中药超微研究创新团队成绩显赫。

【科研成果与奖励】

2009 年，中医药研究院组织省部级课题鉴定、验收 4 项；组织申报湖南省中医药科技进步奖 6 项，获奖 4 项；组织推荐湖南省科技进步奖 4 项，获奖 2 项；申报国家科技进步奖 1 项，"中药超微粉体关键技术研究与产业化"项目荣获 2009 年国家科技进步二等奖，这是近 60 年来湖南省在中医药研究领域获得的首个国家科技进步二等奖，实现中医药研究领域获国家科技进步奖"零"突破，展示湖南省在国内外中药超微粉体技术领域的领先水平。"骨碎补等湖南道地药材超微饮片质量的现代评价方法研究"、"健脾消癌方拮抗大肠癌术后复发转移的临床和实验研究"分获 2009 年湖南省科技进步二、三等奖。"益肾健脑通络法之研究"、"刘炳凡研究员《疑难病症验案》之整理研究"等 2 个项目分别获 2009 年湖南省中医药科技一、二等奖。

【科技开发与平台建设】

2009 年，中医药研究院签订各类技术合同 19 项，合同金额达 300 余万元。申请专利 6 项。中医药研究院连续 16 年荣获长沙市重合同守信用单位、长沙市技术合同登记工作先进单位。中医药研究院在实验室建设方面上新台阶，先后投入 300 多万元，改造中药所动物实验楼，更新科研设备，使该院科研实验室软硬件较大改善。其中，研究生创新基地通过验收，完成教育部超微工程技术研究中心的评估验收工作。

【人才培养】

2009 年，中医药研究院组织完成 2007 级硕士研究生 14 人开题工作；组织 2009 届硕士研究生 11 人毕业论文答辩并全部获得硕士学位。其中 2008 届中药学专业的王丹毕业论文被湖南省学位办评为"湖南省硕士研究生优秀论文"。

（供稿人：湖南省中医药研究院科研处 黄江波）

湖南省环境保护科学研究院

【科研项目申报与立项】

2009 年，湖南省环境保护科学研究院（以下简称环保院）共申报科研课题 17 项，其中“十一五”水专项增补项目实施方案 3 项、国家环保部重点项目 1 项、湖南省科技厅项目 4 项、省环保局项目 4 项（含中-意洞庭湖合作项目实施计划 1 项）、省质量技术监督局项目 5 项，先后有 12 个项目获得立项；全年立项落实的科研经费 1100 万元。

【环境标准制定和相关研究工作】

2009 年，环保院积极参与湖南省环境标准制定工作，已先后完成 7 项地方环境和生态标准制订。11 月获湖南省人民政府授予的“湖南省标准化工作先进集体”称号。

环保院作为湖南省政府编制《湘江流域重金属污染治理总体方案》的技术支撑单位，承担规划编制任务，实施方案已上报国家发改委。完成《湖南省环境保护产业发展规划》（2009~2015）和《湖南省农村环境整治规划》编制工作。完成《长江中下游洞庭湖流域水污染防治规划》编制定稿。针对原湖南铁合金厂铬渣非法转移事件，及时编制《双峰县铬污染整治方案》、《双峰县铬污染土壤处置方案》和《原湖南铁合金厂污染土壤处置方案》，针对铬渣污染的地表水、井水、铬渣和铬渣污染土壤的治理，分别提出有效的技术实施方案，派出专业人员蹲守现场进行技术指导，在最短的时间内控制了污染事态的扩大，为污染事故应急处置提供了有效技术支持。完成湖南省环保厅组织的重金属污染企业排查专项行动，组织技术人员编制排查技术方案，为专项活动的开展提供了技术支持。编制完成《水口山重金属污染综合防治规划》和《湘乡市铬污染治理专项规划》，为地方政府的环境决策提供技术支撑。

【科技成果与奖励】

2009 年，环保院与北京大学、郴州锡涛化工有限公司联合申报“河道尾沙重金属污染控制关键技术研究与示范”项目顺利通过环保部的审核。全年共发表科技论文 13 篇，会议交流论文 3 篇，申请受理专利 1 项，专利号为 200910042554.7。全年共有 2 项科技成果分获 3 项科技成果奖。其中《含砷物料资源化处理新技术》获 2009 年国家环境保护科学技术二等奖和郴州市科技进步一等奖，《高效反应深锥沉降技术及装置》获株洲市科技进步一等奖。

【平台建设与合作交流】

2009 年，环保院继续加强研发平台建设，着重强化基础工作，对分析人员进行内部培训，对分析仪器设备进行检修和统一标识，并修订相关程序文件和编写审核报告，完成换计量认证外审工作。9 月，环保院重点实验室参加湖南省质监局组织的全省计量单位检测能力水平考核，并以 100%精确的检测数据通过考核，标志着该院分析能力完全满足对外承接的分析业务和科研分析检测的要求。

【科技成果转化】

2009 年，环保院注重科技成果推广应用，其中湖南省科技重点项目“含砷物料处理与资源综合利用新技术”通过含砷物料的湿法脱砷及低温冶炼等集成创新，达到了砷污染控制和资源高效综合利用的目标，解决了当前国家有色金属工业中普遍存在的砷污染严重、资源回收利用率低的难题，建立了年处理阳极泥 3000 吨的生产线，年创经济效益约 6000 万元。湖南省科技重大专项“高效二次流沉降器技术和工艺研究及其成套设备开发”针对高浓度微细颗粒废水沉降过程中存在的难题，利用流体力化学和二次流原理，研发高效反应深锥沉降技术及成套设备，提高底流的浓缩倍数，实现固液的快速高效分离。项目研发的技术及设备已在中盐湖南株洲化工集团钛白酸性废水处理工程等成功运用，每年为厂方节省运行费 100 万元，回收偏钛酸价值 3000 余万元，取得显著的环境、经济效益。环保院参与设计的“汕头电力发展股份有限公司热电一厂 4# 燃煤锅炉烟气脱硫除尘改造工程”被评为广东省环境保护优秀示范工程。

（供稿人：湖南省环境保护科学研究院办公室　刘晓明）

湖南省血吸虫病防治研究所

【概况】

湖南省血吸虫病防治所（以下简称血防所）始建于 1950 年，现址岳阳市金鹗中路 436 号，占地 5.8 万㎡。2009 年，全所职工 554 人（在编人员 251 人，聘用人员 165 人，离退休人员 138 人），其中高级职称 78 人，中级 85 人，博士 4 人，硕士 11 人。收入 5669.61 万元，支出 5663.52 万元，结余 6.09 万元。有固定资产 7332.14 万元，其中房屋建筑面积 5.5 万㎡，价值 3441.34 万元，仪器、设备 1585 台（件），价值 2702.4 万元。是世界卫生组织湖区血吸虫病防治研究合作中心，中南大学基础医学院硕士研究生培养点，澳大利亚和美国等一些大学的现场实验基地。基本任务是进行血吸虫病防治技术指导，开展科学研究，培训基层专业技术人员和进行医疗服务。

血防所建所以来共完成科研课题 833 项，获得科研成果 72 项，其中获得国家、湖南省科技成果奖 67 项，先后编著了《湖南省防治血吸虫病研究》、《血吸虫病诊断与治疗》等二十余部专著，发表论文 2043 篇，其中国际刊物 76 篇。共举办专业培训班 118 期，培训专业人员 5709 人。

在各级党委、政府及湖南省卫生厅的领导和切关怀下，血防所近 10 年先后获得“全国五一劳动奖状”、“省级文明单位”和“湖南省文明窗口单位”等荣誉称号，连续六年被评为湖南省卫生厅“厅直单位年度工作综合考核先进集体”，2009 年被卫生部授予“全国医药卫生系统先进集体”，被卫生部、农业部、水利部、林业局授予“全国血吸虫病防治先进集体”。

【科研项目与经费】

2009 年，血防所共组织申报课题 14 项，中标 8 项。中标的 8 项中国家级 3 项，湖南省科技厅、卫生厅各 2 项，国际合作项目（瑞士 USB 财团）1 项。在研项目 20 项（国外课题 4 项，国家科技部、水利部、环保部以及国家自然科学基金等课题 6 项，湖南省科技厅、卫生厅等课题 10 项）。全年到位科研经费 330 余万元，其中国外经费 250.04 万元，占 76%。其中申报的国家科技支撑计划课题“血吸虫病防治关键技术集成示范点建设”已立项，获经费支持 100 万元；“洞庭湖区防治血吸虫病综合示范区建设”申报国家十一五重大科技专项“艾滋病和病毒性肝炎等重大传染病防治”科技重大专项获得成功，申请经费支持 2950 万元，这是血防所建所以来获国家最大额度的项目。该项目在示范区内利用围栏封洲禁牧等措施，探索能够有效降低人、畜血吸虫病感染等控制传染源为主的湖区血吸虫病综合防治经验和模式。

【科研成果】

2009 年，血防所专家编写的《临床血吸虫病学》、《血吸虫病防治实用技术》已由人民卫生出版社出版；全年在国内外公开杂志发表论文 58 篇，其中国际刊物 6 篇，均被美国科学文摘索引（SCI）收录，与国外专家合作在著名国际刊物上发表论文，影响因子达到 17 分，进一步提高了血防所在世界上学术地位和竞争实力。

【科技合作与交流】

2009 年，血防所共接待来自美国、澳大利亚、法国等国家或国际组织的专家、研究生共 13 批 15 人次，向 WHO、WPRO 和国家主管部门递交了 2008 年 WHO 合作中心年度报告。2008-2009 WHO/China 湖区血吸虫病防治研究双年度合作项目已按计划开展各项工作。对岳阳市德国贷款项目“岳阳市洞庭湖区血吸虫病综合防治”进行技术咨询与监督。中澳合作项目“学龄儿童土源性蠕虫感染危险因素宣教片”已完成现场预试验。

【科技人才培养】

2009 年，血防所投入职教费用 30 余万元，选派 14 人到上级医疗研究单位进修学习，39 人次参加国家级和省级学术会议，到国外进行学术交流 4 人次。在职攻读博士学位 2 人（国内 1 人，国外 1 人），攻读硕士学位 4 人，41 人次参加继续教育培训。举办各类学术活动 41 次。

（湖南省血吸虫病防治所办公室　肖翠兰）

湖南省棉花科学研究所

【科研项目】

2009 年，湖南省棉花科学研究所（以下简称棉科所）新增国家、省级科研项目 17 项，项目资金达到 515.84 万元。其中“转基因 GNA+BT 双价抗虫棉湘抗 EN-1、湘抗 EN-2 的选育”项目被列为国家转基因重大专项，“优质高产转基因抗虫杂交棉湘杂棉 17 号高产制种技术及示范推广”列入湖南省财政厅重点项目，“棉花种质资源的保存与利用”等 5 个项目列入湖南省农业厅项目。为棉科所棉花品种选育继续保持国内领先地位奠定基础。

【科研成果】

2009 年，棉科所在国家级刊物、省级刊物发表科研论文 25 篇。选育棉花新品种 5 个，其中湘杂棉 17 号、湘杂棉 19 号、湘杂棉 20 号、湘杂棉 21 号通过湖南省审定，湘杂棉 7 号通过国家审定。选育的湘 Q173 参加湖南省续试，2 个组合通过湖南省区试预试。棉科所起草的《棉花人工采摘操作规程》（湖南省地方标准）颁布实施，承担的“湘棉不育系 1 号和湘杂棉 9 号的选育与产业化”项目获得湖南省常德市科技进步一等奖。棉科所的科技统计工作中被评为常德市新型工业化统计先进单位。“优质转基因抗虫杂交棉湘杂棉 15 号推广与产业化”（计划编号 2008NK4019）项目通过验收，项目均达到合同规定的指标。

【院所交流与合作】

4 月 25 日，湖南农业大学生物科学技术学院副院长张学文等一行 7 人来棉科所进行学术交流，双方就进一步加强棉花方面项日合作、人才培养等方面交换意见。6 月 15 日，新疆农一师领导来棉科所参观访问，参观棉科所科研茅基地，听取棉科所科研育种、开发、发展前景规划等情况，并表示在今后的工作中加强与棉科所的紧密联系与合作。9 月 8~10 日，中国科学院植物所专家孙敬三、朱生伟来棉科所考察指导“转基因生物新品种培育科技重大专项-转基因抗虫棉及杂交抗虫棉的选育”项目的进展情况，双方表示要以这个项目为基础进一步拓宽合作。10 月 27 日，中国棉花研究所研究员袁友禄、山东棉花研究中心研究员张军、江苏省农科院生物研究所沈新莲博士、湖南农大刘志博士一行 5 人来棉科所考察工作，对杂交优势的利用、不育系进一步研究、棉花抗病性研究等方面进行相关探讨交流，听取副所长李景龙关于科研成果转化的汇报及优质棉生产利用的探讨，生物技术研究室主任周世象研究员参与交流讨论，袁友绿一行对棉科所科研发展及成果转化给予高度评价，双方提出在转基因棉花研究、不育系研究等项目方面加强合作交流，争取多出品种，出好品种。12 月 2 日，中国棉花研究所副所长李付广来棉科所考察工作，听取棉科所科研工作汇报，并对棉花基因重组、基因导入、基因分解、基因突变、基因提取等方面的问题进行相互探讨。

【科技活动】

10 月 14~15 日，由农业部委托中棉所组织的亩产千斤籽棉验收专家组对棉科所主持的“湖南省千斤籽棉高产创建片”进行现场调查验收。12 月 22 日，由湖南省科学技术厅组织有关专家对湖南省科技计划重点项目，对棉科所承担的《棉花多抗高产优质杂交棉新品种的选育》项目进行验收，成果水平达到国内领先水平。7 月 3~6 日，湖南省棉花科学研究所组织承办湖南、湖北两省棉花学术研讨会，来自两省三湘四水棉花科研、大学、政府管理部门、棉种经营企业及生产单位的近 80 名棉花界精英，齐聚湖南衡山共同探讨湖南棉花产业当前现状，共同商量湖南棉花产业增效途径，共同谋划两省棉花产业发展大计。

（供稿人：湖南省棉花科学研究所 于承其）

湖南医药工业研究所

2009 年，湖南医药工业研究所（以下简称医工所）以提升科研创新能力为重点，努力推进科技体制改革，加快人才队伍培养，加强国内外科技合作，在效益、科研与和谐发展等方面取得较好成绩。

【科研项目与经费】

2009 年,医工所立项课题 7 项，申请省级科研课题 7 项，中标 4 项，获得科研经费 96 万元。签定技术开发、技术转让和技术服务合同 16 份，金额 215 万元，其中企业委托研究 3 项，分别是阿利维 A 酸原料及软膏、氯吡格雷原料及片剂、雷贝拉唑肠溶片，安全性、刺激性等技术服务合同 13 项。

自选科研课题2项，其中“中药复方除癖安乳胶囊新药”用于治疗乳腺增生和抗乳腺癌，其优点是毒副作用小，疗效确切，不损伤正常细胞组织。创新点是遵循中医药理论的指导思想，采用新技术、新方法制备除癖安乳胶囊，生产成本低，治疗效果优于目前上市的同类中药制剂。该项目的研制开发，提高了医工所科研创新能力，是乳腺疾病患者的一个福音。

【科研成果与奖励】

2009年，医工所获得长沙市人民政府颁发的“长沙市产学研合作奖”，编印《湖南医药工业研究所所志》、《湖南医药工业研究所组织史》等反映医工所发展历程的资料文献，发表学术论文13篇，全部是国内统计源期刊。申请国家发明专利“除癖安乳胶囊”，申请公开号CN200910226773.0。获得新药证书3份，分别是塞克硝唑原料药及片剂、胶囊。

【科研交流与合作】

2009年，医工所共派出45人次参加学术交流会议和有关培训，先后参加“知识产权保护与新药开发培训”、“药品注册与专利申请培训”、“中南六省实验动物年会学术会”、“中国江苏省产学研科技成果交易会”和“中国(长沙)科技成果转化交易会”、“全国中药与天然药物新药研发与注册申报研讨会”、“全国第三届药用植物化学与中药新药研发技术创新研讨会”、“计算机安全学术交流会”、“局域网管理培训”等会议及学术交流。

与加拿大多伦多药学院合作，开展缓控释制剂及其药用高分子材料的研究，开发具有国内领先、国际水平的药物缓控释制剂新技术和新产品。缓控释制剂是第三代药物制剂，由于克服了频繁给药的弊端，有利于降低药物的不良反应，能在较长时间内维持体内药物有效浓度，从而可大大提高患者服药的顺应性，被广泛用于治疗多种疾病。同时，加强缓控释制剂药用辅料的研究，解决严重依赖进口药用辅料的问题。加强国际合作，提升该所在缓控释制剂与药用辅料研究方面的领先地位，为医工所长远发展奠定基础。

（供稿人：湖南医药工业研究所 曾南蕊）

第八篇

高新技术产业园区

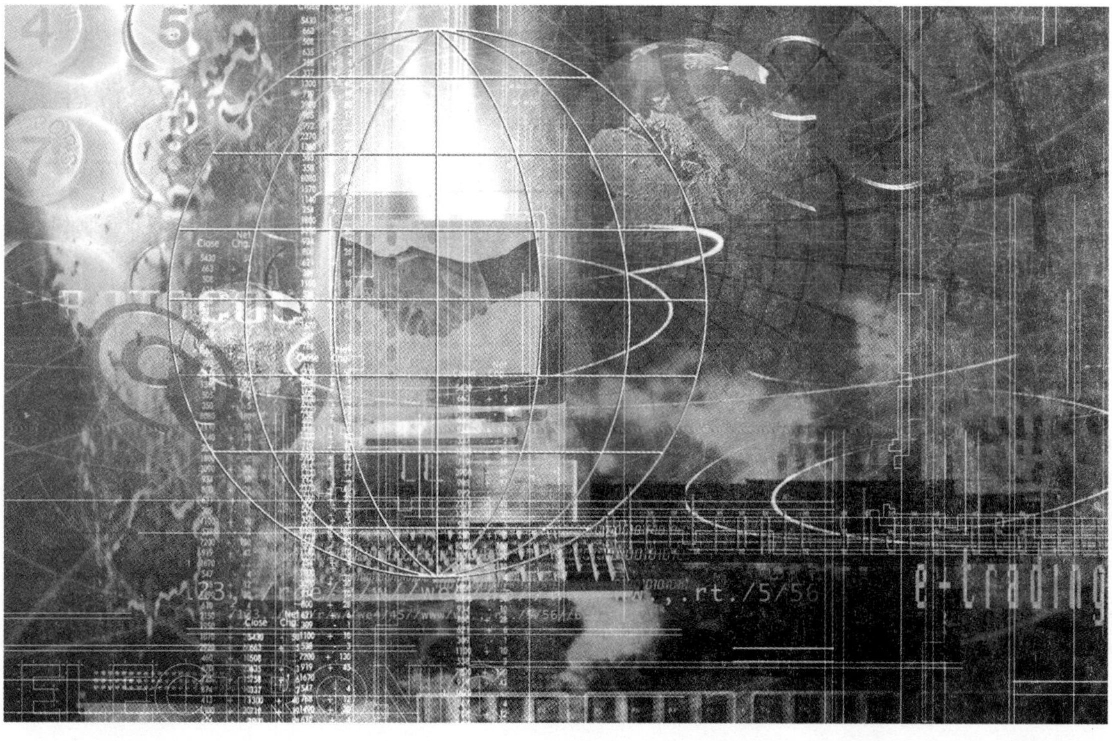

长沙高新技术产业开发区

2009年，长沙高新技术产业开发区（以下简称长沙高新区）坚持以科学发展观总揽全局，紧紧抓住“两型社会“综合配套改革试验区和创新型科技园区建设的机遇，努力化解国际金融危机带来的负面影响，积极实施项目立园、产业兴区战略，落实“抓改革、扩投入、保增长、促创新、强基础、优环境“等措施，圆满完成全年各项工作目标，促进全区经济和社会事业较快发展。长沙软件园被中国软件行业协会评为“中国软件和服务外包杰出园区”，这是中部地区首个获此殊荣的园区。

【高新技术产业】

2009年，长沙高新区完成技工贸总收入1500亿元、工业总产值1340亿元。其中岳麓山高科技园实现总收入752亿元，总产值660亿元，同比均增长20%；实现规模工业总产值520亿元，增长25%；41家企业产值超亿元，5家企业突破10亿元大关，中联重科等6家“长沙工业20强”企业完成产值390亿元，增长35.5%。麓谷工业园税收过亿元企业达到4家，中联重科、方正证券税收突破6亿元，梦洁家纺等3家企业税收过5000万元，税收过千万元企业达到26家，财政收入增长幅度保持全市前列；麓谷科技新城完成企业财税收入45亿元，财政一般预算收入10.26亿元。

【招商引资】

2009，长沙高新区年引进湖南省外资金15.56亿元，到位外资1.53亿美元；引进购地项目20个，总投资86.9亿元，世界500强企业爱立信落户麓谷工业园，中电软件园、中国移动电子商务基地、中电集团第48研究所等中央企业相继入园。杉杉科技、博云新材、奥盛特重工、金杯电工、湘投金天钛业、中冶长天、红太阳能源等13个重大工业项目相继开工建设；中联重科泵送机械技改项目、威胜仪表科技园、科霸动力电池组等7个重大专项竣工投产；湖南大学麓谷产学研基地一期、湘电长泵新基地、华能自控微机控制系统、有色重机高山水射流等重大工业技改项目竣工。全年有25个企业项目开工，其中22个被列入长沙市重点项目，3个成为长沙市十大示范性工程项目，项目总投资63亿多元。累计完成全社会固定资产投资40亿元，同比增长83%。

【园区开发建设】

2009年，长沙高新区按照三年拉开路网框架、实施组团开发的总体部署，枫林路拓改加速推进，岳麓大道西延线建成通车，东方红大道南段和黄桥大道已基本完成拆迁腾地，雷高路、东庆路等新建续建道路建设陆续启动。信息产业园建设持续推进。东方红镇和雷锋镇成功纳入长沙市土地利用总体规划，2009年完成新征用地资料报批8500亩，实际获批用地5200亩，挂牌出让土地15宗，出让面积1500亩，实现土地收入6.4亿元。加大闲置土地清理，收回处置闲置土地450亩。2009年完成拆迁腾地项目14个、4500亩。保障性住房建设一期工程进展顺利。城市管理水平不断提高，城乡环境得到有效改善，水、电、气和公共交通设施进一步完善；麓谷林语、麓谷银滩等配套工程进展顺利。

【科技创新】

2009年，长沙高新区成为科技部批准的第九个国家创新型科技园区，成为国家创新发展导向与地方创新发展需求相结合的重要平台，成为创新型国家建设的区域中枢和强有力战略支撑点。区内企业新获授权专利431件，同比增长46%；新增金杯电工等中国驰名商标5个；中冶长天、湖大海捷等企业获得国家行业技术标准制定权；中信湘雅获得2009年度国家科技进步二等奖，隆平种业获2009年度湖南省科技进步一等奖；园区通过软件企业CMMI3认证的企业达到7家。新增市级以上工程中心、企业技术中心10家，中联重科成为长沙市首家设立企业国家重点实验室和国家工程技术研究中心的企业，科力远成为先进储能材料国家工程研究中心，湖南大学先进动力总成技术研究中心落户麓谷工业园；国家软件产业基地顺利通过国家验收，并荣获中国软件和服务外包杰出园区。2009年新增孵化面积8万多平方米，新增在孵企业200多家。湖南大学产学研基地一期工程建成，中南大学等大专院校产学研基地启动。成功举办第三届中国（长沙）科技成果转化交易会。大学生创新创业服务平台建成，帮助申报国家创新基金立项10个、市级科技计划立项6个。积极支持各类人才创新创业，4名海外高层次人才获得长沙市国际高端人才奖金，推荐入选中央海外高层次人才"千人计划"2人，海外高层次人才首批"百人计划"9人。参加2009年中国（长沙）科技成果转化交易会，签约华瀚科技园、潇湘神光、力宇燃气动力科技园等12个重点项目，总金额达30多亿元，占此次科交会签约金额的三分之一。

【创新管理环境】

2009年，长沙高新区强化督查督办，狠抓工作落实，重大决策政令畅通，执行力明显提高，投资服务环境不断优化，机关行政效能不断提高。整合内设机构职能和职责，优化岗位设置，制定出台《工作绩效考核与管理办法》，提高绩效考核的科学性和准确性。开展"行政效能年"活动，加强效能管理和监督，优化服务流程，提高办事效率，全面清理行政审批事项，精简审批程序和审批环节；深化政务公开，公开办事项目，落实全程代办、限时办结和过错追究制度。深入开展"两帮两促"活动，形成"一个项目一名委领导牵头、一个局室配合、一名专职干部联络"的"1+3"帮促工作模式，实地走访帮扶企业100多家，有效地促进产业发展和园区项目开工建设。

【社会事业】

2009年，长沙高新区教育总投入达6000万元，优化学校布局，合格学校建设和校舍安全工程稳步推进。虹桥小学新建开工，工商职专办学条件改善，并获批长沙市定点职业技能培训和鉴定机构。城乡低保实现应保尽保，敬老院配套设施进一步完善；城乡社会保障工作同步推进，被征地拆迁农民社会保障及时足额发放。2009年募集慈善款项60万元。医疗卫生事业加快发展，东方红镇卫生院投入使用，雷锋镇卫生室改扩建完成，新型农村合作医疗参合率达到95%，大病救助落到实处。加大对被征地农民的就业指导和技能培训，开展职业技能培训近500人次，新增农民和返乡务工人员就业岗位3000余个，推荐就业400多人。公共文化建设得到加强，"送戏下乡"活动、"牵手麓谷"晚会、建国60周年合唱比赛等文化活动丰富多彩。计划生育管理工作机制不断完善，服务水平进一步提高。出台农村消赤减债管理办法，街道析置顺利获批，社会管理机构进一步完善。加大综治维稳工作力度，开展大接访活动，有效化解矛盾和纠纷；安全生产责任有效落实，全区安全生产形势持续平稳，"平安和谐模范园区"建设和"平安企业"创建工作取得实效，社会大局保持稳定。

（供稿人：长沙高新技术产业开发区管委会　彭芬）

【隆平高科技园】

2009 年，隆平高科技园以建设“创新型园区”为目标，全面加强自主创新能力建设，大力培育高新技术产业集群，加大隆平火炬创业中心的招商力度，有力推动全区产业结构调整和经济发展方式转变。全年实现高新技术产品产值 108.12 亿元，占全部规模工业的 80 %，高新技术产业规模不断扩大。

1、科技项目申报。2009 年，园区重点做好国家、省、市、区各类科技计划重大专项、重点项目的争取工作，着力提高园区自主创新水平。帮助企业申报各级科技计划和项目达 80 余项，共获得资金 2000 余万元，其中 10 个项目列入 2009 年湖南省企业技术创新项目指导计划，20 个项目列入 2009 年长沙市科技计划第一、二、四批项目。园区积极构建高新技术产业发展政策支撑体系，园区管委会给予数十家企业总计 472 万元的资金支持，进一步鼓励园区科技型企业创新创业。

2、创新型园区建设。2009 年，针对土地紧缺问题，园区严格把握入园项目质量、严格审核项目用地、严格依法清理闲置土地，大胆实施空间创新战略。通过立体结构拓展实体空间，建设高层工业厂房，提高单位面积土地容积率和投资强度，其中拥有 2 栋 24 层（高 90 米）全钢架构高层工业厂房的金丹科技创业大厦，成为全国节约用地的典范。通过总部经济建立“虚拟园区”，注重引进大公司、大企业、大财团设立地区总部、研发中心、销售中心，引导企业把价值链中高端部分引入园区，而把价值链中低端部分——生产环节置于其他工业区。2009 年，总部工业企业数约占园区企业数三分之一，其中包括宝洁、古汉集团等知名企业总部。园区被认定为“长沙第二批创建创新型园区”。

隆平高科技园集约利用土地措施

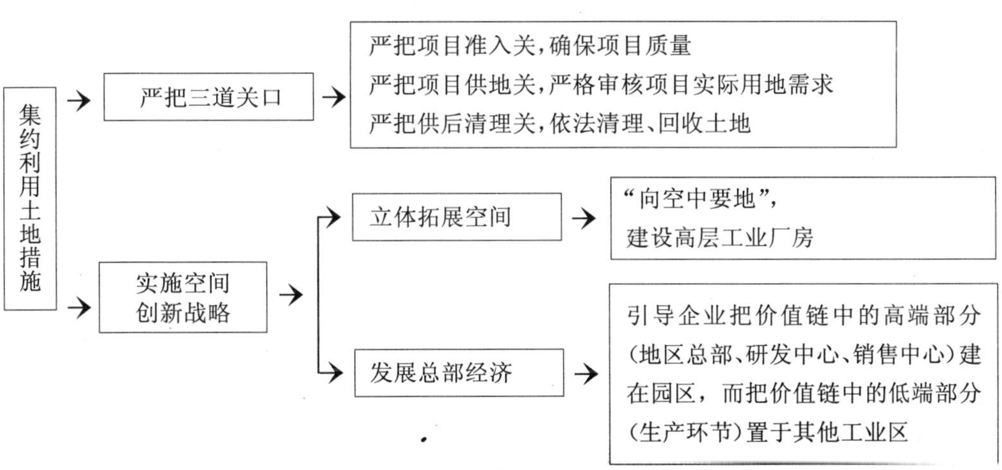

3、创新平台建设。2009 年，隆平火炬创业中心拥有湖南景达科技创业中心、广发隆平创业服务中心、金丹科技创业大厦（湖南留学人员创业园）、隆平杂交水稻国际大厦、隆平农业科技创新大厦、湖南美地思创业中心、隆平创业大楼等 7 个创新创业平台。其中除隆平创业大楼为隆平高科技园管委会投资兴建外，其余 6 个皆由企业或科研机构投资。2009 年隆平火炬创业中心新引进企业 37 家，其中江苏捷诚、杭州艾迪康、仟吉西饼、徐州科源等 10 个项目入驻广发隆平创业服务中心，康雅医药、森地生物等 3 个项目入驻景达科技创业中心。金丹科技创业大厦制订针对大学生和留学人员创业的零租金或低租金优惠政策，全年湖南省市区三级政府和园区共为金丹科技大厦提供500多万元的扶助资金。2009年，隆平火炬创业中心被湖南省科技厅批准为“湖南省级高新技术产业服务中心”。

4、企业创新能力。2009年，园区对企业实施系列优惠政策，对入驻创业中心的孵化企业给予房租补贴等，鼓励企业创新，对企业建立研发基地、技术中心优先提供土地并给予适当补助。当年隆平高科、国科广电、王中华、景达生物4家企业被评为长沙市创新型企业。重新认证并产值过500万的高新技术企业新增5家，分别是经阁门窗、隆泰微波、国科广电、经阁集团、树人牧业。

5、产学研结合创新。2009年，园区管委会为促进科技成果转化，加强与企业、高等院校、科研院所以及金融机构沟通合作。长沙绿叶生物科技有限公司与湖南农业大学等院校合作，承担多项省部级重点科研项目，研发出16个新产品，获2项国家发明专利，并被民盟中央和农业部列为全国推广项目，“畜禽氮磷代谢调控及其安全型饲料配制关键技术与应用”项目获国家科技进步二等奖。经阁铝业科技股份有限公司通过“内研外联、优势互补”方式，联姻国内多所重点名牌大学及科研所，承担国家高技术研究发展863计划“隔热节能降噪复合结构铝型材产业化关键技术”课题和2009年湖南省科技重大专项“车辆轻量化材料关键技术国际合作研究与产业化示范”。

（供稿人：长沙高新区隆平高科技园管委会 姜帆）

长沙经济技术开发区

2009年，长沙经济技术开发区（以下简称长沙经开区）围绕“产业兴区、科技强区”的发展思路，抓好创新型园区和国家知识产权试点园区建设，完善创新政策、强化创新措施、建设创新体系，全年完成高新技术企业产值540亿元，同比增长28%，占全区工业总产值的86%，高新技术产业成为拉动园区经济发展的主导力量。

【创新发展环境】

2009年，长沙经开区高度重视创新环境营造，及时解决创新投入、科技信息服务、融资平台、科技人才等方面问题，出台《长沙经济技术开发区科技发展专项资金管理办法》、《长沙经济技术开发区知识产权专项资金管理办法》、《长沙经济技术开发区工业发展专项资金管理办法》等政策文件，进一步加强对企业技术创新的引导和支持。同时，为园区企业提供高效的科技信息查询利用服务，设立专项资金200万元，启动园区科技创新知识服务网络平台项目建设，已完成系统集成、工程监理的引进、企业调研、平台方案设计以及专家评审等程序，并进入招标程序。

【创新平台建设】

2009年，长沙经开区支持企业研发机构建设，新增国家级企业技术中心1家、国际科技合作基地1家，湖南省级企业技术中心1家、省级工程技术研究中心1家，长沙市级企业技术中心2家、市级工程技术研究中心1家。批准在区内建设国家工程机械质量监督检测中心，为工程机械企业提供先进的检测试验条件，促进全区工程机械产业的科技创新和健康发展。完成区内国阳科技园的建设，新引进孵化型企业16家，实现销售收入4亿元，同比增长35.3%。

【科技投融资】

2009年，长沙经开区加大对企业的投融资支持，保障科技创新工作稳步发展。2009年初，园区管委会制定财政预算报告，加大科技创新投入预算，重点支持工程机械、新材料等高新技术领域的新产品开发、技术创新和产业化项目。在确保财政投入基础上，长沙经开区创新融资模式和融资品种。一是成立长沙经开区担保公司，完善园区融资体系，切实促进园区企业融资工作，把科技型中小企业作为融资担保的主要对象；二是通过召开银企对接会等形式，为银行和科技型企业牵线搭桥；三是知识产权质押贷款首开先河，有效缓解企业资金紧张局面。鉴于全区在知识产权质押工作方面所取得的成绩和工作基础，国家知识产权局特委托园区承担知识产权资产评估与质押融资服务机制建设项目。

【创新型企业建设工作】

2009年，长沙经开区指导和扶持三一重工等5家企业成为湖南省首批创新型企业，山河智能成为国家级创新型试点企业，远大空调、中大创远、千山药机、开元仪器为长沙市创新型试点企业。全区充分发挥科技奖励等政策的引导作用，鼓励企业发挥技术创新主体作用，加强创新体系建设，克服用地紧张局面，为三一重工、山河智能等企业的高新技术产业化项目供地，优惠报建费用。

【企业创新能力】

2009年，长沙经开区管委会通过举办创新基金培训班等活动，指导企业进行项目申报工作。三一重工"混泥土泵车远程监控及维护运用系统研制项目"被国家863计划正式立项，完成国家创新基金立项14个，湖南省科技计划支持9个。完成长沙市市级以上技术创新项目49个，其中湖南省技术创新项目34个。获长沙市级以上科技进步奖11个，其中湖南省、长沙市科技进步一等奖各1项。获湖南省优秀技术创新项目9个。高温发泡式镍氢电池等4个项目被列入长沙市科技成果转化项目，其中2项被列为重大成果转化项目。

【产学研合作】

2009年，长沙经开区积极促进产学研合作，借助高等院校、科研院所的人才智力和科技资源，提高企业自主创新能力，加快技术创新和成果转化步伐。经开区管委会深入高新技术企业进行科技创新、技术需求调查，带着企业技术需求，分别走访湖南大学、中南大学等高校。组织一系列的科技成果对接活动，如北美留学人员与园区企业的对接座谈会、清华大学汽车系与企业对接座谈会等活动。圆满完成2009长沙科交会组委会下达的目标任务，全区共推出技术需求51项，融资需求20项，30家企业参展，共计签约17个产学研合作项目，签约金额3.58亿元，区内70多家企业的研发人员2000人次参会。

【知识产权保护】

2009年，长沙经开区管委会出台《长沙经济技术开发区知识产权专项资金管理办法》，加大对企业知识产权工作的支持力度，优化资金使用。"4•26"世界知识产权日期间，组织知识产权进园区活动，发放知识产权书籍300余册。联合长沙县科技局共同开展企业知识产权试点示范工作，万容科技等5家企业开展首批试点工作。远大空调、山河智能、千山药机被列入湖南省优势培育工程企业，新增年专利申请量首次突破60件的企业1家、50件的企业1家。2009年，全区共申请专利保护628件，同比增长50%，其中发明专利申请199件，同比增长73%。

（供稿人：长沙经济技术开发区管委会　杨佳文）

株洲高新技术产业开发区

2009年，株洲高新技术产业开发区（以下简称株洲高新区）完成地区生产总值230.1亿元，同比增长14.5%；完成全社会固定资产投资131.2亿元，同比增长40.0%；实现财政收入19.8亿元，其中一般预算收入13.4亿元，同比分别增长19.9%和68.4%。

【高新技术产业】

2009年，株洲高新区完成工业总产值610.1亿元，实现营业总收入615.6亿元，完成高新技术产品产值490.6亿元，实现利税48.3亿元，出口创汇5.4亿美元。新材料、先进制造、电子信息、生物医药四大高新技术产业分别完成工业总产值141.9亿元、160.1亿元、47.1亿元、59.5亿元。轨道交通装备和有色金属深加工两大特色产业分别完成工业总产值212.3亿元、131.6亿元。2009年，株洲高新区轨道交通装备产业取得历史突破，成为全区工业经济发展的最大亮点。其中株洲电力机车公司首次实现收入过百亿，研发出和谐型八轴9600千瓦、六轴9600千瓦以及六轴7200千瓦大功率电力机车系列产品，成功站上世界铁路机车技术制高点，累计获得中东、中亚国家总计130余台电力机车订单，国际化经营取得丰硕成果。

【企业创新能力】

2009年，株洲高新区整体创新能力进一步提高，部分领域取得历史性突破。全年新增高新技术企业50家，新增省级技术中心2家。时代新材技术中心在全国575家国家级企业技术中心中排名第103位，居湖南省内国家级企业技术中心之首。钻石切削公司成为湖南省国家创新型企业试点单位之一，电力机车公司、硬质合金集团、南车时代电气成为湖南省首批创新型企业。电力机车公司的完全自主化A型地铁车辆、时代新材公司的轨道车辆用抗侧滚扭杆获得首批国家自主创新产品认定。高新区企业全年申报各类专利550余件，中普防雷、三新包装、明日合金等一批企业年专利申请超过10项。时代新材公司累计申请专利150余项，获批专利80项，其中该公司“一种悬式复合绝缘子”是首个国际专利申请，也是株洲高新区企业国际专利申报零的突破。时代电子、电动汽车等企业20个项目通过科技成果鉴定，6个项目整体技术均达到国际先进水平。

【科技服务】

2009年，株洲高新区管委会成功申报成为国家创新基金推荐单位。全年组织企业申报国家级科技计划项目91项，湖南省级计划项目25项，区级科技计划项目12项，争取各级各类项目资金9618万元。其中创新基金项目38个，争取资金2560万元。高新区为企业发放“创新奖”342.7万元，发放科技人才津贴20万元。组织园区企业与10多家高校院所开展项目对接活动，广缘科技和国防科大合作的“RFI成型高速列车大尺寸复杂材料构件技术研究”、时代新材和国防科大联合开发的“多兆瓦级风电叶片”等3个项目均被批准列入国家863计划项目。协助时代新材、钻石削切、时代电动汽车等企业引进一批博士、双硕士、海外归国人员，园区享受区级人才津贴的高层次人才达到28人。

【招商引资】

2009年，株洲高新区共引进内外资项目53个，合同引资82.1亿元，同比增长16.8%；实际到位资金39.5亿元，同比增长13.5%，全面完成年初制定的工作目标。与时代风电机组、旭阳机电、泰宇凯达、时代新材新产业工业园、北京海纳川汽车零部件等10余个购地项目成功签约，与LED节能灯具、华烨集团等一批项目签定意向合同。中小企业促进园、天台金谷标准厂房共引进德高液动力、博创科技、耀祥光电等40多个租用厂房项目，新增租用面积3万余平方米。举办株洲高新区北京投资说明会、株洲高新区（香港）新能源汽车暨汽车零配件产业座谈会、湖南株洲深港企业投资对接会等一系列重大招商引资活动。

【园区开发建设】

2009年,株洲高新区欧洲工业园规划面积由12平方公里调增至18.3平方公里。土地报批方面，全年共报出土地审批资料5508亩，取回用地指标4937亩，其中工业用地4018亩，商业地398亩，教育用地521亩。征地拆迁方面，全年共计征地7961亩，其中续征土地1261亩，新开征项目用地6700亩，完成征地3738亩，主要包括949亩工业地、多晶硅194亩、栗雨工业园的中央商务区2029亩、汽配园706亩等。基础设施建设方面，奇瑞地块900亩平整工作全面完成；新开工建设新马西路、新马东路、新东路、湘芸路、黄河北路延伸段等园区道路；栗雨工业园中央商务区栗雨公园主体工程基本完工。高科集团全年融资达18.9亿元，其中新增银行贷款8.9亿元，与建行、中信信托、商行、中融信托成功合作发行两笔共10亿元股权类信托理财产品。

【工业项目建设】

2009年，株洲高新区在建工业项目24个。唐人神西式肉制品、千金药业二期、中达电子、科瑞变流、时代风电叶片、三鑫塑胶、基翔钢构等9个项目建成投产，其中时代风电叶片项目当年生产叶片100套。江山生物、康美尔、汇加门窗、精益工贸等6个项目已厂房主体工程完成，建成在即。北汽控股株洲基地车身、涂装、总装和质量中心四大部分建设全面铺开，部分厂房已完成基础施工进入钢构施工。南车时代风电园办公楼主体已完工，厂房全面进入轻钢搭建。

【董家□高科园】

2009年，董家塅高科园实现技工贸总收入95.1亿元，同比增长23.0%；完成工业增加值29.0亿元，同比增长22.4%；实现利润3.2亿元，同比增长40.9%；上交税金近1.9万元，同比增长52.8%；完成高新技术产值54.3亿元，同比增长85.7%；出口创汇近2000万美元，同比增长78.0%；完成固定资产投资23.7亿元,同比增长79.2%。2009年，园区共引进项目17个，其中10个项目投资过亿元，合同引资62.6亿元，到位内资23.59亿元，外资1.6亿元。董家塅高科园与美国国际公务机公司就公务机、紧急救援直升机制造与运营正式签订《合资协议》，与山河科技股份有限公司签订年产飞机1000架、豪华游艇150艘、年产值超10亿元的“碧水蓝天”项目。全年融资2.9亿元用于园区开发建设。拿回1131.2亩用地审批单，共投入资金7000多万元，新建（硬化）道路1240多米；完成人行道、水电管网、绿化等工程720米；完成420亩征地拆迁和平整工作；拆除房屋面积2.15万平方米；航空大道西段和356亩的土石方工程已全面启动。

【田心高科园】

2009年，田心高科园完成工业总产值228.0亿元，同比增长73.5%，其中高新技术产品产值224.3亿元，占总产值的98.3%；实现工业增加值87.3亿元，同比增长121.0%；上交税收6.4亿元，同比增长24.0%；实现利润15.0亿元，同比增长63.0%；完成固定资产投资15.9亿元，同比增长42.4%。园区按照“轨道交通千亿产业园区”的发展定位，拓展规划布局，将原5.08平方公里的控规面积扩展到20平方公里，力争将田心高科园打造成世界知名的“中国轨道交通城”。全年引资15.2亿元，其中外资8442万美元，内资9.4亿元。金昌硬质合金、兴华高中频设备等9个项目入园。全年投入资金1.45亿元，进行土地报批和园区建设，其中投入1500万元完成11万伏高压线的迁移工作；投入1200万元完成542亩土地平整工作，交付10家企业使用；投入310万元完善水电设施；投入200万元完善园区排水系统。全面完成南车电机80亩地征地拆迁工作，确保株机扩能项目顺利进行。全年园区上报土地1200亩，批回440亩地。

（供稿人：株洲高新技术产业开发区管委会　何成钢）

湘潭高新技术产业开发区

湘潭高新技术产业开发区（以下简称湘潭高新区）成立于1992年，2009年3月18日，经国务院批准升级为国家高新技术产业开发区。

2009年，湘潭高新区以科学发展观为指导，紧抓升级契机，大力聚集创新资源，着力推进服务创新，克服全球金融危机严重冲击，主要经济指标在保持持续、健康、快速发展的基础上再创新高。全区实现规模以上工业总产值同比增长64.5%，财政收入同比增长30.9%，高新技术企业总产值同比增长30.5%，固定资产投资完成同比增长86.7%，园区经济实力跃上新台阶，为高新区实现转方式、调结构和进行“二次创业”奠定了基础。

【科技创新】

2009年，湘潭高新区始终把科技创新作为发展的着力点与突破口，园区企业申报国家专利186项，获得授权专利142项；12家企业（产品）获得著名商标、名牌产品称号。向国家、省、市各部门申报项目56个，其中向科技部门申报扶持项目12个，有7个获得国家科技部创新基金立项、1个获得国际科技合作项目立项，扶持资金达427万元。在这些项目中，涉及高新技术产品扶持的达44项，涉及高新技术产业基地建设的达8项；为19家重点企业和项目争取国家、省、市三级项目支持共计8879万元。广泛开展产学研合作，产生科技成果21项，其中湘潭市仪器仪表成套制造有限公司和中南大学共同研制完成的“非线性化学指纹图谱智能分析仪”是国内外第一台基于非线性化学原理的分析仪器，博维地球物理公司德籍华裔科学家、长江学者谭成忠教授同南京大学合作开发生产的“光栅干涉检波器”属于国际技术领先产品。

【创新基地建设】

2009年，湘潭高新区积极推进科技创新特色基地建设，3个国家级基地（园区）和1个湖南省级基地获批，分别是国家商务部、国家科技部批准的全国科技兴贸创新基地，国家知识产权局批准的国家知识产权试点园区，由国家发改委、科技部、教育部等6个部委组成的中国产学研合作促进会确定的全国产学研合作创新示范基地，湖南省人力资源和社会保障厅批准的湖南省首批创业带动就业示范基地。

在湘潭国家火炬创新创业园内专门开辟“大学生科技创业基地”。湘潭高新区管委会专门为基地建设划拨首批资金110万元，对创新大厦14层和二期标准厂房预留的近1万平方米大学生创业项目用房进行硬件配套。同时，湘潭高新技术创业服务中心争取到湖南省人力资源和社会保障厅的大力支持，湘潭国家火炬创新创业园被列为全省首批创业带动就业的试点基地。2009年8月22日“大学生科技创业（湘潭）基地”在国家科技部、湖南省科技厅等部门领导的共同见证下揭牌成立。高新区管委会和湘潭市劳动和社会保障局联合行文出台《湘潭大学生科技创业基地管理办法(试行)》，从政策上对大学生创业给予优惠和帮扶，降低创业启动的门槛。目前正式入驻基地的企业已有22家，有意向入驻基地创业的企业30余家。

【人才队伍建设】

2009年，湘潭高新区管委会通过严格招考，面向全社会招录了本科学历以上各类专业人才26名，其中有7名硕士研究生或在读研究生；通过学校推荐等方式引进4名大学生来区试用，有效改善团队人才结构。同时，湘潭高新区重点以火炬创新创业园为平台，召开各种现场招聘洽谈会7(场)次，全区推荐再就业2507人次，提供大学生就业岗位2400个，新增公益性岗位100个，稳定农村劳动力转移就业2643人，培训失地失业人员1061人。

湘潭高新区组建高新区人力资源协会网络，定期召开企业人力资源部长座谈会，突破传统招聘模式，逐步形成“现场招聘、网上招聘、媒体招聘、外埠招聘”四位一体的人才引进体系，为园区企业引进优秀人才搭建平台。

2009年，湘潭高新区内部不断深化干部人事制度改革，创新思维实行“能进能出、能上能下”的用人机制，公正、客观的业绩考核评价机制，按劳取酬的分配激励机制，科学、有效的人才开发机制，圆满完成2009年度全系统的公开考试、民主测评和人力资源综合评估，高新区人事管理制度的改革创新正不断前行。

2009年，湘潭高新区制定2009年干部（员工）培训计划，重点对干部员工进行应对金融危机、新型国家高新区的相关政策、国家对高新区发展的战略部署、中小企业上市融资、投资、新材料、劳动法规、廉政教育等知识的培训，有效提高了干部员工的各种能力和水平。

【园区建设】

2009年，湘潭高新区基础设施建设共投入资金33.04亿元，使晓塘路、东三路、创新路、长新路、格林路、火炬路、晓塘东路、晓塘西路、莱茵路、环山路、竹埠大道、团竹路、沃土路等水、电、路、讯基础设施建设日臻完善。其中湘潭（德国）工业园形成三纵五横、新材料工业园形成二纵三横的路网格局，不仅大大提升工业园区的城市功能，更有利于筑巢引凤，吸纳更多的高新技术项目入园。

2009年，湘潭高新区对湘潭国家火炬创新创业园投入1.5亿元，新建7栋标准厂房，新增孵化面积6万平方米。斥资1.8亿元成功收购紧邻火炬园的原湘潭金迪化纤生产基地，经过改造整修，新增标准厂房近10万平方米。目前湘潭国家火炬创新创业园孵化器面积已达35万平方米。同时，湘潭高新区通过同济大学专家的规划论证，在湘潭国家火炬创新创业园以北建设东方红南广场科技孵化城，项目计划投资30亿元，占地面积达150公顷，将其打造成为可提供各类科技孵化、加速服务功能的综合商务平台。项目工程建设已进入实施阶段。

【招商引资】

2009年，湘潭高新区招商引资工作在风电新能源装备制造产业链延伸和孵化项目的集聚上着力，全年共引进科技型企业65家，引进外资6901万美元，同比增长18%，到位内资15.4亿元，同比增长39.6%，为下一阶段产业能力提升打下坚实基础。以湘电风能为龙头，完成对荷兰达尔文风电技术公司的收购；将位列美国财富500强、生产风力发电机主轴承的铁姆肯轴承公司引入园区；与丹麦北欧可再生能源研究中心合作成立湘电欧洲研发中心；联合美国铁姆肯轴承等11家骨干企业与高校共同组建湘潭风电装备制造产业技术创新战略联盟，引进18家风电配套企业与湘电风能结成配套商联盟；荷兰UNITRON风电电控项目、日立风电电机电磁线和电缆项目、风机偏航系统等主要风电部件项目已签约入园发展。

经过筛选，湘潭高新区跟踪4年的国家863计划项目的磁悬浮光纤传感器项目、武汉生物制品项目、深圳汽车动力电池材料项目已入驻火炬园；江南机器集团国家级计量理化中心、湖南省医药行业协会等11家创新服务平台与中介服务平台项目，城市轨道车辆制造基地、电动汽车、863产业化项目——新型磁悬浮检波器等18个产业项目，机舱罩、整流罩、升降梯、集电环等18个风电产业配套项目，总共47个项目抱团落户湘潭高新区，项目总投资达53.9亿元。2009年，湘潭高新区在湖南经贸合作洽谈会暨第三届湘商会上共签约6个重点项目，投资总额76.6亿元。

【特色产业】

2009年，湘潭高新区以电机与电控设备、机电装备及零配件制造为特色的机电产业集群在国内影响力显著。以风电、光伏为主体的新能源装备制造产业蓬勃发展，湘电风能公司获得国家863计划支持的“兆瓦级(2MW)永磁直驱型风力发电机组整机制造项目”产值达到26.1亿元，同比增长400%。以新能源材料、精细化工材料、新型金属材料等为主体的新材料产业持续发展，已拥有湘潭电化集团等一大批骨干企业，园区产业产值占到湘潭市新材料产值的70%左右，占湖南省新材料工业总产值20%以上，其中球型氢氧化镍销售量占全国市场份额的25%，电解锰生产量居全球之首。新材料工业园在未新增一个项目、未新开发一寸土地的困境下，产值仍然实现同比增长28%。同时，园区还在重点规划引进和培育光伏、LED等新型产业，已引进湖南天利恩泽太阳能科技有限公司、湘潭矿业集团LED封装及应用项目、湖南纯英科技公司LED光电领域项目、湘潭创新节能科技公司LED应用项目等项目和企业，并围绕原创性研发、封装、应用等进行招商引资，完善产业链的区域配套，使之成为园区又一经济增长极。

2009年，湘潭高新区高度重视高新技术企业认定工作，年内先后举办四次培训班，邀请湘潭市高新办及中介机构，培训60多家企业的负责人，指导金天能源、威斯特等30余家企业申报高新技术企业。湘潭高新区新增15家高新技术企业，实现高新技术总产值完成298亿元，同比增长36%。

（湘潭高新区管委会办公室　王小娟）

衡阳高新技术产业开发区

2009年，衡阳市高新技术产业开发区（以下简称衡阳高新区）紧扣“一心一意谋产业，聚精会神图发展”主题，坚持“规划定园、产业兴园、引资强园、环境固园”发展理念，以“项目建设年”和“企业服务年”活动为契机，求真务实，开拓创新，加大招商引资力度，加快基础设施建设，强化企业服务，狠抓机关内部管理和社会事务管理，圆满完成全年工作任务。

【高新技术产业】

2009年，衡阳高新区实现技工贸总收入165亿元，同比增长13%；实现工业总产值160亿元，同比增长17%；实现规模以上工业增加值42亿元，同比增长25%；实现工业税收12亿元，同比增长20%；实现工业利润16亿元，同比增长16%。

2009年，衡阳高新区初步形成钢管及深加工产业、汽车零度配件制造、新材料产业，电子信息产业，生物医药制造及医药包材产业、动物营养素和饮料制品产业等六大产业集群。

【招商引资】

2009年来，衡阳高新区把引进好项目、大项目作为招商引资工作重点。先后组团参加“2009年电子信息产业专题（深圳）投资洽谈周”、“湖南承接产业转移（香港）招商活动周”及“2009第五届湘台经贸洽谈会”。同时，充分发挥园区管委会专业招商小分队的优势，加强与各地客商的广泛联络与商谈，引资跑项工作均超额完成衡阳市政府下达的目标任务。全年全区共引进各类项目6个，其中工业项目和商业项目各3个，完成合同引资3.6亿元，实际到位资金2.7亿元。3个工业项目分别为湘南烟草物流中心项目（总投资9000万元）、乐福地医药包材有限公司二期易折盖扩能项目（总投资5000万元）和娃哈哈二期扩能项目（总投资7000万元）；3个商业项目分别为坤元房地产开发的“生态•假日丽景”项目（总投资1亿元）、长丰投资公司的“长顺花苑”项目（总投资5000万元）和安利（中国）日用品有限公司专卖店（总投资200万元）。现安利（中国）日用品有限公司专卖店已正式营业，其他项目都正在做前期建设准备工作，其中乐福地二期易折盖扩能项目预计在2010年春节前投产。

【科技创新】

2009年，衡阳高新区现有投产规模工业企业36家。经湖南省科技厅重新认定的高新技术企业11家，占企业总数的30%，高新技术企业产值占工业总产值的75%，增加值占65%，利税占70%。现有科技创新型企业超过19家。全年全区共引进、培育科技产业化项目80项，软件项目20项；申报科技项目30项，专利申请超过25项，专利授权15项；新增各类专业技术人才超过1500名。同时坚持“育苗”与“造林”相结合，制定中小型科技企业成长线路图，完善科技“小巨人”企业成长计划。以镭目科技有限公司、金化科技有限公司、乐福地医药包材有限公司等为代表的拥有完全自主知识产权和核心技术的企业成为推动高新技术产业发展的中流砥柱和核心力量。

【园区建设】

2009年，衡阳高新区完成基础设施投资额3.2亿元。开工建设永和路、光辉北路街、白云路、彩霞街、天台路、岳麓街、光辉南路以南、互助小区步行街等 8 条道路，改造长丰大道、大吉街、蒸水大道等 3 条道路，共完成道路建设约2.3 公里；完成天台路、蔡伦路等道路亮化 3.8 公里；完成白云路、蒸水大道、翠竹路、岳麓街、芙蓉路、青松路、集贤路、彩霞街等路段行道树绿化 4.3 公里。另完成场平土石方量约 50.17 万立方米，完成互助小区、金柘小区等房建工程约 14 万平方米，埋设自来水管网 3.8 公里。同时，园区加大城市管理工作力度，深入开展“门前三包”和“规范整治摩托车百日行动”活动，全面落实城管专项整治“十大任务”，认真抓好环境卫生管理。全年累计现场监察检查、巡逻 350 余人次，下达环评通知、限期治理通知等环保相关文件 52 份，噪声申报 10 份，处理各类环境信访投诉 80 余件。加强工业园及其他建设项目的环保管理，抓好节能减排，共督办工业项目环评并报湖南省环保局审批的项目 1 个，审批新办的项目 100%符合国家产业政策要求，区内主要污染物排放达标率为 100%，工业废水处理率达 100%，环保执行合格率为 100%。完成三泰、君昇、天柱 3 个农贸市场的提质改造工程和高鑫农贸市场兴建工程相继竣工，均达到《衡阳市“农贸市场建设提质工程”建设标准》，并顺利通过市政府验收。

（供稿人：衡阳高新技术产业开发区管委会　莫长军）

益阳高新技术产业开发区

2009 年，益阳高新技术产业开发区（以下简称益阳高新区）完成地区生产总值（GDP）59.79 亿元，同比增长 14%;完成工业总产值 101.09 亿元，同比增长 13.6%；完成财政总收入 5.8 亿元，实际到位外资 2148 万美元；实现对外出口总额 4316 万美元;完成全区全社会固定资产投资完成 29.25 亿元（含跨区项目）。

【高新技术产业】

2009 年，益阳高新区成功促进新材料、新能源、先进制造等三大高新技术产业快速成长，区内高新技术企业达到 22 家。完成高新技术总产值 50.84 亿元，高新技术增加值 20.4 亿元，占规模以上工业增加值的 54.1%。规模以上工业企业达 79 家，增加 18 家，其中亿元企业达 14 家。规模工业增加值 37.7 亿元，同比增长 41.9%。2009 年，益阳高新区投入政府引导科技专项费用 1500 万元，企业共投入科学研究与试验发展（R&D）5912 万元。湖南中科恒源风电产业科技有限公司获得国家中小企业创新基金重点项目立项资助 80 万元；益阳益华水产有限公司总投资 2.7 亿元的水产品冷链物流项目率先挤进国家物流投资项目笼子，获批资金 400 万元。湖南金博复合材料科技有限公司的“大尺寸高性能炭纤维复合材料坩埚制备高技术产业化项目”获得国家自主创新和高技术产业化项目支持资金 800 万元。湖南晶鑫科技股份有限公司投入 3000 万元研发经费，对低成本且可以批量生产太阳能晶硅材料的方法——熔硅法进行攻关。益阳瑞亚高科纺织有限公司突破苎麻脱胶瓶颈，改造原有工艺流程，创造良好效益。

【招商引资】

2009 年，益阳高新区新签项目 41 个，合同引资40亿元，其中亿元以上工业项目6个；完成到位资金36.56亿元，其中引进湖南省外资金且形成固定资产投资20.8亿元。园区完成全社会固定资产投资58.33亿元，同比增长31%，其中城镇以上固定资产投资完成56.98亿元，同比增长31.8%；农村固定资产投资完成1.27亿元，同比上年增长3.5%。

【基础设施建设】

2009年,益阳高新区建成“七纵五横”主干道路及配套建设。交通、通信、宽带、给排水、电、路、气等基础设施完善，城市综合管理网络健全。2009年共策划基础建设、产业项目、社会事业项目、廉租房等项目40个，获批项目15个，争取资金2700万元。启动并完成基础设施建设项目35个，完成工程直接投资2.6亿元，完成龙洲南路、康富南路、金山南路、梓山中路“四路”提质改造，工程总造价为1.03亿元；完成排污管网建设两个；新建怡园路、楠珠路；完成高新路、石港湾路、迎宾西路的配套工程；启动建设小街小巷、廉租房、安置基地等民生工程项目16个，完成工业项目场平土石方375万立方米。东部新区共完成建设投资7.81亿元。完成征地1869亩、流转土地187亩，拆迁房屋221栋。列入年初计划的高新大道、鱼形山路、城际干道等“七路”建设进展顺利；9栋标准厂房完成90%的室内装饰，3栋专家楼基本竣工，综合楼完成6层主体工程，公寓楼完成2层主体工程，迎新、如舟、迎春三大安置庄园先后启动21栋安置房的建设。

【综合发展环境】

2009年，益阳高新区围绕建设绿色园区、生态园区，严格执行《环境影响评价法》、《建设项目环境保护管理条例》，在招商引资中牢牢守住环保底线，在项目建设中加大“三同时”(即环境保护设施必须与主体工程同步设计、同时施工、同时投产使用)管理力度，确保全年无重大污染事故。2009年对24个建设项目执行环保评估，执行率达100%，对9家竣工项目进行“三同时”环保验收，验收合格率达100%。投资800万元，修建姚家湾排污泵站和与之配套的3500米压力管道和1500米自流管道。地产巨头碧桂园25亿投资项目落户益阳高新区，其山水家居的建筑风格和全区生态园区的建设理念相得益彰。东部新区总体规划强化环境友好、资源节约的可持续发展意识，高度重视土地资源利用和环境保护问题，保留一些原生态的自然山体和水体，设计“圈层式”和“两心一轴三组团”相结合的空间结构，形成一个集山、水、园、城于一体的生态型产业新城。园区整体绿化率达35%以上，城市化率81.3%。构建北峰山森林公园、寨子仑风景保护区、云雾山生态保护区、高仑山公园、奥林匹克公园、中国·益阳国家羽毛球训练基地、梓山湖主题公园、周立波故居“山乡巨变第一村”(湖南省级生态村)等原生态植被和人文景观。

(供稿人：益阳高新技术产业开发区管委会 蔡旺)

郴州经济开发区

2009年，郴州经济开发区(以下简称郴州经开区)实现地区生产总值30.01亿元，同比增长25%；实现工业总产值38.7亿元，同比增长22%；实际到位内资10.8亿元，同比增长20%；实际利用外资3705万美元，同比增长26%；实现财政总收入1.86亿元，同比增长22%；完成全社会固定资产投资15亿元，同比增长50%。

【高新技术产业】

2009年，郴州经开区新增高新技术企业2家，高新技术企业总数达到30家，实现高新技术产值22.9亿元，同比增长26%。以冷杉电子智能空调、伟晟电子、郴电科技等为代表的电子信息企业，以三九南开制药、东润制药、大北农科技为主的生物医药产业，以金箭焊料、湘晨高科、康元制造、润丰银业为主的新材料产业三大产业发展势头强劲。三大产业产值占全区高新技术产值比重达80%以上。中南大学、湖南大学、湖南师大等知名院校产学研合作项目相继落户郴州经开区，并争取团湖南省委"挑战杯"大学生学术科技成果孵化(郴州)基地挂牌运作。2009年完成国家科技成果转化1项，湖南省级科技成果转化3项，申请专利9项，郴电科技获得"湖南省名牌"称号和"湖南省双软企业"认证，是郴州市目前唯一一家省双软企业，金箭也成为唯一一家湖南省级工程技术中心。

【招商引资】

2009年，郴州经开区瞄准战略投资者、高新技术企业、现代服务业企业和粤港澳转移企业展开招商引资，实际到位外资3705万美元，同比增长26%；实际到位内资8亿元，同比增长13%，引进各类企业70家，同比增长28%，与40余家企业签订进驻湘南高新园和一期标准厂房意向。此外郴州经开区通过BT(建设-移交)方式为建设湘南高新园标准厂房引资3.65亿元，通过银行贷款为基础设施建设融资6000余万元，通过引进3家注册资金上亿元的中小企业担保公司为中小企业担保贷款3亿多元。

【园区建设】

2009年，郴州经开区在107国道长冲区域启动湘南高新园建设，湘南高新园是全区发展高新技术产业和承接珠三角产业转移重要平台，园区可用地1600亩，已确定湘工焊材、三联制造、联洋新材料等十余家高新企业入园，认购面积达800余亩，正加紧进行园区主干道高科路、高新路施工，并即将启动投资1.9亿元主干道鑫园路建设，打造功能齐全、服务完善的建设发展环境。中小企业创业基地标准厂房建设快速推进，力争年内实现16万m²标准厂房主体封顶建设目标。为盘活资金，郴州经开区将标准厂房建设由"BT模式"改为"以售代租模式"，即给予优惠政策，引进有购买意向的生产性企业自行投资建设。目前基地内22栋24万m²标准厂房已全部被8家企业认购完毕，为开发区节约建设资金3亿元。通过认购企业以商招商，现有意入园的珠三角企业20余家，主要涉及电子、食品以及轻工行业。

(供稿人：郴州经济开发区管委会　曾文)

湖南浏阳生物医药园

2009年，湖南浏阳生物医药园（以下简称浏阳生物医药园）实现工业总产值131亿元，同比增长30%，其中规模工业实现产值120亿元，同比增长32%；实现财政税收4.018亿元，同比增长20.9%；实现地方一般预算收入1.41亿元，同比增长21.5%；实现工业利税总额10.45亿元，同比增长27%；实现固定资产投资34.19亿元，同比增长40%；实现招商引资到位资金19亿元，同比增长7%；完成高新技术企业产值100.1亿元，占园区工业总产值的76.7%，高新技术企业增加值为36.4亿元，净利润6.02亿元。

【招商引资】

2009年，浏阳生物医药园共引进项目18个，其中投资10亿元以上重大项目1个，1亿元以上大项目6个。先后引进珠海金泰制药在园区投资3.8亿元，购地220亩，建设中南地区最大的抗肿瘤药物生产基地；湖南有色凯铂药业二期投资2.8亿元，占地200亩，建设帕拉米韦抗流感用药生产基地；佰利达投资8000万元建设大分子生产基地；泰谷生物在园区购地40亩，投资6000万元，建设生态有机菌生产基地。新奥能源集团有限公司投资1.87亿元在园区建设智能化集中供热全国示范园区，将在2010年投产，全面集中供热。通过与温州商会的进一步沟通与跟进，成功引进温州食品园二期，共计8家企业，占地110余亩，投资2亿元建设高档休闲食品项目。湖南三友成套设备公司在园区购地26亩，投资6000万元，建设电器配套成套设备生产基地；香港超诺服饰在园区购地24亩，投资1.2亿元，建设高档西服生产基地；联合新材公司投资1亿元建设新型环保材料生产基地。同时，建立150人的客户档案，跟踪和洽谈客户35家。在谈和跟踪的项目有：排名台湾第二、世界第五的台湾介面光电项目，台湾炜辰的Sep项目以及希麦特电子、玉新药业、黑牛食品、香港佳利集团的紫杉醇项目等一批优质项目。

【科技服务】

2009年，浏阳生物医药园组织长沙市科协、药学会等相关部门与企业主办“医改新政下医药产业发展对策研讨会”；促成湖南省副省长郭开朗领导召开生物医药产业发展座谈会；支持园区企业药品进入国家基本药物目录等。2009年建设企业12家，新投产企业7家（利尔、豫园、神力、嗑得响、博童、伟嘉、阳光新材料）。其中重点项目蓝思科技一期已全面开工投入生产运行，二期工程已完成总工程量的1/3；福来格生物的技术改造工程已进入设备安装阶段；金泰制药2009年引进即展开建设，在2个月内完成办公楼封顶，三栋车间即将全面竣工；九典制药和华纳大药厂的技术改造工程正式开工。先后为威尔曼、泰尔、供热公司、迪诺、东风、湘药等40余家企业获得技改、贷款贴息、节能减排、创业富民等资金支持共计500多万元，协助企业从银行融资2亿余元。全年盘活全洲药业、康尼格拉、银河等企业闲置土地330.72亩；帮助方来公司寻找租赁主、敦促法院启动方来公司拍卖程序、协调各方债务纠纷；解除康达尔公司招商合同、办理锐信公司过户及转让手续、促成玄夏公司进入法院执行程序。成立由16家企业联合组成的企业互助协会，其中为泰尔、九典、安信、安邦等企业融资，到位经费6200万元。

【科技创新能力】

2009年，浏阳生物医药园共推荐科技项目

127项，立项47项，资金额为2485万元。另有10余个项目基本确定，支持资金预计为1500万元。园区有工程（技术）中心23家；专利（商标）294项，其中发明专利56项；湖南省著名商标14个；单个产品产值过千万品种55个。

2009年，春光九汇公司成果“中药超微技术”获2009年国家科技进步二等奖，翔化工公司单文伟等人“涂料工业清洁生产工艺和方法”获2009年国家科技发明二等奖，宏灏公司“高血压基因官能分布和药物基因组学”列入2009年国家863计划项目，威尔曼一类新药“注射用头孢噻肟钠舒巴坦”获批，成为2005年至今湖南省首例一类新药。

【国际合作】

2009年3月，浏阳生物医药园与英国投资贸易署合作，组织5家企业前往英国进行访问，对英国多家企业和机构进行项目交流和洽谈。10月25日-11月5日，长沙市政府何寄华副市长带队前往加拿大和古巴进行访问，在加拿大与MICROBIX公司签署流感疫苗合作协议，引进“ZAP”平台技术，与加拿大华人企业家协会达成合作意向；前往古巴实验动物中心、芬莱疫苗研究所、神经科学研究所和免疫研究所进行会谈，就一系列项目达成合作意向。12月上旬在中国药学会长沙会议期间，圆满完成外宾接待任务，邀请BIO、澳大利亚卫生部、世界银行官员访问园区，并在12月中旬前往北京对古巴生物北京代表处、世界银行中国总部进行回访，就相关项目进行跟踪。

【人才交流】

2009年，浏阳生物医药园开展初级专业技术职务任职资格评定工作，首次为53人确定初级技术职称；组织现场招聘会50场，招聘与推荐就业3351人；安排中南大学、湘潭大学等高校670名学生来园区实习；与湖南科技职业学院、中南林业科技大学签订共建教学实验基地协议并挂牌；开展订单式职业技能培训，共培训新员工541人。

【园区建设】

2009年，浏阳生物医药园基础设施建设如期推进，平地803.6亩，完成土石方调运105万方，完成路基和道路硬化2.03公里、硬化面积4.495万平方米；新建管网6.5公里，新架高低压电线12.5公里；完成安置小区拆迁户重建9000平方米；新增绿化面积74380平方米。完成食品药品检测中心、公共实验中心、实验动物中心、污水处理二期、文化馆等重点工程的部分土建、管线安装及配套工程。完成征地555.806亩、拆迁46户、迁坟200余冢、租用水田500亩。供水公司全年供水320万吨、治理污水201万吨、新装管网2.83万米、实现销售收入618万元。房产公司消化以前存量，实现销售收入358万元。供热公司10个月（转让前）完成全年目标任务，实现销售收入900万元、利润110.28万元。汉元公司收缴房产尾款208万元，出售标准厂房3000多平方米，与七宝山镇签订1000亩药材种植合作协议。完成金泰、联华等25个项目选址、55宗项目用地放线；办理《建设用地规划许可证》142本、《建设工程规划许可证》127本，总建筑面积25.93万平方米；查处违法用地、违法建筑10起。

（供稿人：长沙国家生物产业基地管委会 程艳）

第九篇

区域科技

长沙市

2009年，长沙市科技系统深入学习实践科学发展观，积极寻求科技支撑和引领经济社会发展的有效途径，取得显著成效。芙蓉区、长沙县、浏阳市等7个区、县、市获得“全国科技进步考核先进县（市）”荣誉称号，市本级在六次蝉联全国科技进步先进城市的基础上首次跻身全国科技进步示范城市；城市科技竞争力位居全国第六、中部第一；长沙市在全国大中城市中综合竞争力首次进入第六位，长沙县、浏阳市、宁乡县、望城县进入全国县域经济百强行列。

【高新技术产业发展】

2009年，长沙市高新技术产业总产值突破1483亿元，同比增长30%。全市围绕重点高新技术领域科学设计科技重大专项，突出支柱产业，注重培育新兴产业，实施科技成果孵化等17个专项，推进高新技术产业园区和特色产业基地建设。长沙高新技术创业服务中心等科技企业孵化器孵化面积达到100万平方米，在孵企业近2300家；全市围绕加强工程机械、新材料、生物与新医药、电子信息等优势产业，改造提升食品、烟草、建材和机械等传统产业，重点打造工程机械、新能源和先进储能材料等高新技术产业集群，着力提升产业自主创新能力和核心竞争力。

【科技成果与奖励】

2009年，长沙市科技成果转化率达到35%，比上年提高10个百分点；技术合同成交额突破36亿元，增长12.5%；2009年共获得国家科学技术发明奖2项、国家科学技术进步奖20项、湖南省自然科学奖26项、湖南省技术发明奖8项、湖南省科学技术进步奖124项。

【农业科技创新】

2009年，长沙市着力抓好食品安全科技重大专项，设计标准化种植和养殖关键技术研究与示范、有机肥生物农药安全高效的兽药研制与产业化等4个子项，共投入科技经费710万；从2007年启动“百村百名大学生培育工程”以来，两届共投入科技经费260万元。加强优良品种和先进技术开发与推广，重点支持菜薹、油茶等地方良种资源的保护与扩繁，攻克优质黑茶加工技术、高活性蜂产品生产关键技术等5项农产品精深加工关键技术，扶持了资源集团、亚华乳业等一批龙头企业。构建专家服务队、核心示范站、核心示范户组成的农业科技信息综合服务网络，组建48家农村科技合作社；对优质稻、生猪、花卉苗木、中药材等生产领域的25个特色产业示范基地建设连续3年支持20万元，组建长沙市现代农业特色产业科技示范基地创新联盟，制定“长沙市现代农业特色产业示范基地建设规划”。

【产学研合作】

2009年，长沙市引导和支持高新技术企业、高校、科研院所和中介服务机构不断探索产学研合作的新模式。在加强对数字媒体、先进电池材料及电池等12个产业技术联盟指导的基础上，新成立中国（长沙）中药产业技术联盟等3个产业技术联盟。组织实施科技重大专项，开展关键共性技术攻关，促进科技成果转化和产业化；在与国内63所“211工程”、“985工程”重点大学签订人才战略合作联盟共建协议的基础上，2009年中国（长沙）科技成果转化交易会上，长沙市与清华大学研究生院、天津大学、哈尔滨工业大学、上海交大国家技术转移中心等单位签订合作协议；为长沙中联重工科技发展股份有限公司等6家单位颁发产学研合作奖，为中国电子科技集团公司第四十八研究所等10家单位颁发科技成果转化奖，奖励2009年长沙市科学技术创新贡献奖获得者唐景庭100万元。

【科技节能减排】

2009年，长沙市科技节能减排工作扎实推进。一是对新增项目全面推行能耗审核和节能评估制度。二是突出“民生科技”助推社会健康发展，重点支持可再生清洁能源产业、烟气减量排放与脱硫脱硝关键技术的研发与产业化和新能源产业3个重大专项，培育新的经济增长点。三是组织实施“节能与新能源汽车示范推广试点工程”，出台实施方案，明确经费来源，圆满完成2009年度投放250辆混合动力公交车的示范运营计划。

【科技交流】

2009年10月，由国家教育部、国家科技部、中国科学院和湖南省人民政府主办，科技部火炬高技术产业开发中心、湖南省科技厅、湖南省教育厅、长沙市人民政府承办的“2009中国（长沙）科技成果转化交易会”在长沙高新区会展中心隆重举行。各级领导、各界精英约6000人参加会议，参观人数达6万多人次，共签订各类科技合作项目230个，签约金额达103.05亿元。策划实施引进国际先进适用技术行动计划、引进国际高端人才三年行动计划，在国内外引起广泛关注和强烈反响。组织“北美留学生长沙科技创业行”活动，收集整理留学人员科技成果163项。智能LED照明灯、新型血液样品采集技术及高灵敏度核酸检测系统等一批国际先进适用技术已经实现对接，一批海外高端人才来到长沙创新创业。

（长沙市科技局办公室供稿）

株洲市

2009年，株洲市认真实施“科教先导”战略，坚持“项目带动、实干兴科”原则，开拓进取，奋力拼搏，各项工作取得新成效、实现新突破，获批创建国家知识产权示范城市，第7次荣获“全国科技进步先进城市”称号。醴陵市等五个县市区被评为“全国科技进步先进县市区”。

【科技计划项目与管理】

2009年，株洲市共争取国家、省级科技项目70多项，部省资金超亿元，其中国家重大专项子项目2项，国家863计划、国家科技支撑计划等重大项目8项，湖南省重大专项5项。全市共获得国家中小企业创新基金38项，争取经费2560万元，项目和资金数连续四年翻番，带动企业直接研发投资超过2亿元。

【高新技术产业】

2009年，株洲市高新技术产业产值达585亿元，同比增长25.8%。围绕产业结构调整，推进产业集群发展，一批特色产业通过引进支撑项目，突破关键技术，拉长产业链条。株洲航空产业园、株洲新材料产业园、株洲新能源产业园被授予国家高技术产业基地园区。电动汽车产业化项目取得重大突破，株洲市成功纳入国家首批节能与新能源汽车示范推广试点城市，科技部和财政部向株洲下拨1亿元专项补贴。市政府启动实施公交车电动化三年行动计划，在全国率先提出实现城区公交车全部电动化目标。全市180台混合动力公交车投入运营，是全国电动汽车推广数量最多、运营里程最长、享受国家补贴最多的城市。

【企业创新】

2009年，株洲钻石切削股份公司入选国家级创新型试点企业，南车株洲电力机车有限公司等3家公司获评湖南省创新型企业，株洲时代新材料科技股份有限公司等7家企业被列为省级创新型试点企业，创新企业数量居湖南省第二。株洲时代新材料科技股份有限公司、南车株洲电力机车有限公司的两个产品列入国家首批自主创新产品名单。全市新申请高新技术企业50家，新认定民营科技企业29家。株洲时代新材料科技股份有限公司技术中心等7家企业技术中心被认定为国家级企业技术中心。株洲硬质合金集团有限公司成功获批国家企业重点实验室，实现株洲市国家级研发平台零的突破。中航株洲航空动力机械研究所、株洲南车电机股份有限公司等企业成功申报湖南省级工程技术研究中心。

【产学研合作】

2009年，株洲市政府设立产学研专项资金1000万元。全市几十家企业与高校签订项目合作协议，在有色冶金、轨道交通、循环经济等领域合作实施近40个项目。国内首家EPS(汽车电动助力器)研究院落户株洲。南车株洲电力机车有限公司获得“国际科技合作基地”称号，是湖南省唯一获此殊荣的企业。

【科技奖励】

株洲市获2009年度湖南省科学技术奖励19项，其中科学技术进步奖一等奖6个，约占全省的二分之一。刘友梅荣获湖南省科技杰出贡献奖。颁发第四届株洲市科技杰出贡献奖和市科技进步奖，组织评选第二届株洲市科技领军人才，首次颁发株洲市促进企业技术创新奖，并拿出200万元奖励创新项目负责人和企业负责人。

【科技支撑节能减排】

2009年，株洲市致力为“两型”社会建设提供科技支撑，实施循环经济、节能减排科技项目20余项。其中“清水塘冶化工业区固体废物利用关键技术开发”被列为湖南省科技重大专项，获得科技经费700万元。湖南智成化工有限公司、株洲化工集团有限责任公司两家企业被湖南省科技厅列为“节能减排科技重大专项”示范企业。

【知识产权】

2009年，株洲市大力推进实施知识产权战略，出台《株洲市知识产权战略实施意见》，不断完善知识产权体系。全年完成专利申请量1900件，同比增长28%。申请总量、当年申请量、授权量、国际专利申请量均居湖南省第二。职务发明、工矿企业申请比例居湖南省第一。成立“株洲·中国知识产权维权援助中心”，首批进入国家专利执法“5·26”工程，开通知识产权维权“12330”援助热线。

(株洲市科技局办公室供稿)

湘潭市

2009年，湘潭市认真贯彻落实科学发展观，着力增强自主创新能力，全市高新技术产业增加值占规模工业增加值的比重达到45.44%；R&D经费支出占生产总值比例达到1.62%；工矿企业专利授权量增长72.4%，新型工业化考核的三项科技指标在湖南省市州处于领先位置，开创建设创新型城市的新局面。

【科技奖励】

2009年，湘潭市获得湖南省科技奖励19项，其中一等奖1项、二等奖6项，居全省第三位。湘潭市第三次获得"全国科技进步先进市"称号，5个县市区全部通过全国科技进步考核，湘潭县、湘乡市和韶山市荣获全国科技进步先进县（市）区，湘潭县被评为湖南省唯一的全国科技进步示范县。湘潭市科技局被国家人力资源与社会保障部和科学技术部评为"全国科技管理系统先进集体"称号。

【产学研合作】

2009年，湘潭市委、市政府召开产学研结合创新大会，出台《中共湘潭市委、湘潭市人民政府关于促进产学研结合增强自主创新能力的实施意见》，明确促进产学研结合一系列激励措施，与省自然科学基金委合作设立湖南省市自然科学联合基金，成立产学研结合工作协调领导小组，建立产学研工作联动机制。湘潭市政府与湖南工程学院等高校建立市校合作关系，并与中南大学、湖南大学等高校合作，派出108名科技人员，组成25个科技服务小分队，深入到60多家基层单位开展对口帮扶，解决技术难题120多个。11月5日，以湘潭电机股份有限公司为主的11家骨干企业及大学代表、以湖南吉利汽车部件有限公司为主的10家骨干企业及大学代表分别签订合作协议，正式组建湘潭市风电装备制造产业技术创新战略联盟和汽车及零部件产业技术创新战略联盟。新增国家级创新型企业2家（全市总数达到3家，占湖南省的50%）、湖南省级创新型企业3家（全市总数达到5家），新增湖南省级工程技术研究中心3家（全市总数达到9家），湘潭电机风力发电技术实验室获批国家重点实验室。

【高新技术产业】

2009年，湘潭市高新技术产业总产值达到474.3亿元，同比增长32.5%。列入国家和湖南省级重点科技项目56项，争取科技资金5056万元。湘潭市科技局组织实施"兆瓦级风力发电机组研制与产业化"等3个科技重大专项和"新型混合动力工程机械关键技术研究"等26个重点项目，引导企业投入资金4.1亿元，新增销售收入47亿元。2009年3月，国务院下发《关于同意湘潭高新技术产业园区升级为国家高新技术产业开发区的批复》（国函〔2009〕30号），正式批准湘潭高新技术产业园区升级为国家级高新技术产业开发区，定名为湘潭高新技术产业开发区，成为全国第55个国家高新区和湖南省第3个国家高新区。2009年12月，商务部和科学技术部下发《关于认定第三批国家科技兴贸创新基地的通知》（商产函[2009]60号），确定20家单位为第三批国家科技兴贸创新基地，湘潭高新区名列其中。

【科技支撑节能减排】

2009年，湘潭市按照《湘潭市节能减排科技支撑行动方案》，加快推进节能减排"1126"工程，组织实施节能减排科技重大专项。全年实现污水处理综合回用超过 1 亿吨，减排重金属 23.2 吨、COD1.5 万吨、二氧化碳 28 万吨；节约标准煤 15.3 万吨，创造节能和资源回收利用经济效益总额达到 4.2 亿元。其中，湘乡工业区"钢铝冶金主要辅助原料生产过程的节能减排技术开发与示范项目"被列入湖南省节能减排科技重大专项；韶峰水泥余热发电和湘潭电厂垃圾发电项目已注册 CDM 项目。

【农业科技】

2009 年，湘潭市 5 个县市区全面铺开科技特派员工作。选派 100 名科技特派员指导和参与科技成果转化、优势特色产业开发、农业科技园区和产业化基地建设。组织生物发酵床养殖、油茶丰产栽培实用技术培训和电焊、汽车美容、数控模具等技能培训，培养 1000 名农村科技带头人。"优质抗病双季配套超级稻新品种选育与示范"项目进展顺利，"潭两优 83"通过国家水稻新品种审定，泉塘子农技站双超杂交稻配套示范片平均亩产达 1166.9 公斤，每亩增产 206.9 公斤。

【知识产权】

2009 年，湘潭市高新区被确定为国家知识产权试点园区。出台《关于湘潭市知识产权战略的实施意见》，成立湘潭市知识产权战略专家咨询委员会，开通知识产权维权援助公益服务电话"12330"。"风电装备产业知识产权战略研究"项目被纳入国家重大专项知识产权预警研究。恒欣实业、电气设备两家企业被批准为湖南省第三批知识产权优势培育企业。湘潭市恒欣实业有限公司、湘乡市高峰五金机械有限公司两家企业获得专利权质押贷款 1200 万元。2009 年全市完成专利申请 1511 件。

(湘潭市科技局办公室供稿)

衡阳市

2009 年，衡阳市科技工作以学习实践科学发展观为统领，以提高自主创新能力为着力点，充分发挥科技支撑作用，各项科技工作取得新成效。衡阳市首次跨入全国科技进步先进市行列，衡阳市科技局被评为"湖南省科技管理系统先进集体"。

【科技创新大会】

2009 年，衡阳市委、市政府隆重召开全市科技创新大会，认真贯彻落实湖南省产学研创新大会精神，全面部署全市科技创新工作，并颁发 2008 年度科技突出贡献奖和科技进步奖。会议由衡阳市委副书记李金冬主持，市委书记张文雄、市长张自银、湖南省科技厅副厅长杨治平亲临大会并作重要讲话。胡国初、王雄飞、廖炎秋、彭仁昌、肖斌、肖长河等市领导出席。各县市区长，分管科技的副县市区长，科技局长和市直单位主要负责人，大专院校、科研院所、部分高新技术企业和民营科技企业负责人共计 600 余人参会。

【工程技术中心建设】

2009 年，湖南衡阳钢管(集团)有限公司、紫光古汉集团衡阳中药有限公司、南华大学三家单位顺利通过湖南省工程技术研究中心的评审，列入湖南省级工程技术研究中心组建计划。

【知识产权】

2009年,衡阳市共申请专利915件,较上年增长120%,增幅居湖南省第一。其中发明专利152件,实用新型496件,外观设计267件,分别较上年增长50.5%、117%、210%。衡阳镭目科技有限公司等5家湖南省知识产权培育企业共申请专利144件,同比增长近三倍。

【产学研合作】

2009年,衡阳市委、市政府出台《关于促进产学研结合,增强自主创新能力的意见》(衡发[2009]14号)文件,明确规定市财政每年安排500万元用于鼓励和支持企业自主创新,完善科技奖励机制,设立市专利申请转化资助资金。

全市签订各类产学研合同30个,其中湖南衡阳钢管(集团)有限公司项目"高品质特殊无缝钢管经济洁净度研究与应用"突破高品质钢的技术瓶颈,新增效益2.6亿元;亚新科南岳(衡阳)有限公司与北京清华大学等院校研发"欧Ⅲ排放标准电控燃油喷射系统",填补国内空白;湖南衡阳天雁机械有限责任公司与北京理工大学研发出汽油、柴油机涡轮增压器和电动汽车关键部件。

衡阳市人民政府与湖南省自然科学基金委员会确定建立联合基金。衡阳市企业信用担保投资有限公司为企业提供担保,累计贷款金额达到26亿元。全市企业投入技术开发费7亿元,较上年增长12%。

【高新技术产业】

2009年,衡阳市围绕加速推进高新技术产业化和培育,积极争取国家和湖南省支持,认真搞好项目衔接。其中"用户侧并网光伏发电示范项目"被列入国家金太阳示范工程项目;"特高压直流输电新型换流变压器"、"高品质特殊无缝钢管经济洁净度研究与应用"被列入湖南省科技重大专项;"电控发动机用增流机油泵"列入湖南省产学研结合专项;"电控可调涡轮增压器研究"、"硅橡胶注射成型机产业化"等项目列入湖南省重点项目。

全市实现高新技术产业产值389.83亿元,同比增长22.85%;实现高新技术产品增加值127.66亿元,同比增长25.14%;上缴利税总额34.97亿元,同比增长7.49%。全市新增高新技术企业23家,高新技术产品780种,其中自主知识产权品种289种。

【农业科技】

2009年,衡阳市农业科技着重抓农业产业项目实施、星火科技示范户评选活动与星火科技信息服务三项工作。

农业产业项目实施:"席-稻丰产培植技术及席草精深加工产业示范"、"'绿色'黄花菜高产栽培技术示范与推广"、"中秋酥脆枣新品种及配套栽培新技术示范"、"广适性优质高产三系杂交早稻金优433示范推广"、"注射用灯盏花素质量标准重大提高"等项目获得湖南省重点支持。由耒阳市、祁东县、衡阳县三个县市承担的国家"科技富民强县(市)"专项全部通过湖南省科技厅项目验收。

星火科技示范户评选活动:突出科技示范带动、产业发展带动、科技服务带动、科技能人带动和科技培训带动,积极培育星火科技示范户,辐射带动农民整体增收致富,2009年共评选星火科技示范户355户。

星火信息服务:2009年,星火科技"12396"科技信息服务平台共受理咨询电话2100次,办结率99.3%,为农户解决技术疑难问题1460个,录入资源信息730条。市、县两级专家针对农户技术需求,上门服务348次。衡阳市委组织部组织科技特派员273人深入农村进行项目示范和服务。

【科技项目引资】

2009年，衡阳市争取中小企业基金6项，富民强县计划1项，重大专项2项，重点项目4项，一般项目66项。实际到位资金2098万元，较上年增长17.87%。衡阳市科技局成功引进“年产5000万Ah电动车用高性能超长寿命镍氢动力电池系统”、“油茶深加工”两个项目，引进资金分别为1023万元和1300万元，超额完成衡阳市政府下达1000万元的目标任务。

【科普工作】

2009年，衡阳市、县联动组织开展“五下乡”和科普赶集活动，为农民发放科普资料3万余份，现场解答生产技术难题1000余个，免费发放《防震减灾知识宣传手册》6000余份。衡阳市科技局配合医疗卫生单位深入开展艾滋病的传播途径、流行特点、防护知识以及党和政府防治艾滋病的政策和措施的宣传活动，提高广大群众对艾滋病可防、可控、可战胜的知晓率。南岳树木园每年接待大中小学生实习游园达1万人次。

(衡阳市科技局办公室供稿)

邵阳市

2009年，邵阳市科技工作坚持以科学发展观总揽全局，以推进产学研结合增强自主创新能力为主线，以科技进步促进经济增长改善民生为重点，不断更新观念，创新方法，狠抓落实，各项工作取得新成效。新宁县被评为“全国科技进步考核先进县”。

【产学研结合】

2009年，邵阳市召开产学研结合创新大会，市委市政府出台《关于促进产学研结合增加自主创新能力的实施意见》，成立市促进产学研结合工作协调领导小组，并将科技进步奖励经费由26万元增加至40万元。围绕先进制造、医药化工、生物工程与食品业举办专题论坛，推动科技项目对接，促成企业与高校、科研院所签订合作协议80余份。全市有98家企业先后与中国科学院、湖南大学、湖南农业大学、武汉大学等高校院所建立战略合作关系，与上海、广东、广西等地科研机构开展科技合作，促进新产品、新工艺开发。湖南广信电工科技股份有限公司与沈阳变压器研究所等进行大型超高压纸板技术开发，实现年销售收入1.8亿元，税收3000万元。湖南李文食品有限公司与邵阳学院生物化学工程系开展合作，采用该系研发的“桔片罐头加工节水减排新技术”使每吨桔片罐头产品总用水量节水超过60%。邵阳县彩鑫制釉有限公司与清华大学、湖南大学合作，开发“包裹颜料”(俗称“中国红”)产品。湖南信多利新材料公司先后与中南大学、复旦大学光源研究所合作，完成稀土灯粉，LED和PDP等离子显示器荧光粉研发。

【科技计划项目与管理】

2009年，邵阳市按照市委市政府提出的“项目建设年”要求，出台《邵阳市科技计划重点项目评审暂行办法》，重点项目实行评审制，增强项目立项的科学性、公正性和规范性。全年有6个项目在国家科技部立项，其中玉新药业申报的《采用催化氢化与催化脱氢方法合成和生产非那雄胺》项目获中小企业创新基金150万元的支持，邵阳市科瑞化学品有限公司、新宁南方电子有限责任公司各获得中小企业创新基金60万元无偿支持，湖南省瓜类研究所被湖南省科技厅列为对外科技合作基地。邵阳学院申报的“邵阳市食品工程技术研究中心建设”、湖南玉新药业公司申报的“氟替卡松关键技术研究及产业化”、湖南省瓜类研究所申报的“南瓜分子遗传图谱构建和品质性状QTL定位及应用”等10个项目获得市级重点计划项目支持。5月，邵阳市科技局牵头对全市近三年来实施的25个重点项目进行检查和验收，提高政府资金的使用效益。

【高新技术产业】

2009年，邵阳市认真贯彻《高新技术企业认定管理办法》。积极组织全市企业参加湖南省新型工业化项目考核。筛选出63家优势企业进行培育，其中邵阳市神风动力公司、湖南玉新药业有限公司、湘中制药公司等5家企业被认定为高新技术企业。共组织申报工业科技项目15个，其中重点项目3个。邵阳市神风动力公司、湖南李文食品有限公司争取到湖南省科技厅“企业服务年”项目支持。对2008年市级重点项目进行验收，强化市级项目管理。2009年全市实现高新技术总产值93亿元、利税9亿元、出口创汇5000万美元，分别比上年增长27%、21%、32%。

【科技成果与奖励】

2009年，邵阳市科技成果管理工作取得新成效。一是组织专家评审出25个项目获市级科技进步奖，其中一等奖3项、二等奖9项、三等奖13项；组织修订《邵阳市科学技术奖励办法》，对邵阳市科技突出贡献奖获得者肖坤后、张兆宪分别给予10元奖励，增加科技奖励经费14万元。二是积极组织成果推广项目申报工作。申报国家科技部科技人员服务企业行动项目6个，申报省级成果推广科技计划项目10个。获得湖南省科技进步奖项目3个，其中湖南省瓜类研究所的“西瓜、南瓜根尖细胞DNA研究”项目获2009年湖南省科技进步二等奖，邵阳纺机公司的“高温高压气流染色机”、信多利公司的“免球磨、高光效稀土绿色荧光粉研制与开发”分别获三等奖。受理市级成果推广计划项目17个，经考察和评审后立项10个。三是完成技术合同认定登记52项；科技成果鉴定16项，其中省级鉴定2项；科技成果登记8项。

【农业科技】

2009年，邵阳市开展农技咨询服务和技能培训，印发各类农业技术资料2万余份，接受农民技术咨询2000多人次；举办各类农业技术培训班80期，活动受益群众达5万多人次。组织申报湖南省科技计划项目15项，其中重点项目3项；上报湖南省农业科技特派员专项2个；上报隆回县金银花产业示范基地为特色产业基地项目；推荐上报湖南雪峰种业有限公司的“红栗2号南瓜新品种及加工技术中试”、湖南威亚牧业科技有限公司的“高效安全新型生态无抗兽用中药散剂‘产后康’中试”和湖南天香生物科技有限责任公司的“全色辣椒素高压水油混相浸提技术及产品中试”为国家农业科技成果转化资金项目。绥宁县的“楠竹产业化开发”申报国家科技富民强县专项。4月，赴各县（市、区）督办指导星火科技“12396”服务工作，5个县（区）启动了服务站工作。2009年，星火科技“12396”服务站接受农民技术咨询400余人次，组织专家现场解决疑难问题10次。同时，在各县（市、区）全面铺开科技特派员工作，市县两级共派出农业类科技特派员20名。

【知识产权】

2009年，出台《邵阳市知识产权试点企业工作管理办法》。组织召开全市高校知识产权工作座谈会，利用“4•26”世界知识产权日、科技活动周等时机，在全市范围开展多种形式的大型宣传活动，提高公众的知识产权意识。根据国家和湖南省知识产权局的“雷雨”、“天网”行动安排，举行联合执法行动，对商场、药房贴有专利标识的产品进行网上法律状态核实，集中销毁各类盗版及侵权非法出版物5万余册（碟），有力地打击侵犯知识产权的行为。2009年确定5家企业为邵阳市知识产权试点企业，湖南广信和湘窖酒业被湖南省知识产权局批准为第三批优势企业培育工程，全市共完成专利申请量650件，工矿企业专利授权152件。邵阳市被国家知识产权局列为知识产权试点城市，邵东县被湖南省知识产权局确立为首批“知识产权工作示范县”，并被国家知识产权局确定为首批“实施国家知识产权强县工程”。新宁县通过湖南省知识产权试点县验收，并积极争取湖南省知识产权示范创建县。

(邵阳市科技局办公室供稿)

岳阳市

2009年，岳阳市科技工作紧紧围绕市委市政府的决策部署，深入贯彻落实科学发展观，全面增强自主创新能力，充分发挥科技支撑作用，全市高新技术产业迅速发展，产学研结合创新加速推进，科技成果转化水平明显提高，科技工作成效显著。岳阳市科技局被湖南省人事厅、湖南省科技厅评为全省科技管理系统先进集体。市科技局党组书记、局长谢春生被评为全省科技管理系统先进个人，荣记一等功。

【科技计划项目与管理】

2009年，争取国家、省级重点科技项目28个，到位资金3136万元。向国家科技部申报科技型中小企业创新基金项目23个，其中国家重点新产品项目6个，湖南凯美特气体股份有限公司等14家企业获经费950万元。向湖南省科技厅申报重点项目10个、一般项目50个，争取科技经费690万元。全年安排市级科技计划项目94个，共安排经费1980万元，其中审批专项4个、重点项目25个、一般项目65个。

【高新技术产业】

2009年，岳阳市实现高新技术产品总产值459亿元、增加值146.6亿元，同比分别增长39.1%、33.6%；增加值增幅高出湖南省平均水平5个百分点，高出岳阳市规模工业增加值增幅15.6个百分点；增加值占规模工业增加值的比重达到25.2%，比上年提高3个百分点。整合国家火炬计划、重点新产品、中小企业技术创新基金、湖南省级重大科技专项、产学研专项等项目资源，在精细化工、机械制造、有色和循环、电子和光伏等四大高新产业分别实现增加值45.3亿元、31.5亿元、58.1亿元、15.4亿元，增幅分别达到29.4%、36.8%、34.5%、49.5%。新认定的湖南省级高新技术企业21家，认真落实研发费用加计扣除等优惠政策，为33家高新技术企业减免所得税3790万元。

【产学研结合】

2009年，岳阳市召开产学研结合创新大会，成立以市委副书记为组长的工作协调领导小组，市财政设立产学研结合专项。新成立5家工程技术研究中心，总数达到21家，其中建筑陶瓷、高性能工业磁力进入湖南省级工程技术研究中心。组建精细化工和电磁装备制造2个产学研战略联盟，新建11个校企合作研发与实习基地。针对制约产业发展的关键技术瓶颈，牵线高校、科研院所与企业联合攻关，共实施优质油菜籽栽培加工等湖南省产学研结合重大专项2个，实施相转移合成环氧环已烷新技术等市产学研结合项目62个，其中汨罗市长江铜业有限公司的“反射窑炉开发与应用”、湖南中创化工有限责任公司的“克异丙酯产业化关键技术”等12个项目取得突破性进展。湖南中科电气股份有限公司与湖南大学、中国科学院联合开发的板坯连铸电磁搅拌棍成套装置产品，技术水平属国内首创、国际领先，投产后新增年销售收入1.2亿元。湖南理工学院与岳阳三生化工有限公司联合开发的“增产轻烯烃FCC助剂”项目，实现年销售收入1亿元，上缴税收3000万元。

【科技成果与奖励】

2009年，岳阳市完成全社会研发经费投入13.7亿元，比上年增长27.2%；开发高新技术产品558种，其中具有自主知识产权的351种；工矿企业专利授权量达154件，比上年增长275.6%；3个科技成果项目获国家科技进步奖，13个项目获湖南省科技进步奖，其中《石脑油催化重整成套技术开发与应用》获国家科技进步一等奖。

【农业与社会发展科技】

2009年，岳阳市实施油菜产业化关键技术研究及示范重大专项等农业科技项目32个，岳阳市农科所优质杂交晚籼水稻新组合“岳优360”选育与应用项目获湖南省科技进步二等奖。注重推动县域经济发展，绿色食品“藠头标准化生产示范及产业化开发”项目被列为国家富民强县专项行动计划；注重推进新型农业科技服务体系建设，组建岳阳市“12396”科技服务专家团，各类农村科技合作组织达352个。实施“水蚯蚓原位消改污泥技术示范工程”等社会发展科技项目13个，华容县国家可持续发展试验区建设步伐加快，岳阳市一医院“膀胱白斑不同部位膀胱黏膜形态学研究”项目取得重大进展。

【科技融资】

2009年，岳阳市科技局先后引进岳阳东方雨虹有限公司、兰峰水泥有限公司等项目4个，到位资金1.55亿元。搞活金融融资，支持高新技术企业争取风险投资和上市融资，帮助岳阳华强电力电子有限公司等3家企业争取湖南省高创投风险投资4500万元，湖南中科电气股份有限公司成为创业板上市企业。加大创新引导力度，对岳阳国泰机械有限公司等5家创新引导试点企业、湖南胜景山河生物科技股份有限公司等12家产学研结合创新示范企业、精细化工等2个产学研战略联盟给予重点支持，引导企业增加研发投入8100万元，投入引导比达到1:16。

【县市区科技工作】

2009年，汨罗市新认定高新技术企业8家，创建农村科技示范基地18个，争取各类科技经费576万元。临湘市十三村食品有限公司获科技部科技人员服务企业项目支持，湖南运瑞机械模具制造公司与华中科技大学联合研制的10KN超精密伺服压力机填补国内模具装备制造业空白，达到国际先进水平。湘阴县被列为湖南省知识产权试点县，福湘木业获火炬计划重点高新技术企业项目支持。岳阳县建筑陶瓷工程技术研究中心被列入湖南省级中心，专利授权量达49件。华容县争取科技经费614万元，幸福乡被列为湖南省级农村产学研结合示范基地。平江县推广超级稻10万亩，组织科技下乡活动 20 次，落实科技扶贫资金 200 多万元。岳阳市经济开发区争取科技经费 812 万元，科技招商引资 4.4 亿元，协调高新企业融资 4500 万元。岳阳楼区完成科技投入 2.3 亿元，获得国家授权专利 148 项。云溪区争取科技经费 581 万元，实现高新技术产品销售收入 63.9 亿元，增幅达 95%。君山区对金联星冶金等高新技术企业实行干部蹲点帮扶，机关软硬件建设同步推进。屈原管理区加大对大米精深加工特色产业基地支持力度，正虹科技等 7 家高新企业发展步伐加快。县市区科技进步考核圆满完成，汨罗市、湘阴县、平江县被评为 2007~2008 年度全国科技进步先进县市，除岳阳县未参加考核之外，其它县市区均顺利通过考核。

（岳阳市科技局办公室供稿）

常 德 市

2009 年，常德市科技工作围绕建设创新型常德，推进科技进步，促进科技与经济紧密结合，全市科技工作取得明显成效。常德市成功创建为“国家科技进步先进城市”，常德市科技局获“湖南省科技管理系统先进集体”、“全市目标管理先进单位”、“全市文明机关”、“全市争资争项先进单位”等殊荣。

【产学研结合】

2009 年，常德市组织军事医学科学院、中南大学、湖南大学等高等院校近百名专家教授与该市企业进行技术对接，帮助企业解决关键技术难题；金健米业、大湖股份、云锦纺织、中泰特种装备、创元铝业等一大批企业与高等院校、科研机构建立合作关系；聘请 15 名专家组成常德市新一届科技专家顾问委员会。初步建成生物医药、纺织、新材料、光机电、稻米深加工产业五个产学研合作联盟。全市财政安排 200 万元产学研专项经费，并设立 1.6 亿元科技型中小企业创业投资封闭基金。

【科技计划项目】

2009 年，常德市组织申报国家级、省级科技项目 79 项，获批 58 项，科技项目资金 1302 万元，完成市政府下达的争资争项任务。市本级确立 96 个项目为 2009 年度科学技术资金项目，安排项目经费 1500 万元。实施中小企业创新能力提升计划项目 10 项；选派 50 名科技人员进入 16 家中小企业开展科技服务，取得科技成果 6 项。

【高新技术企业与科技成果】

2009 年，常德市按国家新标准重新申报认定高新技术企业 14 家，全市新认定的高新技术企业达到 43 家，实现高新技术产品产值 235 亿元，增长 15%。

完成科技成果鉴定验收 26 项，其中省级 3 项。由湖南湘鲁万福农业开发公司、中南林业科技大学完成的“稻米深加工及副产物高效综合利用技术研究”项目通过生物酶等技术开发麦芽糖、葡萄糖、饲料级和食品级高级蛋白粉四大系列产品，并以副产品为原料，开发活性碳、米糠油、沼气发电等产品，在提高企业效益的同时，减少三废排放；以中国工程院院士袁隆平为组长的专家组评审认为该技术成果达国际先进水平，在稻米葡萄糖结晶技术方面居国际领先水平。桃源县人民医院、徐州医学院等单位共同完成的“大鼠切口痛的脊髓机制和鞘内注药对其影响”项目研究成果居国内领先水平，部分达到国际领先水平。

【农业科技服务】

2009年，常德市被湖南省委组织部与湖南省科技厅确定为农村远程教育与“星火科技12396”服务“三农”试点城市，组建市、县、乡三级专家团队，构建由市级呼叫中心、县级工作站、乡镇服务站、村级服务点组成的四级服务体系。邀请朱作言等10名院士举办“科学与中国”院士常德行活动。向9个县市区选派农村科技特派员72名、农村科技指导员30名。全市31个科技小分队在参与企业技术创新、推进产学研结合、促进科技富农和科技项目带动等方面成效显著。

（常德市科技局办公室供稿）

张家界市

2009年，张家界市科技工作坚持以科学发展观为统领，以建设世界旅游精品为目标，深入实施科技强市战略，大力推进自主创新和科技进步，科技综合实力明显提升，经济社会发展的支撑和带动作用显著增强。

【科技计划项目与管理】

2009年，张家界市共争取国家级科技计划项目立项3项，省级立项49项，向国家和湖南省争取资金686.3万元，比上年增长22.3%。下达市级科技计划项目29项，安排经费210万元，引导企业和社会科技投入5000多万元。

【高新技术产业】

2009年，张家界市20家纳入统计范围的高新技术企业，实现产值12.0亿元，增加值4.06亿元，分别比上年增长17.8%、20.5%。张家界奥威科技有限公司（原贸源化工）、张家界三木能源有限公司、张家界金鲵生物科技有限公司等3家企业被重新认定为高新技术企业。

【农业科技】

2009年，张家界市桑植县的“葛根深加工及产业化开发”被列入国家科技富民强县项目，恒兴生物科技有限公司的“杜仲高纯度绿原酸开发”被列入国家农业成果转化资金项目，分别争取资金140万元和70万元。慈利水稻科学研究所建成高产稻实验区、耐旱节水30%以上转基因品种研究试验区、转基因特色稻试验区；张家界市名特优水果专业技术协会与湖南省农科院培育地方特色品种“菊花芯柚”，产品综合性好且无核。全市农业良种普及率已达到90%以上。星火科技“12396”张家界市服务中心建成并投入运行。

【知识产权战略】

2009年，张家界市共申请专利148件，比上年增长14.7%，比湖南省平均增幅高出1.7个百分点。其中授权69件，比上年增长91.7%；发明专利43件，占申请总量的29.1%。工矿企业专利增长较快。桑植三木能源开发有限公司申请国家专利40项；奥威科技有限公司申请国家发明专利4项，获国家发明专利3项，获湖南省、张家界市科技进步奖4项，参与起草科技新产品国家标准、行业标准5项。

全市组织鉴定、验收科技成果7项，其中有两项分别达到国内先进、国内领先水平；认定登记技术合同5个，完成技术合同交易额935.7万元，审批技术贸易机构2家，全市从事技术贸易的专职人员达258人。

【科普工作】

2009年，张家界市科技活动周活动以“推进科技创新，建设旅游精品”为主题，成效显著。7月，湖南省科普工作会议在张家界市召开，张家界市科技局被授予“2009年湖南科技活动周先进集体”荣誉称号，全市共建科普示范基地16家，科普阵地建设得到加强。

2009年，张家界市科技局编发《张家界科技》37期，采编报送信息158条，分别被《湖南科技动态》、《张家界日报》、《张家界工作》、《张家界信息》等被湖南省市刊物和湖南省科技厅网站、张家界政府公众信息网采用。3月，张家界市科技局承办湖南省科技政务工作会议，被评为“湖南省科技政务信息报送工作优胜单位”荣誉称号。

（张家界市科技局办公室供稿）

益 阳 市

2009年，益阳市科技工作以助推新型工业化和新农村建设为主线，以产学研结合与高新技术产业发展为抓手，充分发挥科技支撑作用，为全市经济健康发展作出积极贡献。桃江、沅江被评为“全国科技进步考核先进县”。

【科技计划项目与管理】

2009年，益阳市共争取各类科技计划项目81项，其中国家级项目9项，省级项目72项，共获得项目资金1836万元，比上年增长158%。在国家科技计划项目中，湖南汉森制药股份有限公司与上海中医药大学等5所中医药高校共同承担的973计划项目“四磨汤治疗运动功能障碍性胃肠疾病的多中心临床实验研究”课题，使该市在承担国家重点基础研究发展计划项目上实现“零”突破。安化县“20万亩黑茶产业化关键技术示范与推广”成功获批国家科技富民强县专项计划项目。全市有3项成果被评为湖南省科技进步奖，其中二等奖1项，三等奖2项。

【产学研合作】

2009年，益阳市开展产学研合作的企业有206家，建立国家级企业技术中心1家、省级工程技术研究中心4家、省级企业技术中心6家、市级工程技术研究中心10家，合办博士后工作站1个、博士工作点5个，建立竹麻、船舶、电容器3大产业技术创新战略联盟。与上海中医药大学、华中科大等高校共同承担国家973科研项目1项、参与国家863科研项目2项。湖南汉森制药股份有限公司新建的“胃肠药研究”湖南省级工程技术中心是益阳市社会发展领域的第一家创新平台。

【高新技术产业】

2009年，益阳市新认定高新技术企业12家，高新技术企业总数达到32家。全市高新技术产业实现产值123.77亿元，利税8.67亿元,利润总额6.01亿元,分别比上年增长37.9%、62%、76.1%。完成高新技术产业增加值38.75

亿元，比上年增长39.3%，占规模工业增加值23.6%，比上年提高1.8%，增幅列湖南省第三位。实现销售收入121.4亿元，比上年增长37.4%；其中先进制造、新材料、生物医药、电子信息、新能源五大主导产业产值占全市高新技术产业产值的99.2%。

【农业科技】

2009年，益阳市优质杂交水稻等主要农作物新品种覆盖率达90%以上，畜牧科技成果普及率达85%以上，茶叶优质品种率85%以上，分别比上年提高5%、6%、8%。水稻单产、总产创新中国成立以来第二个高产年。全年引进苎麻嫩梢扦插技术、发酵床养猪（鸡）技术等10项共性技术，重点推广测土配方与施肥、高产栽培、病虫害统防统治等30项实用技术。桃江竹产业开发科技示范基地和赫山优质大米生产及副产品综合利用科技示范基地得到湖南省科技厅重点支持。组织对黑茶发酵菌种筛分培育、初制加工和精制加工工艺等关键技术进行联合攻关，使益阳黑茶进入新的发展时期。

科技特派员工作在全市7个区县全面推开，全年实施农业科技项目22个，引进新品种68个，创建利益共同体8个。开设科技服务热线“12936”，直接或间接受益农民达16000人次。开展科技下乡活动和科技活动周活动，向农民传授优质高效安全技术知识、实用种养加工技术知识，发放各类资料6万余册。

【知识产权战略】

2009年，益阳市共申请专利558件，同比增长34.46%，增幅列湖南省第3位。其中专利授权292件，工业企业授权120件，同比分别增长51.3、81.8%，工企授权列全省第6位。3月，益阳市成为全国知识产权试点城市，益阳安化县成为湖南省内4个全国首批知识产权示范县之一，沅江市、赫山区成为湖南省知识产权试点县，桃江县通过知识产权试点县考察。

（益阳市科技局办公室供稿）

郴州市

2009年，郴州市科技工作以科学发展观为统领，以“依靠产学研结合创新，助推‘两城’建设”为主题，以科技项目建设为重点，各项工作稳步推进。郴州市被列为国家知识产权试点城市。永兴县被国家科技部认定为“永兴国家稀贵金属再生利用产业化基地”（全国唯一的县级国家产业基地）。郴州市科技局被湖南省委宣传部、省科技厅评为“湖南省科技活动周先进单位”，被湖南省人事厅、省科技厅评为“全省科技管理系统先进集体”。

【科技计划项目与管理】

2009年，郴州市组织申报各类科技项目260多个，其中申报省级以上科技项目80多个，认定登记技术合同944个，争取湖南省级科技计划项目资金1500多万元，较上年增长29%。“稀贵金属高效提取及深加工技术开发与示范”项目被列入湖南省科技重大专项，实现郴州市单独承担湖南省重大科技专项“零”的突破。“仰天湖风力发电示范”项目正式启动。郴州高斯贝尔公司承担湖南省科技专项（一把手工程项目）“高性能移动通讯手机关键技术开发及产业化项目”，获发明专利3项，开发出全球第一款骨神经传导手机。郴州市强旺新金属材料有限公司“采用连续挤压生产变形镁铝合金”项目顺利通过国家科技部科技型中小企业创新基金项目验收，其核心技术获国家发明专利和湖南省科技进步二等奖。

【科技成果与奖励】

2009年，郴州市完成科技成果鉴定验收30项，其中省级科技成果鉴定4项，达到国内先进水平以上的科技成果20项。2008年度郴州市级科技进步奖在奖励项目质量、奖励等级设定、奖金金额上都有新的突破，评出特等奖1项，一等奖2项，二等奖11项，三等奖14项。

【高新技术产业】

2009年，郴州市高新技术企业完成产值197.2亿元，同比增长26.9%；实现销售收入182.3亿元，同比增长20.2%；实现出口3.3亿美元，同比增长51.2%；完成利税额20.8亿元，同比增长19.9%；实现利润额14.0亿元，同比增长15.7%。全市高新技术企业科技活动经费内部支出为4.6亿元，R&D（研究与开发）经费支出为4.5亿元，同比分别增长58.9%、66.8%，有10家科技企业进入高新技术企业行列。

【农业科技】

2009年，郴州市启动“十百千”农业科技示范工程，共建农业科技示范基地500多个，培植科技示范户近1万户。全市共派出科技特派员428人。深入204个乡镇指导，参与8大产业项目建设，实施科技开发项目126个，引进推广新技术287项、新品种224个。郴州市被评为湖南省科技特派员工作先进单位，资兴市张政军同志被授予“全国优秀科技特派员”荣誉称号。舜华鸭业有限公司、湖南农夫机电有限公司、湖南东江渔业股份有限公司等农业科技型企业通过技术创新，积极发挥龙头作用，形成具有较强市场竞争力的农业品牌。进一步完善信息网络平台、技术支撑团队、科技信息窗口和科技服务组织“四位一体”的农村科技服务体系和市科技局、市科协、市老科协“三位一体”的大科技服务体系。加强星火科技“12396”服务热线、科技专家团队、“科技之窗”等科技信息服务平台和载体建设，建立农村科技服务长效机制。

【产学研结合】

2009年，郴州市召产学研结合创新大会，出台《中共郴州市委郴州市人民政府关于加强产学研结合推进科技进步与创新的意见》（郴发〔2009〕3号）文件，加强对产学研结合创新工作的组织领导，成立市促进产学研结合工作领导小组。

全市动员组织机关干部和大专院所科技人员，深入40余家企业开展服务活动。湖南东江湖渔业股份有限公司与长沙理工大学、湖南农业大学和华南理工大学签订科技合作协议，联合组建“郴州市淡水鱼深加工技术研发中心”。郴州兴鑫冶炼有限公司与中南大学冶金科学、工程学院稀有金属冶金研究所签订科技合作协议，高杂质钼铁合金生产钼酸铵技术、含钒钼酸盐溶液深度除钒技术和钼酸铵泥结晶母液生产化肥技术等一批院校的发明专利在企业得到转化。

【科普工作】

2009年，郴州市大力推进科学技术普及工作。开展科技活动周启动仪式、科技专家乡村行、科技成果展、科普进社区、科普知识竞赛等科技活动周系列活动。全年各县市区开展送科技下乡42次，发放科普资料35万余份，举办科技培训44期，培训农民6万人次。

【知识产权战略】

2009年，郴州市共完成专利申请750件，较上年增长32.51%，工矿企业专利授权数达193件，比上年增长127.06%，其中发明专利申请122件，职务申请425件，分别比上年增长37.1%、47.6%。共实施专利389项，实现产值88607万元，创利税8867万元，创汇1202万美元。共资助授权专利210项。郴州市成功跻身国家知识产权试点城市，当年出台《郴州市人民政府关于加强知识产权工作的意见》（郴政发〔2009〕4号）、《郴州市国家知识产权试点城市工作方案》，启动《郴州市知识产权战略实施方案》制定工作。组织开展“4•26”世界知识产权日和“知识产权宣传周”系列宣传活动，共印发宣传资料93550份、制作宣传展板114块，现场接受群众咨询1000余人次；共举办知识产权培训班16期，培训3336人次。开展2次查处流通领域假冒专利专项执法行动，首次开展市县联动执法，出动执法人员48人次，共查处25个品种的假冒专利商品。新增永兴县为湖南省知识产权示范县、临武县为湖南省知识产权试点县，全市省级知识产权试点示范县达4个。金箭焊料、舜华鸭业列入第四批全国知识产权试点单位。新增金贵、鑫达2家湖南省知识产权优势培育企业，全市总数达4家。重新认定培育24家市级知识产权试点企业。郴州市知识产权局被评为“2009年度全国知识产权执法工作先进集体”，连续第十年荣获“湖南省知识产权工作先进单位”称号。

【科技活动与学术交流】

2009年，举行湖南省科技厅、郴州市人民政府科技工作会商协议书签订仪式暨厅市会商第一次工作会议，建立厅市工作会商机制。举行郴州市政府与中南大学全面合作协议签订仪式，建立市校科技合作机制。资兴、永兴、桂东、汝城、安仁等5个县市区人民政府与中南大学、湖南农业大学、华中农业大学等高校院所签署13个科技合作协议。120多家企业与国内外高校院所建立产学研合作关系。

（郴州市科技局办公室供稿）

永州市

2009年，永州市科技工作全面贯彻落实科学发展观，强化科技管理服务、突出科普教育宣传和科技计划项目申报实施，加强科技创新，充分发挥科技对经济社会的支撑作用。

【科技计划项目与管理】

2009年，永州市对申报的132项市级科技计划项目按照“突出新型工业化、农业产业化、良种良法”原则，共安排市本级科技计划项目37项，经费500万元，其中重点项目16项，一般项目21项。全年争取国家和湖南省各类科技计划45项，无偿资金932万元。其中湖南熙可公司“柑橘酶法脱囊衣技术”项目被列为国家农业科技成果转化资金项目；湖南永达锰业“低品位锰矿深度综合开发利用”项目和湖南大自然制药公司“低酚酸银杏提取物的工艺和产业化”项目被列入国家中小企业创新基金，分别获得70万元无偿资金和70万元贷款贴息；湖南时代阳光制药有限公司"创新中药'便可通片'的临床研究"等三个项目被列为湖南省重点科技计划项目，争取资金45万元。湖南科技学院永大高科"油茶籽深加工"项目被列为湖南省产学研结合创新专项，获150万元资助。

【高新技术产业】

2009年，永州市共实现高新技术产业产值66.3亿元，同比增长24.5%。其中长丰汽车制造股份有限公司永州基地、永州湘江纸业有限责任公司、湖南长丰汽车沙发有限责任公司、湖南熙可食品有限公司、湖南科力电机股份有限公司、湖南时代阳光药业股份有限公司、湖南零陵恒远发电设备有限公司等11家高新技术企业产值突破亿元；湖南时代阳光药业股份有限公司、湖南零陵恒远发电设备有限公司、湖南大自然制药有限公司、湖南希尔天然药业有限公司和湖南省建华精密仪器有限责任公司等9家企业被认定为高新技术企业；在生物医药、机电制造、农产品精深加工等领域突破了一批关键共性技术，形成新的经济增长点。

【农业科技】

2009年，永州市围绕柑桔、油茶、牲猪等特色产业，加大技术攻关力度，全年共安排农业类科技计划项目23项，资金达320万元，争取省以上农业科技计划项目28项，资金600多万元。南方优质水果种苗快繁、果蔬贮藏气调保鲜、油茶远缘杂交育种等技术攻关取得新突破；科技信息"户"联网建设取得新进展，全年共处理电话2823个，组织专家下乡现场服务827人次，建立7个星火科技12396乡镇综合服务部，组织农业技术培训1100人次，免费为群众诊断畜禽、果树和水稻病虫害320多次，接受群众种、养技术咨询近400人次，为农户挽回经济损失近1000万元。科技特派员工作在11个县区全面铺开，永州市选派农业类市级科技特派员10名，安排专项14项，经费22万元；申报并获得湖南省级科技特派员立项2项。开展县区科技进步考核工作，祁阳、东安被评为"全国科技进步考核先进县"，新田、双牌、蓝山、宁远、零陵、冷水滩为全国科技进步考核合格县区；冷水滩区被列为"湖南省可持续发展实验区"。

【科技创新环境建设】

2009年，市委市政府组织召开全市产学研结合创新暨科技表彰大会，四大家主要领导出席会议，市委书记黄天锡、市长龚武生在会上分别作重要讲话，表彰奖励2008年度全市科技进步奖项目和市首届10名优秀专家，出台《关于促进产学研结合的若干实施意见》、《永州市知识产权战略纲要实施方案》，重新修订《永州市科学技术奖励办法》，增设技术发明奖，市科学技术奖励项目由原来的25项增加到30项。

【技术创新与科技成果】

2009年，永州市重视加强企业技术研发平台建设。帮助企业与院所联姻，启动产学研战略联盟和技术研发中心的建设。敬和堂药业公司与湖南省林科院、中南林业科技大学和湖南省中医学院联姻，寻求技术合作，共同组建厚朴产业化技术研发中心。湖南熙可公司被列为国家柑橘加工产业技术创新战略联盟企业。2009年，全市共有27项科技成果通过市级鉴定并获奖，其中技术发明奖2项，一等奖、二等奖各1项；科技进步奖25项，一等奖2项，二等奖8项，三等奖15项。共有7项成果获得湖南省科学技术奖，其中二等奖1项，三等奖6项。

【科普工作】

2009年，永州市科技活动周以"加强自主创新，建设创新型永州"为主题，举办科技创新知识电视抢答赛、科技讲座、技术培训和科技下乡、入厂、入校活动。全年开展科普宣传活动3000余场次，出动宣传车辆300多台，参加活动单位600多家，参加活动人数达40余万人次。

【科技服务】

2009年，永州市高度重视对企业的科技服务，组织中南大学博士一行30多人到永州进行社会实践和企业服务，在新材料、冶金、环境资源等领域造诣颇深的5位博士深入到祁阳科力电机公司、宏泰铝型材、永达锰业、恒远发电设备公司、湘科软磁材料公司等6家企业进行技术服务和社会实践活动，为企业解决生产技术难题；组织6家企业开展返乡农民工科技培训，共培训280人。

【知识产权战略】

2009年，永州市贯彻实施国家、湖南省知识产权战略实施纲要，出台《永州市知识产权战略纲要实施方案》。积极争取和支持湖南天圣公司进入湖南省知识产权优势企业培育工程；双牌县被评为湖南省级知识产权试点县；指导祁阳、冷水滩区通过湖南省知识产权试点县区验收；抓好湖南天圣有机农业有限公司和永州科平钢筋加工设备技术有限公司两家公司首批市级专利实施启动资助项目的组织实施；启动市级专利试点企业认定工作，已完成永州市雅大科技事业有限公司、湖南时代阳光药业股份有限公司、永州湘江纸业有限责任公司等公司的试点企业申报工作。

（永州市科技局办公室供稿）

怀化市

2009年，怀化市科技工作紧紧围绕“科技引领”发展战略，以提高自主创新能力和加速科技成果转化为重点，按照“抓大、促新、强基础”的基本工作思路，充分发挥科技的引领和支撑作用。溆浦、靖州、新晃和洪江市4个县市通过科技进步达标考核，新晃县被列为科技富民强县试点县。

【科技项目与管理】

2009年，怀化市争取省级以上科技项目50项，其中国家级6项，争取无偿项目经费1344万元，创历史新高。怀化市科技局与市财政局联合出台新的《怀化市科技计划项目经费管理办法》，该办法明确计划管理费可占当年项目经费总预算的10%，更好地为开展科技计划管理工作提供稳定、规范的经费保障。“茯苓多糖冻干粉针剂研究”等2个项目列入国家科技部新药创制重大科技专项，实现怀化市承担国家级重大科技专项零的突破，获得经费875万元。“聚乙烯醇系列产品开发”和“冷去杂一步法提取高纯度橙皮甙技术开发”分别列入湖南省级科技兴贸和国际科技合作计划，填补了怀化市在这2个省级专项计划中的空白。全年获得各类科技成果29项，其中国内领先11项，国内先进11项。

【产学研合作】

2009年，怀化市围绕提高自主创新能力和加速科技成果转化，突出科技项目建设，通过加强产学研结合，组织实施一批重点项目和重大科技专项：湘维公司与四川大学合作承担湖南省重大科技专项“超强聚乙烯醇纤维制备关键技术研发”，突破“纺丝原液配制”和“高倍拉伸初生纤维”两项关键技术，申报国家发明专利1项。总投资9.8亿元、用地800亩的“5万吨特种纤维”项目，于12月在怀化工业园开工建设。靖州补天药业公司与湖南中医药大学合作承担的“茯苓多糖冻干粉针剂研究”项目列入国家科技部新药创制重大科技专项，已建成年产50吨茯苓多糖原粉、700万盒茯苓多糖口服液和2亿粒茯苓胶囊生产线，实现销售收入22450万元，创利税4352万元。新晃嘉信食品公司与湖南农大合作承担的国家科技富民强县专项行动计划“20万头湘西黄牛健康养殖及加工产业化”项目，引进先进技术3项，新建精品加工车间2个，研发新产品15个，申报发明专利3项。

【农村科技】

2009年，怀化市市委组织部、市财政局、市农业局、市电信局等9家单位共同制定《利用“12396”信息平台服务“三农”的实施意见》，合力推动以科技“12396”平台为主线、农村党员干部现代远程教育站点为补充、市级部门为龙头、县(市、区)为主体、乡镇为阵地、科研单位为后盾、科技特派员和大学生村官为骨干、龙头企业及各类专业技术协会、专业合作社、科技示范大户为纽带的新型农村科技推广服务体系建设步伐。扎实推行科技特派员工作机制，在全市13个县(市、区)、156个乡镇全面铺开，选派科技特派员553名，其中农业类科技特派员431名，落实科技项目近125项。

建立科技示范村22个，示范户1100户，养殖肉牛18.85万头，养殖户户均增纯收2400元。新晃县形成以嘉信食品公司和老蔡食品公司为龙头的肉牛加工企业24家，实现销售收入30567万元。中方县“时令水果种植推广科技示范基地”项目获得湖南省级科技特色产业示范基地专项新一轮支持。通过与湖南农大合作，引进推广新技术、新成果18项，建立示范基地2个，果农每亩纯收入2630元，人平增收1670元。

（怀化市科技局办公室供稿）

娄底市

2009年，娄底市科技工作贯彻落实科学发展观，深入开展科技创新年活动，积极推进产学研结合创新，加快创新型娄底建设，着力提高企业的自主创新能力，强化科技对经济社会发展的支撑作用，有效化解了金融危机的巨大冲击，取得较好成效。冷水江市被国家科技部评为“全国科技进步先进县市”，娄底市科技局被湖南省人事厅、省科技厅评为“湖南省科技管理系统先进集体”。

【科技创新年活动】

2009年，娄底市按照《娄底市科技创新年活动实施方案》，深入开展科技创新年活动，初步建立多层次、多模式、多渠道的科技投入体系，研发经费支出达到7亿元，同比增长10.5%，占全市生产总值的1.25%。积极推进特种陶瓷、煤矿机械、农业机械、液压油缸等4家特色产业技术中心建设，提升产业技术创新能力。广泛开展“4·26”保护知识产权宣传日活动和科技活动周、送科技下乡、青少年科技创新大赛等宣传活动。9月，市人大常委会第七次会议专门听取和审议市政府《关于全市推进科技创新情况的报告》。10月，市政协专门视察全市科技创新工作。

【高新技术产业】

2009年，娄底市实现高新技术产品增加值35亿元，新增高新技术企业17家。高新技术产业基地建设加快，娄底市被评为“国家高技术产业基地”，市经济开发区被评为“国家高技术产业基地娄底薄板材料深加工产业园”。

【科技计划项目与管理】

2009年，娄底市共争取省级以上科技计划51项，其中国家科技计划15项。围绕产业优势，娄底市积极做好科技重大项目储备，设立创新项目种子工程专项资金，补助项目前期工作，充分调动企业抓项目的积极性。湖南华南煤机科技公司的“新型掘进机产业化”、湖南省冷水江钢铁有限责任公司的“油气输送用优质管线钢关键技术研发”成功申报湖南省科技重大专项。娄底红太阳电源新材料科技公司实施“氧化亚钴项目”后，年新增产值1.4亿元；娄底德胜能源科技发展公司实施“氢氧燃料系列设备产业化开发”项目后，累计生产氢氧燃料设备610台套，新增产值3000余万元。

【科技成果与奖励】

2009年，娄底市完成科技成果鉴定、验收9项，其中通过省级科技成果鉴定3项。加大科技奖励力度，评定市级科技进步奖26项，获湖南省科技进步三等奖5项。首次颁发2名市级科学技术杰出贡献奖，每人奖励20万元。

【产学研结合】

2009年，召开全市产学研结合创新大会，传达贯彻落实湖南省产学研结合创新大会精神；出台《关于促进产学研结合增强自主创新能力的意见》政策文件，加大对产学研结合创新的投入，设立产学研结合专项引导资金，重点支持企业牵头的产学研结合项目；市科技局增设产学研结合管理科，以加强对全市产学研结合创新工作的管理，牵头制订产学研结合长远规划。

2009年，新化映鸿科技有限公司召开产学研结合创新产品推介会，与中南大学建立“新材料产学研基地”，与华菱涟钢等14家企业签订6000万元的合作与产品供销协议，与建设银行湖南省分行签订1.5亿元的授信贷款。12月，湖南省科技厅、娄底市政府共同举办“湖南(娄底)产业技术创新战略联盟成立暨科技成果对接会”，市内75家企业与35所高校、科研院所共签订技术合作项目34项，集中发布科技成果782项、技术需求68项；6家企业与市内3家商业银行签订6个银企合作协议，涉贷金额达1.1亿元；正式成立湖南特种陶瓷和湖南娄底煤矿机电、农业机械、特色生猪等四个产业技术创新战略联盟，参加联盟的企业有33家，高校、科研院所23所。

【科技服务企业】

2009年，娄底市组织动员24个科技小分队、120名科技人员，服务企业27家，申报省级和国家级项目8个，其中有5个项目得到国家立项支持，签订技术合作协议30多项，并申请专利12项。

【招商引资】

2009年，娄底市共引进境内外项目7项，其中外资项目2项，投资千万元以上项目5项，实际到位资金1.5亿元，同比增长106.4%，超额完成全年的指标任务。

【知识产权】

2009年，娄底市共申请专利784件，同比增长29.2%，其中职务发明185件，同比增长219%。扎实推进知识产权优势企业培育工程，培育5家知识产权重点企业。知识产权教育纳入党校干部教育培训体系，在全社会营造了尊重知识产权、保护知识产权的氛围，增强全社会的知识产权意识和科技创新意识。

（娄底市科技局办公室供稿）

湘西自治州

2009年，湘西自治州科技工作深入学习实践科学发展观，充分发挥科技在应对国际金融危机、促进经济平稳较快增长中的支撑作用，积极推进产学研结合创新，大力发展高新技术产业，各项工作取得明显成效。

【科技计划项目】

2009年，湘西自治州组织实施州以上科技计划项目137项，其中国家项目19项、省级项目56项、州本级项目62项；科技部门投入引导资金3400万元，比上年增长9%。州本级科技研发经费达到700万元，比上年增加18.6%。各县市的科技投入都有大幅度增长，其中有5个县市科技研发经费预算突破百万元。州本级科技创新引导专项共归集资金890万元，重点支持37个科技项目，其中重大科技专项5个、重点科技项目7个。

【厅州科技会商机制】

2009年，湘西自治州与湖南省科技厅签署《湖南省科学技术厅、湘西自治州人民政府科技工作会商协议书》，明确共同推进湘西高新技术产业发展，加快新型工业化进程；共同推进湘西农业科技创新，为新农村建设提供科技支撑；共同推进具有湘西特色的区域创新体系建设，提高湘西州自主创新能力等三大科技工作重点。厅州联合实施的锰资源高效清洁生产重大科技专项的调研与论证、天然香辛料无盐陈酿有机香醋技术中试及产业化、甘薯淀粉超强吸水剂技术研究与开发等10项科技项目取得显著成效。

【产学研结合】

2009年，湘西自治州与湖南省内8所高校建立合作关系之后又与北京科技大学、中山大学和中国地质大学相继开展科技合作，产学研合作项目累计超过100项。州政府专门设立产学研结合创新专项，提出3年达到1500万元的目标。2009年州本级安排产学研合作项目18项、资金500万元。湘西自治州委、州政府出台《关于推进产学研合作加快科技成果产业化的意见》、《关于加强产学研合作中知识产权管理的意见》等文件，制定一系列促进产学研结合创新的政策措施，组织中科院“院士专家湘西行”活动，20多位院士专家在湘西自治州开展科普讲座、技术对接和项目合作等系列活动，促成湘西自治州多家企业与中科院专家开展科技合作。组织召开全州产学研结合创新暨科教兴州表彰大会，邀请北京科技大学、中南大学等11所高校、科研院所领导及专家教授共50多人参会，表彰和奖励10个“科教兴州奖”和50名“科教兴州先进个人”。

【高新技术产业】

2009年，湘西自治州高新技术产业实现产值38.96亿元，较上年增加29.4%，出口创汇3693万美元。湖南振兴化工股份有限公司、湖南三鑫锰业科技有限责任公司、花垣恒远植物生化有限责任公司三家公司被认定为高新技术企业。湖南东方锰业集团股份有限公司“无硒高纯电解锰及四氧化三锰关键技术开发项目”经过近两年的攻关，首创焙烧法生产技术，成功解决胶体硅、硫酸根等除杂难题，经科技部组织专家验收，产品质量达到国际领先水平，填补国内空白。

【农业科技】

2009年，湘西自治州加强农村党员远程教育试点和“12396”科技服务平台建设，上传各类信息1780余条，处理有效咨询电话400余次，推广新技术、新品种130多项。组织企业和院所重点开展超级稻、柑桔、猕猴桃、杂交玉米等主要农作物新品种选育和规范化栽培关键技术研究与推广，农副产品深加工技术创新取得较大突破。龙山县超级稻攻“九”项目通过专家测产验收，百亩片平均单产853.6公斤，最高单产达908.2公斤，居全国六个示范县百亩片平均单产第一。

围绕新农村建设和特色产业基地建设，开展农民健康生活、农村能源开发利用等十大科技促进行动。共选派省、州、县(市)科技特派员676名，分别进驻374个乡(镇)、村和企业，组织实施各类科技项目140个，投入项目资金4837.5万元，建立示范基地151个。龙山县科技局被国家科技部授予“全国科技特派员工作先进集体”，泸溪县科技局被评为湖南省科技管理系统先进单位，龙山县、保靖县科技进步考核指标达到科技进步考核有关要求，顺利通过国家科技部复核，进入全国科技进步考核达标行业，实现湘西自治州在全国科技进步考核达标县“零”的突破。

【专利成果】

2009年，湘西自治州共申请专利283件，比上年增长51%；获专利授权118件，比上年增长237%；实施专利技术128件，新增产值28亿元。

（湘西自治州科技局办公室供稿）

第十篇

科技统计

基本情况

湖南省国民经济主要指标

表 1　湖南省国民经济主要指标

项目名称	计量单位	2003 年	2004 年	2005 年	2006 年	2007 年	2008 年	2009 年
全省人口数	万人	6662.8	6697.7	6732.1	6768.1	6805.7	6845.2	6900.20
从业人员数	万人	3694.78	3747.1	3801.48	3842.17	3883.41	3910.06	3935.21
第三产业	万人	942.17	1057.13	1136.48	1221.79	1285.41	1313.78	1345.59
职工人数	万人	500.27	471.07	451.8	450.89	460.02	460.31	474.43
总面积	万平方公里	21.18	21.18	21.18	21.18	21.18	21.18	21.18
耕地面积	万公顷	383.4	381.6	381.6	378.8	378.9	378.94	379.07
生产总值(GDP)	亿元	4638.73	5612.26	6511.34	7493.17	9200	11156.64	13059.69
第三产业	亿元	1958.05	2242	2640.48	3038.4	3657.04	4216.16	5402.81
人均生产总值	元／人	7554	9117	10426	11830	14405	17521	20428
农业总产值	亿元	1452.96	1913.31	2056.24	2131.91	2632.19	3324.51	3207.88
粮食产量	万吨	2442.73	2810.26	2856.55	2901.18	2909.89	2969.35	
其中:谷物	万吨	2070.18	2441.68	2484.99	2676.51	2674.25	2803.38	
固定资产投资总额	亿元	1557	1981.29	2563.96	3242.39	4294.36	5649.69	7695.27
地方财政收入	亿元	268.65	320.63	395.27	477.93	606.55	722.71	847.62
地方财政支出	亿元	573.75	719.54	873.42	1064.52	1357.03	1765.22	2210.44
全部职工工资总额	亿元	494.42	543.76	616.86	715.23	898.65	1057.07	1225.42
全部职工年平均工资	元	9855	11463	13718	16031	19711	23082	26008
农村居民人均纯收入	元	2532.87	2837.8	3118	3390	3904	4513	4910
城镇居民人均可支配收入	元		8617	9524	10505	12294	13821	15084
各级学校单位数								
高等学校	所	73	81	93	96	99	100	115
中等职业教育学校	所			665	677	708	687	682
在校学生数								
高等学校	万人	53.72	62.55	74.24	83.02	89.05	94.86	101.38
中等职业教育学校	万人			70.56	75.78	83.06	76.35	80.87
全部工业增加值	亿元	1484.98	1854.11	2189.91	2694.11	3375.87	4280.16	4819.4
#规模以上工业	亿元	888.56	1198.14	1629.79	2089.06	2853.84	3570.85	4255.03
#大中型工业企业	亿元	571.4	749.01	951.97	1193.29	1546.36	1756.33	2091.48
#大型企业	亿元	339.31	454.45	539.7	711.99	951.89	1084.34	1208.28
中型企业	亿元	232.09	294.56	412.27	481.3	594.47	671.99	883.2
规模以上工业单位数	个	5967	6529	8022	8999	10201	10982	13311
大中型工业企业单位数	个	535	507	618	652	721	683	905
大型企业	个	56	49	58	52	55	56	61
中型企业	个	479	458	560	600	666	627	844
大中型工业企业产值	亿元	1612.97	2050.62	2727.72	3416.44	4460.36	5281.93	6238.41
大型企业	亿元	892.36	1169.52	1449.49	1912.37	2578.6	3044.97	3319.57
中型企业	亿元	720.61	881.1	1278.23	1504.07	1881.76	2236.96	2918.84

湖南省科技概况

表2 湖南省科技概况

	计量单位	2003年	2004年	2005年	2006年	2007年	2008年	2009年
各类专业技术人员数	万人	121.29	120.37	122.91	119.91	104.63	102.7	102.2
其中:自然科学	万人	98.14	99.41	100.49	99.12	91.97	89.89	88.72
社会科学	万人	23.15	20.96	22.42	20.79	12.6595	12.81	13.5
R&D人员折合全时工作量	万人年	2.7	3.14	3.84	4.01	4.49	5.2	6.4
其中:研究人员	万人年			2.89	2.96	3.27	3.71	3.5
财政科技拨款	亿元	9.14	9.61	12.67	14.26	20.67	26.59	29.62
财政科技拨款占财政支出%	%	1.59	1.34	1.45	1.34	1.52	1.51	1.34
三项与事业费占财政支出比重	%	1.24	1.24	1.23	1.27	1.51	1.51	2.61
科技活动经费筹集额	亿元	81.93	96.32	108.51	133.7	159.05	221.07	
科技活动经费支出额	亿元	76.33	96.05	109.06	132.6	159.4	222.2	
R&D经费支出	亿元	30.09	37.04	44.52	53.61	73.54	114.66	153.5
国家级科技进步奖	项	18	19	14	13	13	27	27
国家级发明奖	项	1	3	2	2		4	3
省级科技进步奖	项	147	147	146	147	149	148	171
科技成果鉴定数	项	654	943	1036	986	970	990	982
国际首创或领先	项	24	45	72	74	79	86	81
国际先进	项	121	123	280	264	241	192	228
国内首创或领先	项	309	307	440	439	397	444	428
国内先进	项	220	203	126	97	116	138	132
SCI,EI,ISTP收录论文数	篇	2219	2839	4451	6231			
专利申请数	项	6054	7693	8763	10249	11233	14016	15948
发　明	项	1495	1734	2594	3578	3670	5335	4416
实用新型	项	3124	3301	3730	4142	4158	4872	7075
外观设计	项	1438	2658	2439	2529	3405	3809	4457
专利批准数	项	3175	3281	3659	5608	5687	6133	8309
发　明	项	346	436	533	581	735	1196	1752
实用新型	项	1888	1801	2137	2540	3438	3446	4218
外观设计	项	941	1044	989	2487	1514	1491	2339
技术合同签订项数	项	21315	19370	19473	5651	5988	5514	5257
技术合同签订金额	亿元	36.93	40.83	41.74	45.55	46.09	47.83	44.04
科研机构数	个	290	281	269	266	261	260	257
其中:自然科学	个	157	152	151	150	149	149	148
科技情报	个	13	13	12	11	11	11	12
社会人文	个	3	4	4	4	4	4	4
县　属	个	117	112	102	101	97	96	93
科研机构人员数	人	25419	26141	35664	36924	37864	49794	51800
其中:自然科学	人	21016	21967	31792	33165	34663	46696	48548
科技情报	人	243	240	236	257	237	226	273
社会人文	人	328	346	364	361	367	382	402
县　属	人	3832	3588	3272	3141	2597	2490	2577

人才队伍

各类专业技术人员

表 3 各类专业技术人员 （单位：人）

项目	2008 年			2009 年		
	合计	企业	事业	合计	企业	事业
总计	1027016	118686	908330	1022218	116715	905503
# 高级职称	74542	4795	69747	78892	5717	73175
中级职称	425451	33358	392093	441147	32418	408729
# 女性	447732	41014	406718	443234	40431	402803
# 自然科学	898938	53406	845532	887193	49922	837271
# 社会及人文科学	128078	65280	62798	135025	66793	68232

地方国有企业和集体企业各行业自然科学技术人员

表 4 地方国有企业和集体企业各行业自然科学技术人员(2009 年) （单位：人）

行业	自然科学技术人员	工程技术人员	农业技术人员	科学研究人员	卫生技术人员	教学人员
总计	49922	42999	709	583	4144	1487
农林牧渔业	719	337	295	0	62	25
采矿业	4757	3873	3	0	765	116
制造业	20122	17490	337	272	1391	632
电力、煤气及水的生产和供应业	3399	3315	15	6	40	23
建筑业	10280	9795	1	0	399	85
交通运输仓储和邮政业	5405	4348	5	120	699	233
信息传输、计算机服务和软件业	127	127	0	0	0	0
批发和零售业	529	265	43	1	211	9
住宿和餐饮业	422	373	4	1	38	6
金融业	309	304	1	1	0	3
房地产业	623	618	5	0	0	0
租赁和商务服务业	54	51	0	0	1	2
科学研究、技术服务和地质勘查业	204	204	0	0	0	0
水利、环境和公共设施管理业	655	628	0	0	14	13
居民服务和其他服务业	142	140	0	0	2	0
教育						
卫生、社保和社会福利						
文化、体育和娱乐业	2175	1131	0	182	522	340
其他行业						

成果专利

科技成果

表6　科技成果情况(2009年)　　(单位:项)

项　目	总　计	科研院所	大专院校	工矿企业	其　他
项目基本情况					
登记项目数	982	142	270	381	189
#基础理论成果	71	4	47	4	16
软科学成果	38	21	4	10	3
应用技术成果	873	117	219	367	170
#鉴定项目数	683	73	159	303	148
奖励项目数					
项目计划管理情况					
国家计划项目	141	20	86	29	6
省部计划项目	474	97	149	126	102
计划外项目	373	16	60	221	76
应用成果水平					
国际首创或领先	81	5	29	33	14
国际先进	228	27	87	95	19
国内首创或领先	428	68	67	197	96
国内先进	132	17	36	41	38
其他	4	0	0	1	3

三种专利申请与批准项数

表 7　三种专利申请与批准项数　　（单位：项）

项　目	申请数		批准数	
	2008 年	2009 年	2008 年	2009 年
总计	14016	15948	6133	8309
按种类分				
发明	5335	4416	1196	1752
实用新型	4872	7075	3446	4218
外观设计	3809	4457	1491	2339
按申请人类别分				
个人	7918	7186	3354	3819
大专院校	1049	1333	404	628
科研单位	226	313	129	143
工矿企业	4794	7053	2225	3696
机关团体	29	63	21	23

技术市场

各类技术合同签订及执行情况

表 8　各类技术合同签订及执行情况

项　目	合同数(项)		合同金额(万元)		技术交易额(万元)	
	2008 年	2009 年	2008 年	2009 年	2008 年	2009 年
总计	5514	5257	478274	440423	201989	256951
技术开发合同	2227	2609	116877	187863	95886	161736
技术转让合同	507	360	266344	166496	38785	39655
技术服务合同	2325	2052	88439	78629	62107	48788
技术咨询合同	455	236	6613	7435	5211	6772

科技奖励

湖南省获国家级奖励、湖南省科技进步奖情况

表9　湖南省科技进步奖、湖南省获国家级奖励情况表　　(单位:项)

年度	湖南科技进步奖						国家科技进步奖					国家技术发明奖					国家自然科学奖	国家奖总数
	合计	一等	二等	三等	四等	获奖人数	合计	特等	一等	二等	三等	合计	一等	二等	三等	四等		
1986	253	3	21	101	128	1310												
1987	185		27	81	77	950	39		3	13	23	3			2	1	2 三等	44
1988	278	4	27	123	124	1400	11			5	6	10			6	4		21
1989	278	1	26	111	140	1390	20	2	4	3	11	10		1	4	5	1 四等	31
1990	301	1	44	134	122	1580	20		2	5	13	7			4	3		27
1991	284	3	27	86	168	1440	19		2	7	10	11			5	6	1 四等	31
1992	317	2	32	114	169	1610	24	1	2	7	14	4			1	3		28
1993	352	5	43	133	171	1800	12		1	7	4	8		1	1	6	1 四等	21
1994	329	4	50	165	110	1680												
1995	329	3	49	144	133	1685	20		1	8	11	6			2	4		26
1996	277	2	43	142	90	1410	29	1	1	11	16	3			2	1		32
1997	309	5	57	164	83	1612	16		1	4	11	9		1	4	4		25
1998	333	11	52	167	103	2150	24		2	8	14	5		2	2	1		29
1999	308	6	54	163	85	2054	17			8	9	4			1	3		21
2000	360	11	64	177	108	1899	13		4	9							1 二等	14
2001	150	15	50	85		1038	9		1	8		1		1				10
2002	150	16	49	85		1095	13		3	10		1		1				14
2003	147	18	46	83		1032	18			18		1		1				19
2004	147	15	52	80		1070	19		2	17		3	1	2				22
2005	146	15	52	79		1075	14		1	13		2	1	1				16
2006	147	16	50	81		1151	13			13		2		2				15
2007	149	15	50	84		1117	13		2	11								13
2008	148	15	45	88		1112	27	2	4	19		4		4				31
2009	171	13	54	104		1315	27		3	24		3	1	2				30
合计	5848	199	1064	2774	1811	33975	417	6	39	228	142	97	3	19	34	41	6	520

说明:1979-1984 年湖南省优秀成果 789 项,1980、1982、1984 成果推广奖 196 项目

高新技术

湖南省高新技术发展情况

表 10　全省高新技术发展情况

指标名称	计量单位	2005 年	2006 年	2007 年	2008 年	2009 年
高新技术产值	亿元	1522	1893	2700.6	3529.86	4500.9
新材料	亿元	588	690	1087.1	1418.6	1508.71
高新技术改造传统产业(原先进制造)	亿元	383	509	670.6	998.02	1684.13
电子信息	亿元	127	119	153	173.89	183.86
生物与新医药技术(原生物医药与医疗器械)	亿元	195	266	107.9	149.05	673.97
其　它	亿元	172	309	682	790.3	450.23
高新技术产业化水平	位次	19	21	18	20	20
高新技术产品增加值	亿元	472.9	597.5	840.77	1098.84	1427.09
高新技术产品增加值占工业增加值比重	%			24.91	25.67	29.61
高新技术对经济增长贡献率	%	9.73	11.78	14.9	13.2	17.25
高新区产值	亿元	861.2	1077.9	1393.1	1806.9	2179
高新区利税	亿元	87.5	103.3	172	161.4	255.2

高新技术产品情况

表 11-1　高新技术产品情况(2009 年)

项　　目	企业单位数(个)	高新技术产品总产值(万元)	高新技术产品增加值(万元)
总 计	1580	45008970	14270896
# 高新技术企业	874	33372707	10525978
按登记注册类型分:			
内资企业	1436	41010428	12987617
国有	66	4958133	1540791
集体	16	115195	38600
股份合作	26	259099	82504
国有联营			
集体联营	1	6892	2412
其他联营	1	24718	7739
国有独资公司	26	3281003	980847
其他有限责任公司	421	12392620	3898177
股份有限公司	160	10929072	3346557

续表 11-1　高新技术产品情况(2009 年)

项　　目	企业单位数（个）	高新技术产品总产值（万元）	高新技术产品增加值（万元）
私营独资	69	531165	190984
私营合伙	17	212083	75394
私营有限责任公司	528	6536029	2207263
私营股份有限公司	95	1278655	454125
其他内资	9	317738	116935
港澳台商投资企业	69	1918721	624710
外商投资企业	75	2079821	658569
按企业规模分：			
大型企业	45	18350954	5635604
中型企业	244	11828822	3659068
按高新技术领域分：			
电子信息技术	243	1838643	649278
生物与新医药技术	375	6379672	2089329
航空航天技术	5	264296	84686
新材料技术	391	15087070	4491935
高技术服务业	26	721556	230794
新能源及节能技术	46	1795981	542655
资源与环境技术	37	587469	199335
高新技术改造传统产业	388	16841299	5543414
其他领域	69	1492985	439469

表 11-2　高新技术产品情况（2009 年）

项　目	高新技术产品销售收入（万元）	出口收入（万美元）	高新技术产品利税总额（万元）	利润总额（万元）
总　计	42839875	336555	4716608	2972639
# 高新技术企业	32081434	272785	3592365	2305096
按登记注册类型分：				
内资企业	38986726	294207	4293399	2715450
国有	4725719	43236	370262	201681
集体	113948	0	7060	3246
股份合作	241699	1122	28033	13970
国有联营				
集体联营	6378	0	190	152
其他联营	25090	0	2983	1593
国有独资公司	3186203	80163	290503	166484
其他有限责任公司	11774011	52176	1449391	941235
股份有限公司	10396171	53129	1224303	837212
私营独资	511045	1075	67060	40236
私营合伙	206288	1242	17501	10748
私营有限责任公司	6155066	41620	634951	357350
私营股份有限公司	1171612	20445	144398	96763
其他内资	305469	0	30324	22836
港澳台商投资	1757638	10490	164218	111877
外商投资	2095511	31858	258991	145313
按企业规模分：				
大型企业	17495583	165523	2013646	1237404
中型企业	11231118	96778	1193087	783736
按高新技术领域分：				
电子信息技术	1833722	26688	194231	87954
生物与新医药技术	6050449	17470	598414	378302
航空航天技术	249721	4224	17506	14445
新材料技术	14142695	150425	1217144	691070
高技术服务业	717839	1923	96956	73090
新能源及节能技术	1616521	26140	140477	96277
资源与环境技术	553851	4914	39520	16929
高新技术改造传统产业	16227565	95307	2254331	1515654
其他领域	1447512	9464	158029	98919

研究与实验

湖南省研究与实验发展情况

表 12　湖南省研究与实验发展情况(2009 年)

项目	计量单位	2005 年	2006 年	2007 年	2008 年	2009 年
国内生产总值(GDP)	亿元	6511.34	7493.17	9200	11156.64	13059.69
研究与实验发展经费(R&D)	亿元	44.52	53.61	73.54	114.66	153.5
R&D/GDP	%	0.69	0.72	0.8	1.03	1.18
R&D 活动人员	万人	3.84	4.01	4.49	5.2	6.4

科技支撑

湖南省 R&D 活动人员情况

表 13-1 全省研究与实验发展(R&D)人员情况

	# 有 R&D 活动	R&D 人员折合全时当量合计(人年)	# 研究人员	#①基础研究人员	②应用研究人员	③试验发展人员
总　计	1992	63843	34959	5167	9877	48799
一、按执行部门分组						
科研机构	97	6288.00	3857.00	657.00	1627.00	4004.00
高等学校	86	10027.00	7726.00	4361.00	5237.00	429.00
工业企业	1586	38041.00	19315.00	82.00	1092.00	36867.00
非工业企业	119	6526.00	2853.00	46.00	611.00	5869.00
事业单位	104	2961.00	1208.00	21.00	1310.00	1630.00
二、按实施部门分组						
统计部门	1739	45464.00	22358.00	121.00	2752.00	42591.00
科技管理部门	163	5908.00	3353.00	493.00	1247.00	4168.00
教育管理部门	86	10027.00	7726.00	4361.00	5237.00	429.00
其他	4	2444.00	1522.00	192.00	641.00	1611.00
三、按机构类型分组						
企业	1705	44567.00	22168.00	128.00	1703.00	42736.00
# 工业企业	1586	38041.00	19315.00	82.00	1092.00	36867.00
# 非工业企业	119	6526.00	2853.00	46.00	611.00	5869.00
事业单位	104	2961.00	1208.00	21.00	1310.00	1630.00
其他单位	183	16315.00	11583.00	5018.00	6864.00	4433.00

续表 13-1 全省研究与实验发展(R&D)人员情况

	# 有 R&D 活动	R&D 人员折合全时当量合计(人年)	# 研究人员	#①基础研究人员	②应用研究人员	③试验发展人员
四、按隶属关系分组						
中央	92	14228.00	8873.00	1446.00	2819.00	9963.00
省(自治区、直辖市)	334	24328.00	13937.00	3683.00	5944.00	14701.00
地(区、市、州、盟)	154	5099.00	2588.00	13.00	576.00	4510.00
县(区、市、旗)	112	1419.00	542.00	0	49.00	1370.00
其他	1300	18769.00	9019.00	25.00	489.00	18255.00
五、按地区分组						
(开列到市州)						
长沙市	492	31812	18422	3040	6937	21836
株洲市	161	5305	2863	188	395	4722
湘潭市	84	6667	3489	838	875	4954
衡阳市	142	3778	1815	558	294	2926
邵阳市	57	1109	595	93	83	933
岳阳市	298	4377	2058	88	206	4083
常德市	279	4347	2389	58	234	4055
张家界市	9	86	35	0	0	86
益阳市	182	1415	598	44	54	1317
郴州市	108	1543	809	49	141	1353
永州市	77	1012	370	41	37	934
怀化市	33	504	258	15	18	471
娄底市	32	1283	857	5	509	769
湘西土家族苗族自治州	38	605	401	151	94	360

表 13-2 全省研究与实验发展(R&D)人员情况

指标名称	R&D 经费内部支出合计	#1.日常性支出	# 人员劳务费	2.资产性支出	土建工程	仪器设备	#①基础研究支出	②应用研究支出	③试验发展支出	R&D 经费外部支出合计
总计	1534995	1323326	355477.4	211669.2	35001.7	176667.5	77436	215605.3	1241954	74666.4
一、按执行部门分组										
科研机构	114830.2	90151.0	27863.9	24679.2	12911.3	11767.9	7609.2	27691.3	79529.7	1081.0
高等学校	199917.0	164306.2	30212.8	35611.0	7036.4	28574.6	65805.4	119495.1	14616.8	13012.0
工业企业	1096143.6	964629.2	254511.1	131514.4	11847.6	119666.8	3008.6	48348.7	1044786.3	57107.4
非工业企业	101704.6	88636.4	34956.2	13068.2	2796.3	10271.9	864.1	12141.5	88699.0	3243.5
事业单位	22399.6	15603.2	7933.4	6796.4	410.1	6386.3	148.7	7928.7	14322.2	222.5
二、按实施部门分组										
统计部门	1201348.6	1055088.8	290965.7	146259.8	12137.3	134122.5	3503.9	66605.7	1131239.0	59475.3
科技管理部门	57006.4	45119.0	25061.9	11887.4	5581.0	6306.4	4370.7	12838.5	39797.2	2069.1
教育管理部门	199917.0	164306.2	30212.8	35611.0	7036.4	28574.6	65805.4	119495.1	14616.8	13012.0
其他	76723.0	58812.0	9237.0	17911.0	10247.0	7664.0	3756.0	16666.0	56301.0	110.0
三、按机构类型分组										
企业	1197848.2	1053265.6	289467.3	144582.6	14643.9	129938.7	3872.7	60490.2	1133485.3	60350.9
# 工业企业	1096143.6	964629.2	254511.1	131514.4	11847.6	119666.8	3008.6	48348.7	1044786.3	57107.4
# 非工业企业	101704.6	88636.4	34956.2	13068.2	2796.3	10271.9	864.1	12141.5	88699.0	3243.5
事业单位	22399.6	15603.2	7933.4	6796.4	410.1	6386.3	148.7	7928.7	14322.2	222.5
其他单位	314747.2	254457.2	58076.7	60290.2	19947.7	40342.5	73414.6	147186.4	94146.5	14093.0
四、按隶属关系分组										
中央	414943.1	365171.5	89795.2	49771.6	14923.2	34848.4	45163.2	106834.7	262945.2	30216.3
省(自治区、直辖市)	453477.6	379872.4	87056.5	73605.4	16566.9	57038.5	31994.2	87959.4	333524.3	17861.5
地(区、市、州、盟)	104038.8	90053.1	24839.0	13985.7	687.6	13298.1	43.6	4163.7	99831.5	4174.9
县(区、市、旗)	34596.2	31791.8	6950.2	2804.4	117.3	2687.1	0	2015.6	32580.6	3308.9
其他	527939.3	456437.2	146836.5	71502.1	2706.7	68795.4	235.0	14631.9	513072.4	19104.8
五、按资金来源分组										
政府资金	244449.5									
企业资金	1215806.9									
国外资金	3407.9									
其他资金	71330.7									
六、按地区分组(开列到市州)										
长沙市	751795.29	657113.69	187629.725	94681.7	22079.545	72602.155	60574.695	146799.66	544421.435	41277.905
株洲市	126329	113374.8	32818.5	12954.2	1223.2	11731	879.6	12212.6	113236.8	4772.5
湘潭市	121882.3	105163.7	26344	16718.6	1581	15137.6	5776.2	15353.9	100752.1	6180.5
衡阳市	82488.9	71059.8	12665.2	11429.1	435.7	10993.4	5920.7	3108.1	73460.1	2227.7
邵阳市	18626.7	14477.5	4104.7	4149.2	150.9	3998.3	395.3	143.4	18088	1322.9
岳阳市	140690.5	119103.8	35775.3	21586.7	1151.1	20435.6	596.4	6302.3	133791.8	3742.6
常德市	124425.41	107674.31	22991.175	16751.1	835.655	15915.445	168.305	5832.34	118424.665	8457.695
张家界市	1284.4	976.8	224	307.6	22.7	284.9	0	0	1284.4	36.9
益阳市	32653.9	27447.8	5697.8	5206.1	123.9	5082.2	639.6	1138.6	30875.6	327.4
郴州市	32688.8	27602	7244.5	5086.8	497.6	4589.2	706.6	1108.2	30874	1795.2
永州市	15181.9	12467	4505.5	2714.9	204.7	2510.2	795.8	670.7	13715.3	396.2
怀化市	11055.6	10073.5	2741	982	149.5	832.5	113.9	122.6	10819.1	700.5
娄底市	66293	49202.9	10616.2	17090.2	6441.7	10648.5	155.9	22223.8	43913.4	3012.9
湘西土家族苗族自治州	9599.3	7588.4	2119.8	2011	104.5	1906.5	713	589.1	8297.3	415.5

2009 年湖南省科技大事记

1 月 6 日，湖南省科技厅党组成员、副厅长刘小明率发展计划处相关负责人出席福建省福州市“泛珠三角”区域科技合作第七次联席会议，国家科技部发展计划司巡视员申向茂应邀出席会议。

1 月 9 日，国家科学技术奖励大会在北京隆重举行，湖南省获 19 项国家科技进步奖（其中特等奖 1 项、一等奖 1 项、二等奖 17 项），2 项获国家技术发明奖二等奖。其中由湖南省主持完成的“畜禽氮磷代谢调控及其安全型饲料配制关键技术研究与应用”、“茶叶功能成分提制新技术及产业化”、“高能量密度、高安全性锂离子电池及其关键材料制造技术”、“新型装配整体式楼盖体系的关键技术及其应用”和“绝经后骨质疏松症的发病机理和临床诊断与治疗”等 5 项成果获国家科技进步二等奖；由中南大学邱冠周等完成的“基于微生物基因功能与群落结构分析的硫化矿生物浸出法”项目获国家技术发明奖二等奖。

1 月 11 日，湖南工业设计创新高峰论坛在湖南长沙召开。中国工业设计协会会长朱焘、湖南省人民政府副省长郭开朗在论坛上致辞。湖南省人大常委会党组成员王四连、省人民政府副巡视员魏仁忠及国家科技部有关司局负责人、中央及省委学习活动指导检查组有关成员出席论坛。湖南省科技厅全体厅领导和各处室负责人参加论坛。此次论坛是“芙蓉杯”国际工业设计创新大赛期间的一项重要活动，论坛的主题是工业设计与新型工业化。

1 月 13 日，湖南省社会发展科技工作在岳阳市召开。湖南省科技厅副厅长罗亚军、岳阳市人大常委会副主任易丽珍出席会议并讲话。各市州科技局分管社会发展科技负责人参加会议。会议总结 2008 年全省社会发展科技工作，并部署 2009 年社发科技工作。

1 月 16 日，湖南省人民政府发布第 237 号政府令，公布《湖南省科学技术奖励办法》。该办法在奖项设置、奖励数量、奖励主体、评奖机制等方面对原有办法进行修订。

1 月 16 日，我国拥有自主知识产权的和谐型大功率交流传动六轴（9600 千瓦）货运机车在南车株洲电力机车有限公司下线，标志着湖南省科技重大专项又取得一项丰硕成果。

1 月 23 日，国家科技部批准湖南省建设长株潭沿江国家高新技术产业带。湖南省人民政府为长株潭沿江国家高新技术产业带的建设主体，科技部将积极支持做好相关工作。

2 月 24 日，国家人力资源与社会保障部和科学技术部联合下发“关于表彰全国科技管理系统先进集体、先进工作者的决定”（人社部发 [2008]120 号），湖南省湘潭市科技局、资兴市科技局、龙山县科技局获“全国科技管理系统先进集体”荣誉称号，株洲市科技局长晏首先、娄底市科技局局长封旺洲、怀化市科技局科长粟永炎（侗族）获“全国科技管理系统先进工作者”荣誉称号。

2 月 25 日，湖南省科技厅组织召开传达贯彻全国科技工作会议精神会议。会议由省科技厅党组成员、副厅长梁秋松主持。全国科技工作会议代表、省科技厅党组书记、厅长王柯敏介绍会议概况、传达会议精神，并强调要做好会议精神的贯彻落实。各市州科技局局长，有关高校和科研院所负责人、有关企业代表和厅机关全体干部职工及厅属单位负责人等 200 多人参加会议。

2 月 27 日，2009 年度湖南省科技奖励工作会议在长沙召开。湖南省科技厅副厅长罗亚军出席会议并讲话，他全面总结湖南省近年来科技奖励工作经验，强调科技奖励工作的重要意义，并就湖南省今后的科技奖励工作提出具体要求。湖南省奖励办主任谭立刚对新修订的《湖南省科学技术奖励办法》做详细解说。

2月27日，全省高新技术发展与产业化工作会议在衡阳召开。衡阳市政府顾问、党组成员陈新文出席会议并致欢迎词，副市长肖斌出席会议。湖南省科技厅党组成员、省高新办主任黄新亮率厅高新处、高新办负责人出席会议。各市州科技局、高新区及科技园区分管领导和高新科负责人及重点科技企业孵化器负责人参加会议。

3月6日，湖南省科技厅出台《湖南省科技重大专项管理办法》和《湖南省科技重大专项管理工作流程》，进一步加强对重大专项的顶层设计，对重大专项立项实行“四评三审”制，明确执行处室全过程跟踪管理和项目办监督管理相结合的相互独立、相互制约的“两条线”管理体制，确保重大专项各项目标的完成。

3月10日，湖南省科技厅党组书记、厅长王柯敏主持召开电动汽车产业发展领导小组办公室第一次会议。省电动汽车产业发展领导小组副组长、省政府科技顾问曾庆炎，省电动汽车产业发展领导小组办公室副主任、省财政厅副厅长王新国，省经委副主任卓群，省高新办主任黄新亮出席会议。长株潭三市主管公交市的领导及相关部门负责人以及南车时代电动、长丰集团等企业负责人参加会议。

3月18日，湖南省科技信息工作会议在长沙召开。湖南省科技厅党组成员、副厅长刘小明出席会议并作重要讲话，湖南省科技信息局局长、省科技信息研究所所长肖雪葵在会上作“强化科技信息公益服务，促进科技经济和社会全面发展”的工作报告。会议对湖南省科技信息工作先进集体、先进个人进行了表彰奖励。

3月18日，国务院正式批准湘潭高新技术产业园区升级为国家高新技术产业开发区，定名为湘潭高新技术产业开发区，成为全国第55个国家高新区，是国家上世纪90年代初设立53个国家高新区以后个案审批的第2个国家高新区，也是湖南省第3个国家高新区。

3月19~23日，由国家科技部、国家发展改革委等13个部门联合主办的2009中国国际节能减排与新能源科技博览会在北京举行。湖南省中国电子科技集团公司第四十八研究所、中南大学等企业和单位的16个项目在博览会上集中亮相，充分展示近年来湖南省节能减排和新能源领域的技术成果，这些技术成果大多数是通过省科技计划项目重点支持取得的。

3月27日，湖南省节能减排科技重大专项“锌冶炼废水电絮凝深度处理技术”示范工程通过验收。这是湖南省自2008年正式启动以来首个建成并投入运行的示范工程，标志着湖南省节能减排科技重大专项实施取得阶段性成果。

3月28日，受科技部委托，湖南省科技厅在郴州永兴县组织召开郴州永兴国家稀贵金属再生利用产业化基地认定论证会，专家组一致同意通过论证。

4月3日，全球著名农业科技公司–美国孟山都公司与湖南大学签定一项为期四年的战略科技合作协议，双方同意就农作物高产、抗旱及高氮利用等优良性状的基因等开展合作研究。湖南省科技厅党组成员、副厅长刘小明出席签字仪式。

4月7日，湖南华强电气有限公司在上海举行新闻发布会，专题推介具有完全自主知识产权、居世界领先水平的车用变频冷暖空调。国内外车用空调研发、检测专家及用户代表共100多人出席会议。

4月8日，第九届世界客车博览亚洲展览会

在上海新国际博览中心隆重开幕。湖南省南车时代电动汽车股份有限公司携两款最新设计的混合动力城市公交车参展，荣获组委会颁发的“2009 年中国原创巴士大奖”。

4 月,湖南省自然科学基金委员会设立创新研究群体基金并发布申报指南和申请通知。创新研究群体基金主要资助以省内优秀中青年科学家为学术带头人和骨干的研究群体，在省内开展与湖南省经济、社会和科技发展密切相关的基础研究和应用基础研究。

4 月,湖南省自然科学基金委员会与湘潭市人民政府共同设立了湘潭联合研究基金。该联合基金经费由湖南省自然科学基金委员会和湘潭市人民政府按 3:7 的比例共同投入，这是整合省市优势创新资源，推动地方发展的一次重要尝试。

4 月 17 日，湖南高新投与湖南海利惠霖生命科技有限公司在长沙正式签署投资合作协议。由湖南高新投出资 1000 万元入股湖南海利惠霖生命科技有限公司并将此公司更名为湖南惠霖高新生命科技有限公司，支持人类干细胞技术工程。

4 月 18 日,“2009’资源节约、环境友好国际合作高层论坛”之“节能减排与企业责任”分论坛在湖南国际影视会展中心酒店举行。湖南省人民政府副省长郭开朗、中国工程院副院长杜祥琬院士、中国节能协会节能服务产业委员会会长沈龙海、湖南省科技厅厅长王柯敏出席会议,包括联合国相关机构官员、世界 500 强企业领袖等在内 240 多人参加论坛。论坛围绕节能减排与碳交易、政府责任与企业责任两个大主题开展演讲和讨论。

4 月 19 日，“2009’湖南省节能减排新技术新产品推广大会”在长沙举行。80 多项国内外成熟、适用、先进的节能减排新技术在本次大会上亮相。湖南省 CDM 项目服务中心成为本次推广大会的亮点。该中心开发的 CDM 项目有 80 多个，在联合国 EB 成功注册 23 个，在全国省级 CDM 服务机构中处于领先地位。

4 月 20 日，湖南省动员科技人员深入基层服务企业活动启动仪式在长沙隆重举行。启动仪式由湖南省科技厅党组书记、厅长王柯敏主持。湖南省人民政府副省长郭开朗在启动仪式上作重要讲话并向科技小分队代表授旗。省教育厅、省经委、省国资委、省科协等有关省直单位领导和中南大学、湖南大学、长沙矿冶研究院、长沙矿山研究院等 20 余家高等院校、科研院所的校长、院长和科技小分队代表参加仪式。全省动员近万名科研人员深入基层,服务企业。

4 月 27~28 日,国家科技部制造业信息化科技工程中南片区工作会在长沙召开。会议总结国家科技支撑项目“制造业信息化科技工程”重大专项 2008 年的工作成绩,布署 2009 年的工作重点，提出 “十二五” 制造业信息化建设的构想。

4 月 29 日，湘潭国家高新技术产业开发区启动暨发展动员大会在湘潭高新区举行。科技部党组书记、副部长李学勇,副部长杜占元,湖南省委副书记、省人民政府省长周强,副省长郭开朗,省科技厅厅长王柯敏,湘潭市委书记彭宪法等部、省、市领导出席大会,省市有关党政机关、高等院校、科研院所、企业单位的代表近 1000 人参加大会。科技部党组书记、副部长李学勇和副部长杜占元共同为湘潭国家高新技术产业开发区授牌。

4 月 30 日,国家科技部副部长杜占元考察湖南省三一重工和中联重科等企业。湖南省人民政府科技顾问曾庆炎，湖南省科技厅党组成员、省高新办主任黄新亮陪同考察。杜占元表示,面对全球金融危机,湖南高新技术企业表现出较强的应对危机的能力，要进一步加大对高新技术产业的支持，不断提升其自主创新能力和市场竞争力。

5 月 4~7 日，湖南省人大副主任肖雅瑜、省政府顾问唐之享率省人大教科文卫委员会就湖南省高新技术产业发展情况到长沙、岳阳进行调研。湖南省科技厅党组书记、厅长王柯敏，厅党组成员、省高新办主任黄新亮等陪同调研。

5 月 11 日，湖南省科普领导小组召开工作会议。会议由副省长郭开朗主持。省委副书记、省科普领导小组组长梅克保出席会议并作重要讲话。省科普领导小组办公室主任、省科技厅总工程师姜郁文汇报了 2008 年全省科普工作情况和 2009 年科普工作重点。

5 月 12 日，2009 年湖南科技活动周新闻发布会在长沙举行。发布会宣布 2009 年湖南省科技活动周于 5 月 16 日至 22 日在全省范围内举行。并通报活动周的安排。

5 月 19 日，湖南省科技厅、湖南证监局联合主办的湖南省高新技术企业创业板上市培训班暨湖南省高新技术企业创业板上市培育基地授牌仪式在湖南省技术产权交易所举行。

5 月 20 日，湖南省人大常委会第十一届委员会第八次会议专题审议湖南省科技厅代表省人民政府作《关于全省科技创新及高新技术产业发展报告》。省人大常委会对近几年全省科技创新与高新技术产业发展情况给予充分肯定。

5 月 20~21 日，湖南省科技厅组织召开 2009 年度湖南省科技重大专项综合评审会。来自省内行业管理专家、技术专家，以及清华大学、同济大学的有关专家对 15 个备选重大专项的可行性研究报告从专项的总体设计、重大技术创新、组织实施、发展潜力等组织实施层面进行综合性评价。

5 月 31 日，湖南省科技厅、郴州市人民政府科技工作会商协议书签订仪式暨厅市会商第一次工作会议在长沙举行。湖南省科技厅党组书记、厅长王柯敏和郴州市委副书记、市长向力力签署《湖南省科学技术厅、郴州市人民政府科技工作会商协议书》。

6 月，2009 年度第一批科技型中小企业创新基金项目公布湖南省获立项 156 项，获支持金额 9970 万元，分别占全国的 5.98%和 5.72%，位列全国第五位和第六位，居中部六省之首。

6 月 6 日，湖南省促进产学研结合工作协调领导小组召开第一次会议。湖南省委副书记、省促进产学研结合工作协调领导小组组长梅克保出席会议并作重要讲话。会议听取湖南省科技厅厅长、湖南省促进产学研结合工作协调领导小组办公室主任王柯敏关于全省产学研结合创新大会精神的贯彻落实情况以及 2009 年产学研结合工作要点的汇报，审议湖南省促进产学研结合工作协调领导小组及其办公室工作职责、成员单位职责分工和《湖南省产学研结合专项引导资金管理办法》。

6 月 11 日，湖南省委副书记梅克保、副省长郭开朗、省政协副主席龙国键率省委办公厅、省发改委、省教育厅、省科技厅、湘潭大学及中联重科负责人专程到国家科技部汇报关于牵头组建国家工程机械、风电装备产业技术创新战略联盟及依托中联重科组建国家混凝土机械工程技术研究中心的情况。国家科技部党组书记、副部长李学勇，副部长杜占元及高新司、计划司、政策司、农村司负责人听取汇报。

6 月 11 日，国家科技部技术创新配套政策培训班在长沙举办。国家科技部政策法规与体制改革司副司长李普出席会议，湖南省科技厅党组成员、纪检组长杨薇致欢迎辞，厅党组成员、总工程师姜郁文主持开班仪式，来自内蒙古、天津、山西、辽宁、安徽、河南、湖北、广东、重庆、云南、贵州 11 省（区、市）的科技厅（科委）有关负责人、市县科技局长、创新型企业代表及湖南省 14 个市州科技局分管局长、政策法规科科长、创新型试点企业和国家级、省级高新区产业发展局负责人共计 100 多人参加培训。

6 月 13 日，湖南省人民政府与天津大学签署战略合作协议。双方将在石油化工、精细化工、清洁能源、精密仪器、重型机械制造、电子信息、自动化控制、新材料、城市规划与建筑设计等领域加强重大科技项目合作。

7 月初，湖南省高新技术产业发展领导小组发布《湖南省高新技术产业五年行动计划(2008-2012 年)》(湘高技组字[2009]1 号)。《行动计划》重点组织实施新兴产业规模化、优势产业高端化、特色产业集群化 3 大专项行动计划，推进风电装备、轨道交通装备、太阳能光伏、工程机械、高性能金属材料 5 个千亿产业工程以及电动汽车等 10 个百亿产业工程，培育壮大 100 家示范高新技术企业，推进沿湘江高新技术产业带以及 5 个重点园区、10 个特色产业基地建设，提高产业创新能力、整体规模和综合竞争力。

7 月 16 日，湖南省科技厅组织召开长沙高新区建设国家创新型科技园区建设方案论证会。专家组一致通过建设方案，这预示着长沙高新区将在未来几年逐步建成以知识和技术等创新要素驱动经济增长的创新型科技园区。

7 月 17 日，湖南省科技厅组织有关专家对 2007 年部省合作重大软科学项目《中部地区创新型城市群建设研究-以湖南省“3+5”城市群为例》进行验收评审。专家组一致通过评审验收，评定该课题达到国内同类研究的领先水平。

7 月 28 日，2009 年湖南省科技形势分析会在省科技厅召开。湖南省科技厅党组成员、副厅长梁秋松主持会议，厅党组书记、厅长王柯敏做重要讲话。全体厅领导、各市州科技局局长、办公室主任、计划科长，长沙、株洲、湘潭、衡阳、益阳高新区管委会负责人，厅机关各处室(中心、办、站)和二级单位主要负责人参加会议。

8 月 5 日，我国首条汽车动力电池能量包全自动规模生产线产品在湖南科霸汽车动力电池有限责任公司成功下线。

8 月 11 日，湖南省新材料产业协会正式组建成立，并召开第一次会员代表大会。在协会第一次会员代表大会上，107 家会员单位通过协会章程，聘请湖南省人大常委会副主任陈叔红担任协会名誉理事长。大会选举湖南科力远高技术控股有限公司董事长钟发平为理事长。中南大学校长、中国工程院院士黄伯云受聘为协会专家委员会主任。

8 月中旬，由湘电集团承担的湖南省科技重大专项市州引导专项即“一把手工程”项目研制成果“SF33900 型 220 吨电动轮自卸车”在湘潭市通过了中国机械工业联合会、湖南省经济委员会共同组织的新产品鉴定。鉴定委员会认为，我国首台拥有自主知识产权的 220 吨电动轮自卸车的研制成功，提升了国产矿用自卸车的制造能力，填补了国内超大吨位矿用电传动自卸车的空白。

9 月 9 日，全国科技行政管理系统节能工作培训暨第六次后勤工作座谈会在长沙召开。

9 月中旬，湖南省人民政府法制办通报了全省贯彻实施《湖南省行政程序规定》(以下简称《规定》)的督查情况，省直 33 个部门综合比较，湖南省科技厅成绩突出，排名第一。

9 月 23~24 日，湖南省政府督查室督查了长株潭三市节能与新能源汽车 2009 年示范推广 500 台混合动力公交车的落实情况。从督查情况看，节能与新能源汽车运营情况良好，车辆出勤率和满越率分别达 98%和 96%以上，示范推广效果显著，提升了长株潭城市公交的整体形象，取得了良好的社会反响。

9 月 23~26 日，2009 年全国科技扶贫交流会在湖南吉首召开。科技部农村司副巡视员、23 届大别山扶贫团团长曹一化，科技部战略研究院副院长、23 届陕北扶贫团团长郭铁成出席会议并讲话。科技部人事司、机关党委、驻部监察局、农村司以及农村中心相关人员，江西、河南、湖北、陕西、贵州、四川、湖南的省科技厅科技扶贫工作负责人，江西井冈山、湖北英山、陕北佳县等 9 县科技局负责人以及科技部第 23 届科技扶贫团全体成员共 40 余人参加会议。湖南省科技厅党组成员、副厅长杨治平出席会议并作典型发言。

10 月 9~10 日，中国食品产业竞争情报国际高峰论坛在长沙隆重举行。中国民族贸易促进会执行会长贺黎明、刘延宁，执行副会长、秘书长蓝军，湖南省政协副主席、中国工程院院士袁隆平，法国工商联合会经济情报分会主席、国际经济情报协会主席 Philippe Clerc（菲利普·克莱尔）先生，湖南省科技厅党组书记、厅长王柯敏等国内外嘉宾及食品企业代表 200 余人参会。会议由湖南省科技厅党组成员、副厅长杨治平主持。会上，法国工商联合会与湖南省竞争情报中心举行签约仪式。

10 月 12 日，湖南省科技成果与技术市场协会第二届会员大会在长沙召开。来自企业、科研院所、高等院校、科技中介服务机构等 101 个会员单位代表参会。

10 月 18 日，2009 中国（长沙）科技成果转化交易会在长沙高新区麓谷会展中心隆重开幕。这是继 2007、2008 科交会成功举办后，由国家教育部、国家科技部、中国科学院、湖南省人民政府主办，科技部火炬高技术产业开发中心、湖南省科技厅、湖南省教育厅、长沙市人民政府承办的第三届全国科技成果转化盛会，共有 5000 余名各级领导、院士专家、海外学者、技术人员及高新技术企业、科技中介机构、投融资机构代表参加会议，1491 项科技成果在大会展示、推介和对接，50000 人次参观成果展，倍受海内外关注。

10 月 12 日，湖南省委书记张春贤对省科技厅呈送的有关湖南省竞争情报工作的汇报作出重要批示：“重视竞争情报，工作开展的卓有成效，效果已经显现。望加强人才培养，提高服务质量，加强对外交流，取得更大成绩。”

10 月 20~22 日，2009 年国家自然科学基金中南地区管理工作研讨会在长沙召开。来自湖南、湖北、广西、广东、河南和海南六省以及重庆等 125 个依托单位的 250 多位代表参加了会议。国家自然科学基金委员会副主任孙家广院士、湖南省科技厅副巡视员唐峰、湖南大学副校长曹一家等出席会议并讲话。

10 月 29 日，我国第一台国家千万亿次超级计算机“天河一号”在国防科技大学面世。该机拥有每秒钟 1208 万亿次的峰值速度和每秒 563.1 万亿次的 Linpack 实测性能，居中国超级计算机之首，使我国成为继美国之后世界第二个能够研制千万亿次超级计算机的国家。

10 月 30 日，国家科技部第三届“科技兴藏人才建设培训班”在湖南长沙举行开学典礼，来自西藏自治区 7 个地市科技管理系统的 43 名学员，将在长沙接受为期近 1 个月的培训。这是湖南连续第二次承办该培训班。

11 月 10 日，中国石油化工股份有限责任公司催化剂分公司云溪基地建设奠基典礼在岳阳云溪精细化工高新技术特色产业基地隆重举行。这是我国最大的加氢催化剂、连续重整剂生产基地。

11 月中旬，湘阴、安化、衡山、安乡、新晃、桑植、株洲 7 个县获国家科技富民强县专项行动计划立项，争取国家科技经费 1080 万元。

11 月 17 日，由国家科技部、湖南省人民政府、欧盟委员会联合主办，湖南省科学技术厅、法国国家地质调查局共同承办的“2009 年亚欧水资源管理国际论坛”在长沙隆重开幕。来自亚欧 20 多个国家的有关政府部门、科研机构和大学的代表、湖南省人民政府相关部门的主要负责人以及参加“2009 年国际水资源利用与保护新技术、新成果展”部分参展单位的代表 200 余人出席会议。

11 月 16 ~18 日，湖南省人大教科文卫委员会在永州、娄底两市组织召开全省科技创新及高新技术产业发展研讨会。来自全省 14 个市州人大常委会及教科文卫委员会、省直有关部门、市州科技局负责人及部分高校、高新技术企业负责人近 200 人参加研讨会。

11 月 24 日，湖南省产学研结合创新督查组召开省产学研结合协调领导小组成员单位工作汇报会。会上，各成员单位相关负责人向督查组汇报了本单位贯彻落实全省产学研结合创新大会精神和湘发[2008]14 号文件的情况。湖南省科技厅党组成员、省高新办主任、省产学研结合领导小组办公室副主任黄新亮代表省产学研结合领导小组办公室和省科技厅两个方面作工作汇报。

11 月 25 日，湖南省科技重大专项“城市生活垃圾和电子废物综合利用关键技术研究与工程示范”项目协调会议暨示范企业授牌仪式在湖南大学举行。湖南省科技厅向承担专项实施任务企业授予“湖南省科技重大专项示范企业”牌匾。

11 月 27 日，湖南省科技保密与政务公开培训会议在邵阳市举行。

11 月 27 日，湖南省科技重大专项“株洲清水塘典型冶化工业区固体废物梯级利用产业链关键技术开发”示范企业的挂牌仪式在株洲隆重举行，湖南省科技厅向湖南智成化工有限公司和中盐株化集团有限公司分别授予“湖南省 2009 年科技重大专项示范企业”的匾牌。该专项将助推株洲清水塘循环经济快速发展。

11 月 27 日，由科技部火炬中心主办、长沙高新技术创业中心承办的 2009 国家科技企业孵化器统计工作培训会在长沙召开。来自全国 228 家国家级科技企业孵化器、申请 2010 年国家科技创业服务中心有关负责人以及各省、市孵化协会工作人员共 300 多人参加会议。

12 月 3 日，湖南省人民政府出台《关于发挥科技支撑作用促进经济平稳较快发展的实施意见》（湘政发[2009]40 号）。

12 月 5 日，中国科学院公布 2009 年新当选的 35 名院士名单，湖南省科技领军人才、国防科技大学于起峰榜上有名。于起峰院士在光测实验力学条纹图像分析研究方面，创立了一套比较完整的干涉条纹处理理论体系，开辟了光学干涉条纹图处理理论应用的新途径。

12 月 8 日，湖南省科技厅与澳门科学技术委员会正式签署科技合作协议，湖南是继广东之后澳门与内地开展合作的第二个省份。

12 月 13 日，湖南省 2009 年第一批技术先进型服务企业认定评审会在省科技厅召开。湖南省科技厅、商务厅、财政厅、国税局、地税局、发改委等单位相关处室负责人，以及国防科技大学、中南大学等单位的技术、财务专家参加此次评审会议。经长沙市推荐，经专家评审、部门研究确定，长沙博赛软件有限公司等 8 家企业顺利通过评审，进入公示阶段。

12 月 16~17 日，国家科技部副部长曹健林率中央党校省部级干部进修班调研组一行来长沙，考察调研长沙国家高新区高新技术企业和高校，就发挥自主创新和人才支撑的核心作用，促进产业结构调整等课题开展调研。湖南省科技厅厅长王柯敏、省高新办主任黄新亮、副厅长贺修铭、长沙市政府领导陪同调研。

12 月 24 日，国家科技部与湖南省人民政府部省工作会商第四次会议在长沙举行。全国政协副主席、科技部部长万钢，湖南省委副书记、省长周强出席会议并发表重要讲话。国家科技部对湖南部省会商工作支持经费 2.5 亿元，湖南省将其纳入省科技重大专项、重点项目和重点工作支持，部省互动推进各项工作任务的落实。

12 月 24~26 日，2009 年度湖南省自然科学基金管理工作会议在湖南科技大学召开。来自全省 40 多所高校和科研院所的 80 多位基金管理人员参加会议。

12 月底，国家科技部公布 2007-2008 年度全国县（市）科技进步考核结果，湖南省通过考核的县（市、区）由上届的 55 个上升为 90 个，被确认为先进县（市、区）的由 21 个上升为 33 个。通过科技进步考核的地级市由上届的 3 个上升为 6 个，其中 5 个被评为先进。

湖南中烟工业有限责任公司

CHINA TOBACCO HUNAN INDUSTRIAL CO., LTD

公司办公大楼

湖南中烟工业有限责任公司前身系成立于2003年5月的湖南中烟工业公司，隶属国家烟草专卖局（中国烟草总公司）。2006年11月，湖南中烟工业公司与所属长沙卷烟厂、常德卷烟厂合并重组为一个企业法人，2007年11月更名改制为湖南中烟工业有限责任公司。公司主要经营范围：烟草制品的生产、销售，烟用物资、烟机进口和卷烟出口业务，与烟草制品生产销售相关的其他生产经营，多元化经营，资产经营等。

目前公司现有员工14000余人，总资产370亿元，年产规模400余万箱，本部设有20个部、室、中心，直辖6个不具有企业法人资格的卷烟生产厂、3个控股烟叶复烤加工企业、1个控股烟草薄片加工企业，持有河北白沙烟草有限责任公司50%的股权。6个卷烟生产厂分别是湖南中烟工业有限责任公司长沙卷烟厂、常德卷烟厂、郴州卷烟厂、零陵卷烟厂、四平卷烟厂、吴忠卷烟厂，公司对卷烟生产厂实行内部核算和目标管理。公司技术中心拥有科技人才200余人，其中博士、高级职称、硕士等高级人才60余人，拥有专利165项，获得国家科技进步奖1个，省部级科技进步奖4个。2008年，“长沙卷烟厂特色工艺技术研究与应用”项目被评为中国烟草总公司科学技术进步一等奖。2008年，湖南烟草工业全年生产卷烟329.6万箱（含出口），同比增加12.16万箱，增长3.83%；实现销售收入398.69亿元，同比增加48.58亿元，增长13.88%；实现税利325.14亿元，同比增加45.27亿元，增长16.18%。公司主要卷烟品牌有“芙蓉王”、“白沙”、“芙蓉”。2008年“白沙”品牌销售突破240万箱，位列全国卷烟单品牌产销量第一，“芙蓉王”销量突破了53万箱，继续保持全国高档卷烟产销量领先地位。2009年第六届世界品牌大会暨中国500张最具价值品牌发布大会公布的榜单中，芙蓉王、白沙两大品牌分别以品牌价值288.39亿元和265.16亿元位列中国品牌第29位和36位。公司与菲莫公司（PM）的品牌生产、销售合作项目已实施，“万宝路”在长沙烟厂投入生产，国际化自主品牌“HARMONY”在阿根廷投入生产，国际化运作平台初步搭建。

今年上半年，在市场环境重大变化和卷烟税收政策重大调整的背景下，湖南烟草工业仍然保持了较好发展，主要经济指标总体好于预期。1～6月，湖南烟草工业生产卷烟174.07万箱（内销173.00万箱，出口1.07万箱），同比增加5.15万箱、增长3.05%；实现销售收入225.55亿元，同比增加21.74亿元，增长10.66%；实现税利185.11亿元，同比增加14.15亿元，增长8.28%；“白沙”自有产量96.63万箱，同比增加7.79万箱，增长8.77%；“芙蓉王”产量31.28万箱，同比增加3.53万箱，增长12.74%。

地址：长沙万家丽路188号（410014）

湖南斯德尔重工科技有限公司

HUNAN STELLAR HEAVY TECHNOLGY CO,.LTD

总经理肖雄

湖南斯德尔重工科技有限公司是一家集科研、生产、销售、技术节能改造(EMC合同能源管理)及工程总承包于一体的生产型股份制企业，拥有3家全资子公司，其中长沙特种泵分厂专门从事各种特殊泵类产品及高效节能水泵的研发和生产，通过了ISO9001质量体系认证。公司致力于高效节能水泵的研发和制造；公司拥有国际最先进的水力模型，通过CFD（Computational Fluid Dynamics计算流体动力学）的应用及反复试验验证，已成功研制出新一代高效节能泵；公司独创的“3E节能技术”被列为长沙市科技计划重点项目并获得国家科技研发资金支持，同时公司也被评为“国家高新技术企业”。实践证明，公司用“3E节能技术”为客户进行节能改造，使泵节能平均达15%以上，得到客户的广泛赞誉。公司于2008年10月成为“长沙市能源综合协会会员”，公司所生产的高效节能泵被评为长沙市节能推荐产品，公司还先后获得“知名品牌”、“AAA级信用企业”、“消费者信得过的单位”、“2008年度重合同守信用单位”、“湖南省质理信用A级企业”等荣誉称号。

公司技术力量雄厚，与国内知名院校如中南大学、湖南大学、江苏大学、广西大学等建立了长期的技术合作关系。公司有专业从事水力机械研究和开发的技术队伍，并获得国家专利局的多项专利授权。公司生产的高效节能泵已广泛应用于冶金、化工、钢铁、石化、城市供水等行业。由于产品运行稳定、噪音低、节能效果显著，深得广大用户好评。公司以“品质赢得市场、诚信拥有市场、创新引领市场”作为企业发展理念，以“义利兼顾、诚信与共”作为企业宗旨，坚持“企业自主研发、科技创新”的产品战略，力争成为中国甚至世界的“节能水泵专家”。

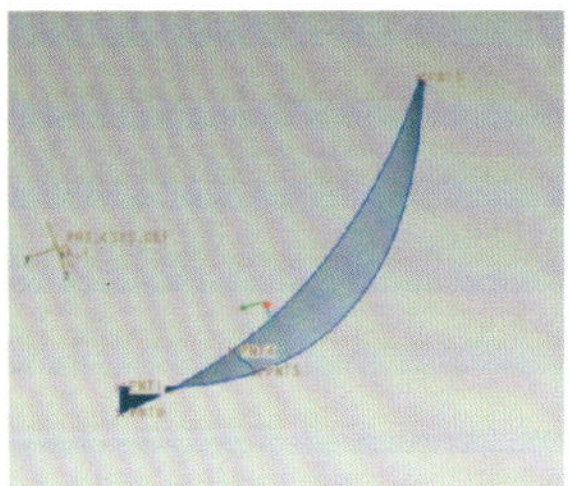

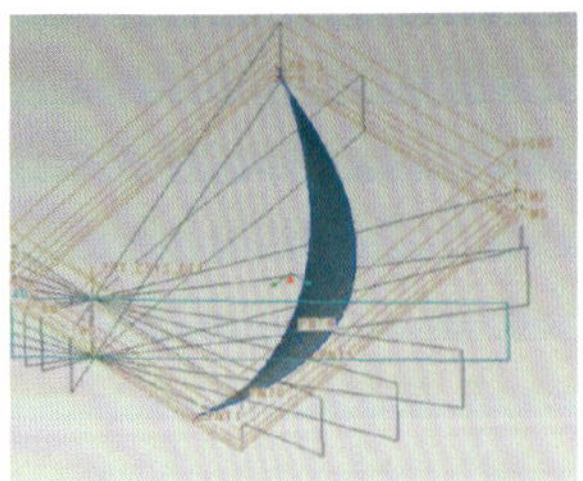

优异的水利模型图

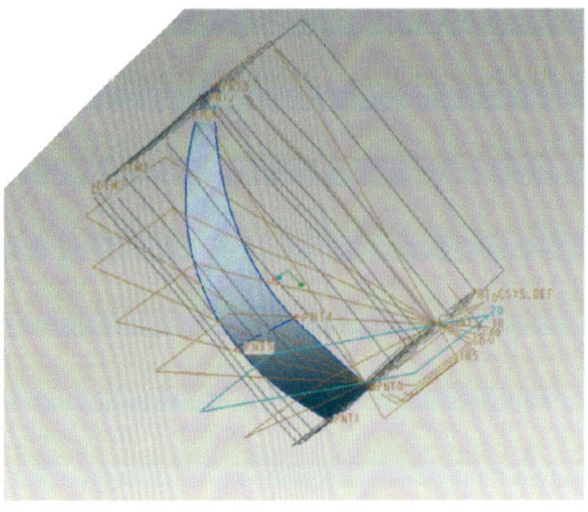

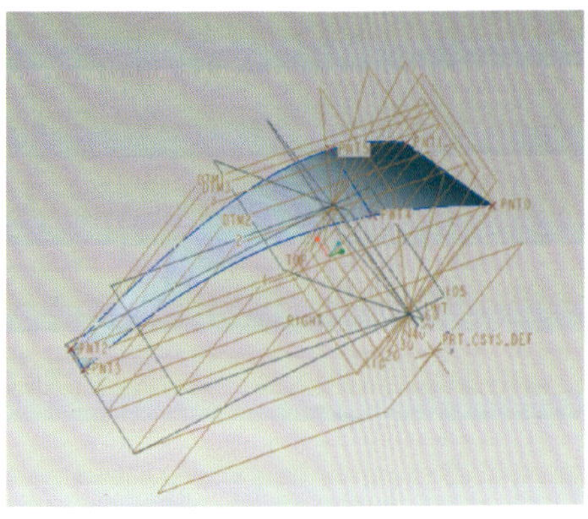

地址：长沙市芙蓉中路三段580号华菱蓝调国际11楼1112室　邮编：410005
电话：0731-85380333 传真：0731-85217288　E-mall:hnstell@163.com 网址:www.hnstellar.com

永州湘江纸业有限责任公司

永州湘江纸业有限责任公司始建于1958年，2001年10月并入泰格林纸集团，为湖南省高新技术企业，是一家集制浆造纸、供热发电、碱回收、给排水、资源综合利用的制浆造纸企业，为国内最大的薄型包装纸企业。

公司通过ISO9001:2000质量、ISO14001:2004环境和ISO18001:1999职业健康安全的“三合一”管理体系认证，先后获得“湖南省企业管理优秀奖”、“三湘环保世纪行特别荣誉奖”、“国际认证联盟管理优秀奖”；2009年获“湖南省质量A级企业”、“湖南省高新技术企业”、“全国精神文明建设工作先进单位”等系列荣誉称号。

公司主要产品有精品牛皮纸、精品复合原纸、纸袋纸、彩码贴纸、高温热压垫层纸、伸性纸袋纸、湿帘纸等中高档包装纸与纸板系列产品。产品畅销全国22个省市、自治区，出口韩国、东南亚、中东、非洲及港、澳、台等地区，产销率连续七年达100%。2008年年底至2009年初成功开发了50g/m2食品包装纸、烟花引线纸、电子拉条纸、防锈纸、砂纸原纸新产品。食品包装用纸、湿帘纸获湖南省新产品证书，并获得全国第一张食品包装用纸生产许可证证书；2009年，高温热压垫层纸、复合原纸复合性能与防滑性能的生产方法获国家发明专利权；伸性纸袋纸和精品牛皮纸被湖南省科技厅授予高新技术产品；精品牛皮纸、高温热压垫层纸获2008年省科技创新金奖。

公司作为永州市支柱造纸企业，在市委、市政府的正确领导下，立足以先进适用的高新技术改造传统产业，大力实施技术改造、科技兴厂，依靠科技进步与创新，使公司工艺技术装备实现了跨越式发展。2008～2009年在面对国际金融危机的情况下，主动出击，2009年公司完成纸和纸板产量近20.2万吨，实现工业产值8.73亿元、税金6980万元，利润10583万元；公司在造纸领域中拥有先进的生产技术，公司开发了DDS置换蒸煮、高浓封闭洗筛、全无氯漂白、黑液八体六效全板式降膜蒸发、黑液结晶蒸发、次高温次高压低臭式碱炉燃烧和热电联产、次高温次高压循环流化床锅炉供热和热电联产、生物质废弃物掺入循环流化床锅炉燃烧节能技术、造纸热泵回收热能、高档包装用纸和工业技术用纸生产技术等先进技术。公司马尾松DDS置换蒸煮化浆生产线年产能达到10.5万吨，达到国际先进水平，公司530吨固形物/日碱回收生产线达到国际先进水平，公司主力机台1#机、2#机配置锥形磨浆机、带稀释水控制的流浆箱、顶网成型器、伸性装置等先进设备、自动化水平高、年产超过12万吨，在国内低定量包装纸生产设备中居领先地位。

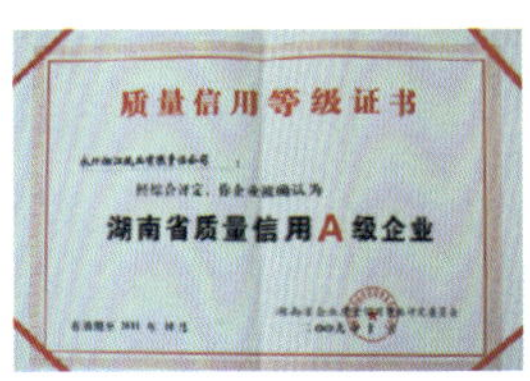

地址：永州市冷水滩区下河线105号 / 邮编：425000 / 电话：0746-8470536/8470590 / 传真：0746-8471569

湖南航天信息有限公司

湖南航天信息有限公司成立于2000年，是航天信息股份有限公司与湖南航天管理局共同出资组建的高新技术企业。

依托航天系统的技术、人才、资源和管理等方面的综合优势，公司目前主要从事电子计算机软件开发；经销电子计算机软件、硬件、机械设备、电子产品；承担国家“金税工程”防伪税控系统及相关设备的开发、生产、培训及服务；工业自动化控制设备开发、销售；计算机系统集成；结构化布线及楼宇自动化；智能弱电、安防监控、防雷工程等业务。

公司已在全省14个市（州）建立了40多个各级技术服务部、站，形成了遍及湖南全省的省、市（州）、县（市）三级技术服务体系，保证为广大客户提供及时、高效、优质的产品和服务。

秉承“精诚服务、严谨务实、开拓创新、科学管理”的企业精神和追求卓越的创新精神，凭借雄厚的技术开发实力、丰富的人才资源，及完善的用户服务体系，以股东、客户、员工的共赢为目标，公司为湖南政府信息化建设和企业信息化建设做出了积极的贡献，成为信誉好、竞争力强的知名信息服务公司。自2007年以来，公司连续入围湖南省信息产业企业前20强。并于2009年10月15日，通过长沙市芙蓉区教育局的审核，成立了长沙市芙蓉区航天信息培训学校，自此公司向培训产业化领域迈进，多元化发展战略再次见效。

随着科技的进步，公司将依靠人才和技术优势，以客户为中心，以市场为导向，以创新为动力，背靠优秀的企业文化，继续公司集技术开发、多品牌渠道销售及服务于一体的经营模式，全力致力于政府信息化与中小企业信息化建设工作，以更全面、更完善的产品和服务回报广大客户。

主要信息化建设成绩：

1、湖南省国家税务局认定的唯一一家集增值税专用发票防伪税控系统的推广、培训、安装、维护于一体的高科技公司。负责湖南省近三万户一般纳税人防伪税控开票子系统培训、安装和维护（金税工程）及设备销售。

2、湖南省防伪税控远程抄报税系统的建设和推广

3、湖南省增值税发票网上认证系统的建设和推广

4、湖南省红字增值税专用发票通知单管理系统升级和推广

5、湖南省农村党员干部现代远程教育终端点建设工程，覆盖长沙、宁乡、望城、浏阳、邵阳等地区

6、湖南省农村中小学现代远程教育建设工程（连续两年）

7、湖南省“全国文化信息资源共享工程”

8、湖南省青少年校外活动场所设备采购、建设项目

9、湖南烟草、石化、钢铁等行业税控开票接口软件开发实施项目

10、湖南航天局、株洲航翔、娄底洪源机械厂等军工类涉密信息系统集成项目建设

11、湖南省财政厅冗灾机房建设项目

12、长沙住房公积金机房建设项目

13、湖南省卫生厅免疫规划信息平台建设项目

14、***人防办建设项目

15、湖南省证监局网络建设项目

16、湖南省乡镇企业局网络建设项目

17、***公安局信息化建设项目

18、湖南省国税局服务器项目

19、湘潭大学高性能计算产品及存储设备系统集成项目

20、湘潭商业银行网络安全设备系统集成项目

总经理：陶刚

航天信息新品发布会

前台

呼叫中心

培训教室

地址：长沙市五一大道800号中隆国际大厦22楼（410005）

株洲三新包装技术有限公司

09上海励华瓦楞展

株洲三新包装技术有限公司成立于2000年10月，注册资金1200万，是被国家认定的高新技术企业、高新技术产品、软件企业、软件产品，是一家具有完全自主知识产权的科技型民营企业。公司现有员工98人，大专学历以上占员工总人数的60%以上。

公司主要产品是自主研发、设计、生产的一体化全伺服高精度瓦楞纸板印刷机，主要用于瓦楞纸板包装印刷，是环保型水墨印刷替代胶印油墨印刷的换代产品，属于国家重点支持的高新技术领域。采用伺服无轴传动技术及间隙精密调节、精密传动、伺服全程真空递纸等多项核心专利技术，在国家科技部创新基金的支持下，公司积极开展研发，不断创新，使该项目拥有23项国家专利技术，（其中发明专利5项，实用专利18项），拥有计算机软件著作版权2项及“三新”商标权。公司从2000～2006年的第一期研发阶段，解决了全伺服高精度瓦楞纸板水墨印刷多项核心技术，研发期间共获得国家专利16项（其中发明专利1项，软件著作版权1项），产品经省科技成果鉴定结论:“国内首创，国际同类产品先进水平”。2007～2009年公司用三年的时间，在第一期研发成果的基础上，针对产品在市场销售中客户的使用情况，进行了第二期研发创新，从“整体解决”方案出发，以满足包装企业开展低碳经济、绿色环保且高效的包装印刷生产为理念，将以往胶印制箱的多道工序进行了整合，设计了多色组印刷→（红外线）烘干→（UV墨）上光→（紫外线）烘干→模切成型一体化新工艺，并使用国际先进的伺服转动技术，通过现场总线联结，实现多工序、多机组高速通讯，达到整机一体化整体控制伺服驱动系统，并通过多传感器数字系统构成高度智能化，从而大大提高了多工序联动生产的自动化程度。使该项产品更为完善臻美，各项技术指标达到国际先进水平，计算机软件著作权在原有基础上升级为V2.0版本，同时该机型于2010年5月通过省科技厅组织的科技成果鉴定，结论为“国际先进水平”。

在产品的研发、试制、销售过程中，公司造就了一批勇于拼搏、勤于挑战的年轻富有经验、思维活跃的研发技术中坚，培养了一批既有理论知识又富有实践经验并勇于创新的技工人员，也练就了一批熟悉市场、及时把握机遇的技术型销售人员。现在产品已经在国内几十家包装印刷企业使用，受到了包装行业的欢迎和好评，经济效益及社会效益良好。同时，也引起了国外客户的高度关注。

公司注册地址：株洲市天元区栗雨工业园黑龙江路45区
通讯地址：株洲市天元区栗雨工业园黑龙江路（三鑫路口）（412000）

全伺服高精度瓦楞纸板
七色印刷模切机>>>>

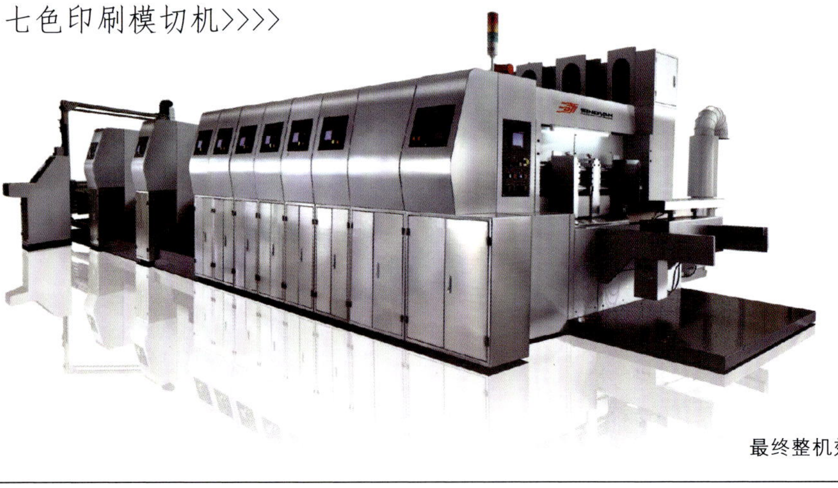

最终整机效果图

岳阳强力电磁设备有限公司

公司资格简表

企业名称：岳阳强力电磁设备有限公司	
企业性质：有限责任公司	
地　　址：湖南岳阳市京珠连接线5公里处	
法人代表：黄怡皇	邮　　编：414000
电　　话：0730-8799588	传　　真：0730-8799009
网 址：http://www.liftingmagnet.com.cn	通讯地址：湖南岳阳市冷水铺监申桥村（岳阳强力电磁设备有限公司）
注册资金：800万元	职工人数：128人
研发人员：28人	高级工程师：9人
开户银行：岳阳市工行东茅岭支行	账　　号：1907060209022146863

主要生产产品的年生产能力		
1.	起重电磁铁及电控设备	1200台套
2.	电磁、永磁除铁器及电控设备	500台套
3.	电缆卷筒；水缆、气缆卷筒	2000台
4.	永磁吸吊器	1000台
5.	电磁搅拌器	200台

岳阳强力电磁设备有限公司，是创立于1998年迅速发展起来的股份制企业。“强力电磁”经过11年来的卓越创新和艰苦奋斗，以每年50%的增长速度递增、发展壮大成为世界享有一定声誉的新兴制造企业。

“强力电磁”现拥有数十名中、高级技术人员，成立了电磁科技研究所，致力于科技创新、产品创优、服务满意；从点滴着手创品牌、树品牌、壮大品牌；沿着从无到有，从小到大，从弱到强，从国内到海外的发展道路前进。

“强力电磁”设备精良、工艺装备齐全，现有3.5米立车，T160落地镗床、大型车床、数控卷板机、自动焊接设备等三十余台。

“强力电磁”已通过ISO9001：2000质量体系认证，遵循“以顾客为关注焦点，质量是企业的生命，质量是硬道理”的质量方针。

“强力电磁”完全按照现代企业制度运作，产品质量达到国际先进水平，企业获得中华人民共和国《机电产品进出口资格证书》、并多次荣获《质量服务双满意单位》、《重合同守信用企业》、《消费者信得过企业》、《优秀民营企业》等荣誉称号。公司是《中国重型机械工业协会散料搬运及车辆分会》理事单位。并被电力工业部电力规划设计院成套设备局选为入网企业。产品已出口日本、美国、荷兰、新加坡、马来西亚、泰国、印度尼西亚、菲律宾、委内瑞拉、尼日利亚等国家和地区。在全国同行业中连续四年出口第一。

“强力电磁”座落在美丽富饶的洞庭湖畔，依傍千古名楼——岳阳楼，交通十分便利，京广铁路、京珠高速、107国道、黄金水道长江、黄花机场形成了水陆空立体交通运输网络。

“强力电磁”的主要产品有:起重电磁铁及电控；电磁除铁器及电控、永磁除铁器；弹力、电动电缆卷筒；水缆、气缆卷筒；永磁吸吊器；电磁搅伴器等。

“强力电磁”的宗旨是：更优、更快、更强！

产品展示。PRODUCTS SHOW

湖南有色金属股份有限公司黄沙坪矿业分公司

湖南有色金属股份有限公司黄沙坪矿业分公司座落在湖南省郴州市桂阳县境内，距县城9公里，距郴州市和京珠高速公路、武广高铁约40公里，省道S322线纵贯矿区，交通便利。

先进节能的陶瓷过滤机

公司前身为湖南黄沙坪铅锌矿，是一家集有色金属采、选及工贸、旅游为一体的国有大型企业。2009年期末公司资产总额为101990.91万元，现有在职职工2919人，其中专业技术人员415人，中高级技术职称189人。主要产品为铅、锌、硫精矿，综合回收银、铁、钨、钼、铋等，产品质量长期保持优良稳定，“坪宝牌”铅精矿1985年获得并一直保持国家银质奖（矿产品类最高奖）。

大型废水处理设备

近年来，公司实施“矿业为主，多元经营”的发展战略，做强做大有色金属主业，对内积极推进两个大会战，即100万吨矿产资源综合利用工程大会战和地质找矿大会战，建立和完善井下生产系统和铁（多金属）选矿生产系统。对外注重培植和拓展原矿资源基地，积极推进稀土资源开发项目，并走出国门开发矿业，已与中国冶金建设集团公司、株洲冶炼集团有限公司合作开发了巴基斯坦杜达铅锌矿。

在实施企业发展战略过程中，公司加快企业技术创新和管理创新步伐。2009年，在上级领导和部门的关心指导下，公司深入实践科学发展观，围绕生产经营目标，动员和组织广大科技工作者，积极开展科技攻关，大力推进科技进步与创新，取得了较为理想的成效。一是科研技改及系统工程进展顺利。完成了铅锌选厂陶瓷过滤机安装工作，降低产品出厂水份；在井下提升系统，进行了提升机电控系统的控制用核心电器可编程序控制器（PLC）改造，实现控制、保护的自动化；井下采矿工艺，实施了中深孔爆破落矿工艺试验，并取得成功。二是开展学术交流和研究，提高企业自主创新能力。采取“走出去学习，请进来交流”的方式，组织采矿、机械、电气、选矿等专业技术人员到相关设备厂家及矿山企业实地考察学习，并邀请专业人士进行专题讲座。坚持走产学研相结合的道路，与中南大学合作，探寻矿山生产最需要、最合适的采矿新方法、新技术、新工艺、新手段。与广州有色金属研究院合作，针对公司铁钨钼多金属矿的选矿方法进行深入的试验论证，已取得较好的效果。2009年，学术研究取得了丰硕成果，其中，公开发表的学术论文有18篇。三是深入开展建言献策活动。公司高度重视职工群众性经济创新工程，广大科技工作者结合矿山实际勇跃建言献策，全年共提出合理化建议136项。四是加强地质探矿工作，努力增加地质储量。公司（矿）地质工作者按照“矿业为主，多元经营”的发展方针，大力实施资源控制战略，认真开展地质探矿工作，加大在矿区内找矿勘探力度，在深部又发现了新的矿体，发现有较好找矿前景。五是加强设备改造和更新工作，机电设备技术水平大幅度提高，节能工作取得一定进展。设备管理和节能工作是提高生产力、降低生产成本的主要工作，公司针对生产系统能力不足及设备老化问题开展技术改造，通过引入新的技术，努力降低生产能耗。在节能工作中，除了引进低能耗的设备，改进工艺外，还对用电峰谷进行合理安排，为企业节约能耗费用达36万元。

全国有色行业先进集体

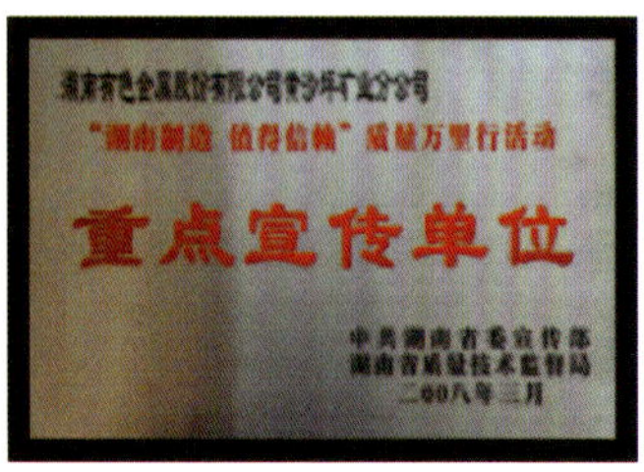

质量万里行重点宣传单位

先进的电控操作台

地址：湖南省郴州市桂阳县黄沙坪镇/ 电话：0735-4572224 / 传真：0735-4572275 /邮编：424421

万福生科（湖南）农业开发股份有限公司

董事长：龚永福

万福生科（湖南）农业开发股份有限公司是一家集粮食收购储备，大米、油脂、淀粉糖系列产品生产销售及科研开发为一体的农业产业化省级龙头企业，国家高新技术企业，也是稻米精深加工、副产物高效综合利用的循环、低碳型企业，同时还是省、市主流媒体重点推介的废水、废渣无害化处理、综合利用的绿色环保企业。

公司占地351亩，总资产4.36亿元，总仓容20万吨，年加工转化稻谷30万吨以上，生产的主要产品有：优质大米、高麦芽糖浆、口服结晶葡萄糖、麦芽糊精、大米蛋白粉、精炼稻米油、面条等。现有员工648人，其中本科以上学历63人，研发人员42人，2008年实现销售收入2.8亿元，创利税3800万元，2009年实现销售收入3.5亿元，创利税4900万元。公司先后获国家“诚信守法乡镇企业”、“高新技术企业”；省“农业产业化龙头企业”、“重合同守信用企业”、“推进新农村建设领头企业”、“粮油加工重点企业”、“食品‘千亿产业’突出贡献企业”、“守信用企业”、“AA信用等级企业”、“质量信用A级企业”等荣誉称号。”“陬福”大米、高麦芽糖浆均为“湖南名牌产品”、“湖南名优特新产品”，“陬福”大米被中国粮食行业协会评为“放心米”，“陬福”商标被认定为中国驰名商标。2009年下半年公司完成股份制改造，被列入湖南省政府2010年重点支持上市的10家企业之一。

公司投资1.2亿元，历时两年多时间的三期扩改已于2009年6月全面竣工，新建成年产精米10万吨、普米11万吨、高麦芽糖浆10万吨、麦芽糊精1.8万吨、口服结晶葡萄糖3万吨、精炼稻米油3600吨等六条生产线，仓容共10万吨的高标准仓库14栋，并配套建成了高标准养猪、养鱼生态养殖小区，废水、废渣无害化处理中心，沼气发电厂等。预计2010年产值可达5亿元，创利税6000万元。

公司紧紧围绕“稻米精深加工、副产物综合高效开发利用、环境污染治理、节能减排”做文章，走出了一条具有“万福生科”特色的可持续发展的循环经济之路。中国工程院院士、“杂交水稻之父”袁隆平，中国工程院院士、著名土壤肥料和植物营养学家牛更令，国家农业部副部长张桃林，国家证监会，湖南省省委书记张春贤、省委副书记梅克保、省人大副主任刘莲玉、常务副省长于来山、副省长徐明华、省政府秘书长武吉海、常德市市委书记卿渐伟、市长陈文浩以及郑州商品交易所主要领导都曾亲临公司关怀指导，具有“万福生科”特色的循环经济模式和成功经验正向全国推广。

“面向三农、服务三农、促进农业增效、带动农民增收、不断发展壮大区域经济”是公司的经营宗旨，为更进一步提高粮食附加值，延伸大米精深加工产业链，大力发展“万福生科”特色的循环经济，公司正进行申报国家级龙头企业、四期扩改以及筹备上市等工作。

据初步预测，公司上市后，通过募集、增发、配股、减持流转、债券、信托金融产品、信贷融资、项目转让及招商引资等方式，可实现融资40亿元以上，产出160亿元以上，年纳税3亿元以上，容纳就业人员3000人以上，间接就业10万人以上，年加工转化稻谷由30万吨提升到110万吨以上，可基本上解决长江流域农民卖粮难问题。

原湖南省委书记张春贤来公司视察

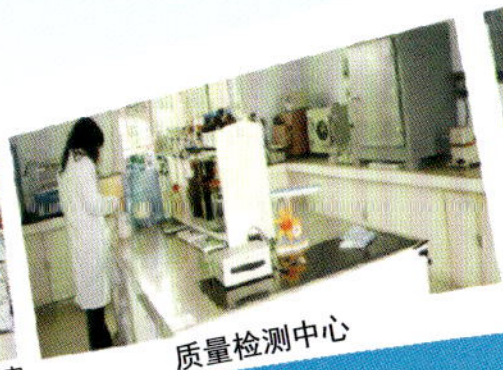
质量检测中心

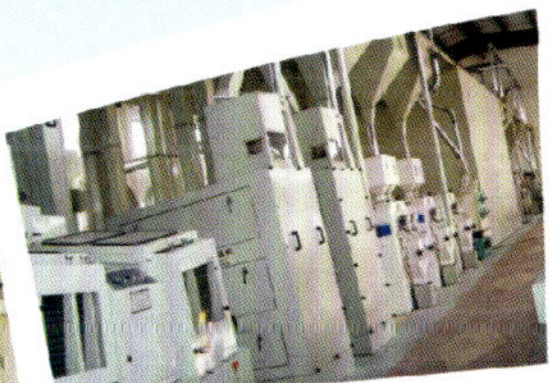
精米生产线

葡萄糖生产线

公司部分产品

湖南东方电器有限公司

公司简介

湖南东方电器有限公司地处素有“洞庭天下水，岳阳天下楼”的洞庭湖畔经济开发区，是一家专业生产高低压开关柜设备，自动化控制设备、自控阀的股份制企业，致力于在智能配电工业过程控制等领域提供高品质的产品与服务。

公司根据多年来的运行经验和用户要求，不断改进产品性能，提高产品质量，使产品能满足安、稳、长、满、优的要求。产品已广泛应用于石油化工、发电厂、造纸、环保工程等领域，受到用户的一致好评。公司被中国石化集团授予一级网络供应商。ABB授予公司MNS2.0【ABB】系列低压开关柜合作盘厂,连续荣获湖南省高新技术企业荣誉称号。

公司通过国家QHSE质量管理体系认证，产品均已通过型式试验，其中低压开关设备已通过CCC国家强制性产品认证，V.VO型调节阀取得42项国家实用新型专利。公司现有多台开关柜生产专用数控折边机、数控车床、铣床，多功能试验台等专业生产设备，生产设备先进，检测手段完善，能为用户提供生产制造到设备维修改造的全方位服务。

公司拥有一支高素质的设计开发、生产制造团队，热忱为用户提供技术支持和完善的售后服务，公司的每一次飞跃，都离不开广大合作伙伴的支持，公司感谢广大用户所给予的密切合作和广泛支持！热忱欢迎专家莅临指导！

地址：湖南省岳阳市经济技术开发区营盘岭路120号长炼机电岳阳工业园(414000)
公司主页：http://www.hndfdq.cn 电子邮件：hndfdq@163.com 传真：0730-8479919
联系电话：0730-8479919（营销部） 0730-8479909（技术部） 0730-8479902（商务部）

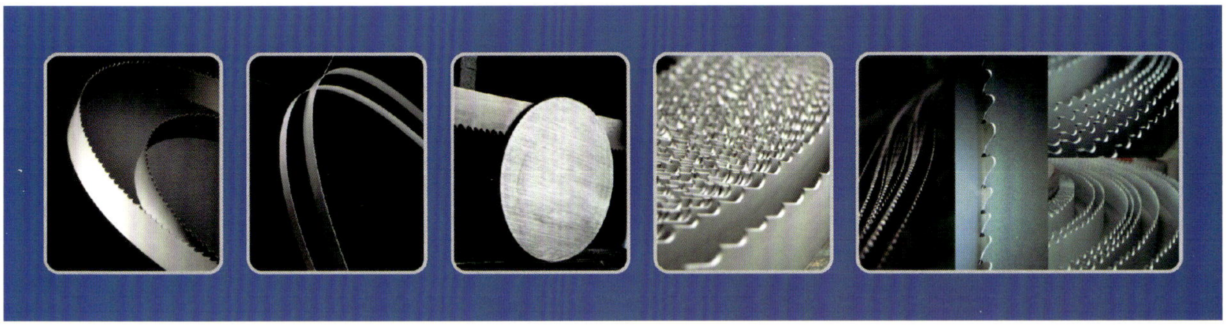

湖南泰嘉新材料科技股份有限公司

BICHAMP CUTTING TECHNOLOGY(HUNAN)CO.,LTD.

湖南泰嘉新材料科技股份有限公司于2003年10月创办于湖南望城经济开发区，是国内目前最大的生产双金属复合钢带、双金属带锯条生产研发企业。公司双金属带锯条品牌“泰钜”、“AA”、“FASTRE”、“FITCUT”在业内享有盛誉，产品远销美国、南非、波兰等国家，质量获国际好评。

国家外专局副局长李兵视察

公司作为中国机床工业行业的重点企业、中国机床工具工业协会常务理事和锯床分会副理事长单位及中国金属加工切割带锯条专业协会秘书长单位，承担着双金属带锯条的行业标准和国家标准的制订、修订工作，为推进金属切割行业的健康有序发展作出了一定的贡献。

国家发改委副主作徐宪平视察

短短几年时间，公司实现了跨越式的发展。2005年“高速锯切用双金属复合钢带产业化”项目,被列为“国家高技术产业化示范工程”；2008年公司先后被评定为“长沙市第一批创建创新型企业”、“湖南省创新型企业试点单位”、“湖南省诚信创建企业”以及“信用等级AAA企业”；2008年公司技术中心被认定为省级企业技术中心；2008年12月按国家颁布的新标准，公司再次通过高新技术企业认定；2009年2月公司被列入长沙市“小巨人”企业计划；“双金属复合钢带产业化”项目被列入省新型工业化“双百”工程。公司是湖南省60家重点上市后备企业之一。

省委常委、长沙市委书记陈润儿视察

秉承“做负责任的人！”的核心价值理念，泰嘉人将以不断进取的精神，以优质的产品和优良的服务回馈社会。湖南泰嘉新材料科技股份有限公司将更加积极广泛地参与国际市场竞争，成为世界一流的金属切削产品制造商。

原省政协主席刘夫生视察

公司地址：湖南望城经济开发区泰嘉路68号　公司网址：www.bichamp.com

联系电话：0731-88059666、88059222　服务热线：800-8786608

湖南湘泉制药有限公司

周伯华来公司视察

周强来公司视察

张春贤来公司视察

湖南湘泉制药有限公司组建于2003年6月，2004年10月通过国家GMP认证。公司注册资本金5000万元，固定资产8000万元，占地面积11万平方米，建筑面积4万平方米。下辖制药厂、中药饮片公司、植物提取中心、劝君酒公司、摆手堂药材开发公司五大实体，是一家集药材种植、饮片加工、植物提取、中药制剂和再生资源利用于一体的药业产业链医药工业企业。

六年来，在党和政府、各级各部门的亲切关心和扶持下，在社会各界仁人志士的帮助和支持下，公司坚持以科学发展观为指导，以开发湘西丰富的药材资源和厚重的传统"土药"、"苗药"文化为已任；以建设湘西特色中药产业化和现代化为方向，以科技创新、自主创新为动力，坚持抓中药项目开发，致力于加强药业产业链建设，促使公司又好又快持续发展。

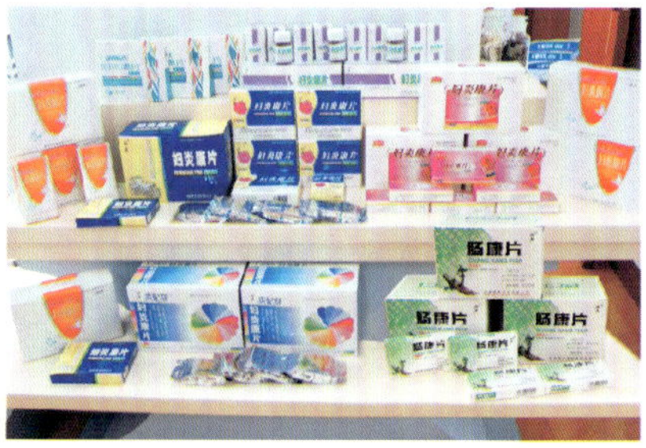

近三年，公司实现工业总产值4亿元，实现销售收入2.8亿元，实现利税8361万元，现金流量3.85亿元。到2009年底，公司总资产达2.48亿元，负债率40%。六年累计上交税费4500多万元，偿还各种贷款3500多万元，发放员工工资2600多万元，安排就业人员3000多人。

公司现有正式员工258人，其中大专以上学历人员149人，占员工总人数的58%；拥有高级职称6人，中级职称18人，初级职称62人，研究生5人。六年来，公司坚持以人为本，大力实施"人才兴企"战略，积极走产学研合作之路，推进科技创新。公司先后与上海中药研究所、湖南中药研究所、湖南中医药大学、西南民族大学、湖南农业大学、吉首大学等科研院所和高校，建立了良好的产学研合作关系。合作攻关项目"湘西特色中药材精深加工关键技术研究及产业化"被省科技厅列为市州引导重大专项；"中药材提取物标准化产品精深加工关键技术研究及产业化"被列为湖南省重大专项，并被推荐为国家科技部科技支撑备选项目。借助产学研平台，现正在积极申报"年产800吨植物提取物精深加工项目"，目前已获州发改委备案批复。

公司拥有国药准字号品种52个，以湘西特色道地药材制定标准的中药饮片30多种。具有年产20亿片药品、1200吨提取物、3000吨1000多个品种的饮片生产和加工能力。公司主导产品妇炎康片和肠康片为国家二级中药保护品种、湖南省名牌产品。公司先后被评为和授予湖南小巨人企业、湖南省高新技术企业、湖南省农业产业化龙头企业、湖南诚信企业、国家扶贫龙头企业、国家林业产业化龙头企业、国家农产品加工企业技术创新机构、中国优秀企业等荣誉称号。

2010年是公司改制上市促转变，又好又快抓发展的质量效益年，是公司实施"二·五"规划的第二年。站在新的起点上，公司将继续坚持以科学发展观为指导，以改制上市为目标，规范运作，强化管理；以质量效益为中心，切实转变经济增长方式，不断促进科技、信息、品牌、管理创新；进一步整合资源，调整结构，做大做强药业产业链，全面实现全年"抓上市促发展、产销双过亿，利税6000万"奋斗目标，为富民兴州作出新贡献。

证书

地址：湖南省吉首市雅溪科技工业园（416000）

现代威保特科技投资有限公司

XIANDAI WEILL-POINT SCIENTIFIC INVESTMENT CO.L.,LTD.

“现代威保特科技投资有限公司”是“现代投资股份有限公司”的控股子公司，是现代投资“一主三翼”产业发展战略规划的主业外实业投资平台，其全资子公司——湖南现代威保特环保科技有限公司专业从事于环保新技术、新产品的研发，拥有800平方米的工程技术研究中心，在专业防渗和检测、垃圾处理处置资源化、渗滤液处理、增值服务等方面可提供先进技术、设备和综合解决方案；致力于在建设环保实业投融资平台、产学研技术平台和专业化团队的基础上将企业打造成为从投资、建设、技术研发及咨询、装备制造到运营管理、循环利用全过程整体服务的综合运营商。

现代投资股份有限公司成立于1993年，是以高等级公路的养护、维修和收费经营为主要业务的综合性投资控股集团，是湖南省交通系统唯一一家国有控股上市公司（股票代码：000900），曾获得“全球最具成长性华裔上市公司”、“全国企业管理现代化创新成果一等奖”、“中国优秀诚信企业”、“中国服务业500强”等一系列荣誉。

湖南耒阳市南京垃圾处理场渗滤液处理工程

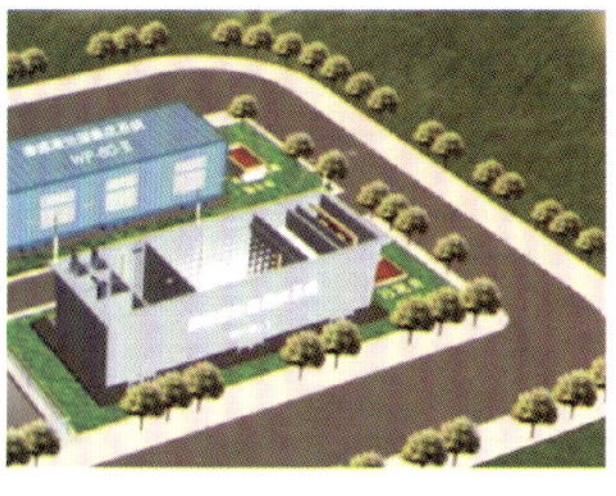

渗滤液处理集成设备

湖南现代威保特环保科技有限公司

- 是湖南省科技厅“湖南省城乡生活垃圾处理处置工程技术研究中心”的建设依托单位；
- 是湖南省环保厅“湖南省环境保护城镇固体废物处理处置工程技术中心”的建设依托单位；
- 在《湖南省环境保护产业发展规划（2009-2015年）》（湘政发[2009]75号）中，被湖南省政府列入打造千亿环保产业的重点扶持的骨干企业；
- 在《湖南省加快培育和发展战略性新兴产业总体规划纲要》（湘政发[2010]20号）中，被列为“湖南省战略性新兴产业100强企业”；
- 参与了中华人民共和国城镇建设行业标准《垃圾填埋场用高密度聚乙烯土工膜》（CJ/T234－2006）和《湖南省垃圾卫生填埋场运营管理标准》的制定；
- 拥有国家环保部颁发的“环境污染治理设施运营资质（生活垃圾甲级）”；
- 中国环境保护产业协会常务理事单位；
- 湖南省环境保护产业协会常务理事单位；
- 湖南省环境科学学会常务理事单位；
- 中国环卫协会会员单位；
- 湖南省环卫协会常务理事单位。

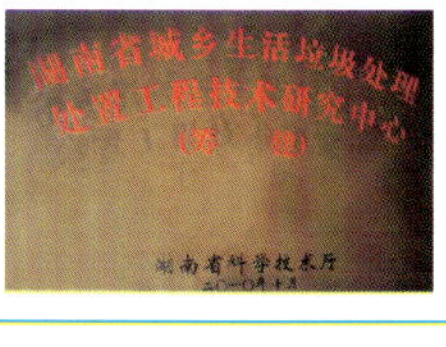
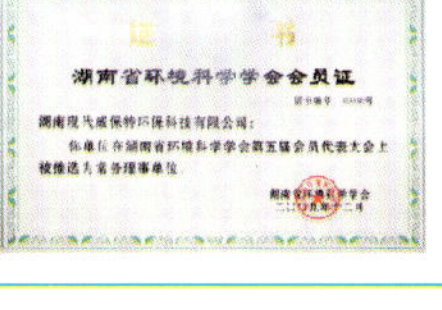
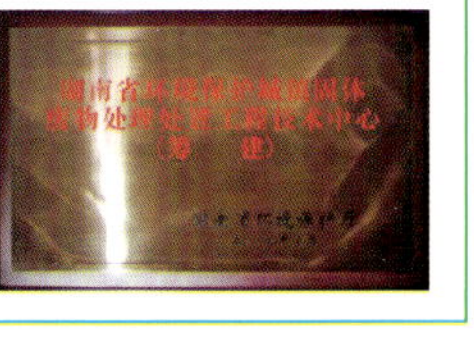

公司代表湖南省环保产业参加“第四届中国国际建设环境友好型社会成果展览会”，湖南省副省长刘力伟（后排，左五）、环保厅王会龙副厅长（后排，左三）与公司代表亲切合影。

省科技厅副厅长罗亚军（右四）率社发处处长鲁华（右五）深入湖南现代威保特环保科技有限公司考察，就湖南省城乡生活垃圾处理处置工程技术研究中心的建设等进行专题调研。

在湖南省政府举办“2009资源节约、环境友好国际合作高层论坛”上，公司以投资运营方式成功签约桂阳县城市生活垃圾填埋项目。

地　址：湖南省长沙市芙蓉区五一大道766号中天行政公馆11F　电　话：0731—85838166　传　真：0731—85839166

湖南嘉利香料有限公司

HUNAN JIALI FRAGRANCES CO., LTD

湖南嘉利香料有限公司创建于1994年，是一家集科研、生产、经营于一体的香精香料专业化企业，中国香料香精化妆品工业协会理事单位。厂区环境优美，基础设施规范齐全，有天然香料提取分离及复配合成二条技术先进、工艺成熟的香精香料自控生产线，年生产能力500多吨。员工中具大专以上学历人员占30%以上，其中博士1人、高级工程师2人、高级调香师2人，技术人员以生物与食品工程、香精香料专业为主，多年来一直致力于天然香料技术的开发和应用，具备一定的技术创新能力。公司1998年在国内同行业中率先通过ISO9001质量管理体系认证和ISO14001环境管理体系认证，属于国家烟草局香料香精定点供应企业、湖南省高新技术型企业、湖南省质量信得过企业。

公司坚持走产学研一体化、延伸产业链的发展道路，采取内引外联的方式转变观念和思维模式，通过各种途径不断提高自身素质。相继与郑州烟草研究院、上海应用技术学院、上海香料研究所等高校院所建立技术交流和合作平台，为提升产品科技含量提供技术支撑。近年来与湖南农业大学展开产学研合作，2009年双方互建的"国家植物功能成分利用工程技术研究中心天然香料技术示范基地"和"国家植物成分利用工程技术研究中心湖南嘉利香料有限公司技术研发中心"正式挂牌成立。该中心作为植物功能成分利用领域技术创新、成果转化、人才培养与交流的平台，将促进湖南省在植物功能成分利用领域科技术成果的产业化，推动技术成果向相关行业辐射、转移与扩散，起到很好的示范作用，有利于培养高素质的技术人才和建设高水平的实验条件，形成植物功能成分利用领域的科研开发、技术创新和产业化基地。

省科技厅副厅长杨治平、贺修铭视察公司

2010年成果、产品鉴定会现场

公司始终恪守"技术为先、信誉为本、服务至上"的经营思想，取得了飞速的发展，成为同行业的佼佼者。公司秉承"诚信、务实、团结、奋进"的经营理念，坚持人才引进培养、技术引进消化和产品创新开发相结合的战略方针，与时俱进，勇攀高峰，以全新的思想和尖端的技术，提供最优质的产品和服务。有多项科技成果、生产自控软件著作权和专利等自主核心知识产权。企业主导产品应用在上海烟草（集团）公司的"中华"、湖南中烟工业公司的"芙蓉王"等国内的大型烟草工业企业和著名品牌，不论是市场范围还是所用于的品牌都已进入国家烟草局"关于我国烟草行业发展规划"的10多个重点卷烟企业和全国卷烟"20+10"重点骨干品牌之中，在湖南省香精香料行业中处于领先地位。

公司主要产品系列

天然香料系列产品 / 烟用特色香原料系列产品 / 烟用功能型香精系列产品 / 合成香精系列产品
烟用梗丝香精系列产品 / 烟草薄片香精系列产品

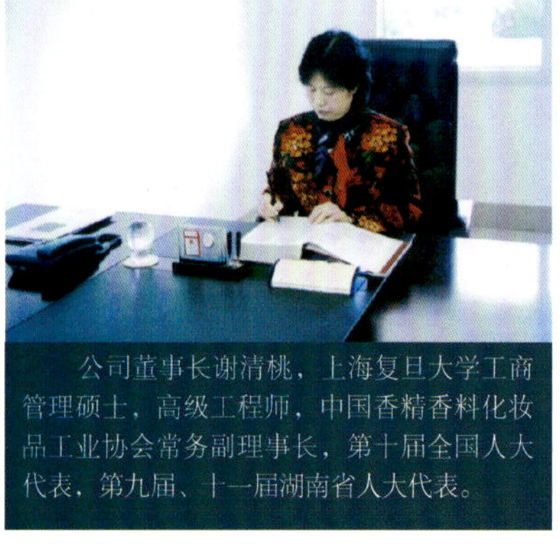

公司董事长谢清桃，上海复旦大学工商管理硕士，高级工程师，中国香精香料化妆品工业协会常务副理事长，第十届全国人大代表，第九届、十一届湖南省人大代表。

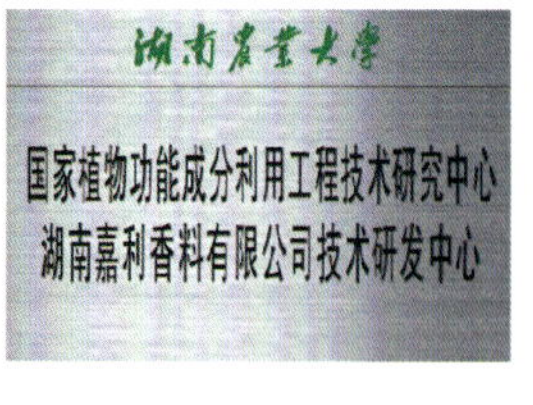

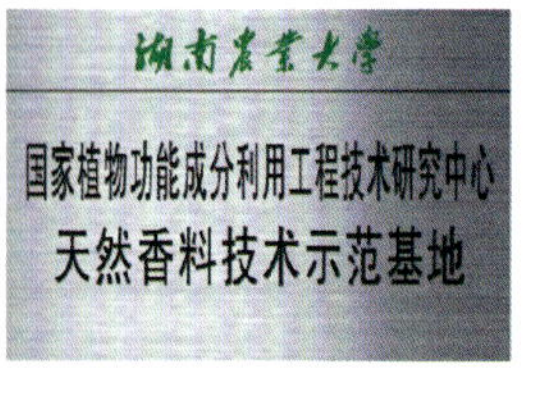

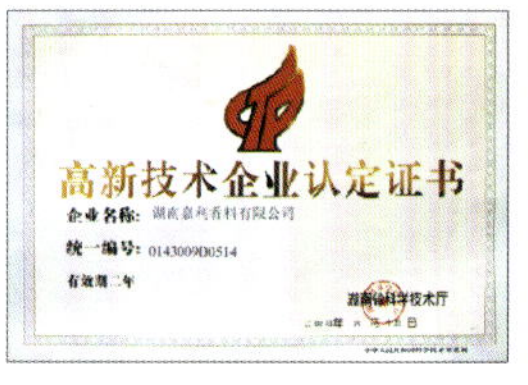

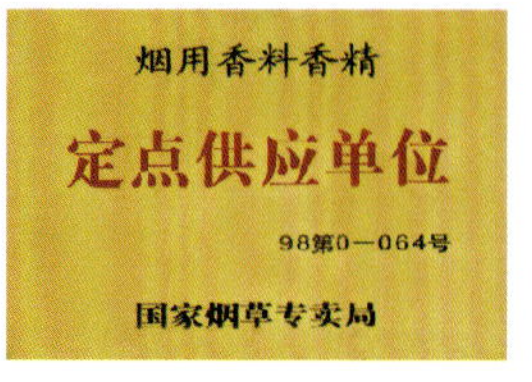

公司地址：湖南省益阳市益阳大道西桐子坝巷11号　邮编：413000　电话：0737—6181995
传真：3737—6188912　E-mail:jlxiangliao@sina.com　联系人：董德华　手　机：13873720228

湘潭电机股份有限公司

湘潭电机股份有限公司（以下简称湘电股份）是我国电工行业的大型骨干企业，被誉为“中国电工行业的摇篮”、“民族工业的脊梁”。公司的主营产品是大中型交直流电机、城市轨道客运车辆、矿山开采运输成套设备以及国防装备等四大类产品，经过几十年的发展，公司已经成为我国电工行业的骨干企业，国家重大技术装备的生产、研制基地，国家装备定点生产厂家，成为集机械、电气、电子等高新技术于一体的机电一体化成套产品研制、生产企业。

湘电股份的前身是创建于1936年的国民政府资源委员会中央电工器材厂，1999年12月，湘潭电机厂完成股份制改革，成立湘潭电机股份有限公司,结束了建国五十多年来计划经济体制下形成的资本结构和管理格局。2005年12月，公司顺利完成股权分置改革，成功实现了的战略转型。2006年湘电股份技术中心被认定为国家级企业技术中心，2007年“湖南省风力发电工程技术研究中心”建在湘电股份，2008年“湖南省工矿电传动车辆工程技术研究中心”又落户湘电股份，2010年经科技部批准“海上风力发电技术与检测国家重点实验室”由湘电股份承建，经国家能源局批准“国家能源风力发电机研发（试验）中心”同时由湘电股份承建。公司占地面积230万平方米，建筑面积60万平方米，员工7370人，其中科技人员1115人，先后有18位享受政府特殊津贴的国家级科技专家。现已拥有“湘电”、“力源”等驰名商标，商标注册号共有41件。2008年“湘电”商标被湖南省商标局评为“湖南省著名商标”。公司大、中型电机产品获“国家产品质量免检证书”，轧钢电机获“湖南省名牌产品”。

公司主要为能源、交通、矿山、国防等服务，开创了中国机电产品众多第一：第一套船用动力推进设备；第一套地铁车辆电机电器成套设备；第一台108吨电动轮自卸车；第一辆城市轻轨车等。建国50多年来，先后研制开发新产品1000多项，100多种重大新产品填补了国内空白，目前公司具有一批稳定的大型客户和合作伙伴，产品远销东南亚、欧洲、中美洲等26个国家和地区。

近年来，公司重点在新能源开发领域开展了技术创新和新产品研发，在国内率先推出了2MW、2.5MW、5MW永磁风力发电机；1.5MW、2.5MW双馈风力发电机；XE72型、XE82型、XE93型风力发电机组；碟式太阳能热发电站样机；154t、220t、300t矿用电动轮自卸车等一大批国家经济建设急需的新产品。目前，湘电股份制定了高效高压电机、新型大功率风力发电机、船用电气成套设备、高效太阳能发电设备的研制计划，为建设低碳经济，实现国家和民族的可持续发展作出新的贡献。

冷钢文化广场

冷水江钢铁有限责任公司

2009年，冷水江钢铁有限责任公司不断转变观念，敢为人先，勇于创新，积极面对金融危机，果断推出“精细管理、降低成本、挖掘潜力、顺势发展、全力转变经济发展方式”的企业成长战略，在市场经济大潮中化危为机、逆势而上，大力推进节能降耗，创新钢材深加工技术，优化钢产品结构，创造了“经济奇迹”。2009年冷钢产铁274万吨、产钢280万吨、产材300万吨。实现工业总产值107亿元、利税4.85亿元、利润3.7亿元。已连续五年进入中国企业500强，同时位列中国制造业500强第268位，湖南省百强企业第14位。

冷钢党委书记、董事长兼总经理陈代富在带领企业创造经济奇迹的同时，坚定地选择了敢于担当、全力履行社会责任、服务于企业长远发展的道路。通过深入学习科学发展观理论，以“挖潜增效、节能减排”作为企业长期发展的指导思想和战略措施，切实把节能减排作为企业挖潜增效创效的重要工作来抓，不断强化节能减排管理，发展循环经济，保护生态环境，全力打造资源节约型、环境友好型企业。

“十一五”期间，冷钢在节能减排项目上的投入超过6亿多元，兴建改造完成节能减排项目达30余个。到2009年已投资3.5亿元，完成了喷煤系统改造工程、2×12MW富余煤气发电工程、转炉煤气回收工程、高炉煤气压差发电工程（TRT）、电机电效工程等项目的建设，年可节约12.5万吨标煤。并投入近3亿元大力开展余热余压余气发电等项目建设，正在加紧建设的有加热炉改造，蒸汽余热综合利用、烧结余热利用等项目。同时积极开展水资源的循环

绿色生态的生产区

陈代富董事长陪同省委副书记梅克保视察冷钢节能减排工作

利用和水渣的超细加工等，现已建成循环经济项目11个，年可节约近30万吨标准煤，年减少污染物排放量：二氧化硫3100吨、COD438吨、SS57203吨、废水633万吨，并每年将获得经济效益近3亿元。

至2009年，冷钢已全部淘汰落后产能，企业总体工艺装备和技术达到了国内先进水平。为进一步挖潜增效，冷钢采取提高全员节能意识，严格目标责任，加强技术改造等措施减少工序能耗、设备能耗。2009年，冷钢吨钢综合能耗从718.46 kg标准煤降低到659.23kg标准煤；吨钢新水消耗从5.00吨降低到3.51吨，达到了国内先进水平；已完成节能量13.76万吨标准煤；实现工业污水零排放。提前一年超额完成省政府下达的“十一五”节能任务。实现了经济效益和社会效益的和谐统一。

2009年，冷钢又相继荣获“湖南省文明卫生先进单位”、“全国加速推进新型工业化先进企业”、“全国钢铁工业先进集体”、“全国民族团结进步模范集体”、“全国企业文化建设先进单位”等光荣称号。冷钢正稳步向资源节约型、环境友好型企业迈进。

地　址：冷水江市轧钢路5号（417500）　电　话：0738-5212556
传　真：0738-5362702　网　址：http://lsjgt.mysteel.com.cn/

高炉煤气余压发电机组（TRT）

12MW高炉富余煤气发电机组

利用高炉水渣的120万吨超细粉生产线一期工程

轧材厂燃煤加热炉改造为使用高炉富余煤气的步进式加热炉

5万m^3转炉煤气回收煤气柜

连铸机的深度挖潜降耗

环保高效生产的高炉

轧材节能技术改造

FOTON

福田汽车——中国商用车第一品牌

北汽福田汽车股份有限公司（简称福田汽车）成立于1996年8月28日，是一家跨地区、跨行业、跨所有制的国有控股上市公司。总部位于北京市昌平区，现有资产170多亿元，员工超过2.8万人，是一个以北京为管理中心，在京、湘、津、鲁、冀、鄂、辽、粤、新等9个省市区拥有整车和零部件事业部，研发分支机构分布在中国、日本、德国、台湾等国家和地区的大型企业集团。2009年，福田汽车品牌价值达339.71亿元，在中国汽车行业排名第三，商用车领域排名第一；2009年，福田汽车销售量超过60万辆，居全球商用车第一位。

福田汽车南方最重要战略基地福田汽车长沙汽车厂成立于1999年5月7日，工厂集研发、生产、销售、服务于一体，辖新安、榔梨两个厂区，拥有职工2700多人，已具备年产10万台商用车的生产能力，工厂注册地在长沙经济技术开发区。公司从1999年起先后斥资数亿元对长沙汽车厂进行技术改造，建成了具有国内领先水平的轻、中、重商用车全系列发展的车身装焊、电泳、涂装、整车生产线及自动化检测线。

福田汽车长沙汽车厂自投产以来连年持续高速增长，11年来累计产销汽车超过50万辆。长沙汽车厂将业务定位为立足国内，面向海外，以工程车为主体，实现卡车全面发展，2009年产销汽车达10万辆，同比增长42%，销售收入超过50亿元，同比增长60%

长沙汽车厂在自身发展的同时带动了湖南省特别是长沙地区汽车产业链的快速发展。2009年属地配套额达到30亿元，直接从事与长沙汽车厂配套的产业链上有超过3万名产业工人，产业链纳税超过3亿元。

秉承“内涵增长 结构调整 全球化”的经营方针，2010年，福田汽车长沙汽车厂将以内涵增长为核

心，以能力提升为手段，深化业务结构调整、提升产品实物质量，全面优化供应商体系，推动管理创新，加速进军中重卡领域，实现由优势业务向垄断业务的转化，产销汽车12万辆（其中，瑞沃业务销售2万辆，海外业务销售2万辆），销售收入70亿元。

按福田汽车战略规划，长沙汽车厂“十二五”期间将进行战略性投入，新建10万辆中重卡及10万辆皮卡、SUV生产基地，总产能达到30万辆，实现销售收入超过300亿元。“十二五”期间，工厂除在越南、印尼设立CKD工厂之外，将在中东、北非等地另设立3个CKD工厂，成长为福田汽车公司在南方最大的、面向全球化的卡车全系列发展的核心战略基地。

SANY

三一汽车起重机械有限公司

三一集团是全球工程机械制造商20强、全球最大的混凝土机械制造商、中国企业500强、工程机械行业综合效益和竞争力最强企业、福布斯“中国顶尖企业”、中国最具竞争力企业品牌。作为中国工程机械制造业的龙头企业，三一的混凝土输送泵、混凝土泵车等产品一直保持国内市场占有率第一的地位。近年来，三一履带起重机、桩工机械、煤矿机械陆续成为国内第一品牌！

三一起重机公司系三一集团核心企业，主要从事高端、中大吨位轮式起重机系列产品的研发、制造和销售。目前，拥有汽车起重机、全路面起重机、越野起重机和特种起重机四大类产品，产品型谱覆盖16吨---1000吨级共50多种规格、型号。三一起重机系列产品自投放市场以来，以其技术的先进、制作精良、实用可靠和服务高效赢得了广大用户的信赖，近三年的销售均保持了150%以上的增长，已经成为中国第三大轮式起重机的设备供应商。三一起重机已经全面掌握了油气悬挂、单缸插销、CAN总线控制、臂架制造等大吨位起重机产品的关键制造技术。

2009年11月6日，占地2000亩、投资50亿元建设的三一起重机产业园一期工程竣工，新产业园的建成使公司的产能和制造水平得到全面提升。

2010年3月3日，中国首台千吨级全地面起重机SAC303在中国湖南长沙三一新产业园正式下线，标志着中国轮式起重机的研发和制造水平已完全具备与世界一流轮式起重机制造商在全球范围内同台竞技的能力。

公司真诚的希望能够与国内优秀的同行企业一道，互相学习、相互促进，为广大客户提供更加优质的产品和服务，为中国的发展和经济建设作出我们应有的贡献！

公司致力于工程机械制造领域的健康、有序、和谐发展，致力于生产企业、经销渠道和吊装企业及广大客户的共同进步和持久繁荣。致力于把三一办成世界级企业，为中华民族的伟大复兴以及世界文明的进步做出我们最大的贡献！

地址：中国湖南长沙金洲开发区　　销售电话：0731-87873131　　传真：0731-84031999-196

品质改变世界

2010年7月2日，温总理视察三一起重机产业园，与湖南省委书记周强一起为千吨级起重机SAC303揭幕剪彩。

产品待发区

研究院

数字化厂房

整机调试场

总装线

ECC

我们深信，因为中国的奇迹，成就世界的三一！

网址：www.sanygroup.com

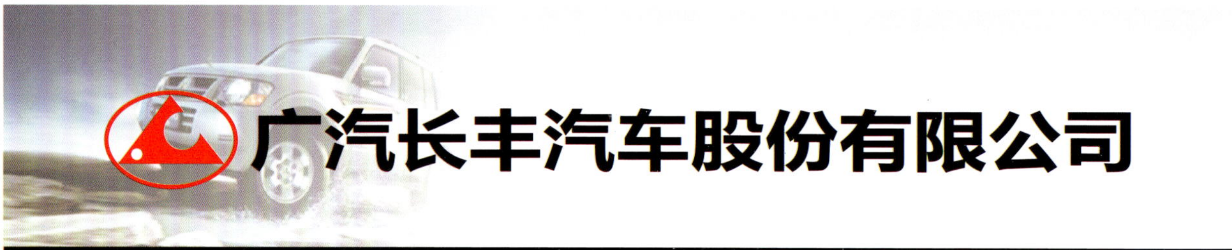

广汽长丰汽车股份有限公司

公司总经理付守杰陪同省长徐守盛视察

广汽长丰汽车股份有限公司前身为湖南长丰汽车制造股份有限公司，是国内A股上市公司（股票简称：广汽长丰，股票代码：600991）。公司前三大股东分别是广汽集团股份有限公司、长丰集团有限责任公司、日本三菱自动车株式会社。

公司业务范围涵盖整车及相关零部件的研发、制造、销售与服务。“猎豹”品牌，在国内SUV行业中具有较为明显的专业与品牌优势；自主品牌轿车正处于后发赶超阶段。

公司拥有长沙、永州两个整车制造基地，长沙、北京两个汽车研发中心和衡阳、惠州两个零部件生产基地；建立了较为完善的零部件配套协作体系以及布局合理的营销服务网络。

当前公司正积极实施“国际化、专业化、精品化”战略，充分集成股东各方优势资源，全面推进流程再造、内外资源整合和管理水平提升。为将公司产品打造成SUV领军品牌和乘用车主流品牌，建设成为社会期待持续存在的企业而努力！

地址：长沙市经开区漓湘中路15号（410100）

CFA6470系列

CS6

飞腾时尚系列

飞腾经典

PAJERO V73